L'Orpheline d'Auschwitz

ANNA STUART

Traduit de l'anglais
par Marc Sigala

City
Roman

DU MÊME AUTEUR

La Sage-femme d'Auschwitz
La Sage-femme de Berlin

Retrouvez tous les titres City Éditions :
www.city-editions.com

Publié pour la première fois par Bookouture
sous le titre *The War Orphan*.
Couverture : Bookouture
ISBN : 978-2-8246-2842-4
Code Hachette : 55 3268 2

Collection dirigée par Christian English & Frédéric Thibaud
Catalogues et manuscrits : city-editions.com

Dépôt légal : Février 2025

Pour ma Natasha à moi – ma rédactrice
en chef astucieuse, passionnée et tout simplement géniale.
Et mon amie la plus précieuse.

Prologue

Auschwitz, janvier 1945

Il neige sur Auschwitz. Les flocons tourbillonnent, pris dans le faisceau des projecteurs, scintillent sur les barbelés et s'accrochent aux oreilles des chiens de garde. Ils tombent et forment une épaisse couche qui recouvre tout : boue, cadavres et vestiges effondrés des fours crématoires. Ils étouffent également les cris des mourants et les hurlements de panique des gardes. Mais ils ne peuvent rien faire pour adoucir les derniers soubresauts de la violence nazie.

— Raus ! Raus !

Tasha Ancel se réveille en sursaut, recroquevillée contre sa mère, et observe la faible lumière qui s'infiltre par la porte ouverte du block. Une lueur brillante et surnaturelle, produite par les reflets de la neige, semble éclairer les prisonniers blottis sous leurs maigres couvertures. Elle éclaire aussi le kapo qui va de couchette en couchette, frappant les montants de son gourdin, comme si c'était déjà l'aube.

— Debout, tas de fainéantes. C'est l'heure de la promenade !

Dehors, un berger allemand aboie fébrilement.

— La promenade ?

La mère de Tasha lui prend le bras, ses yeux en alerte dans la pénombre.

— Prends des couvertures, Tash, autant que tu peux.

Lydia Ancel roule leur maigre couverture et en attrape une autre, laissée derrière elle par une femme qui s'empresse d'exécuter les ordres du kapo.

— Où allons-nous ? demande Tasha d'une voix étouffée.

— Dehors, quelque part. Les Alliés doivent être en train d'arriver. (Lydia s'arrête au milieu du tumulte des corps et saisit les épaules de Tasha.) Les Alliés arrivent !

Elle l'embrasse, l'entraînant même dans un petit pas de danse avant que le kapo ne lui assène un coup de massue pour l'arrêter.

Lydia lui rit au nez.

— Ton petit pouvoir va bientôt disparaître, lui dit-elle en rejetant ses cheveux en arrière, chose possible depuis qu'ils ont un peu repoussé.

Les nazis avaient cessé de les tondre en novembre dernier, à peu près au moment où ils avaient démoli les fours crématoires. Voir les cheveux roux de sa mère commencer à revenir sur sa tête lui semblait l'une des choses les plus réconfortantes qui soit, et il en allait de même pour Lydia quand elle contemplait les cheveux de sa fille.

— Vois, ma fille, disait-elle chaque soir en caressant les jeunes pousses déterminées à se dresser sur la tête de Tasha. Ils ne peuvent pas nous détruire. Nous recevons des coups, mais nous nous relevons ; nous recevons des coups, mais nous guérissons ; chaque parcelle de leur haine, nous la combattons par notre amour les uns pour les autres.

Et maintenant – maintenant les Alliés arrivent et leurs ennemis, semble-t-il, repartent. Tandis que Tasha et Lydia se traînent vers la porte, les couvertures serrées autour d'elles, elles aperçoivent peu à peu les lignes de prisonniers recroquevillés sous les flocons qui continuent de tomber, les minces souffles de leurs poumons épuisés suspendus au-dessus d'eux comme une nappe de brume orange. Avant de sortir, Tasha pose une main sur le mur du block et la pièce froide et honnie lui apparaît alors comme un sanctuaire.

— Il fait froid dehors.

— Le prix de la liberté, peut-être... murmure Lydia. (Elle désigne les grilles austères, au loin.) Une fois que nous serons

sorties de là, qui sait ce qui pourra arriver... On garde la tête baissée et on se tient près l'une de l'autre, et...

— Toi, recule !

Un garde SS vêtu d'un épais manteau empêche Tasha de sortir.

— Pas d'enfants.

— Je ne suis pas une enfant, répond-elle, paniquée.

Elle a seize ans et a travaillé aussi dur qu'une adulte pour ces maîtres cruels – comment peuvent-ils maintenant décider qu'elle n'est qu'une enfant ?

Lydia est poussée dehors, emportée loin de sa fille par une lente marée humaine.

— J'ai seize ans, proteste Tasha, tentant désespérément de la rejoindre.

— Assez ! crie le garde avant de la pousser si fort qu'elle tombe par terre.

Une autre fille l'aide à se relever.

— Il fait moins froid ici, lui dit cette dernière.

Mais bien que Tasha ait eu exactement la même pensée un instant auparavant, ce n'est plus le cas, désormais, car Lydia est emportée au loin et c'est d'elle que lui vient toute sa chaleur. C'est parce qu'elles sont toujours restées ensemble qu'elles ont pu survivre à cet enfer.

— Maman ! s'écrie-t-elle.

— Tasha ! (Lydia essaie de rebrousser chemin sans y parvenir.) C'est une adulte, crie-t-elle. Elle a seize ans.

— Pas d'enfants, répète le SS.

— Mais...

— Pas de mais, juive, dit-il en frappant la tête de Lydia avec la crosse de son pistolet, avant de rire à gorge déployée en la voyant tituber devant lui.

— Maman.

Il se tourne vers Tasha, l'arme levée, et Lydia lui attrape le bras.

— Ne lui faites pas de mal !

Ses yeux se durcissent et son rire s'évanouit. Il fait lentement pivoter son arme, de façon que son minuscule et mortel canon soit pointé directement sur Lydia.

— Non ! hurle Tasha, mais un officier s'approche, faisant signe de presser le pas, et le garde se contente de pousser Lydia vers les rangs de prisonniers terrifiés.

— Tu as chaque goutte de mon amour, Natasha, lance Lydia, toujours aussi courageuse, toujours aussi combative.

Ces mots qu'elle lui avait répétés tout au long de ces mois sombres et glaciaux qui avaient suivi la perte de sa petite sœur. Chaque goutte de son amour – et cela avait suffi à les maintenir en vie toutes les deux, à les soutenir dans cette lutte pour la sauvegarde de leurs existences. Et, bien que ces mots s'entremêlent intimement aux râles et aux cris de détresse des prisonniers, ils continuent de résonner aux oreilles de Tasha, forts et clairs.

— Tu as toutes les miennes, maman.

Lydia sourit.

— On se retrouvera bientôt, lance-t-elle tandis qu'elle est poussée dans une file d'attente. Reste forte, Tasha, et on se retrouvera à...

Mais ses paroles sont étouffées par la neige, les aboiements des chiens et les files de gens qui se forment rapidement derrière elle, jusqu'à la faire disparaître aux yeux de Tasha. Elle essaie à nouveau d'atteindre la porte, mais d'autres enfants sont repoussés à l'intérieur et elle se bat maintenant contre une impossible marée montante. Le kapo lève son gourdin pour la frapper à nouveau et Tasha recule instinctivement, mais un grand bras se tend et encaisse le coup. Surprise, Tasha lève le regard et croise les yeux bruns d'un garçon de son âge. Elle n'a pas approché de garçon depuis qu'elle a été amenée à Auschwitz en octobre dernier, et celui-ci est grand, avec de larges épaules.

— Georg Lieberman, se présente-t-il, comme s'il s'agissait d'une situation de rencontre absolument normale.

Elle ne parvient qu'à le regarder fixement.

— Tu es vraiment un enfant ? demande-t-elle avec incrédulité.

— C'est ce que je leur ai dit, en tout cas. Mieux vaut être ici que dehors, ajoute-t-il en faisant un signe de tête vers la porte et la nuit glaciale, au-delà.

— Je ne veux pas rester, se lamente Tasha. Non, je ne veux pas.

Elle essaie à nouveau d'atteindre la porte, mais cette dernière se referme aussitôt dans un claquement. Elle entend le bruit sourd d'une lourde traverse de bois qu'on place derrière la porte, et les coups qu'elle y frappe ne servent qu'à faire saigner ses articulations. Cherchant frénétiquement des yeux autour d'elle, elle se hisse au troisième niveau des couchettes, où une mince ouverture apporte un peu de lumière. Les prisonniers évitent généralement cette place, exposée au vent et à la pluie, mais Tasha appuie son visage contre le bois et le minuscule interstice, plissant les yeux pour atténuer la brûlure de la neige.

De l'autre côté d'Auschwitz-Birkenau, elle peut entendre le grincement de métal des portes, alors que les gardes actionnent la manivelle du mécanisme d'ouverture et que les premiers prisonniers commencent à avancer en traînant les pieds. Ils ont tous rêvé de franchir ces portes, mais pas comme ça, pas dans une marche vers l'enfer. Un coup de feu retentit alors qu'un malheureux refuse d'avancer, se voyant éliminé avec autant de désinvolture qu'une fourmi encombrant le sentier.

— Maman ! appelle Tasha, au comble du désespoir.

Puis elle la voit – un éclair roux, des flocons de neige pris dans ses mèches toujours flamboyantes, sous l'éclat des projecteurs. Sa mère regarde autour d'elle, ses yeux bleu-vert la cherchant frénétiquement, puis l'avancée des prisonniers s'accélère et elle doit se tourner vers l'avant. Lydia tire la couverture sur sa tête et disparaît dans la nuit.

— Maman, gémit Tasha.

Ses doigts s'agrippent à la petite fenêtre et ses larmes se figent sur ses joues, alors qu'elle est abandonnée à la mort et au froid, avec ce qu'il reste d'Auschwitz-Birkenau.

Première partie

Libération

1

Theresienstadt, 8 mai 1945

Tasha

— Avez-vous vu cette femme ?

Tasha recula et s'adossa au mur rugueux d'une maison en ruine, tandis qu'un homme au physique sec et nerveux lui tendait une photographie. Le cliché était petit et sombre, ses bords effilochés et l'image froissée à force d'avoir été manipulée, mais un visage et de grands yeux fixaient clairement Tasha à travers la photographie.

— S'il vous plaît, avez-vous vu ma femme ?

Elle se força à prendre l'image et à l'observer. Les survivants devaient s'entraider, l'enfer qu'ils avaient traversé ensemble exigeait qu'ils le fassent. Cela faisait près d'un mois qu'elle était à Theresienstadt, une étrange ville-ghetto devenue camp de réfugiés, mais une partie d'elle se sentait toujours enfermée à Auschwitz. Quand elle n'arrivait pas à dormir, le soir, les derniers jours qu'elle y avait vécus passaient en boucle dans son esprit.

Après deux jours de désespoir qu'ils avaient passés enfermés dans le baraquement, elle et les autres « enfants » avaient été libérés par Ana et Ester, une sage-femme et une infirmière allemandes qui avaient osé braver l'interdit. Ensemble, leur petit groupe avait fouillé les ruines du camp à la recherche de nourriture et de combustible pour rester en vie, jusqu'au jour béni où les Soviétiques avaient franchi les portes, apportant la délivrance et la libération. Après s'être « rétablis » dans le camp principal d'Auschwitz, ils avaient été déplacés jusqu'à cette étrange ville tchèque, à peu près à l'époque où la neige et la glace du pire hiver qu'avait jamais connu Tasha avaient commencé à céder la place à la chaleur du printemps. Elle n'en revenait toujours pas d'être en vie.

Si elle était bien en vie.

Tasha observa la photo, comme elle en avait observé une centaine de semblables depuis son arrivée. Tout le monde avait quelqu'un à retrouver, dans cette ville de déplacés et de déracinés, et les photographies étaient ici des objets d'une grande valeur. Elle fixa la jeune femme sur l'image, cherchant à la reconnaître, mais la photo datait d'avant la guerre, quand les gens paraissaient frais et bien en chair, pas comme ces spectres squelettiques qu'ils étaient tous devenus.

— Je suis désolée, mais je ne l'ai jamais vue.

L'homme reprit la photo et la rangea contre son cœur. C'était tout ce qui lui restait de sa femme et peut-être tout ce qu'il n'en retrouverait jamais. Chaque jour, l'ampleur des massacres perpétrés par les nazis était révélée, et chaque jour, les espoirs de chacun de retrouver des membres de sa famille diminuaient. Pourtant, même quatre mois après la libération des premiers camps, de nouveaux réfugiés affluaient chaque jour à Theresienstadt. Certaines personnes avaient survécu, se disaient les gens, alors pourquoi pas les miens ?

Pourquoi pas Lydia ?

Elle regarda l'homme s'éloigner en boitant avant d'approcher une autre femme un peu plus loin dans la ruelle. Elle la vit prendre la photo, l'étudier et secouer tristement la tête. Puis elle la vit sortir une photo à son tour, pour que l'homme lui rende le même mouvement de tête. Oui, tout le monde avait quelqu'un à retrouver.

Instinctivement, la main de Tasha se glissa dans le petit sac de cuir qu'elle portait en bandoulière. Elle l'avait trouvé dans les ruines des grands entrepôts d'Auschwitz où les nazis avaient trié les monceaux d'effets personnels raflés aux Juifs. Les gardes avaient essayé de les brûler avant leur départ, mais la neige avait étouffé les flammes et, dans les jours qui avaient suivi la libération, les survivants avaient pu fouiller sous les feux éteints.

Certains avaient surtout cherché de l'or ou des bijoux, mais pour Tasha, ce sac était un véritable trésor car il conservait le seul bien auquel elle s'était accrochée pendant les quatre mois terribles qu'elle avait passés dans le camp : une mèche de cheveux de sa mère, aussi rousse et flamboyante que la sienne. Ce n'était pas aussi précis qu'une photo, mais les Juifs roux n'étaient pas si nombreux que ça, alors elle aurait peut-être davantage de succès qu'avec toutes ces images floues d'êtres disparus. Et c'était la seule chose qui lui restait de sa mère.

Jusqu'à ce qu'elle la retrouve.

Tournant la clé dans la serrure, Tasha repensa au terrible jour d'octobre 1944 où elle avait récupéré ce trésor dérisoire. Elles venaient d'arriver à Auschwitz, ébranlées d'avoir vu leur père et mari abattu devant elles dans les ruines de Varsovie bombardée, et hébétées d'avoir passé plusieurs jours dans des camions à bestiaux, dans le noir et sans eau. Elles s'étaient retrouvées dans une longue file d'attente serpentant autour d'un baraquement vide et austère, terrifiées à l'idée que les nazis se rendent compte que sa petite sœur n'avait que douze ans, et qu'elles soient séparées. Personne, cependant, n'avait semblé prêter attention à la forme de leurs corps, ne cherchant que leurs bras pour y graver des numéros anonymes. Et puis, il y avait eu les tondeuses.

Tasha s'appuya au mur derrière elle alors que le souvenir l'envahissait à nouveau. Elle ne savait pas pourquoi, parmi toutes les atrocités d'Auschwitz, celle-là lui était restée si profondément enfoncée dans le cœur. Elle ne savait pas pourquoi, malgré toute la maladie et la misère qu'elle avait pu voir plus tard, c'était le moment où ils avaient coupé les cheveux de sa mère qui l'avait le plus profondément bouleversée. Plus encore que la période la plus sombre de toutes, celle où la douce Amelia, ravagée par les travaux forcés et le typhus, avait glissé, avec un sourire triste, dans l'autre monde. Mais après des semaines d'une souffrance aussi intense, cela avait presque été un soulagement. Tasha et sa mère s'étaient agenouillées et avaient remercié Dieu d'avoir enfin accepté la pauvre enfant dans son royaume. Le chagrin de la perte de sa sœur avait déchiré le cœur de Tasha, mais il ne lui avait pas infligé le choc de ces premiers coups de ciseaux.

Le souvenir des lames rouillées courant sur le cuir chevelu de Lydia et éparpillant sa superbe chevelure rousse sur le sol crasseux rappelait instantanément à Tasha tout ce qu'il pouvait y avoir de plus dur dans ce lieu infernal. Elle se rendit compte que ses doigts caressaient inconsciemment la soie rousse. C'étaient les cheveux qui avaient effleuré son visage, quand sa mère l'embrassait pour lui souhaiter bonne nuit, quand elle était enfant. Les cheveux qui avaient brillé au soleil lors des pique-niques au bord du lac, et qui avaient dansé dans l'air hivernal, alors qu'elles jouaient à se poursuivre, dans le parc Łazienki. C'étaient les cheveux que Tasha avait brossés devant l'âtre de leur maison de Varsovie, aimant la façon dont la lumière des flammes s'accrochait au feu des mèches de sa mère. Les nazis ne s'étaient pas souciés de tout cela. En quelques coupes brutales, ils avaient transformé sa mère, une personne unique – et belle pour cela – en une réplique rasée de tous les autres miséreux du camp. Tasha avait détesté ce moment au plus haut point.

Ils avaient aussi tondu Amelia, mais Tasha avait peut-être déjà commencé à se remettre du choc, et sa tonte à elle avait plutôt été ressentie comme un acte de solidarité. Ses cheveux repoussaient maintenant, devenant davantage, enfin, que ces ridicules flammèches ébouriffées. Ceux de sa mère avaient dû en faire autant et, partout où elle allait, elle scrutait les foules à la recherche de cette lueur d'espoir. Rien, pour l'instant, mais elle n'abandonnerait pas. La Croix-Rouge indiquait qu'il y avait des milliers de personnes disséminées dans des camps un peu partout en Europe, les nazis ayant dispersé leurs prisonniers sans aucune forme d'égards. Il faudrait des mois, voire des années, pour que chacun retrouve son chemin, alors chaque jour, Tasha cherchait avec autant d'ardeur que les autres. Ils étaient tous sortis vivants de ce massacre, mais tant qu'on n'avait trouvé personne pour qui ça avait de l'importance, il était difficile que ça en ait pour soi-même.

— Tasha ?!

La voix provenait de la rue voisine, aiguë et pressante, et Tasha se glissa instinctivement sous une arcade tandis que deux jeunes filles passaient en courant à sa recherche. Elle n'avait pas assez d'énergie pour jouer avec elles en ce moment, et elle maudissait la malchance qui l'avait condamnée, une fois de plus, à un foyer pour enfants. Elle aimait jouer avec les jeunes – et voulait aider. Elle savait que si elle avait succombé à la place d'Amelia, elle aurait voulu que quelqu'un s'occupe de sa petite sœur, alors elle faisait de son mieux, mais c'était véritablement épuisant. Les enfants refusaient de comprendre que, parfois, Tasha voulait avoir une mère, pas en être une elle-même.

Georg, son compagnon de survie, avait réussi à se faire une place dans un foyer d'hommes et l'avait protégée dès lors. Depuis qu'il avait levé le bras pour recevoir ce coup de gourdin à sa place, en ce jour sombre et neigeux d'Auschwitz, il avait mis de l'énergie et de la positivité dans sa vie.

— Ils vont nous sauver, lui avait-il assuré à l'époque, alors qu'ils étaient allongés côte à côte dans le baraquement abandonné, coincés depuis deux jours dans le froid, tiraillés par la faim et perdant rapidement leurs forces.

Puis, lorsque le premier coup béni avait été frappé à la porte, il s'était levé, puisant dans ses réserves pour aider les infirmières à l'extérieur, et cela avait aussi donné de la force à Tasha. C'était Georg qui s'était frayé un chemin dans les entrepôts pour leur procurer des vêtements chauds et du combustible, lui qui avait crocheté les serrures des caisses de nourriture que Tasha avait trouvées dans un wagon de chemin de fer abandonné. C'était Georg qui l'avait aidée à tenir le coup pendant ces jours sombres et qui leur trouvait les menus réconforts qui rendaient la vie de réfugié à peu près supportable.

Ce garçon avait un don pour séduire à peu près toutes les personnes influentes. Il ne logeait pas seulement dans une maison pour hommes adultes, cette dernière était située à Mecklenburg, un quartier plus chic de Theresienstadt, où les nazis avaient relogé les « Juifs privilégiés ». Il partageait sa chambre avec un pianiste de l'orchestre philharmonique de Vienne, un professeur de philosophie de l'université de Berlin et un artiste tchèque renommé, ce qui lui avait déjà permis d'enrichir sa culture. Plus important encore, il avait sa propre petite chambre – et non un dortoir –, une salle de bains partagée par seulement dix hommes et un robinet avec de l'eau courante. Tasha l'enviait énormément.

— Comment as-tu réussi un coup pareil ? lui avait-elle demandé quand il l'avait emmenée pour la première fois dans son nouveau logement.

— J'ai dit que j'avais dix-neuf ans. Et que mon père était le chef de la police de Cracovie.

— C'est le cas ?

— Bien sûr que non. Il a vu l'intérieur de quelques commissariats, mais pas du bon côté du bureau, si tu vois ce que je veux dire. Mais comment auraient-ils pu le savoir ? Je n'ai pas de papiers, alors je peux bien être qui je veux.

Tasha avait secoué la tête, sidérée de s'apercevoir qu'il était capable d'aller jusqu'à tirer parti du fait qu'on lui avait volé son identité. Elle, en revanche, tenait à rester Tasha Ancel, fille de Lydia et Szymon, sœur d'Amelia. Elle aurait aimé avoir une chambre à elle, cependant, tant il était difficile de se reposer dans le dortoir qu'elle occupait actuellement.

La plupart des enfants qui étaient hébergés avec elle avaient vécu à Theresienstadt pendant toute la durée de la guerre, pris en charge par des femmes qui avaient eu pitié d'eux quand leurs parents avaient été tués ou emportés. Ils n'avaient dû leur survie qu'à leur utilité pour le régime, qui avait multiplié les films sur cet endroit, ajoutant fleurs, légumes et miches de pain pour faire bonne mesure et tenter de convaincre le monde qu'ils traitaient les Juifs au mieux. Et ils y avaient partiellement réussi, jusqu'à ce que les Russes repoussent la Wehrmacht et que les portes d'Auschwitz, de Bergen-Belsen et de Buchenwald s'ouvrent.

L'autre jour, M. Dunant, le responsable de la Croix-Rouge, leur avait fait visionner un film de la BBC racontant l'histoire du camp de Belsen. L'homme avait parlé de prisonniers affamés, de conditions de vie inhumaines et de fosses remplies de cadavres, sa voix rocailleuse empreinte d'émotion. Certains avaient ri, amusés par l'expression choquée et amère du Britannique, mais Tasha s'était surtout sentie triste. Si seulement quelqu'un s'était soucié de venir voir ce qui se passait là-bas plus tôt, s'était-elle dit, ce cauchemar aurait peut-être pu leur être été épargné. Tasha vivrait encore dans sa confortable maison de Varsovie, avec sa famille aimante et son avenir devant elle, au lieu de cette ville-ghetto de Tchécoslovaquie qui lui semblait un trou noir sans avenir, avec son père abattu dans les ruines de Varsovie, Amelia morte à Auschwitz et sa mère disparue on ne savait où.

— Tasha ?

Cette fois, la voix était plus chaude, plus profonde, et provoqua une sensation agréable le long de son échine.

— Georg ! Qu'est-ce que tu fais ici ?

— Je te cherchais, ma belle.

Tasha rougit instinctivement mais se rappela que Georg disait des choses comme ça tout le temps. La flatterie lui venait facilement et il l'utilisait avec tout le monde. Il ne la trouvait pas vraiment belle, comment cela se serait-il pu ? Elle n'avait que la peau sur les os, avec d'étranges bourrelets de chair nés de ce dernier mois, où elle avait eu accès à des stocks de fromage et de chocolat auprès de la Croix-Rouge suisse. Ses cheveux dépassaient de son visage décharné comme un buisson-ardent et sa peau était grise et s'écaillait. Malgré tout, elle ne put s'empêcher de sourire à Georg lorsqu'il s'approcha d'elle en sautillant. Ses cheveux noirs repoussaient en boucles serrées, dans lesquelles elle avait envie d'enfoncer ses doigts et, bien que son corps soit aussi décharné que le sien, son regard brun brillait de vie.

— Tu m'as trouvée, dit-elle. Qu'est-ce qui se passe ?

— Quelqu'un vient d'entrer par les portes.

— Et alors ? Il y a toujours des gens qui entrent.

— Oui, mais très rarement à cheval.

Cela attira l'attention de Tasha, qui se laissa entraîner par Georg dans la ruelle en direction de la grande place, au centre de la ville.

— Quelle sorte de cheval ?

— Un grand blanc, comme dans les contes de fées.

— Avec un prince dessus ?

— Mieux qu'un idiot de prince : un messager en livrée complète. Il s'est dirigé vers l'hôtel de ville, est descendu d'un bond de son cheval et est entré à grands pas, la tête haute.

Tasha rit. Georg savait raconter une histoire, cela au moins était certain.

— Et ensuite ?

— Ensuite je ne sais pas. Il s'entretient avec M. Dunant depuis un moment et tout le monde se rassemble dehors. La rumeur dit qu'il va y avoir une annonce. La rumeur dit que…

Il s'arrêta et attrapa l'autre main de Tasha, l'attirant si près d'elle que son souffle se bloqua de façon gênante dans ses poumons avant de reprendre une petite bouffée d'air.

— La rumeur dit que la guerre est finie.

— Non !

Il acquiesça avec empressement et elle le fixa un instant, essayant de voir s'il lui jouait un de ses tours habituels. Mais il avait l'air tout à fait sérieux. La capitulation allemande était prévisible, sans doute, mais ils vivaient dans l'incertitude depuis quatre mois et elle s'était habituée à cette sensation de flottement. On leur avait conseillé de ne pas quitter Theresienstadt à cause des combats qui faisaient toujours rage à l'extérieur. L'idée qu'un jour le monde entier puisse devenir sûr au point de s'y aventurer semblait lui paraître impossible.

Ça faisait tellement longtemps.

Il lui serra les doigts.

— C'est bientôt fini, Tash, je le sens. Viens, rejoignons les autres et essayons de découvrir ce qu'il en est.

Il l'entraîna dans la rue et jusqu'à la place principale, où s'étaient déjà rassemblés une bonne partie des vingt mille réfugiés entassés dans la ville. Une rumeur d'excitation survolait la foule et, pour une fois, personne ne se disputait ni ne cherchait un proche disparu. Une myriade de visages émaciés étaient tournés vers le balcon du premier étage de l'hôtel de ville, et Tasha vit un rideau bouger quand elle leva les yeux et une porte s'ouvrir.

— Là !

Le mot fit rapidement le tour de la foule et des centaines de doigts se pointèrent vers le balcon, tandis que M. Dunant sortait, un morceau de papier à la main.

— C'est ça, dit Georg en serrant Tasha contre lui. C'est l'armistice. Ça doit forcément être l'armistice.

Tasha le fixa, mais ses yeux étaient tellement abîmés par les années de privation que l'homme aurait aussi bien pu tenir une colombe. Ce qui était peut-être également le cas, en l'occurrence.

— Mesdames et Messieurs ! (La voix de M. Dunant résonna avec assurance sur la place et un silence s'installa, seulement rompu par les bruits de pas de ceux qui accouraient encore depuis les rues latérales.) J'ai entre les mains la notification officielle que le Grand Amiral Karl Dönitz, chef de l'État allemand depuis la mort d'Hitler la semaine dernière… (Il s'interrompit pour laisser éclater une sombre acclamation dans la foule, puis leva à nouveau la main pour faire à nouveau taire tout le monde.) Le Grand Amiral Karl Dönitz a signé l'armistice. L'Allemagne s'est rendue et aujourd'hui, le 8 mai 1945, la guerre en Europe est officiellement terminée.

Il sourit et regarda autour de lui, dans l'expectative, mais les gens massés en dessous de lui se contentèrent de le fixer. Près de Tasha, quelqu'un sanglota, d'autres commencèrent à chuchoter entre elles, puis lentement, nerveusement d'abord, mais avec une certitude grandissante, un grondement d'excitation monta dans les poitrines creuses et les poumons usés. Enfin, les premières acclamations retentirent autour des remparts de Theresienstadt et M. Dunant sourit et agita le papier comme un drapeau.

— Vous êtes libres, mes amis ! Libres de la tyrannie, libres des chaînes, libres de la peur !

Tasha regarda autour d'elle tandis que les acclamations se multipliaient. Libres ? Ce mot avait-il encore une signification ?

— Nous vous remercions tous pour votre patience et je vous assure personnellement que, même si ça prendra du temps, la Croix-Rouge travaillera sans relâche pour aider tous ceux qui ont été arrachés à leurs maisons, à leurs familles et à leurs pays par cette guerre diabolique, à enfin rentrer chez eux.

— Chez moi !

Le cri fut repris par la foule et rebondit entre eux comme une balle, tandis que les gens bondissaient, s'enlaçaient et pleuraient. Tasha sentit Georg l'entourer de ses bras et apprécia sa proximité, mais ses propres bras étaient rigides, son cœur froid. L'idée semblait merveilleuse, mais elle, Tasha Ancel, n'avait pas de chez-elle, pas de famille et aucune idée de l'endroit où s'était trouvée sa maison, ni de l'endroit où elle pourrait se trouver un jour.

Se tournant, elle se dégagea de l'emprise de Georg pour le laisser danser avec les autres et se faufila dans la foule, cherchant – cherchant toujours – la lueur de ces cheveux roux qui pourraient une nouvelle fois lui offrir les moyens d'avancer.

2

Refuge pour enfants de New Barn, Essex, 8 mai 1945

Alice

— Hier matin, à 2 h 41… le grand amiral Dönitz, chef désigné de l'État allemand, a signé l'acte de reddition inconditionnelle de toutes les forces terrestres, navales et aériennes allemandes en Europe, au profit du corps expéditionnaire allié…

Alice Goldberger fixa la radio, imaginant le visage rubicond de Churchill prononcer ces paroles si étonnantes. Elle passa ses doigts dans ses cheveux grisonnants, les tirant légèrement pour s'assurer qu'elle était bien vivante tout en écoutant cela, puis elle se reprocha sa sottise. Ils savaient que la fin approchait. Berlin était prise et Hitler était mort, la reddition totale n'était qu'une question de temps. Malgré tout, entendre le Premier ministre parler de la réalité de la paix à venir était une joie immense.

Alice observa les enfants dont elle avait la charge, rassemblés les jambes croisées autour du vieux poste de radio, fascinés par la voix posée de Churchill, même si ses mots étaient trop complexes pour leurs jeunes esprits. L'un d'entre eux, malicieux, attira son attention et lui fit un clin d'œil.

— Il dit que la guerre est finie, pas vrai, mademoiselle ?

Alice sourit.

— C'est vrai, Charlie.

— Est-ce que ça veut dire que mon père va rentrer à la maison ?

— C'est bien le cas. Ça peut prendre du temps, mais il devrait rentrer à la maison sain et sauf maintenant.

Tout en disant ça, Alice croisa les doigts dans son dos, choquée par sa propre légèreté. Ici, à New Barn – l'une des maisons pour orphelins de guerre d'Anna Freud –, elle mettait un point d'honneur à ne jamais mentir aux enfants ni à leur faire des promesses qu'elle n'était pas certaine de pouvoir tenir. Avec un peu de chance, le père de Charlie, fantassin dans le corps expéditionnaire allié, était maintenant en sécurité. Mais tout pouvait arriver. Les dernières années leur avaient appris à tous la fragilité de la vie, et de la plus dure des manières. Tous ceux qui sortaient vivants de la guerre avaient une chance inouïe, certes, mais ils n'étaient pas forcément encore tous en sécurité.

Il était facile, depuis leur verdoyant Essex, d'imaginer le monde entier déposant ses armes en même temps et savourant ensemble une bonne tasse de thé. Alice avait vu le chaos qui régnait en Europe lorsqu'elle et son frère, Max, s'étaient battus pour quitter l'Allemagne alors que les nazis prenaient le pouvoir, et elle était presque sûre que les choses étaient bien pires aujourd'hui. Tant de gens avaient été déracinés par ce conflit aussi vicieux qu'étendu, et il faudrait beaucoup de temps pour les ramener à leur lieu de départ. Certains, trop fatigués ou blessés par la guerre, n'y parviendraient pas. Elle priait chaque jour pour que son Max soit en sécurité quelque part, ainsi que sa femme et sa fille, mais elle n'avait eu aucune nouvelle depuis qu'elle avait quitté l'Allemagne, et la pensée de ce qui avait pu leur arriver lui déchirait les tripes chaque matin au réveil.

— Nous devons prier pour que tous les papas rentrent sains et saufs à la maison, dit-elle.

Plusieurs enfants joignirent immédiatement leurs mains et Alice en fut touchée. Elle était juive et la plupart des enfants chrétiens, mais leur Dieu était sans doute le même là-haut, et sans doute devait-il se trouver soulagé que son espèce la plus *sophistiquée* ait enfin trouvé le chemin de la paix. Ils avaient tous entendu les rumeurs sur les camps et les chambres à gaz, les fours crématoires. Ils avaient tous écouté avec horreur le compte rendu de Richard Dimbleby revenant de Belsen. Cependant, il lui était encore impossible de croire que les nazis avaient réellement exterminé tous ces gens.

Et qu'elle en avait réchappé.

Alice avait fui l'Allemagne à la fin de l'été 1939, en prenant l'un des derniers bateaux avant que les nazis n'enserrent le continent de leur poigne de fer. Elle avait détesté quitter sa patrie, et encore davantage du fait qu'elle la voyait de plus en plus rongée par la haine – mais elle n'avait pas eu le choix.

— Nous devons partir, avait insisté son frère. L'Allemagne n'est plus un endroit sûr pour les Juifs.

Ils avaient passé des jours à l'ambassade, suppliant pour qu'on les laisse passer en Grande-Bretagne, mais finalement seule Alice avait obtenu les autorisations. En tant que soignante diplômée, elle avait été jugée utile aux Britanniques, alors que Max, sa femme Lilliana et leur fille de trois ans, Ruth-Gertrud, n'étaient qu'un fardeau de plus. Le coup avait été rude. Toute sa vie, Alice avait pris soin de Max, et lui d'elle. Et elle aimait Lilli et la petite Ruthie comme si elles étaient ses filles.

— On doit tout faire pour rester ensemble, avait-elle insisté.

Mais Max avait secoué la tête :

— On doit tout faire pour rester en vie.

Le responsable de l'émigration leur avait assuré qu'une fois Alice établie en Angleterre, ils auraient de bien meilleures chances de demander à la rejoindre et, finalement, elle avait accepté de partir pour servir de porte d'entrée.

Et elle avait échoué.

Dès qu'elle avait posé le pied sur les docks de Southampton, elle avait été accueillie par un policier qui lui avait poliment demandé de le suivre. Il s'était rapidement avéré que les autorités britanniques étaient moins enclines à accepter des citoyens allemands, juifs ou non, que les autorités allemandes ne l'étaient à se débarrasser d'eux. Alice fut désignée, avec des excuses polies, mais très fermes, comme « ennemie étrangère », et transférée dans un camp d'internement sur l'île de Man. Bien qu'elle jouisse d'une relative liberté sur cette jolie petite île, ses déplacements étaient limités et, surtout, elle n'avait pas réussi à obtenir d'autorisation pour Max et sa famille.

Alice déglutit en pensant à son frère, si brillant et si attentionné. Ses parents avaient été de bons parents, mais, tous deux universitaires, ils étaient restés plutôt formels dans leurs relations avec leurs enfants. C'était avec Max qu'elle avait appris ce qu'était la véritable affection, avec lui qu'elle avait passé son enfance à vivre des aventures heureuses et imaginées. Où était-il maintenant ? Avait-il survécu à la plus affreuse des facettes du réel ? Et Lilli ? Où était la petite Ruthie ? Si la nièce d'Alice s'en était sortie, elle avait presque neuf ans maintenant, et Alice avait un désir brûlant de la revoir – mais elle sentait dans un recoin glacé de son cœur qu'elle ne la verrait plus.

— Fais de ton mieux, Alice, avait dit Max en l'embrassant sur les deux joues alors que la locomotive du train annonçait son départ imminent derrière eux. Et si ça ne marche pas, au moins l'un d'entre nous aura réussi à s'en sortir.

Elle avait fait de son mieux, mais ce n'avait pas été suffisant. Même après avoir retrouvé sa liberté. C'était à Anna Freud, fille du célèbre psychanalyste Sigmund Freud, qui s'était fait un nom dans le domaine de la psychologie de l'enfant, qu'elle devait cette libération. À la recherche de parents sur l'île de Man, Anna avait entendu parler de la garderie qu'Alice avait mise en place dans le camp, et avait demandé au Parlement de la laisser sortir afin qu'elle puisse aider dans un de ses instituts.

Alice lui en serait toujours reconnaissante, et elle adorait son travail, qui consistait à diriger cet établissement de l'Essex pour les enfants dont les parents étaient partis à la guerre ou occupés à des tâches vitales. Mais ça ne l'avait pas aidée à ramener Max. Lorsqu'elle avait été libérée, l'Allemagne était complètement fermée et ce n'était que grâce à une lettre courageuse d'un ami de la famille qu'elle avait appris que son frère et sa famille avaient été envoyés dans le ghetto de Theresienstadt. Depuis, elle n'avait plus eu de nouvelles d'eux, et ne pouvait que prier pour qu'ils soient toujours là, en vie, et que Max – tout comme le père de Charlie – retrouve d'une manière ou d'une autre le chemin de la maison.

« La quasi-totalité du monde s'est unie contre ces criminels, qui ont maintenant déposé les armes », déclara Churchill à la radio.

Alice regarda avec incertitude son amie, Sophie Wutsch, la cuisinière souriante et attentionnée de New Barn, qui avait le talent de transformer les denrées les plus simples en repas de roi – le plus souvent en compagnie de plusieurs enfants enthousiastes.

— Écoute, Sophie, dit-elle, Churchill traite les Allemands de « criminels ».

— Churchill traite les *nazis* de « criminels », corrigea son amie. Nous le savons mieux que personne, puisque c'est pour ça que nous sommes partis de là-bas.

— Tu es autrichienne, mais je suis allemande.

— Par naissance, pas par choix. Nous sommes des gens comme les autres, des gens du monde.

Alice soupira. Tout allait bien pour Sophie, une blonde joyeuse au sourire ensoleillé et à l'humeur facile. Elle était acceptée facilement partout où elle allait, au contraire d'Alice qui était petite, brune et maladroite avec les étrangers.

— Pense à le dire à tous ceux qui se pincent le nez en entendant notre accent, grommela-t-elle.

Tout au long de la guerre, elle avait eu droit à des regards belliqueux lorsque son accent allemand se faisait remarquer dans les magasins ou dans les transports. C'était peut-être l'une des raisons pour lesquelles elle aimait travailler avec les enfants : eux ne se souciaient pas de l'apparence ni des accents, tant que vous leur donniez de l'amour et de l'attention.

— Alors, travaille ton anglais ! dit Sophie. Arrête de broyer du noir et emmenons ces petits amours fêter l'événement comme il se doit. Qui veut une glace, les enfants ?

Il y eut un rugissement d'approbation prévisible et Alice se leva et éteignit la radio, se forçant à faire taire ses doutes malgré la voix rassurante de Churchill. Sophie avait raison – la guerre était finie et il était temps d'être heureux. Prenant les mains de deux de ses plus jeunes protégés, elle se laissa entraîner hors de New Barn et à travers les rues.

Lindsell était un village typiquement anglais et, comme à leur habitude, les habitants s'étaient rassemblés sur le terrain de cricket, toujours impeccablement entretenu. Des ménagères aux mouvements vifs installaient le nécessaire pour un grand thé collectif et disposaient des gâteaux sortis d'on ne savait où sur les tables. Quelqu'un avait déniché des banderoles pour décorer la corde qui protégeait le précieux banquet, et plusieurs hommes plus âgés apportèrent des cruches de bière depuis le pub voisin. Deux autres hommes jouaient déjà de la guitare et du violon, et une jeune femme plantureuse se mit à entonner un chant parlant d'oiseaux bleus au-dessus des falaises de Douvres, sous les vivats des autres. Quand l'épicier sortit de sa boutique avec son chariot de glaces, les enfants applaudirent à tout rompre et Sophie sortit son sac à main.

— Ça va te coûter une fortune, siffla Alice tandis que leurs vingt protégés se pressaient autour d'elle avec impatience.

— Et alors ? C'est la fin de la guerre, Alice, quand pourra-t-on se réjouir si ce n'est aujourd'hui ?

Elle avait raison, bien sûr, et Alice se força à accepter une glace à la vanille de la part d'un épicier rayonnant.

— Elles sont à moitié prix aujourd'hui, dit-il à Sophie. Vive Churchill !

Sophie adressa à Alice un large sourire, que cette dernière s'efforça de lui rendre. La glace était un véritable délice, le soleil brillait et, alors que les enfants s'asseyaient autour d'elle avec leurs friandises, Alice s'autorisa enfin à se détendre. C'était fini. *La guerre était finie !*

Les musiciens entamèrent une gigue et elle sentit la mélodie lui titiller les jambes. À quarante-sept ans, ses articulations commençaient à grincer un peu, mais elle avait toujours aimé la musique, et cette dernière la conviait maintenant à partager une joie claire et simple. Elle avait appris le piano dès son plus jeune âge et, en travaillant dans un centre d'accueil berlinois pour enfants défavorisés pendant la période de lutte des années 1920, elle avait découvert que la musique était l'une des rares choses qui permettaient d'alléger le moral de tout le monde. Mais en 1933, les nazis étaient arrivés au pouvoir et elle avait été jugée inapte à son poste en raison de son « sang impur ». Elle avait dû accepter un travail plus précaire, auprès des enfants de la communauté juive de Berlin, et il n'y avait plus eu de piano.

Comme la musique lui manquait, elle s'était mise à l'harmonica et Max lui avait acheté un joli petit instrument pour son quarantième anniversaire, en 1938. Elle le chercha dans sa poche, mais elle était bien trop timide pour jouer avec ces musiciens anglais, et elle se contenta d'applaudir avec les autres. Lorsque Charlie, huit ans, se leva et lui tendit le bras comme un gentleman, elle le prit volontiers et le laissa l'entraîner dans une danse improvisée. La guerre était finie, elle était vivante et les beaux enfants dont elle s'occupait l'étaient aussi. Si cela ne valait pas une danse, elle ne savait pas ce qui pouvait en valoir une.

Plus tard, au coucher du soleil, Alice et Sophie ramenèrent les enfants fatigués à la maison pour un chocolat et des scones avant d'aller se coucher. Selon le planning, c'était l'heure du bain pour les enfants de sept et huit ans, mais il était tard et ils se contentèrent d'une rapide toilette pour tous.

— J'aimerais que ce soit le jour de la Victoire tous les jours, dit une petite fille appelée Doris, tout en frottant, sans grand succès, ses genoux tachés d'herbe.

— Au moins chaque nouveau jour sera un jour de paix, désormais, lui dit Alice, fermant les yeux sur sa peau verdie par endroits tout en la bordant, avant qu'elle ne commence à dériver presque aussitôt.

— Je ne me souviens pas de la paix, dit Doris avant de glisser son pouce dans sa bouche et de fermer les yeux.

Alice resta debout un moment, observant la petite fille et réfléchissant à ses paroles. Il était terrible que toute une génération d'enfants ait grandi en ne connaissant que la guerre, que les bombes, que les séparations et les télégrammes annonciateurs de catastrophes. Doris, songea-t-elle, avait à peu près le même âge que sa nièce, Ruth-Gertrud. À quoi avaient ressemblé les cinq dernières années, pour Ruthie ? Alice frissonna et déposa un baiser sur le front de Doris, avant de descendre à la cuisine pour prendre un souper dont elle avait grand besoin. En chemin, elle jeta instinctivement un coup d'œil dans le miroir du couloir, puis regretta de l'avoir fait. La danse avait tiré ses cheveux grisonnants hors de leur chignon et rougi ses pommettes d'une manière inconvenante. Elle ressemblait à ce qu'elle était : une vieille femme se rapprochant trop rapidement de son cinquantième anniversaire, rendue encore plus fluette et plus terne par les privations de la guerre.

— Et alors ? dit-elle à son reflet. Tu n'es pas là pour être jolie, tu es là pour t'occuper des enfants.

D'ailleurs, ce n'était pas comme si Sophie s'en souciait vraiment, aussi elle se dirigea comme elle était en direction de la cuisine.

— Alice !

Oskar Friedmann, l'un des meilleurs psychanalystes de leur équipe, se leva d'un bond et, lui prenant la main, lui fit un baisemain dans les formes. Alice se sentit rougir.

— Oskar ! Que faites-vous ici ?

— Alice ! gronda Sophie depuis la cuisinière.

— Excusez-moi. Je veux dire, c'est un plaisir de vous voir, je pensais que vous seriez en train de fêter cet événement à Londres avec votre, euh, votre famille.

— Je l'ai fait tout à l'heure, reconnut Oskar en lui tendant une chaise. Mais je me suis dit que j'allais venir voir comment ça se passait ici. Sophie dit que les enfants me manquaient, et elle a sans doute raison.

— Ils étaient épuisés, mais rien de plus normal, ils ont joué sur le terrain de cricket tout l'après-midi.

— Comme doivent le faire des enfants, dit-il. Vous devez être fatiguée, vous aussi.

— Pas plus que d'habitude.

— Vous travaillez trop, toutes les deux.

Oskar leur sourit. Alice se doutait que la fête avait été bonne, car sa voix chaude était plus forte que d'habitude, et sa carrure athlétique, moins coordonnée.

— Vous êtes venu en voiture, Oskar ?

— Tout à fait. Une belle excursion. Les gens font la fête dans tous les villages.

— Peut-être devriez-vous passer la nuit ici ? (Il haussa un sourcil et elle se sentit rougir à nouveau.) Dans la chambre d'amis, ajouta-t-elle précipitamment. Je suis sûre que vous êtes fatigué, vous aussi.

Bon sang, elle était en train d'en faire tout un plat. Elle n'avait jamais été très douée avec les hommes ; quelque chose dans la confiance excessive qu'ils affichaient faisait immédiatement disparaître la sienne.

— Il se trouve, dit Oskar, que c'est une excellente idée, car j'ai apporté un petit quelque chose.

Il fouilla dans un sac et en sortit une bouteille.

— Ta-da !

Sophie la saisit avec empressement.

— Est-ce du champagne ?

— En effet.

— Hourra ! Je vais chercher des verres.

— Pas pour moi, dit Alice.

—On a gagné la guerre, Alice ! s'écria Oskar. Il faut que vous preniez un verre de champagne !

— Je ne bois jamais d'alcool.

— Et c'est le moment de faire une entorse à vos habitudes. Nous avons gagné la guerre !

Alice déglutit.

— Techniquement, Oskar, vous et moi, en tant qu'Allemands, nous avons perdu la guerre.

— Pour l'amour du ciel ! En tant que Juifs, Alice, nous l'avons gagnée, c'est certain. Aujourd'hui, notre peuple est libéré de l'oppression la plus terrible qu'ait jamais connue l'ère moderne. Nous n'en mesurons pas encore l'ampleur, mais ce qu'on va découvrir va sans doute dépasser l'imagination. Si les nazis avaient gagné, Alice, ils nous auraient tous traqués, chacun d'entre nous, alors s'il vous plaît, buvez un verre de champagne et profitez de ce jour historique.

Sophie lui jeta un regard complice et Alice gémit de désespoir devant sa propre prudence.

— Très bien. Vous avez tous les deux raison. Merci de partager cette bouteille avec nous.

Elle tendit son verre et, tandis qu'Oskar faisait sauter le bouchon avec exubérance, elle rit avec Sophie et s'efforça de ne pas regarder l'endroit où il avait touché le plafond. Vu les dégâts subis par le continent au cours des cinq dernières années, une marque de bouchon n'était sans doute pas très importante.

— À la victoire, proposa Oskar, et ils levèrent leurs verres et les firent tinter l'un contre l'autre.

— À la victoire !

Alice prit une gorgée prudente et, ma foi, le goût était bon. C'était doux et beurré, avec des notes de vanille, et les bulles caressaient délicieusement sa langue. Elle prit une autre gorgée.

— Vous aimez ? demanda Oskar.

— C'est excellent, répondit-elle. Merci, Oskar.

— Vous le méritez, Alice. Vous aussi, Sophie. Tout le monde peut voir à quel point vous avez assuré la stabilité et le bonheur de ces enfants.

— Merci, Oskar, répéta Alice, qui ne savait pas trop quelle attitude adopter.

Le psychanalyste était assez proche et agitait sa coupe de champagne de manière si exubérante que des gouttes tombaient sur sa jupe. Cela n'avait pas beaucoup d'importance – cette jupe était un vieux vêtement – mais il semblait dommage de gâcher un vin si délicieux.

— Santé, dit-elle en souriant.

Il acquiesça et, heureusement, but plusieurs longues gorgées qui firent passer son verre à un niveau plus sûr.

— Au centre d'accueil d'Hampstead !

Alice sourit et but à nouveau, sentant les bulles éclater non seulement contre sa langue, mais aussi tout autour de sa tête. Une sensation vraiment agréable.

— J'adore cet endroit, confia-t-elle.

— Bien, bien. Je suis heureux de l'entendre, mais je suppose que se pose maintenant la question de la suite ?

Alice se figea, son verre à moitié levé.

— Pardon ?

— Ce sont les pouponnières *de guerre* de Hampstead. S'il n'y a plus de guerre, ces établissements n'ont plus de raison d'être. Cela prendra un mois ou deux, mais l'organisation va être dissoute. Qu'allez-vous faire, après ça ?

Alice se tourna vers Sophie, mais elle aussi s'était figée, et son habituel sourire ensoleillé était aux abonnés absents.

— Je ne suis pas sûre, bégaya Alice. Je suppose que je vais devoir rentrer à la maison.

— Où est votre maison ? demanda Oskar.

C'était une bonne question. Ç'avait été Berlin, avant la guerre, mais qui savait dans quel état se trouvait cette ville, ou quelles personnes y étaient encore en vie ? Elle pensa à Max et son cœur se serra. Ses parents étaient morts, sa tante aussi ; si Max, Lilli et Ruthie n'avaient pas survécu, à quoi bon continuer à vivre ?

— Où est ma maison ? répéta-t-elle à voix basse en posant son verre. J'ai bien peur de ne pas le savoir.

3

Theresienstadt, 20 mai 1945

Tasha

Tasha se tourna vers la place carrée, devant le dortoir, et sursauta en voyant la scène qui se déroulait devant elle. Quatre enfants avaient jeté un vieux morceau de corde par-dessus une branche et s'apprêtaient à faire semblant d'en pendre un cinquième.

— Suzi, Judith ! appela-t-elle en se précipitant vers eux. Non, ce n'est pas bien. Moishe, Ernst, non ! On ne fait pas ça.

— Mais on joue, objecta Suzi. On est les gardes et Marta est une prisonnière qu'on doit pendre.

— Mais pourquoi ?

Ils lui retournèrent un regard vide.

— Parce qu'on est les gardiens et elle la prisonnière.

— Mais qu'est-ce que Marta a fait de mal ?

Ils froncèrent les sourcils.

— C'est la prisonnière.

Tasha leva les yeux au ciel, dans l'attente d'une réponse. Ce n'était pas leur faute. Ces enfants n'avaient que sept ans pour la plupart, et n'avaient connu que la vie des ghettos et des camps. Pour eux, la justice était arbitraire et le pouvoir était tout.

— Quand il n'y a pas de guerre, commença-t-elle prudemment, nous ne punissons que les personnes qui ont commis un crime.

Ils s'approchèrent et l'entourèrent, intrigués.

— Qu'est-ce qu'un crime, Tasha ?

— Quelque chose qui est interdit par la loi du pays. Comme le vol.

— Les Allemands ont volé toutes nos affaires et n'ont pas été punis.

— Pas à l'époque, mais ils vont l'être, désormais.

— Est-ce qu'on va les gazer ?

Tasha se mordit l'intérieur de la joue pour s'empêcher de pleurer.

— Non. Ce n'est pas normal de gazer les gens. Pas normal et pas bien. Dans le monde réel, si on soupçonne quelqu'un d'avoir commis un crime, il y a un procès au cours duquel un juge et un jury décident s'ils sont coupables et déterminent ensuite la peine qui est méritée.

Moishe la regardait avec incrédulité, et elle ne lui en voulait pas pour ça. Ce genre de traitement équitable semblait presque impossible à se rappeler pour Tasha, alors que dire de ces pauvres enfants, qui ne l'avaient jamais connu ?

— Combien de temps cela prend-il ? demanda Ernst.

— Des semaines. Des mois, peut-être. Il faut être sûr que ce soit juste.

Ce mot en particulier les laissa visiblement perplexes.

— Juste ?

— Équitable. Prouvé.

— Hmm. Alors les Allemands vont avoir un… procès ?

— Je crois que ça va être le cas pour ceux que nous attraperons.

— Mais tout le monde sait qu'ils sont coupables, ajouta Ernst. Ils ont tué ma mère. Je les ai vus. Ils l'ont mise dans la file de gauche, ils l'ont envoyée dans la chambre à gaz et sa fumée est montée par la cheminée. Je le sais parce que les autres garçons me l'ont montré.

C'était une affirmation calme, mais Tasha entendit la fissure dans sa jeune voix et se pencha pour l'entourer de ses bras. Il se déroba d'abord, puis céda soudain et se serra si fort contre elle qu'elle dut s'arc-bouter contre l'arbre pour supporter son poids.

— C'était très, très mal, Ernst, lui dit-elle. Et ils seront punis.

— Par pendaison ?

— Peut-être. Je ne sais pas.

— J'aimerais mieux la pendaison, dit-il en se retirant aussi soudainement qu'il avait cédé. Alors, Marta, tu seras un garde nazi et Suzi, Moishe et Judith pourront faire le procès, et ensuite je te pendrai.

— Je ne veux pas être un garde nazi, objecta Marta.

— Il faut bien que quelqu'un le fasse.

— Non, personne n'a à le faire, dit Tasha avec fermeté alors que la lèvre de Marta commençait à trembler.

Elle prit la petite main de la fillette, frémissant au souvenir de l'étreinte de sa sœur. Amelia n'était plus là, mais ces enfants étaient bien vivants, et elle devait faire de son mieux pour les aider.

— La guerre est finie et il n'y a plus de gardes nazis, reprit-elle. Pourquoi ne pas jouer aux dragons, ou aux princes et aux princesses, ou, ou…

Tasha chercha dans sa tête les jeux auxquels elle avait déjà joué, mais elle ne comprenait que trop bien pourquoi ils semblaient futiles à ces enfants du camp. Elle suggéra de jouer à la marelle.

— C'est quoi, la marelle ?

— Regardez. (Elle prit une pierre crayeuse et dessina des carrés sur le sol.) Je vais vous montrer.

Quelques minutes plus tard, les enfants comptaient joyeusement leurs bonds et leurs sauts sur la petite piste rugueuse qu'elle avait tracée et elle put retirer la corde et l'emporter avant que ce jeu diabolique ne commence à devenir trop réaliste. *Pauvres enfants.* Au moins, Tasha avait eu une enfance heureuse, avec une balançoire dans un jardin verdoyant et des livres d'histoires remplis de monstres de contes de fées, au lieu de vrais monstres armés de fusils, de fouets et de chiens aux gueules écumantes. Au moins, elle avait eu Tata pour la lancer en l'air, maman pour la border le soir et une sœur avec qui se disputer jouets et poupées. Elle avait même eu une bonne pour lui préparer des biscuits maison pour le thé et s'occuper d'elle quand ses parents sortaient pour une fête ou un dîner, dans de beaux vêtements. Certes, elle avait l'impression d'avoir vécu une autre vie après, mais elle se souvenait de l'ancienne et la chaleur qui se dégageait de ce souvenir était profondément ancrée dans ses os, en dépit de la souillure qui avait suivi.

L'image de son père traîné hors de l'abri à moitié effondré dans lequel ils s'étaient tous cachés quand les Allemands avaient finalement repris Varsovie, après l'échec de l'insurrection, revint à l'esprit de Tasha et, les jambes tremblantes, elle s'assit sur un muret. Pendant soixante longs jours, l'été dernier, les habitants de la capitale polonaise avaient combattu les occupants, attendant le soutien promis des troupes soviétiques. Mais ces derniers n'étaient jamais venus et, finalement, la faim, la soif et la maladie avaient brisé cette population qui avait résisté aux chars et aux canons, et la ville s'était rendue.

En théorie, les civils avaient été autorisés à quitter les lieux pacifiquement, et les soldats à se rendre en tant que prisonniers de guerre ; mais les Juifs avaient été sommairement abattus, en particulier les personnalités les plus en vue, comme son père. Avocat de métier, Szymon Ancel avait été l'un des leaders du soulèvement du ghetto juif de 1943, et avait caché sa famille en ville quand ce dernier avait été démantelé – pour mieux tenter sa chance lors du soulèvement général de la ville, un an plus tard. Cette fois, Szymon savait qu'il n'échapperait pas au châtiment nazi, et il leur avait demandé de partir sans lui. Mais Lydia avait refusé.

— Si tu meurs, nous mourrons tous avec toi, avait-elle dit, comme s'il s'agissait de prendre rendez-vous pour un dernier pique-nique. Mais les choses ne s'étaient pas passées ainsi.

Le cœur de Tasha se mit à battre plus vite en se rappelant le bruit des bottes qui descendaient le chemin qui menait à leur abri. Le gros cadenas n'avait pas résisté aux crosses des Allemands ni la porte à leurs bottes, et la pile de meubles n'avait servi à rien pour les cacher. Les soldats les avaient simplement jetés de côté avant de les faire tous sortir à l'air libre. On était alors au début du mois d'octobre et les quelques arbres qui s'accrochaient encore à la vie avaient perdu leurs feuilles, rouge sang sur les ruines de la ville. Les Allemands avaient forcé Szymon à s'agenouiller et l'avaient abattu sur place, sans même lui dire un mot. Tasha le revoyait tombant à plat ventre dans les feuilles. Puis ils avaient tous été emmenés, sans avoir le temps de le pleurer ou d'embrasser son visage sans vie. Il n'y avait pas eu de dernier pique-nique, juste un coup de feu, une marche cruelle vers le camp de Pruszków et, de là, le train pour Auschwitz. Il n'y avait pas eu de temps pour le deuil, il y avait juste eu le choc, puis une bataille pour leur survie qui avait rendu Amelia à Dieu, envoyé Tasha à Theresienstadt, quant à Lydia…

Tasha ferma les yeux et fouilla dans son sac de cuir, touchant de ses doigts la mèche de cheveux de sa mère dans l'espoir insensé que cette dernière puisse lui transmettre un peu de son amour, où que se trouve cette dernière.

— Reste forte, Tasha, lui avait-elle dit alors qu'elle était emportée hors du camp d'Auschwitz. Nous nous retrouverons à…

Mais ce qu'elle avait voulu dire avait été emporté par la neige, les aboiements des chiens et les cris étouffés des gens. Tasha supposait que sa mère serait rentrée à Varsovie, mais c'était à des centaines de kilomètres de là et elle n'avait aucune idée de la façon de s'y rendre. D'ailleurs, elle n'avait même pas d'argent pour le faire. La Croix-Rouge ne cessait de lui répéter de rester à Theresienstadt, où elle était en sécurité, pendant qu'ils « s'occupaient de la trouver », mais elle sentait qu'elle devait prendre les devants.

Elle essuya une larme en soupirant. Les enfants avaient abandonné la marelle et étaient allés plus loin, s'adonnant peut-être à d'autres jeux de rôles violents, aussi se leva-t-elle pour aller voir. Ce n'était pas son travail, mais ce n'était le travail de personne, et au moins le fait de s'occuper d'eux l'empêchait de s'appesantir sur son propre sort.

Sur la place principale, elle fut soulagée de les voir se presser autour d'un groupe d'étrangers, réclamant des barres de chocolat à grand bruit. L'eau à la bouche, elle se dirigea vers eux, curieuse de voir qui étaient ces nouvelles personnes. Ils avaient l'air officiels et s'ils étaient de l'UNRRA – l'Administration des Nations unies pour le secours et la réhabilitation – ou de l'une des autres organisations, de plus en plus nombreuses sur le terrain. Elle pourrait peut-être tenter d'obtenir des nouvelles de sa mère. De nombreuses personnes commençaient à dresser des listes de personnes séparées par la guerre, et chaque nouvelle liste laissait espérer que le nom que vous cherchiez depuis si longtemps apparaîtrait. Elle joua des coudes pour se frayer un chemin jusqu'à l'avant.

— Êtes-vous de l'UNRRA ? demanda-t-elle à un jeune homme vêtu d'un élégant costume.

— Non, répondit-il en anglais. Du Central British Fund.

Elle le fixa un instant, incapable de comprendre sa langue.

— Le Central British Fund for World Jewish Relief, répéta-t-il en yiddish et, bien qu'elle soit loin de le parler couramment, elle avait suivi suffisamment d'enseignement à la synagogue pour le comprendre. Nous sommes une organisation caritative anglaise qui aide le peuple juif.

— Qu'est-ce que vous faites à Theresienstadt ? demanda-t-elle.

Il lui répondit en yiddish et, voyant qu'elle le maîtrisait mal, répéta en allemand, qu'elle comprit immédiatement. L'allemand était la langue imposée dans les camps, et même si tous les Polonais le détestaient, tous avaient appris à le parler. Elle comprenait donc maintenant les mots de l'homme – sans qu'ils aient toutefois beaucoup de sens pour elle.

— Vous êtes ici pour emmener des orphelins en Angleterre ?

— Absolument.

— Pourquoi ?

— Pour leur offrir un nouveau départ.

— En Angleterre ?

— Pourquoi pas ?

— Oui, pourquoi pas ? dit une voix derrière elle, dans un allemand au fort accent polonais. (Georg lui passa le bras autour de l'épaule.) L'Angleterre est verte, riche et sûre.

— Elle n'est pas riche, corrigea l'homme. La guerre l'a vidée de sa substance, mais il y a de quoi accueillir ceux qui ont besoin d'aide là-bas.

— Et nous avons besoin d'aide, n'est-ce pas, Tash ?

Tasha le regarda.

— Tu parles de moi ?

— Toi et moi, bien sûr. Nous sommes orphelins.

Tasha repoussa son bras.

— Je ne le suis pas.

Georg la regarda avec commisération.

— Elle pense que sa mère est toujours en vie, dit-il au jeune homme bien habillé.

— Elle est toujours en vie, dit Tasha. Je sais qu'elle est toujours en vie. Elle n'était pas malade quand ils l'ont poussée dans la neige. Elle était maigre, oui, et elle avait froid, mais c'était une femme forte, plus forte que beaucoup d'entre eux. Nous n'étions à Auschwitz que depuis quelques mois, alors nous n'étions pas aussi épuisées que…

— Auschwitz ? l'interrompit l'homme. (Elle acquiesça et il la regarda avec une profonde tristesse.) Je suis vraiment désolé.

— Pourquoi ?

— C'était un camp de la mort ?

— Oui.

Tasha se tourna vers Georg, qui s'approcha d'elle.

— C'était un camp de la mort, dit-il à l'homme avec assurance, mais, comme vous le voyez, nous sommes bien vivants.

— Oui, bredouilla-t-il en s'efforçant de se reprendre. Oui, bien sûr. Vous vous êtes bien débrouillés, les enfants. C'est…

Georg commençait à s'impatienter.

— Où doit-on s'inscrire ? Pour l'Angleterre, je veux dire. À qui devons-nous dire que nous voulons partir ?

— Je ne veux pas partir, objecta Tasha.

Mais Georg posa un doigt sur ses lèvres, les effleurant à peine.

— Juste pour en savoir un peu plus, d'accord ? Et si on retrouve ta mère entre-temps, elle pourra peut-être venir aussi ?

— Pas si c'est pour les orphelins, Georg.

— Problèmes de traduction, dit-il en polonais, avant de passer à l'allemand pour l'homme de ce mystérieux Fonds juif. Que devons-nous faire ?

Il parut soudain troublé.

— Je n'en suis pas sûr. Il faut demander à M. Montefiore. C'est le responsable de cette délégation.

— Excellent. Où peut-on le trouver ?

L'homme lui indiqua l'hôtel de ville.

— Merci beaucoup. Allez, Tasha, par ici l'Angleterre.

Il lui prit le bras et l'entraîna vers les marches, mais elle recula.

— Georg, je ne suis pas sûre. Je ne crois pas que je veuille aller en Angleterre.

— Personne ne t'y forcera, mais songe à une chose : si tu es sur la liste, tu pourras toujours ne pas te présenter ; mais ils ne te prendront pas si tu ne figures pas dessus.

Cela avait une certaine logique, mais Tasha n'était toujours pas sûre qu'il ne s'agissait pas d'un nouveau tour de Georg. L'autre jour, il était venu en courant pour dire que les autorités avaient ouvert les magasins d'alimentation pour tout le monde. Il s'agissait d'un nouveau système plus égalitaire, avait-il dit, et bien qu'il ne doive être lancé que plus tard dans la journée, il avait entendu les gardes en parler et s'était dit que s'ils arrivaient les premiers, ils auraient sans doute accès aux meilleures choses. Il avait été si convaincant qu'elle l'avait suivi et, bien sûr, la porte des magasins était ouverte et ils étaient entrés pour découvrir un paradis de provisions alimentaires.

— Et on peut prendre ce qu'on veut ? avait demandé Tasha en regardant autour d'elle, incrédule.

— La porte était ouverte, pas vrai ?

— Eh bien, oui, mais…

— Et nous avons enduré de telles privations que ce n'est que justice, n'est-ce pas ?

— C'est vrai, mais…

— Et tu as faim.

— J'ai toujours faim.

— Viens, alors.

Elle l'avait suivi à l'intérieur et était en train d'attraper une boîte de lait concentré, anticipant le goût riche et sucré qui coulerait bientôt dans sa gorge, quand un fonctionnaire de la Croix-Rouge s'était avancé derrière eux :

— Et qu'est-ce que vous croyez faire là, tous les deux ?

Il s'avéra rapidement que les autorités n'avaient pas ouvert les portes de leurs magasins. Habilement, Georg avait crocheté la serrure et invité Tasha le suivre. La manière dont il comptait s'en tirer était la seule partie du plan qui manquait de clarté, mais comme Tasha le découvrait rapidement, avec Georg il s'agissait surtout d'agir tout de suite et de régler les problèmes plus tard. Tasha, elle, n'avait pas envie de s'attirer des ennuis et ne voulait pas se laisser entraîner dans une de ses nouvelles frasques.

— Je ne pense pas que les gens normaux soient censés entrer ici, Georg, protesta-t-elle alors qu'il la guidait à travers le hall à colonnades de l'hôtel de ville.

— Nous ne sommes pas des gens « normaux », ma chère Tasha, rétorqua Georg. Nous sommes des victimes de guerre, et avons droit à ce titre à une « restitution ».

— Vraiment ?

— Apparemment. J'ai lu un dépliant à ce sujet, l'autre jour. Ça signifie « rendre une chose perdue ou volée à son propriétaire légitime », ce qui me semble tout à fait juste.

Tasha pensa à Moishe, Suzi et Marta la fixant avec des yeux ronds, alors qu'elle essayait de leur expliquer le concept de justice, et se dit que Georg n'avait pas tort. Malgré tout, elle ne pouvait s'empêcher de ressentir de l'appréhension alors qu'ils approchaient du bureau.

— Je peux vous aider ? demanda en allemand une femme élégamment coiffée, dont la voix avait le timbre le plus doux de la Suisse alémanique.

— Nous cherchons la liste pour l'Angleterre, lui dit Georg avec assurance.

— Quelle liste ?

— La liste de M. Montefiore, pour les orphelins.

— Ah ! (Elle le toisa de haut en bas.) Le bruit court déjà à ce sujet, c'est ça ?

— C'est vrai, alors ? demanda Tasha.

La femme se tourna vers elle.

— Je crois que oui, mon enfant, mais honnêtement, je ne connais pas les détails. Je sais cependant que c'est pour les enfants non accompagnés. Quel âge avez-vous ?

— Seize ans, lui dit Tasha.

— Dans ce cas, cela peut te concerner.

— Moi aussi, dit Georg sans hésiter.

Tasha et la femme le fixèrent d'un air sceptique.

— Quoi ? J'ai seize ans. Je suis juste grand pour mon âge.

— Pas commun dans les camps, dit la femme d'un ton modéré.

— Oui, on me l'a dit, acquiesça Georg sans sourciller.

Tasha repensa à lui, prétendant avoir dix-neuf ans pour entrer dans la maison pour hommes, et s'émerveilla de son don d'adaptation. « Je peux être qui je veux », lui avait-il dit, et maintenant, semblait-il, il voulait et pouvait avoir seize ans.

— Vous avez des papiers ? demanda la femme.

— Malheureusement, non. Les nazis me les ont pris, comme tout ce que je possédais.

La femme soupira.

— Je suis vraiment désolée. Écoutez, inscrivez vos noms sur ce papier et je vais voir ce que je peux faire.

Georg prit le stylo et écrivit en gros caractères gras : « Georg Lieberman, seize ans. »

— Ici, Tash.

Il lui tendit le stylo, mais elle hésita.

— Je ne sais pas, Georg. Je dois retrouver maman.

La femme se pencha sur le bureau.

— Sais-tu où elle se trouve, chérie ?

— Si c'était le cas, répondit Georg, elle n'aurait pas besoin de la trouver, pas vrai ?

— Nul besoin d'être grossier, jeune homme. (Elle regarda directement Tasha.) As-tu des indices ?

Tasha se redressa sur sa chaise ; cette femme pouvait peut-être l'aider.

— Elle s'appelle Lydia Ancel et a quitté Auschwitz lors des marches de la mort, en janvier. C'est tout ce que je sais, mais elle est forte et résistante, et je suis sûre qu'elle s'en est sortie. Et elle a les cheveux roux. Comme les miens.

Elle tira sur une de ses touffes et la femme lui adressa un sourire.

— Ça devrait pouvoir aider.

— Je pense que oui. Elle ne peut pas être si difficile à trouver, pas vrai ? C'est la raison pour laquelle je ne peux pas aller en Angleterre.

— D'où viens-tu ?

— Varsovie.

— Ah ! (Le visage de la femme se décomposa, emportant avec lui les espoirs naissants de Tasha.) Varsovie est invivable, je le crains. Il y a eu tant de bombardements pendant le soulèvement et ensuite, et bien sûr, les représailles… Les nazis ont rasé la ville.

— Toute la ville ?

— Presque. On m'a dit que d'audacieux projets de reconstruction étaient en discussion, mais pour l'instant…

— En ce moment ? insista Tasha.

— Il n'y a vraiment plus grand-chose sur place, et le gouvernement demande aux gens de ne pas chercher à y retourner. Je suis vraiment désolée.

Tasha pensait à la Varsovie de son enfance, avec ses bâtiments baroques colorés et ses larges places, ses promenades fréquentées le long de la Vistule, ses théâtres et ses marchés, ses restaurants et ses cafés animés. Elle ne pouvait supporter l'idée que toute cette vie et cette beauté soient réduites à des décombres laids et stériles – le fait que sa propre maison se trouve au milieu des décombres n'y étant pas étranger.

Elle entendit Lydia l'appeler et ce fut une fois encore un vrai supplice.

— Qu'est-ce que je vais bien pouvoir faire, alors ? s'écria-t-elle.

La femme posa des doigts parfaitement manucurés sur ceux de Tasha. Ils étaient chauds et doux et, pendant une douloureuse seconde, elle eut l'impression que c'était Lydia elle-même qui avançait sa main vers elle, comme avant que cette maudite guerre ne vienne tout engloutir autour d'elle.

— Je ne suis pas la meilleure personne pour spéculer là-dessus, mais je dirais que votre mère a plus de chances de vous trouver que l'inverse. Ce projet anglais va faire l'objet d'une large publicité. Les noms des admis seront publiés dans la presse, sans aucun doute. Il y aura des photos, des articles, des émissions de radio.

— Vous croyez ?

— J'en suis sûre.

— Tu vois, dit Georg en lui prenant les mains, c'est la meilleure façon de passer le mot.

— Mais si je suis dans un autre pays… ?

— Alors je suis sûre que quelqu'un pourra l'aider à traverser elle aussi et que vous pourrez commencer une nouvelle vie ensemble.

— En Angleterre ?

Tasha ne savait pas grand-chose de ce pays, si ce n'est qu'il y pleuvait beaucoup, que tout le monde buvait du thé avec du lait dedans et qu'on y jouait au football. De plus, bien qu'il s'agisse d'une île minuscule, les Anglais étaient les meilleurs amis des Américains et avaient pu résister à l'Allemagne et même contre-attaquer. Si tout le monde là-bas était comme cet homme, ce Churchill, alors elle pensait en effet que ce pouvait être l'endroit idéal pour prendre un nouveau départ. Mais ce n'était pas *chez elle*.

Existait-il seulement un endroit au monde qui pouvait répondre à cette définition ?

Tasha prit le stylo de Georg, inspira profondément et écrivit son nom sous le sien. Elle n'avait plus qu'à prier pour que, lorsque la nouvelle de ce projet se répandrait, Lydia entende parler d'elle et la retrouve avant qu'elle ne prenne cet avion. Elle et sa mère pourraient alors refaire leur vie ensemble en Pologne, tandis que l'Angleterre disparaîtrait dans la brume à laquelle elle appartenait.

4

New Barn, Essex, juin 1945

Alice

Alice se tourna vers le soleil, inhabituellement puissant pour la saison, puis examina l'hétéroclite collection d'articles de plein air qui se trouvait sous le porche usé de New Barn, pleine d'espoir. Elle aurait eu besoin d'un joli parasol, mais il n'y avait rien d'autre là qu'un horrible parapluie noir. Cela ne contribuerait guère à améliorer son allure, mais elle n'avait pas le choix. Sa peau, pâlie par les nuages qui n'en finissaient pas de passer sur la Grande-Bretagne, serait brûlée avant qu'elle atteigne Hampstead si elle ne trouvait pas de moyen de se mettre à l'ombre. Poussant un soupir, elle se saisit du parapluie.

La chaleur de l'air, au moins, était la bienvenue, et il était agréable de porter un manteau plus léger. Ne pas porter de manteau du tout serait encore plus agréable, mais elle se rendait à Londres et elle tenait à ne pas paraître trop débraillée. Anna Freud était toujours très élégante et elle ne voulait pas la rencontrer dans une tenue négligée.

Se redressant, elle commença à descendre le sentier, mais une voix appela :

— Alice !

Edward, âgé de huit ans, descendit l'escalier en courant.

— Tu t'en vas ? demanda-t-il en tournant son visage vers le sien, les yeux baignés de larmes inquiètes.

— Seulement pour aujourd'hui, Teddy, lui assura-t-elle. Je serai de retour à l'heure du thé.

— Promis ?

— Promis.

L'incertitude plana encore quelques instants sur son visage.

— Tous les autres s'en vont et ne reviennent pas.

— Je sais, et tu t'en iras aussi quand ton papa reviendra de la guerre.

Teddy acquiesça solennellement.

— Il viendra me chercher et me ramènera à la maison et nous vivrons heureux pour toujours.

Alice sourit.

— J'espère, Teddy.

— Quand reviendra-t-il ?

— Très bientôt. Son bateau est parti du sud de la France, mais c'est très loin et le voyage prend du temps. Tu te souviens de la carte que je t'ai montrée ?

— Je m'en souviens. Il doit passer par le canal de Gibraltar, puis remonter le long de la France et passer devant les Cornouailles, où nous sommes allés en vacances une fois, sauf que je ne m'en souviens pas – mais j'ai une photo.

— Parfaitement. Tu as une excellente mémoire, Teddy.

Alice envisagea de corriger le mot « canal » par « détroit », mais il y était presque et l'erreur la fit sourire, ce dont elle avait besoin aujourd'hui. Anna allait certainement lui annoncer la fermeture définitive de New Barn, ce qui était une évidence avec seulement trois enfants restants, cependant cela n'arrangeait pas Alice.

— Va trouver Sophie, dit-elle au petit garçon en l'éloignant doucement de ses jambes. Peut-être qu'elle sera d'accord pour faire des brioches avec toi ?

— Des brioches aux groseilles ? Oh, oui !

Teddy lâcha prise et partit en courant, appelant les deux autres enfants pour leur annoncer qu'ils allaient faire de la pâtisserie. Alice croisa les doigts pour que Sophie ait les ingrédients nécessaires puis, jetant un coup d'œil à sa montre, se dirigea vers l'arrêt de bus en pressant le pas. Elle avait rendez-vous avec sa patronne pour un petit déjeuner à 11 heures, et elle ne voulait pas être en retard.

La petite gare de Dunmow était étonnamment animée, notamment par de jeunes femmes vêtues de jolies robes d'été, dont certaines étaient manifestement neuves et pourvues de jupons plus amples qu'Alice n'en avait vus depuis longtemps. Le tissu étant encore rationné, et elle n'avait aucune idée de la façon dont ces femmes avaient pu se les procurer, mais la plupart d'entre elles étaient splendides.

Le train approcha et une jeune femme sembla particulièrement excitée par son arrivée, sautant comme une enfant à son approche. Presque aussitôt, une porte s'ouvrit et un homme en uniforme en descendit. La jeune fille se jeta dans ses bras, passa ses mains autour de son cou et, quand leurs lèvres se rencontrèrent, Alice détourna le regard, gênée. Tant de passion ! Et devant tout le monde ! Comment osaient-ils ?

Ils osent parce qu'ils sortent de la guerre, se réprimanda-t-elle. *Ils auraient pu si facilement se perdre l'un l'autre. Et quand on a été confronté aux fusils, aux chars et aux bombes, qu'y a-t-il à craindre à montrer à quel point on tient l'un à l'autre ?*

Elle le pensait vraiment. Elle était heureuse pour ce jeune couple et pour tous les autres qui, bien heureusement, étaient réunis. Mais tout de même… Elle n'aurait jamais osé, pour sa part.

Parce que tu n'es pas amoureuse, se dit-elle avant de contourner le couple enlacé et de monter dans le train.

Elle n'était pas amoureuse, ne l'avait jamais été et ne le serait probablement jamais. Elle avait eu un amoureux une fois, en 1917. Enfin, pas un amoureux à proprement parler. Peut-être un soupirant ? Un prétendant ? Un aspirant prétendant, si elle devait être tout à fait honnête. Tout ce qu'elle et Heinz avaient fait, c'était bavarder timidement au cours de quelques soirées et, une unique fois, danser la valse ensemble. Il l'avait invitée à dîner par la suite, mais son unité avait été appelée plus tôt que prévu et ils avaient dû tout annuler. Il n'y avait jamais eu d'autre occasion. Le pauvre Heinz avait été tué dans les Flandres quelques jours après son arrivée sur le front. Il n'avait jamais invité Alice à dîner, ni personne d'autre d'ailleurs. Après la Première Guerre, il y avait eu une pénurie d'hommes, aussi ceux qui restaient avaient eu le loisir de choisir leurs femmes. Et aucun n'avait choisi Alice.

Elle n'en avait pas nourri de rancune. Elle s'était plongée dans le travail et, comme beaucoup de familles se trouvaient dans une situation économique déplorable, les besoins étaient immenses. Combien de mères lui avaient amené leur enfant à la porte, pleurant et suppliant Alice de le prendre en attendant qu'elles puissent gagner de quoi le nourrir ? Mais les salaires étant de plus en plus bas – alors même que ces femmes faisaient des pieds et des mains pour survivre –, cela n'arrivait que rarement.

Pas étonnant que les gens aient cru aux belles paroles d'Hitler, quand ce dernier leur parlait de fierté retrouvée et d'une prospérité à venir. Alice frémit en pensant aux plans diaboliques que ces idéaux apparemment si nobles dissimulaient. Elle se souvint du jour où la police était venue à l'orphelinat pour lui annoncer qu'elle n'était plus considérée comme *bienvenue*, sa présence étant susceptible de corrompre les jeunes esprits allemands. Les enfants avaient pleuré, son patron avait tenté de la défendre. Et Alice était restée là, stupéfaite. Elle était née à Berlin de parents berlinois, et l'implantation de ses ancêtres en Allemagne datait de plusieurs siècles, et soudain, on la considérait comme *Untermensch* – une sous-personne.

Elle aurait dû se défendre. Ils auraient tous dû se défendre. En avaient-ils les moyens ? Nourrir ce doute sur leur capacité de l'époque à faire quoi que ce soit d'utile pour arrêter Hitler était parfois insupportable. Mais tant de gens, dans tant de pays, faisaient montre de leur haine des Juifs, pensa-t-elle.

Ces maudits nazis étaient parvenus à canaliser cette pulsion de rejet et à la transformer en pulsion de mort. Ils n'avaient plus eu aucune chance après ça.

— Vous allez bien, madame ?

Ce ne fut qu'au moment où l'homme assis en face d'elle se pencha en avant, manifestement inquiet pour elle, qu'Alice se rendit compte de la rapidité de sa respiration.

— Très bien, merci. Je suis désolée, il fait très chaud, n'est-ce pas ?

— En effet, convint-il, manifestement soulagé qu'il ne s'agisse que du temps qu'il faisait, préoccupation favorite de tout gentilhomme anglais.

Il se retira derrière son journal et Alice se tourna vers la fenêtre, se concentrant sur les prairies en fleurs peuplées de moutons, essayant de se rappeler qu'il y avait encore du bon dans le monde. Malgré tout, elle ne pouvait s'empêcher de penser au pays dans lequel elle était née. À quoi ressemblait l'Allemagne aujourd'hui ? Elle avait entendu dire que Berlin avait été encore plus bombardée que Londres et, bien entendu, que c'était aujourd'hui une ville occupée, découpée comme un gâteau par les Alliés victorieux. Elle ne s'imaginait pas y retourner, mais ne voyait pas comment elle pourrait rester ici. Qui voudrait d'une puéricultrice allemande dans l'Angleterre d'après guerre ?

Et puis, il y avait Max.

— Je vous ferai venir, avait-elle promis quand son frère l'avait accompagnée sur le quai de la gare, en 1939. Dès que j'aurai un travail et un endroit où vivre, je vous ferai venir tous les trois et nous resterons ici ensemble et en sécurité.

— Je ferai des économies, lui avait dit Max. Peu importe ce qu'il m'en coûte, je viendrai. Je te rejoindrai en Angleterre.

Était-ce toujours son projet ? Depuis la fin de la guerre, elle avait envoyé plusieurs lettres à son ancienne adresse et à celle de son frère, avec des moyens de la contacter, mais elle n'avait eu aucune réponse et ne savait même pas si ces adresses existaient encore.

Ni si c'était le cas de Max lui-même.

Chaque fois qu'Alice venait à Londres, elle se rendait dans toutes les agences d'aide aux réfugiés, cherchant son nom et ceux de Lilli et de Ruth-Gertrud dans les registres. La semaine précédente, son enquête avait connu une sorte d'avancée. Elle avait trouvé une liste de résidents de Theresienstadt parvenus jusqu'à Londres, et n'y avait trouvé aucun membre de sa précieuse famille. Elle espérait que cela voulait dire qu'ils avaient vu la fin de la guerre, qu'ils étaient partis ensemble et essayaient maintenant de rentrer chez eux. Elle avait écrit à toutes les agences de Berlin et couru à la poste tous les matins, dans l'espoir d'avoir des nouvelles, mais jusqu'à présent, rien.

— Ne perds pas espoir, murmura-t-elle alors que les champs cédaient la place aux rues bondées de Londres.

En se levant pour ramasser sa mallette usée et son affreux parapluie, elle ne put s'empêcher de remarquer un couple installé deux places plus loin. Le couple se parlait avec intensité, yeux dans les yeux, mains entrelacées. Un diamant brillait au doigt de la jeune fille et il était clair que ces deux-là étaient prêts à franchir le cap du mariage. Peut-être l'avaient-ils déjà consommé, d'ailleurs.

Alice se réprimanda elle-même pour ses pensées indiscrètes. Elle n'avait jamais connu cette part de la vie, et ne la connaîtrait probablement jamais. Cela n'avait pas semblé avoir d'importance à l'époque où son travail lui prenait tout son temps, et bien sûr personne n'avait eu d'homme à ses côtés au cours des cinq dernières années, de sorte qu'Alice s'était sentie dans une position agréablement normale, pour une fois. Aujourd'hui, cependant, les histoires d'amour semblaient fleurir à tous les coins de rue, et elle devait admettre que ça la blessait. Elle n'allait pas rencontrer l'amour aujourd'hui, se reprit-elle, alors la meilleure chose à faire restait de trouver un travail.

— Alice ! Je suis ravie de vous voir. Entrez, entrez. Dorothy nous a trouvé de l'*Apfelstrudel.*

Anna Freud fit entrer Alice dans la jolie maison de Hampstead, qu'elle partageait avec Dorothy Burlingham, une Américaine issue de la famille Tiffany, une femme riche et une psychanalyste presque aussi talentueuse qu'Anna Freud elle-même. Une table était dressée avec de la vaisselle fine, un strudel fraîchement saupoudré de sucre glace trônant au centre d'une assiette luxueusement décorée. Alice en eut immédiatement l'eau à la bouche. Elle avait toujours eu un faible pour le sucré et toutes ces années de rationnement n'avaient rien fait pour l'adoucir. La surprise était donc bienvenue.

Elle remarqua qu'il y avait quatre couverts.

— Quelqu'un doit se joindre à nous ? demanda-t-elle.

— Bientôt, dit Anna en agitant une main aérienne, mais cela ne doit pas nous empêcher de goûter à cette merveille. Ah, et le thé arrive ! Je vous remercie, Dorothy.

Alice faillit rire en voyant cette Autrichienne notoire s'asseoir avec son amie américaine pour ce qui avait été promis comme un petit déjeuner allemand, mais qui, en dépit du strudel, ressemblait davantage à un *morning tea* anglais.

— Je suis désolée, dit Anna, comme si elle lisait dans ses pensées – ce qu'elle était peut-être en train de faire, au demeurant –, le bon café est encore si difficile à trouver que j'ai pensé que le thé serait préférable.

— Le thé sera parfait, lui assura Alice en fixant à nouveau la quatrième place.

Qui donc allait les rejoindre ? *Quelqu'un que je connais, j'espère,* se dit-elle tant elle était la plupart du temps mal à l'aise avec les inconnus.

— Alors, New Barn doit être presque vide, maintenant, dit Dorothy en tapotant la main d'Alice. Ce doit être quelque chose pour vous.

— En effet, admit Alice. Je suis ravie que tant d'enfants puissent retrouver un foyer, mais voir cet endroit se vider de ce qui faisait sa vie est quelque chose d'étrange.

— Et, bien sûr, cela vous prive de votre emploi.

Alice sursauta. L'Américaine était connue pour son franc-parler, mais ça n'en restait pas moins une remarque étonnamment directe.

— Dorothy ! la réprimanda gentiment Anna. Veux-tu bien ménager cette pauvre Alice ? Prenez une part de strudel, Alice.

Alice accepta la généreuse part mais n'avait plus guère d'appétit.

— Connaîtriez-vous quelqu'un qui pourrait m'employer ? demanda-t-elle en forçant littéralement les mots à sortir de sa bouche.

Anna s'avança dans son fauteuil.

— Je suis en train de mettre en place un cours de thérapie infantile pour aider davantage de gens à se former dans notre domaine. Il faudra un peu de temps pour démarrer, mais j'aurai besoin d'une aide en matière de secrétariat.

— Secrétariat ? dit faiblement Alice.

Elle connaissait le travail de bureau et l'accomplissait parce qu'elle était obligée de le faire, mais ce n'était pas son point fort. Elle préférait être sur le terrain avec les enfants, s'occuper d'eux, organiser des choses pour eux.

— Ce ne sera pas très amusant, concéda Anna, mais cela pourrait suffire jusqu'à ce que… (Elle s'interrompit et reprit une bouchée de strudel.) Pensez-vous rester en Angleterre, Alice ?

— Et vous ? demanda Alice en esquivant la question.

— Oui, je vais rester. Je me plais ici, et je pense que Dorothy et moi pouvons faire du bon travail ensemble. L'Autriche est occupée, ce qui signifie qu'elle ne sera plus l'Autriche avant un moment. Alors je me vais réinstaller ici.

— C'est une sage décision.

Alice ne pouvait s'empêcher d'être jalouse de la certitude d'Anna. Mais elle avait Dorothy, et il était tellement plus facile de se relancer quand on avait quelqu'un avec qui le faire.

— Les sœurs Dann parlent de créer une crèche spécialisée, dit Dorothy. Peut-être auront-elles besoin d'aide ?

Sophie et Gertrud Dann s'étaient occupées des nourrissons et des enfants en bas âge de Hampstead. Les deux femmes avaient bon cœur et excellaient dans leurs tâches, mais Alice n'aimait pas les bébés. Elle préférait les enfants, avec lesquels on pouvait communiquer davantage.

— Peut-être, dit-elle, sans vouloir s'engager. Alors l'orphelinat va complètement fermer ses portes ?

— J'ai bien peur que oui. Le financement du ministère prendra fin le mois prochain et je dois consacrer toute mon énergie à la mise en place de mon séminaire. Mais je suis sûre que d'autres personnes prendront le relais. Je peux me renseigner, si vous le souhaitez.

— Je vous remercie, dit faiblement Alice.

— Comptez sur moi. Nous ne voulons pas vous perdre, Alice. Vous êtes exceptionnellement douée dans votre travail ; et j'aimerais beaucoup que vous suiviez mon séminaire, vous aussi.

— Moi ?! bégaya Alice, étonnée.

— Bien sûr, pourquoi pas ?

— Ne suis-je pas un peu vieille ?

Anna éclata de rire.

— Vous êtes plus jeune que moi, Alice.

— Mais tellement en retard dans ma carrière.

— Cela peut changer, dit Anna avec fermeté. Vous êtes dans la fleur de l'âge.

— Pas du tout !

Alice devait reconnaître à sa patronne un enthousiasme admirable – si ce n'était un optimisme aveugle – mais tout cela ne lui servait à rien tant qu'elle ne trouvait pas de travail. Peut-être allait-elle devoir continuer le secrétariat pendant un certain temps, après tout. Elle but une gorgée de thé et attrapa sa fourchette à gâteau mais, au moment où elle mettait une cuillerée de strudel dans sa bouche, la sonnette retentit, la faisant sursauter et renverser un nuage de sucre glace sur son gilet.

— Oh non ! s'écria-t-elle.

— Ça partira en brossant, la rassura Dorothy, tandis qu'Anna allait ouvrir la porte.

Mais le cardigan était en laine sombre et retenait le sucre, si bien qu'Alice était encore en train de le brosser désespérément lorsque son hôtesse revint avec un homme grand et beau, vêtu d'un superbe costume.

— Bien le bonjour, mesdames, dit-il en soulevant son chapeau d'un geste élégant tout en s'inclinant légèrement.

— Leonard ! s'écria Dorothy en allant l'embrasser sur les deux joues.

Alice était restée là, couverte de sucre et essayant frénétiquement d'avaler sa bouchée de strudel tandis qu'il se tournait vers elle.

— Vous devez être Mlle Goldberger. J'ai beaucoup entendu parler de vous.

— Vraiment ? bafouilla-t-elle.

— Je vous en prie, asseyons-nous.

Ses manières étaient impeccables et elle se rassit avec reconnaissance, profitant de l'occasion pour rincer sa bouche des derniers débris de pâtisserie avec une gorgée de thé.

— Et vous êtes ? demanda-t-elle après avoir repris ses esprits.

— Seigneur, où sont mes manières ? Je suis Leonard Montefiore, membre du conseil d'administration du Secours juif mondial.

— Enchantée de faire votre connaissance, dit Alice, plus timide que jamais.

Si elle était maladroite avec les étrangers, elle l'était encore davantage avec les personnes importantes.

— Pas autant que moi, mademoiselle Goldberger, répondit-il chaleureusement. Je crois que vous êtes la réponse à mes prières.

Alice rougit et chercha un soutien auprès d'Anna, mais celle-ci ne semblait pas en savoir plus qu'elle.

— Je serais heureuse de pouvoir vous aider, monsieur Montefiore. Dans la mesure de mes capacités.

— Appelez-moi Leonard, je vous en prie. Et je suis heureux de l'apprendre. C'est Oskar Friedmann qui m'a parlé de vous.

— Vraiment ?

Alice se tortilla à l'idée de l'éminent psychanalyste de New Barn discutant d'elle avec cet homme. La matinée devenait de plus en plus étonnante.

— Il m'a dit que vous aviez dirigé New Barn avec efficacité, bienveillance et sang-froid. Il dit que vous savez exactement ce qui enthousiasme chaque enfant et comment… continuer à l'enthousiasmer. (Il rit de lui-même.) Je crois que je suis en train de perdre ma métaphore, mais peu importe. Le fait est que vous êtes manifestement très douée avec les enfants.

— Je suis honorée qu'il le pense.

— Vous le pouvez. Oskar sait de quoi il parle. Et il vous a personnellement recommandée pour participer à mon nouveau projet.

Une bouffée d'excitation traversa Alice, comme si elle avait avalé le strudel tout entier et qu'une décharge de sucre se frayait un chemin à travers son système sanguin.

Leonard Montefiore les regarda Anna et elle à tour de rôle.

— Je suis heureux de vous annoncer que j'ai réussi à persuader le gouvernement britannique de nous autoriser à amener mille orphelins juifs en Angleterre pour qu'ils s'y reposent et s'y soignent. Beaucoup d'entre eux ont vécu dans les ghettos et dans les camps.

Dorothy sursauta.

— Des camps de concentration ?

Leonard acquiesça solennellement.

— Des camps d'extermination, même. Certains d'entre eux ont survécu à Auschwitz et à Belsen. Ils ont vu leurs parents et leurs frères et sœurs se faire tuer. Ils ont été exploités comme des esclaves et à peine nourris. Ils ont vécu dans des conditions sanitaires déplorables et ont été exposés à de nombreuses épidémies. Ils ont dormi auprès de cadavres et ont vécu, jour et nuit, avec l'odeur des fours crématoires et de la chair brûlée.

Alice sentit la nausée monter et elle porta une main à sa bouche.

— Ces pauvres enfants.

— Je m'excuse, dit Leonard. Ce n'est pas une discussion que l'on devrait avoir autour d'un thé et en si charmante compagnie, mais c'est la triste réalité et je veux offrir à ces orphelins un nouveau départ.

— En Angleterre ? demanda Anna.

— Dans la région de Lake District, pour être précis. Il y a là-bas une usine d'hydravions installée au bord d'un superbe lac, le lac Windermere, et une grande propriété construite pour loger les travailleurs. De nombreuses familles y vivent encore, mais avec la baisse de la production en cours, la plupart des travailleurs célibataires ont quitté l'usine et plusieurs auberges de jeunesse sont aussi disposées à nous accueillir.

Alice ressentait un vertige soudain. Des orphelins juifs dans des logements de travailleurs, au bord d'un lac verdoyant ? Cet homme était-il fou ou simplement incroyablement attentionné ?

— Ce ne serait que pour quelques mois, reprit-il, pour nous donner le temps de leur trouver un logement permanent, auprès de foyers et de familles à travers le pays, mais je crois que c'est une occasion rêvée de leur offrir un peu de paix, et même un peu de beauté. Nous ne pourrons jamais compenser leurs pertes, bien évidemment, mais le domaine Calgarth peut, peut-être, devenir un nouveau départ.

C'était un sentiment beau et noble et Alice l'observa avec intérêt.

— Et qu'attendez-vous de moi, monsieur Montefiore ?

— Ce que j'attends ? Il la regarda en souriant. Je veux que vous, mademoiselle Goldberger, veilliez au bien-être de ces enfants.

La tête d'Alice tournait comme lorsqu'elle avait pris cette coupe de champagne avec Oskar. Leonard était fou, définitivement fou – mais merveilleusement fou. Un foyer en Angleterre, la possibilité d'offrir un nouveau départ à des enfants qui avaient connu le pire – cela semblait être une vraie chance de poursuivre le travail qu'elle avait essayé de mettre en place pendant toute sa vie d'adulte. Et peut-être un moyen de se racheter pour avoir choisi le chemin de la sécurité personnelle, alors que tant d'autres avaient été laissés en arrière. Alice pensa au visage confus de Ruth-Gertrud quand elle l'avait raccompagnée à la gare avec son père. Elle pensa aux orphelins qu'elle avait été forcée d'abandonner à Berlin – une centaine de paires d'yeux l'implorant de ne pas les laisser. Elle avait le sentiment d'avoir trahi ces enfants, en 1939, mais elle avait peut-être la chance, six ans plus tard, de pouvoir en aider d'autres à leur place.

Alice se redressa, oublieuse soudain du sucre glace qui maculait son gilet, de la robe défraîchie qu'elle portait en dessous et de l'affreux parasol qui gisait près de la porte, et fixa Leonard Montefiore droit dans les yeux en lui demandant :

— Quand commençons-nous ?

5

Prague, juillet 1945

Tasha

Tasha se tenait à la fenêtre du grenier et contemplait les jolies rues de Prague, ébahie par l'intense activité qui y régnait. Ils avaient déménagé ici il y avait quelques semaines, dans l'attente d'un vol qui devait les emmener en Angleterre, et la ville ne cessait de l'étonner. La vie normale de ses habitants lui paraissait si lointaine, si étrangère.

Cette femme qui transportait un sac à provisions au-dessus duquel vacillaient deux oranges n'avait aucune idée de l'étrangeté qu'elle représentait aux yeux de Tasha. Ces vieux hommes assis sur le banc, leur visage ridé tourné vers le soleil et riant d'une plaisanterie commune, ne se doutaient pas de la puissance des souvenirs qu'ils convoquaient dans l'esprit de Tasha. Ces trois garçons qui se balançaient sur une branche d'arbre basse, se mettant mutuellement au défi de grimper plus haut, ne pouvaient savoir à quel point ils paraissaient incroyablement innocents aux yeux de Sasha.

— Oh ! Oh !

À ses côtés, la petite Marta se mit à glousser tout en désignant la femme, dont les oranges glissaient de son sac. Tasha se tourna vers la fillette avec tendresse, appréciant le doux son de son rire. Elle et la petite fille de sept ans s'étaient beaucoup rapprochées au cours des dernières semaines. Marta, qui avait passé une grande partie de la guerre cachée dans le grenier d'une brave institutrice, avait été capturée par les SS et envoyée à Theresienstadt en 1944. Elle n'avait aucun souvenir de sa famille et suivait Tasha comme son ombre. Tasha, de son côté, tirait du réconfort de l'innocente dévotion de cette petite sœur de circonstance et ressentait un féroce besoin de la protéger, qui la faisait se sentir plus humaine. Et plus vulnérable, aussi. Le sentiment d'attachement semblait si fragile depuis les camps, si chargé de souffrance potentielle. Mais elle savait qu'il s'était agi là d'une des formes qu'avaient prises la persécution nazie, à laquelle elle devait résister de toutes ses forces.

Elle attira Marta contre elle et rit à son tour en voyant les oranges rouler librement dans la rue. L'un des garçons se précipita pour les arrêter, mais, sous le regard des vieux, les ramena bien gentiment à la femme, qui le remercia d'un sourire et lui offrit en retour un des jolis fruits. Tasha aurait juré qu'elle pouvait en sentir l'odeur alléchante dans l'air alors qu'il s'affairait à en ouvrir l'écorce.

— Qu'est-ce que c'est ? demanda Marta alors qu'elle observait les garçons qui se partageaient le fruit avec délectation.

— C'est une orange, Kotka.

Marta n'avait pas de papiers et ne connaissait pas son nom de famille. Tasha l'avait donc baptisée Marta Kotka – « chaton » – en raison de ses yeux verts et de son nez en bouton.

— Est-ce que c'est bon, une orange ? demanda-t-elle.

— Très bon.

— Je pourrai en goûter une ?

— Bientôt.

Tasha se réprimanda intérieurement. Malgré tous ses efforts pour l'éviter, elle était en train d'endosser le rôle de parent. Elle entendait encore la voix de sa mère alors qu'elle la harcelait de questions, quand elle était elle-même enfant : quand est-ce qu'on pourra manger ? Quand est-ce qu'on pourra aller au parc ? Quand est-ce que je pourrai inviter mes amies à jouer ? « Bientôt, Tasha chérie, répondait invariablement Lydia, très bientôt. » Sa mère avait été une femme très occupée, elle le comprenait aujourd'hui. Elle avait tenu un magasin de vêtements dans le centre de Varsovie et, en plus de cela, avait joué un rôle important dans la communauté juive locale. Elle était souvent occupée à organiser des événements caritatifs, à veiller au remplacement des fleurs dans la synagogue ou à rédiger des bulletins d'information. Tasha et Amelia avaient toujours été les premières à arriver aux matinées café ou aux après-midi jeux, et les dernières à repartir.

— Pourquoi la maman d'une autre ne peut-elle pas nettoyer à ta place ? se plaignait Amelia, et Lydia rejetait sa chevelure rousse en arrière tout en citant la Torah :

— « Le Seigneur enverra une bénédiction sur vos granges et sur tout ce que vous entreprendrez. »

— Nous n'avons pas de grange, protestait Amelia.

— C'est une métaphore, répondait-elle généralement, et puis rester occupé est toujours une bonne chose.

Elle s'était accrochée à cette idée même à Auschwitz, en aidant dans ce qu'on appelait « l'hôpital » – un baraquement surchargé de malades presque sans aucun médicament ni bandage pour soulager leurs souffrances. Tasha avait voulu aider, elle aussi, désireuse de rester à ses côtés, mais son travail avait consisté à évacuer les morts afin qu'ils n'infectent pas davantage les vivants et, au bout de quelques jours, elle avait renoncé. Elle le regrettait aujourd'hui. Elle aurait donné n'importe quoi pour passer un jour de plus en compagnie de sa mère, même si ce devait être auprès des malades et des mourants.

Chaque matin, depuis qu'ils étaient arrivés dans cet orphelinat très fréquenté de Prague, dans l'attente de leur avion pour l'Angleterre, elle s'était rendue à la mairie pour demander si une personne du nom de Lydia Ancel était apparue sur les listes. Mais cela ne s'était jamais produit.

— Ça ne veut pas dire qu'elle est morte, lui avait dit une gentille jeune femme. Il y a de nombreuses raisons pour lesquelles les gens peuvent ne pas encore être inscrits sur la liste.

— Comme ?

— Comme le fait d'être trop malade pour donner son nom. (La femme s'était mordu la lèvre et hâtée de poursuivre.) Ou tout simplement parce que tous les noms ne nous sont pas encore parvenus. Centraliser les informations est une tâche très complexe.

Sa réponse était sensée, mais elle devait maintenant composer avec l'image de sa mère dépérissant dans un lit d'hôpital, quelque part en Europe. Que pouvait-elle faire ? Elle avait envisagé de faire le tour des hôpitaux du continent, mais les autorités lui avaient répondu qu'il y en avait des centaines et lui avaient demandé, non sans fermeté, si elle avait les moyens de voyager. La réponse avait été négative, bien sûr. Tasha n'avait pas d'argent, pas de contacts et aucun moyen de voyager, sauf, apparemment, à prendre un avion pour l'Angleterre.

Ils avaient été confinés à l'orphelinat, « en quarantaine », avant de pouvoir être déclarés aptes à pénétrer les précieuses frontières de l'Angleterre, lorsque les avions seraient prêts. Cette insinuation de malpropreté avait gêné Sasha. Quel genre de pays était cette Angleterre, isolée aux confins nuageux de l'Europe, ses frontières entièrement marquées par des mers ? On leur avait assuré que le « projet Windermere » était en cours, mais les retards se succédaient et elle commençait à se demander s'ils verraient jamais l'endroit.

— Qui est-ce ? demanda soudain Marta. Pourquoi est-ce qu'il peut sortir, lui ?

Tasha s'extirpa de ses pensées et se tourna vers le petit garçon qui sortait de l'orphelinat en tenant la main du directeur. Elle reconnut Andreas, un enfant dont le père avait été retrouvé dans un camp de prisonniers tout proche. Tandis qu'elles l'observaient, une voiture s'arrêta près de lui et tout le corps de Tasha se hérissa de jalousie. Elle posa une main sur le cadre de la fenêtre pour se stabiliser et heurta accidentellement le côté de la tête de Marta de son coude.

— Hé, attention à mes couettes ! protesta Marta tout en les mettant à l'abri de l'autre côté de sa tête.

Tasha les lui avait faites ce matin. C'était la première fois que les cheveux de la petite fille étaient assez longs pour que des rubans puissent y tenir, et Marta était extrêmement fière de sa coiffure. Tasha les caressa affectueusement et, ensemble, elles observèrent la scène, tandis qu'un homme sortait de la voiture et s'approchait d'Andreas. Ses jambes étaient chancelantes, mais ses bras, quand il les tendit en direction de son fils, semblaient aussi larges et forts que les branches d'un chêne. Les larmes aux yeux, Tasha regarda le petit garçon se jeter et s'abandonner dans cette étreinte qu'il attendait depuis plusieurs années.

— Qui est-ce ? demanda Marta.

— C'est le papa d'Andreas.

— Papa ? (Elle fronça les sourcils.) Qu'est-ce qu'un papa ?

Tasha se retourna vers elle, horrifiée. C'était bien pire que de ne pas connaître le goût d'une orange. La pauvre petite n'avait aucune notion de ce que pouvait être une famille, de ce que cela signifiait d'être pris en charge par quelqu'un qui se souciait de vous plus que tout au monde. Lydia manquait affreusement à Tasha, mais au moins avait-elle quelqu'un qui lui manquait. Secouée, Tasha se laissa glisser au sol, serrant Marta contre elle et laissant ses larmes couler à travers ses nattes. Dehors, elle entendit le rugissement d'un moteur et sut qu'Andreas était parti vers un semblant de foyer, les laissant ici dans cet orphelinat vide, à tenter d'expliquer aux plus jeunes à quoi pouvait ressembler une famille.

— Tasha ? Tu pleures ? (Marta se tordit dans ses bras et toucha sa joue du bout des doigts.) Tu pleures ! Qu'est-ce qui se passe ? Tu es en sécurité. Nous sommes tous en sécurité, maintenant.

Tasha acquiesça fermement. C'était ce qu'on leur répétait à longueur de temps, mais à quoi bon être en sécurité si on était seul ?

— Mon père me manque, dit-elle à Marta. Ma mère aussi.

Marta la regarda d'un air absent.

— Je ne sais pas qui est mon père. Ni ma mère.

Tasha ne savait pas quoi lui répondre et fut soulagée quand quelqu'un d'autre parla à sa place :

— Moi non plus, Marta, mais ça n'a pas d'importance. Nous n'avons pas besoin d'eux là où nous allons.

— Georg ! (Marta se leva d'un bond et courut vers lui.) Tu aimes mes couettes ? C'est Tasha qui les a faites.

— Elles sont très belles, ma jolie. Presque aussi belles que les *piškoty* que quelqu'un vient de mettre dans la cuisine.

— *Piškoty !*

La perspective de biscuits à venir signifiait plus pour Marta qu'un père ou qu'une mère.

— Judith et Suzi vont tous les manger, s'écria-t-elle avant de s'élancer dans l'escalier pour réclamer sa part.

— Il y a vraiment des *piškoty* ? demanda Tasha en se frottant les yeux.

— Bien sûr. Je ne mens pas aux enfants, Tash.

— Juste aux jeunes adultes naïfs comme moi ?

— Je ne te mens pas.

— Le placard à provisions ?

— Ah, oui.

— La fois où tu nous as dit que tous les soldats russes portaient des caleçons rouges.

— Là aussi, c'est vrai. Mais voir Andreas essayer de baisser leur pantalon pour le vérifier était trop drôle.

Malgré elle, Tasha sourit.

— Andreas est parti avec son père.

Georg vint s'asseoir en face d'elle.

— C'est ce qui t'a fait pleurer ?

— Non, pas vraiment. Marta ne sait pas ce qu'est un papa, Georg.

— Et ça te surprend ? demanda-t-il doucement.

— Ça ne te rend pas triste ? demanda-t-elle à son tour.

Il soupira.

— Je suppose que oui. Mais il y a tant de raisons d'être triste, de nos jours.

— Alors, tu mets la raison de côté ?

— Exactement ! (Il posa ses mains sur les genoux de la jeune femme et les fit glisser le long de ses jambes d'une manière très distrayante.) Il s'agit de regarder vers l'avant plutôt que vers l'arrière, vers l'avenir et non vers le passé.

Tasha y réfléchit un instant – du mieux qu'elle le put avec Georg si près d'elle. Il avait pris un peu de chair ces dernières semaines, et cette chair prenait une forme très séduisante. Avec ses cheveux qui repoussaient en boucles flottantes et ses yeux pleins de vie, c'était un garçon vraiment très attirant. Bien que ridiculement optimiste.

— Et si ce que tu veux trouver dans ton avenir vient de ton passé ? lui demanda-t-elle.

Il soupira et retira ses mains – ce qu'elle regretta instantanément.

— C'est à propos de ta mère ?

— Comment en irait-il autrement ?

— Là, je suis à court d'arguments. Je comprends que ce soit dur pour toi.

— Et toi ? Tes parents ?

Il se referma instantanément.

— Ils sont morts.

— Comment peux-tu en être si sûr ?

— Parce que je les ai vus mourir, d'accord ?

Elle recula légèrement.

— Je suis désolée. (Elle osa poser une main sur son genou.) Je suis désolée, Georg. C'est la première fois que tu me le dis.

— Oui, et bien… je n'aime pas trop parler de ça.

— Comment…

— J'ai dit que je n'aimais pas trop parler de ça.

— Bien sûr. Je suis désolée.

Il aspira une longue bouffée d'air et posa une main sur la sienne, chaude et ferme.

— Tu n'étais pas censée le savoir. Nous avons tous vécu des choses difficiles, pas vrai ? Nous avons tous perdu des gens qui nous étaient chers.

Elle acquiesça.

— Mais au moins, nous sommes là l'un pour l'autre.

Il se pencha vers elle et, pendant un instant magique, elle crut qu'il allait l'embrasser – mais un oiseau se posa sur le rebord de la fenêtre, les faisant sursauter tous les deux, et l'instant s'évanouit.

— Les choses iront mieux quand nous serons en Angleterre, tu verras, déclara-t-il. Un nouveau départ dans un endroit différent, où nous pourrons nous créer de nouveaux souvenirs.

— J'ai hâte, acquiesça Tasha, même si j'espère toujours que maman me retrouvera là-bas.

— Tash, dit-il doucement, sais-tu combien de personnes ont survécu aux marches de la mort ?

— Beaucoup ! Les trois garçons de la chambre qui est à côté de la mienne ont réussi à aller de Dachau à Waakirchen.

— Sont-ils polonais ?

— Non, hongrois.

— C'est pour ça. Les Juifs hongrois n'ont pas été persécutés avant 1944. Ils sont beaucoup plus nombreux à avoir survécu parce qu'ils étaient, enfin tu vois, en meilleure santé quand tout a commencé.

— C'est vrai, mais n'oublie pas que maman, Amelia et moi n'avons été envoyées à Auschwitz qu'en octobre 1944, quand l'insurrection de Varsovie a échoué, et que nous n'avons donc passé que quatre mois dans le camp.

Elle grimaça en prononçant le mot « que » – quatre mois d'un tel enfer ne pouvaient être que quatre mois de trop. Mais elle avait conscience que d'autres avaient connu des conditions bien pires encore.

Georg soupira.

— C'est vrai. Je suppose qu'elle a peut-être réussi à le faire, alors.

— Oui. Maman était – *est* – très forte.

— Mais alors, pourquoi est-ce qu'elle n'est pas réapparue ?

Un cri s'éleva du plus profond de Tasha et elle se leva d'un bond, se cramponnant au mur dans son empressement à s'éloigner de lui. Ses doigts rejoignirent l'ouverture du sac qu'elle portait toujours sur elle et ce ne fut que lorsqu'elle sentit la mèche de cheveux de Lydia qu'elle put respirer à nouveau.

— Ce n'est pas aussi facile, répondit-elle d'un ton sec. Les nazis ont pu l'envoyer n'importe où. Tout ça prend du temps.

— Nous sommes presque en août, Tash. La libération a eu lieu en janvier.

— Fin janvier.

— Ça fait toujours six mois.

Sa voix était douce, attentionnée même, mais elle blessait Tasha mieux qu'un millier de poignards.

— La Croix-Rouge dit que ce n'est rien dans cette situation. Il est impossible de centraliser toutes les listes, si bien que des millions de personnes sont toujours dans l'attente. Le père d'Andreas ne l'a-t-il pas retrouvé ? Ne l'a-t-il pas emmené à l'instant ? Si ça peut lui arriver, ça peut m'arriver aussi – mais pas si je suis en Angleterre !

— Alors tu ne veux plus venir, maintenant ?

— Non.

— Tu veux rester ici et attendre que ta chère maman te retrouve ?

— Oui.

— Eh bien, tu risques d'attendre longtemps, car revenir d'entre les morts n'est pas chose facile.

Tasha peinait à respirer.

— Comment oses-tu ?

— J'ose parce que c'est la vérité. Ta mère est morte, Tash, et plus tôt tu l'accepteras, mieux ce sera pour toi.

— Pour qui ?

— Pour toi !

— Je te prie de me laisser décider ce qui est bon pour moi. Pourquoi est-ce que tu t'en soucierais, d'ailleurs ?

— Je n'en sais rien ! s'écria-t-il. Tu es impossible, Tasha Ancel, mais je m'en soucie. Je m'en soucie ! (Il se rapprocha d'elle.) Je déteste te voir souffrir. Cela me fait souffrir aussi et je n'aime pas souffrir. J'ai trop souffert. Nous avons tous trop souffert.

Il tendit une main hésitante et posa un doigt sur sa joue. Retenant son souffle, Tasha se mordit la lèvre, ne sachant que faire de toutes les émotions qui tourbillonnaient en elle. Elle savait qu'il essayait simplement de la protéger, mais elle n'avait pas besoin d'être protégée. Elle avait besoin de sa mère.

— Georg…

Il tendit l'autre main et lui prit le visage.

— Tasha. Ma belle Tasha…

Elle resta immobile, attendant de voir ce qu'il allait faire, mais des pas résonnèrent dans l'escalier et Marta fit irruption dans la pièce.

— Les avions arrivent ! Les avions pour l'Angleterre ! On nous a dit de faire nos bagages et de nous préparer pour le décollage !

— Tout de suite ? souffla Tasha.

— Tout de suite ! Enfin, bientôt.

Bientôt – encore ce mot. Mais déjà Georg s'était éloigné pour interroger Marta sur ce qu'elle avait entendu et, avant que Tasha ait le temps de réagir, ils descendaient tous les deux l'escalier vers les dortoirs bondés, sa petite paix perdue, son moment avec Georg évanoui et sa mère mise de côté. Faire son sac ne posait pas de problème – mettre ses maigres effets dans le sac qu'on leur avait donné à tous serait fait en quelques gestes – mais comment pouvait-elle accepter de quitter l'Europe centrale au moment même où sa mère pouvait être à sa recherche ?

— Tous les orphelins doivent se présenter au bureau, tous les orphelins doivent se présenter au bureau.

Le message se diffusa comme une traînée de poudre et les enfants se précipitèrent pour obéir, telles des abeilles rejoignant le cœur de la ruche.

— Je ne suis pas orpheline, dit Tasha d'une voix féroce.

Mais chacun était trop occupé pour l'entendre.

Deux longues semaines plus tard, après des retards administratifs, des avis de tempête et divers tracas concernant le personnel d'accompagnement, Tasha se retrouva sur le tarmac de l'aéroport de Prague. Devant elle, se trouvait une rangée d'immenses bombardiers aux ventres vides et béants. Des centaines de soldats tchèques en étaient sortis, exprimant leur joie d'être de retour chez eux en s'agenouillant pour embrasser la piste, et c'était maintenant à leur tour d'utiliser les appareils. Les soutes étaient grandes ouvertes et les soldats aidèrent les plus petits à monter à l'intérieur. Tasha vit Suzi, Judith, Moishe et Ernst s'installer sur des planches de bois brut qui formaient le sol incurvé de l'avion, comme de petites bombes humaines prêtes à être larguées sur une terre inconnue. Elle serra son sac contre sa poitrine et observa ces trois cents enfants qui se dirigeaient droit vers l'Angleterre.

— Il y a si peu de filles, dit-elle à Marta.

— Je crains que moins de femmes n'aient survécu, dit l'une des accompagnatrices qui se trouvaient à ses côtés. Les nazis ne nous trouvaient pas assez rudes à la tâche, alors…

Elle n'avait pas besoin de finir la phrase. Chacun savait ce qui était arrivé à ceux qui ne pouvaient pas travailler.

— Combien sommes-nous ? demanda Tasha.

— Je crois que vous êtes quarante-huit filles dans ce groupe.

— Quarante-huit seulement ? Sur trois cents ?

— Vous saurez vous faire entendre, j'en suis sûre.

— Moi de même, acquiesça Georg tout en s'approchant.

Tasha se tourna vers lui. Georg avait aidé tout le monde à se préparer, si bien qu'elle l'avait à peine vu au cours de ces deux dernières semaines. Il lui avait manqué, elle devait l'admettre.

— Si peu de survivantes… Comment ai-je pu finir par être l'une d'entre elles ?

Il rit.

— Aucune idée, mais je m'estime heureux que ce soit le cas.

Il déposa un rapide baiser sur sa joue et s'éloigna aussitôt.

Elle toucha l'endroit où s'étaient posées ses lèvres du doigt et le regarda partir en courant pour aider à hisser les plus jeunes enfants. Ces derniers étaient aussi peu nombreux que les filles – peut-être une vingtaine d'enfants de l'âge de Marta, et un curieux groupe de six tout-petits qui se promenaient main dans la main et communiquaient dans un demi-langage de leur invention. Ils avaient été récupérés à Theresienstadt où on les avait utilisés dans les films de propagande nazie – avant d'être ensuite livrés à eux-mêmes, ce qui les avait rendus méfiants à l'égard des adultes. Ils semblaient faire confiance à Georg, cependant, et Tasha observa ce dernier tandis qu'il les soulevait pour les faire monter dans l'avion, soudain rêveuse.

— Georg est ton petit ami ? demanda Marta en levant la tête vers elle.

Elle rougit et détourna le regard.

— Non, non. Nous sommes amis, c'est tout.

— De *bons* amis, dit Marta d'un ton solennel, et Tasha éclata de rire en agitant sa main pour la chasser.

Peut-être que tout se passerait bien. Peut-être que l'Angleterre serait un endroit agréable où vivre. Peut-être que les articles rédigés par les reporters venus filmer leur départ historique parviendraient jusqu'à Lydia, où qu'elle se trouve, et qu'elle saurait alors où trouver Tasha.

« Ta mère est morte, Tash », dit la voix de Georg dans sa tête – et une partie d'elle savait qu'il avait peut-être raison. Mais il pouvait aussi avoir tort, et elle devait s'accrocher à cette possibilité, au risque de voir tous ses efforts réduits à néant.

Un homme appela depuis l'avant de l'appareil :

— Dépêchez-vous ! Une tempête se lève au sud, et nous devons décoller avant qu'elle nous atteigne.

— Une tempête ? (Marta scruta le ciel, inquiète.) Cet avion est très gros, Tash. Et s'il était frappé par la foudre ?

Tasha leva également les yeux et vit que des nuages sombres s'amoncelaient au-dessus des collines, au sud de Prague. Survivre aux camps de la mort pour mourir foudroyé en plein air, quelle ironie ce serait.

— Par ici, mesdames. S'il vous plaît, dépêchez-vous.

Tout allait trop vite. Un soldat fit monter Marta dans l'avion et la petite fille tendit la main à Tasha, qui n'eut d'autre choix que de grimper à côté d'elle et de prendre place sur les planches de bois.

— Il va y avoir des éclairs ? demanda Marta avec insistance.

Tasha s'en remit à la seule chose qui lui restait, la foi.

— Dieu ne nous ferait pas ça, Kotka.

Elle chercha Georg du regard, mais ce dernier était dans le cockpit, occupé à demander au pilote à quoi servaient tous les cadrans, oublieux du danger.

— Fermeture des soutes !

Les trappes coulissèrent avec un grand grincement métallique, puis l'avion s'avança sur la piste et ils se blottirent les uns contre les autres, tremblant dans l'obscurité, avec la lueur bleue filtrant à travers le hublot du cockpit comme seule preuve que le monde existait toujours au-dehors.

— J'ai peur, Tasha.

Tasha entoura Marta de ses bras, caressant ses nattes et marmonnant d'autres absurdités sur un Dieu dont elle était presque certaine qu'il les avait abandonnées depuis longtemps. Mais la vérité était qu'elle avait peur elle aussi. Non pas de l'avion, ni même de la foudre – mais de la décision qu'elle avait prise de quitter l'Europe, de tourner le dos à la Pologne et de partir vers un pays inconnu, à plusieurs milliers de kilomètres de là. Qu'est-ce qui l'attendait, là-bas ? Et surtout, que laissait-elle derrière elle ?

6

Dachau, 5 août 1945

Lydia

Lydia avait l'impression de nager dans ses propres poumons. Ces derniers semblaient se remplir d'eau et elle devait lutter à chaque respiration.

— Reposez-vous, lui dit une voix grave – et elle sentit une main, une bouée de sauvetage à laquelle s'accrocher.

Elle tâtonna et en trouva une autre, douce et attentionnée. Elle tenta de voir à qui elle appartenait, mais ses paupières semblaient scellées et sa tête était envahie par la même chaleur fiévreuse que celle qui infusait dans tout son corps. Était-elle morte ou vivante ?

— Pas morte !

Le cri jaillit et sa voix revint dans sa gorge, mais cette fois une deuxième main la repoussa avec douceur sur le lit.

— Détendez-vous, Natasha. Ne luttez pas, laissez le traitement faire son travail.

Ses yeux s'ouvrirent. Une douloureuse lumière s'y infiltra et elle grimaça, mais les laissa ouverts.

— Comment m'avez-vous appelée ?

— Natasha ? répéta la voix, avec moins de certitude cette fois. C'est le seul mot que vous avez prononcé depuis votre arrivée. Ce n'est pas votre nom ?

— Ma fille, s'étrangla-t-elle.

Chaque mot gargouillait dans ses poumons avant de remonter dans sa gorge, déversant au passage un flot brûlant dans ses membres endoloris. Mais il s'agissait d'une question vitale.

— Natasha est ma fille.

— Je vois.

— Où est-elle ?

— Comment vous appelez-vous ?

— Où est-elle ?

Le visage de Tasha envahit l'esprit endolori de Lydia et elle imagina ses cheveux roux, si semblables aux siens, mais plus brillants, plus ardents, plus pleins d'espoir. Tasha disposait-elle encore d'un espoir auquel s'accrocher ? Était-elle même encore en vie ? Elle se releva de force, s'agrippant au radeau de sauvetage.

— Où. Est. Elle ?

Les mots bouillonnaient dans ses poumons épuisés et elle les maudissait, mais l'homme – pas un canot de sauvetage, bien entendu, un médecin peut-être ? – lui tapota la main.

— Elle va bien, dit-il.

— Comment le savez-vous ?

Aucune réponse ne vint.

— Ne me mentez pas ! s'écria-t-elle, furieuse. Je n'ai pas besoin de mensonges. J'ai besoin de réponses.

— Moi aussi, répondit-il calmement. Si nous savons qui vous êtes, nous aurons plus de chances de retrouver votre fille. Alors, comment vous appelez-vous ?

Elle se laissa retomber sur le lit, trop fatiguée pour continuer à lutter.

— Lydia.

Le mot lui paraissait complètement étranger. Elle était le numéro A87342 depuis si longtemps qu'entendre son prénom lui semblait fantaisiste, voire fantasque.

— Nous vous aiderons à retrouver votre fille, Lydia, mais vous devez d'abord être soignée. Vous avez une pneumonie, une complication du typhus. À cause de la marche. Vous vous souvenez de la marche ?

Lydia ferma de nouveau les yeux et hocha la tête. Elle se rappelait la marche, bien sûr – les interminables kilomètres de chemins verglacés, les prisonniers entassés les uns sur les autres, ses pieds gelés et les affreuses ampoules laissées par le bois des sabots. Elle se souvenait de la douleur, de la faim et du froid. Elle se souvenait de ceux qui étaient tombés morts à ses pieds, de ceux qui avaient trébuché avant d'être abattus, ou qui s'étaient simplement couchés dans la neige pour ne plus se relever. Et bien sûr, elle se souvenait de la souffrance de laisser Tasha, de la peur atroce de voir sa fille enfermée dans ce baraquement, où on comptait probablement la laisser mourir, effrayée et seule, sans même les bras de sa mère autour d'elle.

— Je l'ai abandonnée, dit-elle en commençant à pleurer.

— Ce n'était pas votre faute. Vous n'aviez pas le choix.

Ils disaient tous ça. Ils lui avaient tous dit ça quand son mari, Szymon, avait été abattu sous ses yeux au milieu des ruines de Varsovie, et quand Amelia avait succombé au typhus. Et maintenant, Lydia avait le typhus elle aussi, doublé d'une pneumonie, et Tasha… Tasha était perdue, et seule.

— Elle n'a que seize ans. (Une pensée la traversa et elle agrippa à nouveau l'homme.) Quel mois sommes-nous ?

— Au mois d'août, Lydia. Nous sommes le 5 août 1945.

— Août !

Alors Tasha n'avait encore que seize ans, son anniversaire tombant en septembre. Mais le dernier souvenir de Lydia remontait au printemps.

— Depuis combien de temps suis-je ici ?

— Depuis la libération de Dachau, le 29 avril. Vous avez été très malade, Lydia.

— Dachau ?

D'autres images se bousculèrent en elle : un train de marchandises en provenance de Wodzisław, rempli de gens entassés les uns sur les autres ; le cliquetis des rails venant rythmer le concert de gémissements et de plaintes, symphonie de la misère elle-même ; et puis un bâtiment, si semblable à Auschwitz qu'elle avait espéré être revenue à l'endroit où elle avait vu Tasha pour la dernière fois. Mais le portail d'entrée, ici, était blanc, les grilles en fer forgé plus ornées que celles de Birkenau, la devise *Arbeit macht frei* inscrit en lettres curvilignes à son sommet.

Lydia les avait maudits intérieurement.

— *Notre* travail vous rend libres, avait-elle dit. Salauds.

Mais elle était déjà malade et les mots s'étaient englués dans sa gorge obstruée, alors que ses pieds déchiquetés avaient passé le pas de la porte haïe.

— Bienvenue à Dachau, avait dit un soldat sur un ton sinistre, avant d'éclater de rire. Bienvenue dans le Troisième Reich.

— Pas pour longtemps, avait raillé un homme derrière Lydia.

Et il avait été fusillé sur-le-champ pour cela, et laissé sur place gravement blessé, si bien qu'il avait passé encore deux heures à râler dans la neige boueuse avant de rendre son dernier souffle.

Un autre mot prononcé par le médecin finit par faire son chemin dans la conscience troublée de Lydia.

— Libération ? demanda-t-elle.

— Oui, vous êtes libre, Lydia. La guerre est terminée. Nous avons gagné. Vous êtes à l'hôpital maintenant, un hôpital américain. (Il posa une main fraîche sur son front.) Reposez-vous. Vous êtes en sécurité, désormais.

Elle faillit obtempérer mais l'image de sa fille revint au premier plan.

— Tasha ! Je dois trouver Tasha !

Des paroles qui s'étaient imposées à elle, brutes dans leur vérité, car elle n'avait qu'une certitude : elle ne connaîtrait pas le repos tant qu'elle n'aurait pas retrouvé sa fille. Tasha était vivante, elle en était sûre. Elle devait la localiser. Et la rejoindre.

Deuxième partie

Windermere

7

Crosby-on-Eden, 15 août 1945

Alice

Alice arpentait la piste de la base aérienne de la RAF de long en large, jetant des coups d'œil nerveux au ciel chargé de nuages. Elle fêtait aujourd'hui son quarante-huitième anniversaire, mais l'événement avait été largement éclipsé par l'annonce de l'arrivée des orphelins, Dieu merci. Se voir rappeler à quel point elle devenait vieille était la dernière chose dont elle avait besoin. Mieux valait se mettre enfin au travail, et de loin. Sophie, qui par chance avait rejoint Alice au domaine de Calgarth en tant que cuisinière en chef, lui avait préparé une délicieuse tarte à l'abricot pour le petit déjeuner, puis Alice s'était rendue à la base aérienne en empruntant un des vieux bus qui devaient transporter les enfants vers leur nouveau foyer. S'ils arrivaient un jour.

Ils étaient là depuis midi et il était déjà 16 heures – mais aucun avion n'avait atterri. Des orages importants avaient été annoncés, et Alice détestait imaginer les petits ballottés par la tempête, après tout ce qu'ils avaient enduré. Mais elle ne pouvait pas les faire arriver par la seule force de sa volonté, aussi reporta-t-elle son regard sur les champs et les collines ondoyantes qui les entouraient.

Ils se trouvaient en un lieu nommé Crosby-on-Eden, région qui portait bien son nom, tout ce coin du nord de l'Angleterre s'avérant être un vrai petit paradis. Alice adorait Windermere, où les champs verdoyants, les fleurs des prés et les pentes bienveillantes des Black Fell, au-dessus de ce lac magnifique, lui rappelaient de joyeux souvenirs de ses vacances dans le Tyrol. Elle ne pouvait imaginer un meilleur endroit pour emmener des enfants abîmés par la guerre, et espérait seulement être prête à les accueillir.

Elle était arrivée ici deux semaines auparavant, après avoir fait ses adieux à New Barn et passé un mois enivrant à Londres, au cours duquel elle s'était occupée de recruter du personnel avec Oskar. Anna et Dorothy l'avaient hébergée à Hampstead, et elle avait fait le trajet jusqu'aux grands bureaux du Central British Fund, à Bloomsbury House, en plein cœur de la ville, quotidiennement. Elle y avait rencontré de nombreux membres du fonds – des personnes sérieuses et intelligentes desquelles elle avait entendu de déroutants éloges sur le fait qu'elle était « merveilleuse » – ainsi qu'un certain nombre de riches bienfaiteurs désireux d'aider les pauvres orphelins qui arrivaient. Alice avait été intimidée par le nombre de lords et de ladies qui franchissaient les élégantes portes, mais aussi enthousiasmée par leur désir d'aider ces Juifs continuant de lutter pour leur survie partout en Europe.

— Nous sommes menacés d'extinction, lui avait dit un vieil aristocrate en lui serrant fermement les mains, malgré le tremblement évident des siennes. Hitler a tenté de balayer les Juifs de la surface du globe, et si nous n'agissons pas rapidement, son objectif peut encore être atteint. Ces enfants, mademoiselle Goldberger, sont la clé de notre avenir.

L'ampleur de la tâche l'avait fait rayonner intérieurement. Et trembler également.

Les yeux d'Alice se tournèrent à nouveau vers les nuages, mais le ciel restait désespérément vide.

— Ce sont de gros avions, dit quelqu'un à côté d'elle. On m'a dit qu'ils volaient très lentement.

Alice échangea un regard avec sa collègue, reconnaissante de son effort pour la rassurer – et bien qu'elle doive lever la tête pour l'apercevoir entièrement. Marie Paneth, une femme d'une beauté saisissante, et mesurant plus d'un mètre quatre-vingt-dix, était l'une des personnes qu'elle et Oskar avaient recrutées pour former leur équipe. Artiste et psychanalyste allemande, elle avait fui son pays comme Alice, mais en direction de l'Amérique et bien plus tôt, alors qu'Hitler n'avait pas encore pris le pouvoir. Et en abandonnant son mari derrière elle, qui plus est.

— Tu as quitté ton mari ? avait sursauté Sophie.

— Un boulet qui traînait à mon pied, leur avait dit Marie d'un ton hautain. Les hommes ne sont qu'un frein !

Elle s'était installée en Grande-Bretagne pendant la guerre afin de diriger une maison d'accueil pour les enfants victimes des bombardements de Londres, s'occupant apparemment de certains des jeunes parmi les plus instables d'Angleterre avec calme, confiance et une réussite certaine. Ils pourraient avoir besoin de son expertise lorsque ces jeunes survivants des camps arriveraient, car on ne savait pas quel genre de comportement sauvage pouvait se manifester.

— Ils seront probablement exténués au moment de l'atterrissage, dit Alice.

— Ça les rendra peut-être plus dociles.

— Ça peut aussi être l'inverse.

— Oui, c'est une possibilité. J'imagine que les pauvres petits seront affamés, aussi espérons que ces bonnes dames du Service volontaire restent avec nous.

Elle indiqua les tables à tréteaux installées près de la tour de contrôle, où les femmes du Service volontaire de Carlisle avaient installé une bouilloire à thé et un impressionnant éventail de rafraîchissements destinés aux enfants. Elles étaient là depuis des heures, elles aussi, observant leurs montres avec inquiétude et commençant à se plaindre à voix basse de ce que leurs propres enfants allaient sortir de cours et qu'elles allaient bientôt devoir s'occuper d'eux. Plusieurs jeunes du quartier étaient d'ailleurs déjà arrivés, lorgnant les gâteaux et les sandwichs destinés aux voyageurs affamés avec avidité.

Alice entendit une mère réprimander son fils :

— Ne touche à rien ! Ces pauvres enfants ont été affamés pendant des années, alors ce n'est pas toi qui vas leur voler leur sandwich.

Alice sourit. Elle ne déchiffrait pas tous les mots, mais le message était clair, et le jeune garçon s'en alla jouer avec ses amis, les mains vides. Il était observé avec une curiosité non dissimulée par un groupe de dames élégamment habillées, membres de la célèbre famille Rothschild en villégiature, qui avaient apporté des paniers de pommes fraîches pour les nouveaux arrivants. Elles étaient assises à l'ombre, bien droites, depuis aussi longtemps que les autres, et même leur prestance aristocratique s'émoussait.

— Là-bas ! Regardez !

C'était le garçon au sandwich, dont les jeunes yeux étaient manifestement plus vifs que ceux des adultes, car Alice eut d'abord l'impression qu'il pointait simplement un nuage un peu plus sombre du doigt. Cependant, la silhouette du nuage se précisa et elle commença à percevoir un léger ronronnement de moteur.

— Ils sont là !

Elle s'agrippa au bras de Marie, puis se souvint qu'il ne s'agissait pas de Sophie, à ses côtés, et la lâcha rapidement.

Marie, elle, se contenta de sourire.

— On dirait bien. J'espère que nous sommes prêtes.

Alice était soulagée de voir qu'elle n'était pas la seule à se sentir nerveuse. Ils ne savaient rien de ces enfants, et avaient tous en tête les terribles images de Belsen montrant ces squelettes décharnés, à peine humains. Toute la théorie psychanalytique moderne, telle que proposée par Sigmund Freud et, plus récemment, par Anna, suggérait que les premières années de vie d'un être humain avaient un impact fondamental sur la formation de son caractère, et nul ne savait dans quel état psychique se retrouveraient ces malheureux enfants.

Alice pensa aux chambres qu'elle avait préparées avec tant de soin à Calgarth. Chaque lit était doté d'impeccables draps, chaque oreiller accueillait un ours en peluche et chaque table de chevet était décorée de fleurs fraîches, cueillies du matin. Le réfectoire était propre et lumineux, des pelouses attendaient dehors pour jouer et il y avait bien sûr le lac Windermere, à une centaine de mètres de là, et toute la beauté des collines qui s'étendaient au-delà. C'était un véritable petit paradis, et tout ce dont un enfant heureux pouvait rêver, mais ces victimes de la barbarie nazie pouvaient-elles encore être heureuses ?

— Est-ce que tout est prêt, Alice ? demanda Oskar en s'approchant d'elle. Cela va être très intéressant, n'est-ce pas ?

Alice se tourna vers son patron et constata qu'il observait l'avion, attentif et enthousiaste. Pour lui, il s'agissait d'un défi intellectuel avant tout. Il semblait même savourer l'instant.

— J'espère qu'ils ne sont pas trop abîmés, répondit-elle.

— Est-il possible d'être abîmé au point de ne plus pouvoir vivre, Alice ? C'est ce que nous allons découvrir, sans doute.

Alice fronça les sourcils.

— Et si la réponse est oui ? demanda-t-elle.

Il se tourna vers elle, visiblement perplexe.

— S'ils ont été déshumanisés au point d'échapper à notre contrôle, que se passera-t-il alors ?

— Alors nous aurons notre réponse.

— Mais les enfants, Oskar, qu'adviendra-t-il des enfants ?

— Hmm. Oui. C'est une question difficile. Je suppose que nous verrons ça en temps voulu – si nous y venons jamais. Je suis sûr qu'après quelques mois dans cet endroit charmant, nous serons en mesure de mettre ces jeunes sur la voie de la guérison.

— Je l'espère.

Alice se tordit à nouveau les mains et, à sa grande surprise, Oskar les entoura des siennes, les aidant à se stabiliser.

— Vous allez y arriver, Alice. Vous êtes professionnelle et très expérimentée. J'ai eu d'excellents retours sur votre travail à Berlin et vous avez fait des merveilles avec les enfants de New Barn.

— Je ne dirais pas des merveilles, Oskar, je…

— Des merveilles, Alice. Et vous réussirez à nouveau, j'en suis sûr.

Alice ne savait pas quoi répondre.

— Merci, Oskar.

— Je vous en prie. Maintenant, à votre poste, voici le premier avion.

Alice leva la main pour retenir son chapeau alors que l'avion descendait en rugissant vers la piste, sûrement trop vite pour atterrir en toute sécurité. Les petites roues visibles sous son gigantesque ventre touchèrent le tarmac et rebondirent de manière inquiétante, puis l'appareil freina brutalement, produisant un crissement déchirant et un nuage de fumée âcre et noire. Alice entendit les Rothschild pousser des cris d'effroi, tandis que les dames du Service volontaire agrippaient leurs piles de denrées maison et que leurs propres enfants poursuivaient leurs jeux, apparemment indifférents au gigantesque avion qui dérapait bruyamment dans leur direction.

Mais déjà l'engin s'arrêtait, comme par miracle, et la fumée se dissipa rapidement. Le cœur serré, Alice vit une porte latérale s'ouvrir et deux pilotes en sortir. Une tête curieuse apparut dans l'embrasure, ses grands yeux scrutant le comité d'accueil, puis, avec un large sourire, un jeune homme tendit la main aux pilotes et sauta au sol d'un bond athlétique.

Fascinée, Alice observa plusieurs autres jeunes gens sauter à terre pour le rejoindre. Puis ces derniers s'avancèrent d'un pas décontracté jusqu'à Leonard Montefiore, qui s'était levé pour les accueillir. Alice entendit les femmes du Service volontaire chuchoter entre elles. Elle devinait ce qu'elles se disaient. Il ne s'agissait pas des orphelins émaciés et affamés auxquels elles s'attendaient, mais de jeunes gens dégingandés qui semblaient déjà plus proches de l'âge adulte que de l'enfance. Certains garçons étaient plus grands qu'elle et quelques-uns montraient déjà une barbe naissante. Bien sûr, elle savait d'après les listes fournies par les autorités de Prague que la plupart d'entre eux avaient entre treize et seize ans, mais ces premiers jeunes semblaient se situer dans le haut de l'échelle. Comment allait-elle pouvoir leur imposer son autorité ?

— Quelques-uns ont pu déclarer leur âge à la baisse, commenta Oskar, tandis qu'un jeune homme aux cheveux bouclés serrait la main de Leonard avec assurance.

Le garçon se tourna ensuite vers eux et leur adressa un large sourire.

— Bonjour, dit-il dans un anglais soigné, je m'appelle Georg.

Puis il se lança dans une tirade grandiloquente en polonais, sans doute une forme de remerciements pour l'accueil qui leur était réservé. Il leur serra la main avec entrain et, repérant la nourriture, se dirigea vers les femmes du Service volontaire, lesquelles tapotèrent leurs coiffures malmenées par le vent.

— Celui-là est un charmeur, dit Oskar. Il ira loin.

Mais Alice n'avait pas le temps de s'attarder sur lui, car un autre avion était en train d'atterrir et la piste d'atterrissage était bondée d'enfants. À son grand soulagement, Alice vit un garçon de huit ans descendre d'un bond et regarder autour de lui, ses yeux avides et brillants.

— Allez, sors, l'entendit-elle appeler derrière lui. C'est super beau ici.

— On arrive, Ernst, répondit une voix, tandis qu'un groupe de jeunes enfants apparaissait à la porte.

Les aviateurs les firent descendre et Alice regarda les enfants évoluer sur le tarmac et s'émerveiller devant les champs et les collines verdoyantes qui s'étendaient à l'horizon. Il y avait même six enfants en bas âge, serrés les uns contre les autres et manifestement effrayés. Ils semblaient si peu à leur place qu'Alice se dirigea instinctivement vers eux, mais les dames du

Service volontaire l'avaient devancée et couvraient déjà ceux-là de leurs roucoulements maternels.

Alors qu'elle hésitait, Alice surprit une conversation entre une jeune femme aux cheveux roux et courts et une petite fille coiffée de tresses rudimentaires. La rousse avait pris deux pommes dans les paniers brandis par les Rothschild, mais la petite fille fixait le fruit comme s'il s'était agi d'une grenade menaçant d'exploser à tout moment.

— Qu'est-ce que c'est, Tasha ? demanda la petite fille en allemand.

L'aînée se pencha pour se faire entendre à travers le brouhaha qui régnait tout autour.

— C'est une pomme, Marta. C'est excellent, goûte !

La petite fille tourna et retourna la pomme dans sa main, mais elle avait toujours l'air méfiante, aussi Tasha, la plus âgée, en prit une bouchée exagérée.

— Hmm, c'est délicieux. Tiens, Kotka, goûte donc la mienne.

Elle tendit sa pomme et la petite fille sortit une langue prudente, comme celle d'un chaton, et lécha le jus qui coulait du fruit ouvert. Ses yeux s'écarquillèrent.

— C'est le paradis, Tasha, dit-elle. Le paradis en vrai.

Alice sentit les larmes lui monter aux yeux. Cet endroit pouvait leur être un vrai petit paradis, elle l'espérait, et si certains de ces pauvres enfants n'avaient jamais mangé de pomme de leur vie, ils pourraient le faire ici. Quel que soit leur âge, ces nouveaux arrivants restaient des enfants et, quelles que soient les qualifications qu'Alice avait – ou pas – pour diriger cette curieuse entreprise, elle avait de l'attention et de l'amour à donner, et elle allait leur offrir tout cela. Elle ne pouvait que prier pour que ce soit suffisant.

8

Windermere, août 1945

Tasha

— Laisse-toi aller, Tasha ! Envole-toi !

Devant elle, Tasha vit Georg relâcher les freins de son vélo et, les jambes écartées de chaque côté, dévaler la colline en riant sous le ciel bleu. Elle ne se sentait pas aussi sûre d'elle sur son vélo d'emprunt, mais ça avait l'air amusant. Elle lâcha donc les freins et sentit un courant d'air glisser sur son corps alors qu'elle prenait de la vitesse. Mon Dieu, qu'il était bon de voler ! Elle se sentait libre, sauvage et en harmonie avec le magnifique paysage qui l'entourait et… Elle heurta un caillou sur la route et le vélo vacilla. Elle reprit les freins en main et dérapa, parvenant à garder le contrôle et, le cœur battant, reprit une descente plus calme.

Mais ça n'avait aucune importance. Il était tout de même incroyable d'être sur une bicyclette. La dernière fois qu'elle en avait enfourché une était pour son onzième anniversaire, en septembre 1939, quand un officier SS lui avait ordonné de descendre de son cadeau flambant neuf et l'avait emporté, son imposante silhouette masquant presque entièrement la bicyclette. Elle l'avait retrouvée quelques semaines plus tard, brisée et jetée dans un fossé – un précieux cadeau gaspillé pour satisfaire un caprice arrogant. Ça avait été sa première confrontation avec les nazis, et un sombre signe des événements à venir.

Un frisson la parcourut et elle dut lutter pour empêcher le vélo de déraper à nouveau. *Allons*, se dit-elle d'un air contrarié, *que peut-il m'arriver de pire ? Une petite chute et un genou écorché ?* Autant dire rien comparé à ce qu'elle avait vécu, et après toutes ces années de survie, l'important était de *vivre* enfin. Se sentant soudain téméraire, elle lâcha à nouveau les freins et se laissa entraîner sur le chemin à la suite de Georg, désormais loin devant.

Une dame poussant un bébé dans un landau la salua joyeusement et elle osa lever une main pour lui rendre la pareille. Tout le monde, à Calgarth, était si gentil. Quelques-uns des habitants étaient même sortis pour accueillir les bus, le soir de leur arrivée. Ils avaient brandi des lanternes, qui éclairaient leurs visages souriants, et fait sonner des cloches de bienvenue. Cela avait effrayé des plus petits qui dormaient, si bien qu'ils étaient arrivés apeurés et gémissants, mais Tasha avait tout de même apprécié ce moment.

Ces gens auraient très bien pu voir leur arrivée d'un mauvais œil, comme des éléments perturbateurs dans leur coin de pays si reculé et si paisible. Cependant, comme elle l'avait appris depuis, nombre d'entre eux avaient emménagé à Calgarth au cours des dernières années, venant des villes bombardées de Liverpool et de Manchester pour travailler dans l'usine d'hydravions et vivre dans un environnement rural plus sûr, alors peut-être comprenaient-ils d'autant mieux leur aspiration à un nouveau départ. Et, supposait-elle, si elle devait refaire sa vie quelque part, n'importe où, cet endroit serait aussi bien qu'un autre.

Les choses n'avaient pas si bien commencé, pourtant. Le premier soir, les responsables les avaient tous rassemblés dans un hall sombre, plein de courants d'air et de bruits de pas, et leur avaient demandé de se déshabiller et de se mettre en rang pour la désinfection. Immédiatement, Tasha s'était revue dans l'immonde baraquement des nouveaux arrivants d'Auschwitz, forcée à se mettre en file, nue, aux côtés de sa mère et de sa sœur. Les soldats les avaient fait avancer jusqu'au stylo tatoueur qui les avait changées en numéros, puis vers les cisailles qui avaient achevé le travail en quelques coups de ciseaux. Aussi, quand une femme avait essayé de prendre son sac, elle avait craqué.

— N'y touchez pas !

— Mais c'est pour ton bien, avait dit la femme.

Mais Tasha n'était pas dupe.

— C'est ce qu'ils nous ont dit dans les camps, avait-elle grogné.

La femme avait reculé, horrifiée, sa main devenant lâche sur la lanière du sac, mais le laissant au moins en sa possession.

Elle avait quand même dû se déshabiller, ne serait-ce qu'en sous-vêtements, et entrer dans une tente où un homme avait pointé un instrument sur elle – et elle avait sincèrement pensé, pendant un instant, à l'ironie qu'il y avait à faire tout ce chemin pour être finalement gazée ici. Mais une poudre blanche et nauséabonde était sortie de l'instrument et s'était répandue sur l'homme aussi, ce qui l'avait fait éclater de rire.

— Je fais ce que je peux, avait-il dit avec indignation, et c'est à ce moment-là que Tasha avait compris que ces personnes douces, innocentes et gentilles n'avaient tout simplement aucune idée de ce qu'avait été la vie des camps. Ils essayaient, mais il y avait des limites à ce qu'ils pouvaient comprendre. Les survivants des camps étaient porteurs d'un savoir inaccessible, aussi effilé que n'importe quel barbelé nazi, que rien de ce qui venait de l'extérieur ne pouvait pénétrer. C'était sans doute mieux ainsi, se dit Tasha, car il y avait là une haine qui ne devait pas être libérée. Tout ce qu'elle pouvait espérer était qu'avec suffisamment de collines, de lacs et de promenades à vélo, ce sentiment terrible pourrait se dissiper jusqu'à atteindre un niveau de dangerosité minimal. Et que les digues ne cèdent pas avant cela.

Le sentier amorça un virage et Tasha dut faire une embardée pour éviter une brebis et ses deux agneaux.

— Désolée ! s'écria-t-elle en anglais – l'un des rares mots qu'elle avait appris jusqu'à présent, avec « merci », « oui, s'il vous plaît » et « encore ».

Elle se retourna pour apercevoir la maman brebis la fixer avec indignation, les deux agneaux sautillant à sa suite, comme s'ils voulaient participer à la course. Ils étaient incroyablement blancs, comme les quelques nuages duveteux qui passaient dans le ciel bleu, les nappes de la salle à manger et les couvertures du lit de Tasha.

Lorsqu'on lui avait montré sa chambre, le premier soir, elle n'en était pas revenue.

— Je suis désolée que ce soit si petit, avait dit la femme qui l'avait timidement accueillie – Alice quelque chose – en ouvrant la porte devant Tasha. Nous espérions vous trouver des dortoirs plus agréables, mais il n'y avait que ça de disponible, alors nous avons dû nous débrouiller. J'espère que vous y serez bien quand même.

— C'est parfait, avait répondu Tasha, et c'était vrai.

Elle avait passé les cinq dernières années dans des baraquements minuscules et surpeuplés, si bien qu'avoir cet espace privé, aussi petit soit-il, lui semblait le comble du luxe.

Marta était installée dans la chambre voisine et elle était venue l'embrasser avant de regagner sa chambre, fermant précautionneusement la porte derrière elle. Elle disposait aussi de son propre lit, avec un matelas si doux et des draps si propres qu'elle avait à peine osé s'y glisser la première nuit. Un ours en peluche l'attendait même sur son oreiller. Elle l'avait d'abord mis de côté, le posant sur la commode à côté des jolies fleurs roses et jaunes que quelqu'un avait disposées dans un verre, mais quand elle s'était réveillée au plus profond de la nuit, désorientée et effrayée, elle avait tiré l'ours avec elle sous les couvertures. En enfouissant son visage dans le confort de sa douce fourrure, elle aurait presque pu être chez elle – dans sa vraie maison d'enfance, avec ses parents dormant au bout du couloir et sa sœur qui reniflait dans le lit voisin – et, réconfortée, elle s'était rendormie sur cette vague de bonheur créée de toutes pièces.

Tasha sortit du dernier virage et atteignit le bas de la colline. Elle y trouva Georg debout au milieu du chemin, les bras écartés, apparemment prêt à la rattraper. Freinant, elle ralentit sa course jusqu'à s'arrêter contre son large torse. Il saisit le guidon et le maintint immobile, son visage à quelques centimètres seulement du sien.

— J'ai volé plus vite que toi, dit-il en polonais, leur langue maternelle.

— J'ai volé suffisamment vite, je te remercie. Je n'avais aucune envie de tomber.

— Si tu étais tombée, je t'aurais rattrapée.

Il semblait chercher quelque chose au fond de ses yeux, ce qui était très déconcertant.

— Non, tu n'en aurais rien fait, dit-elle, parce que tu aurais déjà été presque en bas.

Il rit.

— Je serais revenu te chercher.

— En attendant, je me serais quand même retrouvée ratatinée dans un buisson avec les genoux écorchés.

— Et je t'aurais sauvée en te ramenant à la maison.

Tasha leva les yeux au ciel.

— Ce n'est pas un conte de fées, prince Georg.

Il rit à nouveau, mais regarda autour de lui et s'adressa à elle plus sérieusement :

— En es-tu sûre ?

Tasha descendit de son vélo et regarda aussi. Le chemin les avait amenés jusqu'à une petite plage de galets, au bord du lac. L'eau était d'un bleu profond et le soleil y scintillait de mille feux, tandis que des collines verdoyantes montaient la garde tout autour et qu'un ciel d'un bleu plus clair semblait envelopper toute la scène de lumière. Ici, avec la bonne nourriture, le repos et cet air étonnamment frais, même ses yeux semblaient reprendre des forces, lui permettant de se perdre de plus en plus profondément dans la beauté du paysage.

— Tout ça est assez magique, c'est vrai, concéda-t-elle. Dire que la semaine dernière, à la même heure, nous étions encore tous entassés dans cet orphelinat à Prague.

— À trente dans un dortoir avec des tramways qui passent jour et nuit et des soupes de navets à n'en plus finir.

— La nourriture est bonne, ici, dit Tasha. Le pain que le cuisinier prépare est tout simplement divin. Si blanc.

— Si doux.

— Si moelleux.

— Une telle abondance ! Georg fouilla dans le panier de son vélo et, d'un geste de prestidigitateur, en sortit un pain.

— Georg !

— Quoi ? C'est pour nous. Ils l'ont dit.

— Ils ont également dit que nous n'en manquerions plus, et que nous ne devions donc pas l'accumuler.

— Ce n'est pas de l'accumulation, c'est de l'économie.

— C'est la même chose.

— Eh bien, si tu n'en veux pas…

— D'accord, d'accord.

Tasha lui arracha le pain des mains et en rompit un gros morceau, qu'elle croqua avec délectation. Elle ne se lasserait jamais du goût de ces pains de Windermere ni de leur moelleux enivrant, elle en était persuadée. Pas un gravier, pas un brin de paille, pas une poussière. Incroyable !

Le matin où on leur avait présenté ces merveilles pour la première fois, le chaos le plus total avait immédiatement suivi. Tous se tenaient là, assis devant de longues tables en bois, faisant semblant d'écouter le rabbin dire une prière– mais lorgnant en réalité la porte qui menait aux cuisines. Dès qu'elle avait été ouverte et que les paniers remplis de pains de différentes sortes avaient commencé à être distribués, la situation était devenue hors de contrôle. Les premiers paniers avaient à peine fait deux mètres sur les tables qu'ils s'étaient retrouvés complètement vides, les pains disparaissant presque instantanément dans les manches et les poches des enfants.

— Il y en aura pour tout le monde, avait crié Alice, en anglais et en allemand, mais personne n'était en mesure de la croire.

Ce n'avait été que lorsque l'homme – M. Friedmann – était monté sur une table et avait rappelé tout le monde à l'ordre que le tumulte avait cessé. Tous s'étaient recroquevillés, Judith et Suzi se cachant même sous la table, mais dès qu'il avait eu leur attention, M. Friedmann avait simplement souri et parlé d'une voix douce :

— Il y en a vraiment assez pour tout le monde. Même chose pour la confiture.

La mention de la confiture avait failli déclencher une nouvelle émeute, mais M. Friedmann était resté planté, au milieu d'eux, jusqu'à ce que les pains et la confiture soient posés sur chaque table. Ce n'avait été qu'ensuite qu'il les avait autorisés à s'asseoir et à s'empiffrer dans un impressionnant silence. Malgré cela, au moins autant de pain avait quitté la salle à manger dissimulé sous des vêtements que dans les estomacs – mais ils étaient ici depuis quatre jours désormais, et chaque jour la nourriture continuait à arriver, de sorte que même les plus affamés d'entre eux commençaient à croire qu'elle continuerait effectivement à arriver.

Tasha s'assit dans les hautes herbes qui bordaient la plage et son regard se perdit sur la surface de l'eau.

— Il est difficile de croire que cet endroit a toujours été là, que tout le monde ici a continué à vivre pendant que nous étions… que nous étions…

Georg posa son vélo contre le sien et s'assit à ses côtés.

— Ici aussi, des gens ont perdu des êtres chers. La femme qui m'a prêté ces vélos m'a dit que son fils avait été tué à Anzio.

— C'est triste, mais c'est la guerre, non ? Ces gens-là étaient des soldats, pas des civils innocents qu'on a torturés.

— Ce n'était pas de la torture, Tash…

— Tu le penses vraiment ?

Georg lui passa un bras autour des épaules.

— Si, tu as raison, c'en était. Mais c'est fini, maintenant. Nous sommes ici à Wondermere, n'est-ce pas ?

Malgré elle, Tasha rit du surnom que les enfants avaient donné au lac lors de leur première leçon d'anglais.

— À Wondermere, acquiesça-t-elle. Joli, paisible et si… si propre ! (Elle se pencha contre Georg, aimant la sensation de son bras autour d'elle.) Tu sais, j'ai pris deux douches par jour depuis que je suis arrivée.

— J'en ai pris trois hier. Je n'arrive pas à croire qu'on puisse en prendre quand on veut.

— Moi non plus. Même si j'aimerais que les gens arrêtent de se doucher n'importe quand. Il y a une fille à mon étage, Monika, qui se lève pour aller se laver au beau milieu de la nuit.

— Celle dont les trois sœurs sont mortes du typhus, c'est ça ? (Tasha lui répondit par un signe de tête sinistre.) Eh bien, tu as la réponse. Qui ne voudrait pas rester propre après ça ?

Tasha sentit la tristesse – toujours si proche de la surface – lui tirailler le cœur une fois de plus. Baissant les yeux, elle aperçut une marguerite dans l'herbe et la cueillit, entreprenant d'arracher ses pétales un par un, et prenant plaisir à les voir s'éparpiller autour d'elle, un sentiment de nostalgie montant en elle.

— Tash ? (Georg se pencha en avant, essayant de voir son visage.) Ça ne va pas ?

— Monika pourrait se laver toute la journée, ça ne ramènerait aucun de ceux qu'elle a perdus, pas vrai ?

— Non, bien sûr que non.

— Et c'est bien triste.

— C'est vrai, convint-il.

Ils restèrent silencieux un moment et elle le sentit se tortiller à côté d'elle, puis il se pencha brusquement vers l'avant, pointant le lac étincelant du doigt.

— Regarde, c'est un cygne ?

— Un cygne ? Tasha plissa les yeux contre le soleil et vit un oiseau blanc qui nageait paresseusement devant eux. C'est possible. Et alors ?

— Et alors ?!

— Le cygne est vivant, mais les sœurs de Monika sont toutes mortes. Alors, oui, je le redis : et alors ?

Georg soupira.

— On pourrait aussi dire que les sœurs de Monika sont toutes mortes, mais qu'au moins ce cygne est vivant. Tout n'a pas été détruit.

Tasha se leva d'un bond, frustrée. L'optimisme de Georg était aussi impressionnant qu'exaspérant.

— N'es-tu pas triste, Georg ? demanda-t-elle. N'es-tu pas en colère ? Les nazis nous ont tout pris. Ils ont pris nos familles et nos maisons. Ils nous ont traités comme des animaux. Ils nous ont affamés et battus, ils ont lâché leurs chiens sur nous, juste pour s'amuser, et nous ont fait travailler jusqu'à l'épuisement. Et comme si tout ça ne suffisait pas, ils nous ont fusillés, gazés et brûlés comme si nous n'étions rien. Rien !

Il se leva aussi, mais elle le repoussa avec frustration.

— Comment peux-tu ne pas avoir envie de te déchaîner, de hurler et de détruire tout ce qui reste, parce que tout semble si souillé, si sale et si… abîmé qu'il sera impossible de réparer quoique ce soit ?

Elle s'acharnait sur lui à présent, lui assénant des coups de plus en plus violents sur la poitrine, furieuse de ne pas pouvoir le faire reculer, ne serait-ce que d'un pas.

Il attrapa ses poings et la serra contre lui.

— Laisse-moi partir !

— Non.

— Brute. Sale brute nazie.

Il retint son souffle, mais ne le lâcha pas.

— Je suis en colère, Tash, bien sûr que je le suis. C'est juste que… c'est juste que… (Il regarda le ciel, cherchant ses mots.) Ils ont essayé de nous détruire avec leur haine et ils ont failli réussir. Je ne veux pas les laisser gagner.

— Quoi ?

— Je ne veux pas les laisser me noyer dans la tristesse, l'amertume et la haine. J'ai la même colère que toi, Tash, je t'assure.

Elle est là tout le temps. Tout le temps. Mais le seul moyen que je connaisse pour la combattre, c'est d'essayer de voir à travers elle. De me concentrer sur le pain blanc, sur les cygnes blancs et sur les nuages blancs, et d'espérer que, d'une manière ou d'une autre, ils éloigneront suffisamment cette noirceur pour que je puisse vivre, aimer et à la fin vaincre la cruauté nazie.

Tasha le regarda fixement, les mains molles dans les siennes tandis qu'elle essayait de réfléchir à la portée de ses paroles.

— Alors, tu es en colère ?

— Une colère qui me permettrait d'arracher le maudit cœur de chaque nazi à mains nues.

— Il faut être en colère.

— Oui, mais où cela mènerait-il ? Il est plus facile de haïr. Aimer, c'est autre chose. Aimer est le plus… effrayant.

Il tira doucement sur ses mains, l'attirant plus près de lui.

— Effrayant ? murmura-t-elle, la voix rauque.

— Très, répondit-il en chuchotant, mais j'aimerais essayer d'aimer, si tu es d'accord.

— Je… Je…

Elle essaya et essaya encore, mais aucun mot ne vint. Quand Georg pencha sa tête vers la sienne, Tasha tendit la main avec reconnaissance et, avant qu'elle ne puisse penser, analyser ou faire autre chose que ce qu'elle voulait faire, elle l'embrassa. Sa réponse fut immédiate : ses bras passèrent autour de son dos et ses lèvres se pressèrent contre les siennes avec une ardeur timide. C'était une sensation magnifique – comme traverser le ciel à vélo, comme un cygne en vol.

Quelque part au fond d'elle, une méchante voix lui soufflait que c'était une sensation dont plusieurs millions de personnes avaient été privées pour toujours, mais elle la chassa et rapprocha Georg d'elle. Il avait raison : ils devaient vivre. Ils devaient empêcher les nazis de remporter cette ultime victoire.

Mais c'était tellement difficile.

9

Windermere, septembre 1945

Alice

— Alice ! Alice, il faut que tu viennes ! Mlle Bowen dit de drôles de choses.

Alice leva les yeux de la pile de lettres entassée sur son bureau. À sa gauche se trouvaient les demandes d'informations concernant chaque enfant dont elle s'occupait, et prêtes à être envoyées. À sa droite se trouvaient les réponses, commençant toujours par une suite d'excuses, à sa dernière série de lettres. À ce jour, elle n'avait retrouvé aucun des proches des orphelins de Windermere – ni aucun des siens. La lettre qu'elle tenait actuellement entre les mains indiquait que l'UNRRA était terriblement désolée, mais qu'elle n'avait trouvé aucune trace d'un Maximillian, d'une Lilliana ou d'une Ruth-Gertrud Goldberger ayant quitté Theresienstadt.

Alice en savait plus sur cet endroit, aujourd'hui. Beaucoup d'enfants y étaient allés et lui avaient assuré que c'était demeuré un ghetto tout au long de la guerre. Il ne lui restait plus qu'à espérer qu'ils étaient partis de leur propre chef, mais ne pas savoir était si douloureux…

Elle se sortit de ces pensées. Le chagrin pour ce qui avait été perdu devait au moins servir à gérer au mieux ce qui restait, et il semblait d'ailleurs qu'on avait besoin d'elle à cet instant. Trois garçons lui faisaient des signes frénétiques à travers la vitre et une foule s'amassait derrière la fenêtre, des enfants arrivant de tous les coins du domaine. Alice devait agir rapidement.

Ces derniers jours, l'exubérance des premières semaines avait laissé place à quelque chose de plus calme et de plus instable. Les tout-petits formaient toujours un petit groupe de six, mais ils recherchaient désormais activement l'attention des adultes, suivant les cibles qu'ils s'étaient choisies comme une flopée de canetons sauvages. Les enfants entre deux âges, dont les besoins immédiats étaient satisfaits par les repas réguliers et les lits confortables, avaient commencé à jouer à des jeux qui témoignaient d'une conception horriblement déformée de la réalité et d'un imaginaire particulièrement violent. Les voir s'amuser ainsi était particulièrement éprouvant pour Alice.

Hier, elle avait surpris deux sœurs italiennes à l'air innocent, Mirella et Fiorina, en train de faire tenir des briques à bout de bras aux petites Judith et Suzi, jusqu'à ce que leurs bras vacillent horriblement et qu'elle doive se précipiter pour les récupérer avant qu'elles ne leur tombent sur la tête. Aucune des quatre n'avait apparemment remis ce type d'amusement en question et, sur la recommandation de la jeune fille rousse, Tasha Ancel, Alice avait augmenté la durée des lectures de contes afin d'offrir de nouveaux débouchés à leur imagination.

Pour les plus âgés, une scolarisation régulière était en cours, mais elle était au mieux irrégulière. On essayait de leur enseigner l'anglais aussi vite que possible, mais il fallait recourir à une combinaison d'allemand, de polonais et de tchèque pour la géographie ou l'histoire. Les cours étaient suivis avec passion, mais de manière irrégulière. Les enfants se lançaient avec enthousiasme dans un sujet, allant jusqu'à s'opposer à la fin de la leçon, mais ne se présentaient pas pour la séance suivante, le lendemain.

— Il semble qu'ils ne puissent supporter de planning trop régulier, avait dit Oskar lorsque Marie avait abordé le sujet au cours de leur réunion du soir. Ils ont été malmenés sur la base d'une routine et d'exigences terribles, et ont besoin d'avoir le sentiment d'exercer leur libre arbitre. Laissons-les aller à leur rythme et ils s'adapteront. La curiosité ne leur manque pas, cela au moins est clair. Je pense qu'ils viendront d'eux-mêmes.

Et l'avenir lui donna raison. En cours de religion, les débats s'étaient intensifiés à mesure que les plus âgés commençaient à explorer leurs sentiments sur l'état du monde auquel ils devaient leur condition, et il y avait eu des disputes, des bouderies et même quelques bagarres. L'autre jour, Alice avait dû mettre fin à une dispute pour savoir quelle marche de la mort avait été la plus dure.

— Ne vous a-t-on pas déjà fait assez de mal, pour que vous vouliez vous en faire les uns aux autres ?

— Au moins, ici, l'un de nous deux gagnera, lui avait-on rétorqué, et elle n'avait rien trouvé à répondre à cela.

Craignant une nouvelle dispute, Alice s'empressa d'aller voir les garçons mais ils avaient l'air unis, au contraire. Et effrayés.

— Quel genre de choses ? demanda-t-elle.

— Elle n'arrête pas de gémir et de dire des trucs bizarres sur les ourlets.

— Les ourlets ? Conduis-moi jusqu'à elle, veux-tu, Chaim ?

L'aîné des garçons acquiesça et commença à se diriger vers la dépendance qui leur servait de magasin de vêtements. De nombreuses personnes bienveillantes avaient fait don de vêtements pour les enfants, lesquels étaient arrivés presque sans rien, mais la distribution n'avait pas été aussi simple qu'ils l'avaient naïvement imaginé. Beaucoup d'enfants, loin d'être reconnaissants pour ces vêtements propres et élégants, s'en étaient plaints et avaient refusé de les porter. Chaque garçon avait été mesuré pour recevoir un nouveau costume et chaque fille une robe élégante, mais jusqu'à ce que ces articles neufs arrivent, ils avaient été forcés de choisir parmi ces dons, et y semblaient curieusement réticents. Alice essayait de comprendre pourquoi, mais personne ne voulait en parler ouvertement ; peut-être que ce serait différent aujourd'hui.

— Elle est là, lui dit Chaim en s'arrêtant devant la remise.

— Merci, Chaim. Ne vous inquiétez pas, je suis sûr qu'il y a une explication simple.

Alice s'apprêtait à entrer mais Chaim lui attrapa le bras.

— Je ne voulais pas lui faire de mal.

— Pardon ? demanda-t-elle en se retournant, alarmée.

— Tout ce que j'ai dit, c'est que mon père aurait eu honte de ces ourlets. Il tira sur son short trop grand pour illustrer son propos. C'est à partir de là qu'elle a commencé à faire des bruits.

— Je vois. (Alice lui tapota la tête.) Ne t'inquiète pas, je suis sûre que ce n'était pas ta faute. Je vais m'en occuper.

— Merci, mademoiselle.

Il resta planté là, continuant de tirer sur son short, et Alice lui adressa un sourire qu'elle espérait rassurant, avant d'entrer dans le bâtiment.

— Glynis ?

La pièce était exiguë et sombre et Alice plissa les yeux, tentant d'apercevoir Glynis Bowen parmi les étagères et les tables chargées de vêtements. C'était la première fois qu'elle entrait vraiment ici et, elle devait l'admettre, cela lui semblait être une véritable caverne aux trésors vestimentaires – mais elle n'avait jamais été très portée sur la mode, alors qui était-elle pour le dire ?

— Glynis ?

Un bruit étrange provenait du coin le plus éloigné de la pièce et Alice contourna une table chargée de pulls pour apercevoir son assistante assise par terre, les genoux ramenés contre sa poitrine, son visage enfoui entre eux. Elle marmonnait pour elle-même, le seul mot intelligible s'avérant être « ourlets », comme l'avait rapporté Chaim.

— Glynis, ma chérie, qu'est-ce qui ne va pas ?

Alice s'approcha lentement, s'agenouillant pour se mettre à la hauteur de la Galloise qui lui avait toujours semblé l'une des membres les plus solides et sensées de l'équipe. Fille d'un propriétaire de moulin d'Abergavenny, elle s'était portée volontaire pour s'occuper des vêtements des enfants, mais la tâche avait peut-être été trop vaste pour elle. Alice tendit doucement la main pour toucher le genou de Glynis et cette dernière releva la tête. Ses yeux bleus paraissaient sauvages et démesurés sur son visage blafard.

— Les ourlets, dit-elle à Alice. Il faut que je reprenne les ourlets.

— Non, non, lui dit Alice avec douceur. Les ourlets sont très bien. Ils sont parfaits, en réalité.

— Vraiment ? (Le regard de Glynis s'éclaircit, mais elle leva les yeux vers les vêtements qui les surplombaient de tous les côtés et recommença à gémir.) Je ne peux pas m'arrêter. Je dois reprendre les ourlets. Il faut que les vêtements soient beaux. Ils ont trop souffert. (Elle s'agrippa à Alice, sa fine main tordue comme une griffe.) Ils ont assez souffert, Alice. Ils doivent avoir de beaux vêtements. C'est le moins qu'on puisse faire. Une jolie robe, un pantalon propre et élégant, est-ce trop demander ?

— Bien sûr que non, acquiesça Alice, mais tu n'es pas obligée de le faire seule, Glynis. Nous pouvons toutes nous occuper des ourlets.

— Tant d'ourlets !

Et elle recommença à gémir de plus belle. Alice entoura la pauvre femme de ses bras et la berça doucement, comme elle l'aurait fait avec un enfant venant de sortir d'un cauchemar. Elle ressentait une profonde culpabilité. Comment n'avait-elle pas remarqué que les enfants exigeaient trop de ce membre dévoué de l'équipe ?

— Allez, Glynis, on va se reposer un peu. Tout ira mieux après une bonne tasse de thé et un peu de sommeil.

Glynis aurait besoin d'un peu plus que ça, c'était évident, mais la faire sortir de la remise serait déjà un début.

Mais Glynis ne bougea pas.

— Sophie a préparé des brioches glacées, tenta Alice. Aimerais-tu une brioche glacée ? Je suis sûre que ça te plairait.

Glynis secoua violemment la tête.

— Pas le temps, Alice. Il y a trop d'ourlets à faire.

Alice réfléchit rapidement. Elle entendait une foule d'enfants se rassembler à l'extérieur, ce qui était tout ce dont Glynis avait besoin.

— Tu as raison, dit-elle en croisant les doigts dans son dos, espérant désespérément que cette approche soit la bonne. (Elle n'avait pas de formation en psychologie comme Anna ou Oskar, mais Anna était à Londres et Oskar était parti faire la rencontre d'un nouveau donateur, alors tout reposait sur elle.) Mais nous avons besoin de plus de fil.

La tête de Glynis se leva à nouveau.

— C'est vrai, dit-elle sur un ton sérieux. Nous avons besoin de plus de fil. Regarde, celui-ci n'est pas assorti. Ils n'aiment pas ça quand ce n'est pas assorti.

— Bien sûr qu'ils n'aiment pas ça. Mais ce n'est pas grave, j'ai du fil dans ma chambre.

— Vraiment ?

— Oh oui, il y a beaucoup de fil.

— Avez-vous de la terre de Sienne brûlée ?

— J'en ai, mentit éhontément Alice, tout en priant pour que ça n'aggrave pas la situation.

— Excellent ! Glynis se leva si brusquement qu'Alice dut se hâter à son tour pour la suivre. Allons-y. Tout de suite.

— Tout à fait, oui. Par ici.

Alice passa une main sous le bras de Glynis, essayant de donner l'impression qu'elle était décontractée et détendue, bien que sa poigne se resserre instantanément sur le bras de son assistante lorsqu'elles sortirent au milieu d'un groupe d'enfants.

— Faites place, s'il vous plaît, dit-elle fermement. Nous avons du fil à aller chercher.

— Du fil ? demanda Chaim.

— Du fil, confirma Glynis, saisissant le short du petit garçon avant qu'il n'ait eu le temps de reculer. Du fil pour rendre vos habits agréables. Je les rendrai beaux pour vous. Je le ferai. Je te le promets.

— Bien sûr, dit Alice d'un ton sec, et elle la dirigea vers le bâtiment principal, laissant les enfants les suivre d'un regard étonné.

Alice n'avait aucune idée de ce qu'il fallait faire ensuite, aussi conduisit-elle Glynis vers les cuisines et vers Sophie. Éloignée de la remise à vêtements, la Galloise semblait déjà plus vive, observant les collines autour d'elles comme si elle les voyait pour la première fois.

— C'est agréable ici, n'est-ce pas ? dit-elle en guise de conversation.

— Très agréable, acquiesça Alice.

— C'est bien. Ils ont besoin de choses agréables, n'est-ce pas ? Ils ont besoin de beaucoup, beaucoup de gentillesse, parce qu'ils ont traversé, traversé…

Et elle éclata en sanglots, incapable de continuer.

Alice la tira jusqu'à la cuisine.

— Bonté divine ! dit Sophie en se retournant aussitôt. Qu'est-ce que nous avons là ? Ma pauvre femme, vous avez l'air épuisée. Asseyez-vous près du poêle. Ne vous occupez pas de la chatte, elle va vous faire une place. Ah, voilà. Elle vous aime bien, vous voyez.

Alice se tenait à l'écart alors que Sophie s'affairait autour de Glynis, lui passant une couverture sur les épaules et l'encourageant à caresser le chat, tandis qu'elle apportait du thé et des brioches, le tout dans un flot de bavardages rassurants.

— Seigneur, qu'est-ce qui s'est passé ? murmura-t-elle à Alice quand, enfin, Glynis sembla s'être calmée.

— Je n'en suis pas sûre, lui dit Alice. J'ai besoin de tirer tout ça au clair.

Laissant Glynis aux bons soins de Sophie, elle retourna vers la remise, bien décidée à percer ses mystères.

Cela ne lui prit pas beaucoup de temps.

— C'est vous qui faites le tri, maintenant, mademoiselle ? demanda Chaim en entrant quelques minutes après Alice.

— C'est exact, dit-elle. Tu cherches quelque chose ?

— Un autre short. Un qui me va vraiment. Avec celui-là, j'ai l'impression de porter les vieux vêtements de mon grand frère. Si j'avais un grand frère, bien sûr. Enfin, s'il n'avait pas été tué à Chełmno.

Alice serra les dents pour ne pas flancher. Certains enfants parlaient de leurs expériences avec un détachement glacial. D'autres, qui avaient manifestement été interrogés par des journalistes avides de sensations fortes, se délectaient à se répandre en détails sordides. D'autres enfin restaient muets. Le travail des soignants, leur disait chaque soir Oskar, n'était pas de juger, mais simplement d'écouter. Ce n'était pas facile, mais ils étaient là pour aider les enfants à guérir et il fallait leur permettre de le faire à leur manière.

— Je vois, dit calmement Alice. On dirait que les shorts sont par là.

Glynis avait bien rangé les vêtements et Alice se dirigea vers la zone dédiée, mais Chaim eut un grognement de dégoût.

— J'ai regardé ce tas au moins cinquante fois. Il n'y a rien qui m'aille.

— C'est impossible, dit-elle. Et, vraiment, s'ils sont un peu trop grands, est-ce que c'est si important que ça ?

— Important ? répéta-t-il d'un ton dur. Bien sûr que c'est important ! Les vêtements d'un homme le représentent aux yeux du monde. Même les nazis savaient ça – raison pour laquelle ils nous habillaient en rayures. Vous essayez de faire la même chose aujourd'hui ! Vous… vous êtes tous cruels !

Sur ce, il tourna les talons et sortit en courant, laissant Alice le suivre du regard, désemparée. Si c'était ce à quoi Glynis devait faire face tous les jours, pas étonnant qu'elle ait craqué. Elle regarda nerveusement autour d'elle lorsque la porte s'ouvrit à nouveau pour révéler Tasha la rousse et sa petite acolyte aux nattes courtes.

— Bonjour, dit Alice. Je peux vous aider ?

— J'en doute, répondit Tasha.

Alice lui retourna un sourire.

— Pourquoi ne pas me donner une chance ?

— Avez-vous des vêtements neufs ?

— Non, mais il y en a beaucoup ici qui…

— Inutile de poursuivre. Je les ai tous examinés. Nous l'avons tous fait.

— Peut-être devrions-nous regarder à nouveau, ensemble. Il y a des choses très élégantes, ici. Cette robe, par exemple. Elle est d'une belle couleur aigue-marine, comme tes yeux.

Tasha battit des paupières.

— Vraiment ?

— Oui, regarde.

Elle orienta Tasha en direction du miroir accroché au mur, tenant la robe près de son visage pour que l'aigue-marine fasse ressortir la lumière de son propre regard azur.

— C'est assorti ! s'écria Marta.

— C'est vrai, concéda Tasha à contrecœur. Mais regardez, elle est tellement *staromodny* – démodée. (Elle tira sur la jupe étroite.) Tout le monde porte des jupes évasées de nos jours.

Alice se souvint des femmes qu'elle avait vues à la gare la dernière fois qu'elle était allée à Londres, leurs jupes voletant élégamment autour de leurs jambes.

— Tu as raison, dit-elle, et je suis sûre que vos nouvelles robes, lorsqu'elles arriveront, seront très à la mode, mais en attendant, tu serais très jolie dans celle-là. Je veux dire, tu es jolie de toute manière, mais tu le serais encore plus.

Tasha secoua la tête.

— Je ne suis pas jolie.

— Si, tu l'es, dit Marta. Moi je pense que tu l'es, et Alice aussi, sans parler de Georg.

Tasha rougit et Alice dut se détourner pour dissimuler un sourire naissant. La romance s'insinuait à Windermere, semblait-il.

— Essaie-là, au moins, suggéra-t-elle.

— Très bien, dit la jeune fille à contrecœur, mais ça ne va pas m'aller. Rien de ce qui est ici ne me va.

Tasha prit la robe et rejoignit la cabine d'essayage en traînant des pieds, visiblement mal à l'aise. Elle émit toute une suite de grognements et de soupirs, ce qui fit à nouveau sourire Alice. Cette fille l'intriguait. Elle était si farouche et si pleine d'audace, et d'une sensibilité à fleur de peau. Alice ne pouvait s'empêcher de l'admirer pour ça, même si ça la rendait parfois difficile à gérer.

Enfin, Tasha apparut, aussi superbe que gênée.

— Mais c'est parfait ! dit Alice. Qu'en penses-tu, Marta ?

— Georg va faire une sacrée tête quand il va te voir, déclara la petite fille.

— Je suppose que ça peut faire l'affaire, murmura Tasha à contrecœur.

— Bien, dit Alice, se forçant à ne pas réagir de manière excessive, bien qu'elle ait envie de courir vers la jeune fille et de la serrer dans ses bras pour lui dire qu'elle donnerait tout l'or d'une synagogue pour lui ressembler.

Non pas que les synagogues disposent encore de beaucoup d'or de nos jours, ou qu'Alice n'ait jamais approché la beauté brute de Tasha de près ou de loin, même lorsqu'elle avait le même âge et qu'elle traînait nerveusement sur les pistes de danse aux côtés d'un Heinz tout aussi gauche. Elle chassa cette pensée ; ce n'était pas d'elle qu'on devait s'occuper aujourd'hui.

— Elle est à toi, dit-elle.

Tasha se tordit dans tous les sens devant le miroir, cherchant à se voir sous tous les angles.

— Ce serait mieux si elle était un peu plus courte. Est-ce qu'il serait possible de raccourcir la jupe, Alice ?

Aussitôt, Alice revit la malheureuse Glynis toute tremblante dans son coin : « Il y a trop d'ourlets à faire. Trop d'ourlets à faire. »

— Je vais te le dire, reprit-elle, je vais te chercher une aiguille et du fil et tu pourras remonter l'ourlet toi-même.

— Moi ?

— De cette manière, tu pourras le placer exactement où tu le souhaites.

— Hmm. Je suppose que oui.

— Tu sais coudre ?

Tasha se redressa vivement.

— Je suis juive, Alice, bien sûr que je sais coudre !

Alice lui rendit son regard, étonnée.

— Je suis juive moi aussi, et pourtant je ne sais pas coudre.

— Vraiment ? Et que faisait votre famille ?

— Des universitaires, pour la plupart.

— Je vois. (Tasha n'avait pas l'air impressionnée.) Eh bien, vous êtes une exception, car la plupart des Juifs savent coudre, et même très bien.

— Je vois.

Alice entreprit de ranger une pile de chemises, l'esprit en ébullition. Sa famille évoluait dans les cercles universitaires et, bien qu'elle se souvienne que plusieurs personnes importantes de leur communauté locale aient été des tailleurs, elle n'avait jamais connu le monde des ateliers et des usines et n'avait jamais pensé à poser de questions à ce sujet. Elle se sentait stupide de ne pas l'avoir fait, aujourd'hui.

— Parce que leurs pères sont tailleurs ? demanda-t-elle.

— Ou leurs mères couturières, oui.

Alice pensa à la protestation de Chaim, quand le petit garçon avait déclaré que « les vêtements d'un homme le représentent aux yeux du monde », et les pièces du puzzle commencèrent à se mettre en place.

— C'est pour ça que les enfants refusent de mettre ces vêtements ?

— Bien sûr ! Avant la guerre, la plupart d'entre nous s'habillaient bien, Alice. Magnifiquement, même. Nous avions les tissus les plus fins, les coupes les plus modernes, les coutures les plus parfaites. Aujourd'hui, on nous demande de nous « accommoder » de rebuts déjà portés. Je comprends la situation, vraiment. Il y a eu une guerre. Chacun est dans le besoin et nous devrions être reconnaissants pour tout ce qu'on peut nous offrir…

Alice tendit la main vers l'épaule de la jeune fille.

— Ce n'est pas vrai, Tasha. Vous ne devriez pas être plus reconnaissants que les autres, mais sans doute ne devriez-vous pas l'être moins. Nous faisons de notre mieux.

Tasha écarta les mains.

— Est-ce notre faute si nous ne parvenons pas à nous en contenter ? Nous avons tout perdu, Alice – nos familles, nos maisons, les rues où nous jouions, les synagogues où nous nous réunissions, les ateliers et les bureaux où nous travaillions. Nous ne vivions pas dans la misère, avant la guerre, vous savez, loin de là, alors pardonnez-nous si nous ne sommes pas aussi reconnaissants que nous le devrions.

Puis elle disparut dans un éclair d'aigue-marine, Marta courant fidèlement après elle, et Alice resta seule, avec pour seule compagnie des tas de vêtements de charité et des pensées qui fusaient dans tous les sens.

Ce soir-là, quand les enfants furent enfin couchés et Glynis mise dans un train pour rejoindre ses parents au Pays de Galles, les membres du personnel se réunirent autour de la table de la cuisine pour leur compte rendu quotidien.

— Il est naturel, dit Oskar, que nous ressentions une certaine pression quant à la nécessité d'aider ces enfants. Chaque jour, nous en apprenons davantage sur ce qu'ils ont vécu, à travers ce qu'ils disent et la manière dont ils se comportent.

— Et les dessins qu'ils font, ajouta Marie Paneth.

— Je vous demande pardon ? demanda Alice, intriguée.

— J'ai aménagé une salle pour qu'ils puissent venir peindre s'ils le souhaitent. Beaucoup l'ont fait et les résultats sont… très parlants. Venez voir.

Elle les conduisit dans l'une des trois salles utilisées pour les cours et les réunions. Sur le côté se trouvait une table garnie de matériel de peinture et de dessin, et des dessins étaient affichés au mur, principalement du lac Windermere et des environs.

— Ces dessins ne semblent pas si inhabituels, dit Oskar en regardant Marie avec curiosité.

— Parce que ce sont les seuls que j'ai pu afficher, mon cher. Voyez plutôt.

Elle sortit un grand dossier de derrière un bureau et commença à étaler d'autres images sur la table.

Alice les parcourut attentivement et ce qu'elle vit fit chavirer son cœur : des images aux traits gras et aux contours durs, peints dans des rouges et des noirs denses et montrant des barbelés et des tours de guet, des fusils surdimensionnés, des chiens enragés et des cadavres. Beaucoup de cadavres. Le talent des artistes était variable, mais le contenu de leurs jeunes psychés était brutal et implacablement similaire.

— C'est affreux.

Marie acquiesça.

— Faut-il s'étonner qu'ils se montrent difficiles, exigeants ou parfois violents dans leurs sautes d'humeur ?

— Mais que peut-on faire, alors ? demanda Alice.

— Leur donner du temps, dit Oskar. Du temps, de l'attention et des soins. Nous devons leur apporter d'autres choses à penser. Le sport… (Il indiqua Jock Lawrence, l'entraîneur sportif – le plus terre à terre de tous.) Les langues. Les mathématiques. Des compétences pratiques comme la couture.

— À ce propos… commença Alice.

Tous les regards se tournèrent vers elle et elle se sentit immédiatement gênée, mais c'était important. Elle raconta sa conversation avec Tasha au groupe et expliqua que beaucoup d'enfants se montraient très exigeants en matière d'habillement.

— Je ne crois pas qu'il s'agisse de vanité ou d'entêtement, dit-elle. Je pense que c'est étroitement lié à la fierté familiale, comme s'ils craignaient de décevoir leurs parents en acceptant des vêtements de mauvaise facture.

— Excellente observation, dit Oskar. Quelles seraient vos recommandations, Alice ?

— Mes recommandations ?

— Oui. En faisant appel à votre expérience en matière de soins infantiles, que nous conseilleriez-vous de faire ?

Alice déglutit, puis croisa le regard bienveillant de Sophie, qui lui fit un petit signe de tête. Elle prit une profonde inspiration.

— J'imagine, commença-t-elle, qu'il faut d'abord prendre soin d'expliquer très clairement que ces tenues sont temporaires, jusqu'à ce qu'on trouve des vêtements dignes d'eux. Et peut-être, comme vous le proposiez, organiser des cours de couture, pour les garçons et les filles, afin qu'ils puissent s'approprier les retouches et en même temps sentir qu'ils perpétuent un patrimoine qui leur est propre.

Un silence fit suite à ses derniers mots.

— Mais je n'en sais rien. Je ne suis pas formée. Je n'ai pas…

— C'est une idée brillante, Alice, dit Oskar.

— Brillante, acquiesça Marie. Une béquille à la fois pratique et émotionnelle. Je serais ravie de vous assister pour ces cours.

Quelqu'un d'autre se porta volontaire :

— J'ai ma machine à coudre ici avec moi. Je la partagerai avec les enfants, s'ils veulent bien en prendre soin.

— Je suis certaine qu'ils le feront, dit Alice. Ils comprendront la valeur de l'outil.

— Bien. Nous en avons donc terminé pour ce soir, déclara Oskar. Vous avez tous fait du bon travail. Maintenant, allons nous reposer un peu. Nous aurons fort à faire demain.

Ils commencèrent à sortir en file indienne de la salle d'arts plastiques et Alice s'apprêtait à les suivre, mais Oskar l'arrêta.

—Pouvez-vous m'accorder une minute, Alice ?

— Bien sûr.

Elle se retourna nerveusement vers son patron tandis que les autres quittaient les lieux. Était-elle allée trop loin ? S'était-elle montrée trop entreprenante ?

— Vous êtes une femme très perspicace, commença-t-il.

— Vraiment ?

— Oui. Mais je l'avais déjà remarqué. C'est d'ailleurs la raison pour laquelle je vous ai recommandé pour ce poste, et je ne regrette pas de l'avoir fait. Vous avez produit un excellent travail aujourd'hui. Je vous en remercie.

Alice tira nerveusement sur son gilet.

— Je ferai tout ce que je peux pour aider les enfants.

— Bien sûr. Mais cette tâche représente plus que cela. Notre travail ici pourrait considérablement améliorer la compréhension et la gestion des traumatismes. Il s'agit sans doute de l'étude la plus passionnante de notre époque, et il est important que des personnes particulièrement perspicaces la dirigent. (Il lui prit la main.) Nous pouvons vraiment faire avancer les choses, Alice.

Alice déglutit, ne sachant que répondre. Pour elle, le projet était moins une « étude passionnante » qu'un moyen d'aider les enfants à surmonter les terribles expériences qu'ils avaient subies, mais cela semblait une chose bien naïve à dire à ce scientifique si sérieux.

— J'aime beaucoup Windermere, dit-elle.

Le ton était légèrement pincé et maladroit mais Oskar ne sembla pas le remarquer.

— Moi aussi, Alice, moi aussi. Je me sentais tellement… à l'étroit à Londres. Il y a plus d'espace pour penser, ici. Plus d'espace pour respirer, pour être.

— Votre famille ne vous manque-t-elle pas ? demanda-t-elle.

— Ma famille ? Pas autant qu'elle le devrait, sans doute. Mon fils et ma fille sont pratiquement adultes, et ma femme… Disons que nous ne sommes plus aussi proches qu'avant.

— Je suis désolée.

Il lui adressa un sourire tranquille.

— Ne le soyez pas, s'il vous plaît. Nous en avons beaucoup parlé tous les deux et avons accepté cet état de fait. Nous avons élevé nos enfants ensemble dans la concorde, mais nous nous sommes peu à peu éloignés l'un de l'autre, et sommes tous les deux convenus qu'il valait mieux que nous poursuivions nos vies sans être liés.

— Vraiment ? bégaya Alice. C'est très... moderne.

Il eut un petit rire.

— Cela doit vous paraître terriblement étrange, peut-être ? Je m'excuse si je vous ai choquée, mais nous avons pensé que c'était la chose la plus raisonnable à faire. Nous avons examiné la question sous tous les angles et avons décidé que, dans un monde où tant de misère nous était déjà imposée, sans doute n'était-il pas utile d'en rajouter nous-mêmes. Nous nous respectons toujours et resterons amis, pour le bien de nos enfants, mais nous nous sommes accordé la liberté de suivre de nouvelles voies.

— Je vois, dit Alice, même si à dire vrai elle ne voyait pas vraiment.

Elle ne connaissait personne qui ait déjà agi de la sorte, et elle ne savait pas du tout comment réagir. Il faisait soudain très chaud dans la grande salle de classe et Oskar le ressentait peut-être aussi, car il se mit à arpenter la pièce.

— Nous sommes à un tournant de l'histoire, Alice, lança-t-il en désignant les terribles images qui jonchaient les tables entre eux. La psychanalyse n'a jamais été aussi nécessaire et nous tous – Anna, Dorothy, vous et moi – devons tenir ce flambeau et montrer au monde ce que nous pouvons faire.

Sa passion était communicative.

— Nous le ferons, acquiesça-t-elle. Enfin, je veux dire, oui, je le ferai.

Il revint vers elle avec un sourire.

— Je sais que vous le ferez. C'est pour cette raison que je vous ai choisie. Mais je ne voudrais pas abuser de votre temps. Je vous laisse aller vous reposer. Je vais rester et mettre un peu d'ordre ici. Bonne nuit, Alice.

À sa grande surprise, il lui serra les épaules et l'embrassa sur les deux joues. Ce geste évoquait un passé qui s'était presque effacé en elle – une époque où, dans les cafés berlinois animés, chacun se saluait en usant de telles familiarités – mais aussi quelque chose de nouveau. Une confiance, peut-être, une confiance accrue dans leurs relations. Leurs relations de travail.

— Bonne nuit, Oskar, murmura-t-elle avant de sortir précipitamment.

Elle s'arrêta sur le pas de la porte, mais il était en train d'observer les dessins des enfants, complètement absorbé. Ça n'avait aucune importance.

Alice se dirigea vers sa chambre d'un pas léger. *« Nous pouvons vraiment faire avancer les choses, Alice »*, lui avait dit Oskar. Étant donné toute cette importance nouvelle qu'on semblait attacher à sa personne, elle savait qu'elle aurait bien du mal à s'endormir.

10

Windermere, 3 septembre 1945

Tasha

Tasha se couvrit le visage, profondément embarrassée, tandis que trois cents enfants chantaient *Happy Birthday to You* dans un anglais hésitant aux accents bariolés. Quelle façon de fêter ses dix-sept ans ! Il y avait des guirlandes autour du réfectoire, une banderole et un énorme gâteau, surmonté d'un glaçage coloré et de dix-sept bougies.

— Souffle tes bougies, Tasha, insista Marta.

— Et n'oublie pas de faire un vœu, ajouta Sophie.

Tasha jeta un coup d'œil à la gentille cuisinière ; il était facile de faire un vœu. Fermant les yeux et posant ses doigts sur son sac, qu'elle gardait toujours sur elle, elle souhaita de toutes ses forces que maman soit vivante et en bonne santé, et qu'elle soit, en ce moment même, en train de découvrir son nom sur une liste et de solliciter les autorités pour pouvoir la rejoindre en Angleterre. Non, elle avait changé d'avis. C'était son anniversaire, après tout. Elle souhaita plutôt qu'à cet instant précis, alors que le chant distordu s'arrêtait, la porte s'ouvre et que Lydia entre en criant : « Joyeux anniversaire, Tasha ! » Elle la prendrait ensuite dans ses bras, déversant chaque goutte de son amour en elle, et leurs cheveux roux se mêleraient, offrant à Tasha – et contre toute attente – le plus bel anniversaire de sa vie.

— Souffle vite, Tasha, dit Marta, ou les flammes vont faire fondre le glaçage.

Ouvrant les yeux à contrecœur, elle jeta un coup d'œil à la porte. Cette dernière resta résolument fermée et, dans un grand soupir, elle souffla ses dix-sept bougies. Les enfants rassemblés applaudirent et des cris commencèrent à retentir immédiatement alors que venait l'heure du partage du gâteau.

— Vous pouvez le couper, Sophie ? demanda Tasha. Pour ma part, ça me semble une tâche impossible.

— Rien n'est impossible, dit joyeusement Sophie, qui commença à découper le gâteau en petits carrés, un pour chaque enfant.

Derrière elle, Alice se racla la gorge avec un bruit ressemblant un peu à celui d'une chèvre. Tasha n'arrivait pas à cerner cette femme. Elle avait l'air d'une vieille fille avec ses jupes droites et ses larges cardigans, mais on la voyait l'instant d'après faire rire les plus petits comme un clown de cirque, et quand on lui parlait on s'apercevait qu'elle écoutait – qu'elle écoutait vraiment, comme si son interlocuteur était la personne la plus intéressante du monde, ce que Tasha savait pertinemment qu'elle n'était pas. Cette robe aigue-marine était peut-être un peu démodée, mais elle était plutôt jolie, en réalité. C'était en tout cas ce qu'avait pensé Georg, qui, avec son exagération habituelle, avait dit qu'elle ressemblait à une sirène émergeant des flots. Quelle plaisanterie !

— Nous avons un cadeau pour toi, dit Alice. Ce n'est pas grand-chose, mais j'espère que ça te fera plaisir.

Elle lui tendit un petit paquet, parfaitement emballé dans un tissu de soie bleu maintenu par un ruban rouge.

— De votre part ?

— De la part de tout le personnel. Dix-sept ans est un anniversaire important.

— Si j'avais eu dix-sept ans un peu plus tôt, je n'aurais pas été acceptée ici.

— Et cela aurait été dommage pour tout le monde, répondit Alice, avant de rougir légèrement. Ouvre-le, dit-elle avec insistance.

Tasha sentit Marta s'appuyer contre elle d'un côté, et Georg se rapprocher de l'autre. Elle saisit le ruban et le dénoua avec précaution.

— Que c'est joli ! dit Marta en caressant le ruban écarlate.

— N'est-ce pas, Kotka ? Nous pourrons l'utiliser pour tes nattes.

La petite fille poussa un cri de joie et Tasha sourit. Marta ne remplacerait jamais Amelia, bien sûr, mais en s'occupant d'elle, elle gardait le souvenir de sa sœur vivante dans son cœur et, agissant ainsi, maintenait ce dernier en état de marche. Le cœur était un muscle comme un autre, assurément, et il avait besoin d'exercice, même si c'était parfois douloureux.

Les cheveux bruns de Marta poussaient rapidement et Tasha adorait les brosser en lignes lisses et sans nœuds, et les enrouler en tresses parfaites et symétriques, de part et d'autre de son visage de chaton. Judith, Suzi et les deux Italiennes, Miri et Fifi, avaient commencé à venir la voir pour se faire coiffer elles aussi et, bien qu'aucune d'elles n'ait la riche chevelure rousse de sa mère, cette vision de cheveux repoussant sainement symbolisait quelque chose de cette année douce-amère.

Tasha tendit le ruban à Marta et se retourna vers le paquet, déballant le papier de soie pour révéler une boucle brillante.

— Une boucle pour mon sac ! s'exclama-t-elle, ravie.

Le fermoir de son précieux sac à main s'était lentement détaché depuis qu'une femme avait essayé de le lui prendre à son arrivée à Calgarth. Elle avait maintenu la fermeture avec de la ficelle, terrifiée à l'idée de perdre la mèche de cheveux de Lydia – mais elle serait de nouveau en sécurité, désormais.

Elle leva les yeux vers Alice.

— C'est plus que parfait, Alice. Je vous remercie.

— Avec plaisir. Jock se propose pour t'aider à le réparer.

L'entraîneur sportif bourru acquiesça et Tasha tenta de le remercier à son tour, mais sentant les larmes s'accumuler dangereusement dans sa gorge, elle se contenta d'un hochement de tête.

— Maintenant, dit Alice, comme si elle avait remarqué son malaise, dansons !

Les plus jeunes enfants crièrent leur approbation et se répandirent à travers la salle pour pousser les tables, tandis qu'Alice sortait son harmonica.

La première fois que Tasha l'avait entendue jouer, elle avait été frappée de stupeur. Alice lui avait fait un clin d'œil – un vrai clin d'œil – et lui avait lancé :

— Tu devrais me voir au piano.

Elle était différente lorsqu'il s'agissait de musique, plus détendue en quelque sorte, et tandis que la plantureuse Marie jouait du piccolo et qu'un petit garçon appelé Mattias jouait du triangle, ils entamèrent une interprétation minimale de *Chattanooga Choo Choo.* Ernst et Moishe s'élancèrent dans une danse délurée qui fit hurler de rire l'assemblée, et Tasha, alors qu'elle se détachait de Marta pour rejoindre ses amis, sentit le bras de Georg glisser autour de ses épaules.

— J'ai aussi un cadeau pour toi, belle sirène.

—Vraiment ?

— Mais je le garde pour plus tard.

Elle gloussa. Georg était officiellement son petit ami désormais, et elle devait admettre que la chose lui plaisait.

— Un baiser ? demanda-t-elle en se penchant vers lui.

— Il y aurait peut-être un baiser ou deux, dit-il, mais non, il s'agit d'un vrai cadeau. Enfin, plutôt d'une sortie.

— Une sortie ? Où ça ?

— Une sortie au clair de lune, alors il va falloir attendre un peu.

Tasha sentit un frisson la parcourir. Elle jeta un nouveau coup d'œil à la porte, mais cette dernière restait close. De toute évidence, Lydia n'apparaîtrait pas ce soir, anniversaire ou pas, aussi devait-elle se concentrer non pas sur ceux qui avaient disparu, mais sur ceux qui étaient toujours là.

— J'ai hâte, dit-elle, mais Marta l'avait déjà rejointe, l'entraînant sur la piste pour danser et, levant les yeux au ciel, elle céda au caractère absurde du moment, sautillant dans sa robe bleue comme si elle venait d'avoir sept ans, et non dix-sept.

***

Quelques heures plus tard, cependant, lorsqu'elle entendit un sifflement bas derrière sa fenêtre, elle se sentit beaucoup plus adulte. Poussant la fenêtre, elle se faufila à travers l'espace étroit, avant que les mains de Georg ne viennent soutenir sa taille pour l'aider à descendre, provoquant des picotements là où elles s'étaient posées.

— *Well met by moonlight*, dit-il en anglais.

— Pardon ?

— C'est du Shakespeare. En fait, je crois qu'il a plutôt écrit « *ill met* », mais cette version me semble plus appropriée.

Elle le fixa d'un air amusé.

— Tu cites les dramaturges anglais, maintenant ?

— Pourquoi pas ? Tout le monde semble l'adorer, ici. Et ce poète aussi, Wordsworth. Quel nom pour un poète : Wordsworth[1].

— Quoi ?

Il traduisit le jeu de mots en polonais, mais la plaisanterie – si plaisanterie il y avait – semblait avoir perdu beaucoup de sa substance dans la traduction, et Tasha ne la comprenait toujours pas. Mais ça n'avait aucune importance. Elle avait un petit ami qui lui citait des pièces de théâtre et l'emmenait en balade au clair de lune, et la chose lui semblait délicieusement normale. La culpabilité lui tirailla un instant l'estomac, mais elle la repoussa.

Elle avait déjà eu une conversation avec sa mère à ce sujet à Auschwitz.

---

1. Littéralement : *mots-valent* (« les mots valent », sous-entendu beaucoup).

— Quand nous sortirons d'ici, lui avait dit Lydia – c'était ainsi que commençaient beaucoup de leurs conversations dans le camp –, tes beaux cheveux repousseront et les garçons se battront pour passer leurs doigts dedans.

— Maman ! avait-elle protesté en se trémoussant, gênée.

Mais Lydia avait souri.

— Tu n'y verras pas d'inconvénient, ma chérie, crois-moi. L'amour est un cadeau dont on doit profiter.

— Je n'aime que toi, maman, lui avait-elle dit.

Mais Lydia s'était contentée de sourire et d'ajouter :

— Pour l'instant, ma douce, mais cela changera. J'espère que cela changera.

— J'essaie de suivre tes conseils, maman, murmura-t-elle au ciel étoilé, et elle serra la main de Georg un peu plus fort, lequel l'attira le long de la butte bordée d'arbres qui séparait les bâtiments où ils logeaient du lac.

— On va se baigner ?

— Bien mieux encore. Attends-moi ici.

Il lâcha sa main et, saisissant quelque chose dans la poche avant d'un volumineux havresac, traversa la plage de galets jusqu'au hangar à bateaux. Il souleva le cadenas entre ses doigts fins, se pencha dessus avec une intense concentration puis, avec un grognement de satisfaction, la relâcha et ouvrit la porte en grand.

— Par ici, madame.

— Georg ! Est-ce que c'est autorisé ?

— Pas en tant que tel, mais ce n'est pas expressément interdit non plus. Donne-moi un coup de main pour le bateau.

Il saisit un côté de la petite embarcation et elle l'aida à la sortir du hangar à bateaux.

— Tu sais ramer ?

— Bien sûr. Quand j'étais enfant, il y avait un lac pour faire du bateau près de notre maison. Maman m'y emmenait parfois.

— Vraiment ?

C'était la première fois que Tasha entendait Georg parler de sa mère, et elle mourait d'envie d'en savoir plus.

— Oui, elle était originaire d'une famille de pêcheurs de Gdynia, elle savait se servir d'un bateau. Et elle était forte. Une fois, elle m'a laissé prendre un aviron pendant qu'elle tenait l'autre. Nous ne faisions que tourner en rond, peu importe la force avec laquelle je tirais sur la rame. J'étais fou de rage !

— Ça devait être amusant.

— Oui, c'était le cas. Mais ensuite… (Il frissonna.) Peu importe. Saute dans le bateau, jeune fille, je vais nous pousser hors de là.

— Tu vas avoir les pieds mouillés.

— Certainement pas la pire chose qui me soit arrivée cette année. Allez, monte !

Il n'y avait rien d'autre à faire que de le suivre. Pourquoi toutes les conversations qu'elle avait avec Georg semblaient-elles devoir se heurter à leur passé ? Elle avait envie d'en savoir plus sur son enfance, mais n'osait pas en demander davantage. De plus, il les poussait vers le large et il était bien trop excitant et amusant de se précipiter sur les rames tandis qu'il sautait dans l'embarcation, l'aspergeant d'eau au passage, pour se préoccuper d'autre chose que de l'instant présent.

— Alors, *księżniczka* – princesse, dit-il une fois que le bateau se fut stabilisé, tu t'allonges et tu te détends, et je t'emmène là où la lune m'ordonne de t'emmener.

Il indiqua le chenal argenté qui s'ouvrait sur l'eau et Tasha fit de son mieux pour suivre sa suggestion. Si quelqu'un lui avait dit, alors qu'elle priait pour son salut dans la crasse glaciale du camp d'Auschwitz déserté, en janvier dernier, qu'à l'automne elle ferait un pique-nique au clair de lune sur un lac anglais, elle aurait pensé que son interlocuteur était en train de mourir d'une fièvre maligne.

— Je donnerais bien un penny pour connaître tes pensées.

— Quoi ?

— C'est une expression anglaise : un penny pour tes pensées.

— Tu as un penny ?

— Non, admit-il en posant les rames et en soulevant son sac. Mais j'ai un pique-nique…

— Vraiment ?

Elle se pencha en avant, faisant dangereusement tanguer le bateau, si bien que Georg dut s'agripper à elle pour l'empêcher de tomber. Il l'attira plus près de lui et l'embrassa longuement, lentement, jusqu'à ce que Tasha sente que basculer dans le lac lui était égal, tant qu'il basculait avec elle. Finalement, il se dégagea et ouvrit le sac.

— J'ai du pain, du fromage, des biscuits et même une orange.

— Délicieux !

— Et en plus… (Il sortit une bouteille.) Le champagne maison aux fleurs de sureau préparé par Sophie.

— Georg ! Tu l'as volé ?

— Non !

— D'accord… L'as-tu plutôt libéré de ce milieu carcéral qu'est le garde-manger ?

Georg lui adressa un sourire narquois.

— Tu me connais trop bien, Tasha Ancel.

— Et si Sophie s'en aperçoit ?

— Elle ne s'en apercevra pas. Elle en a fait des tonnes. L'année prochaine, je te promets que je t'achèterai du vrai vin. Un truc français. Dans un magasin chic.

— L'année prochaine ? Elle haussa un sourcil.

— Oui, l'année prochaine et l'année suivante, et l'année suivante aussi, et…

— Bien, bien, j'ai compris !

C'était au moins aussi embarrassant que tous ces enfants lui chantant joyeux anniversaire. Et tout aussi agréable, par ailleurs.

Georg l'attira sur le banc à côté de lui, son bras chaud et fort autour de ses épaules.

— Je vais trouver un bon travail, Tasha, gagner suffisamment d'argent. La semaine dernière, deux des garçons de mon bâtiment ont décroché un contrat d'apprentissage dans une usine textile de Manchester. Ils commencent en octobre. Ils seront logés dans un foyer pendant les six premiers mois et toucheront un salaire de trois livres par semaine – un vrai salaire, Tasha, imagine un peu !

Tasha essaya d'imaginer, sans y parvenir. Elle n'avait dû voir que quelques pièces de monnaie au cours des cinq dernières années, et encore moins d'occasion d'en gagner. Pour les Allemands, les Juifs étaient des esclaves qui n'avaient pas le droit de posséder quoi que ce soit.

— Ça a l'air prometteur, admit-elle.

— Oui, répondit-il. C'est exactement ce que je veux, Tasha.

— Tu veux travailler dans une usine textile ?

— Pas forcément, non. Je préférerais les machines. M. Friedmann dit qu'ils fabriquent des voitures dans un endroit appelé Birmingham, alors j'irai peut-être là-bas.

— Et moi ?

— Tu peux venir avec moi. Une nouvelle vie, Tasha, ensemble.

Tasha ne pouvait s'empêcher de penser qu'elle n'était pas prête à abandonner son ancienne vie, mais elle repoussa cette idée inopportune et embrassa Georg avec férocité.

— *Oy vey*, Tash, dit-il quand leurs bouches se séparèrent. Tu vas me rendre aussi liquide et pétillant que ce champagne. (Il rougit et tenta de masquer sa confusion en se concentrant sur le muselet qui enserrait le bouchon.) Bien, ouvrons cette bouteille.

Il lui tendit un gobelet en métal et, d'un geste fantasque qui fit basculer le bateau une fois de plus, il fit sauter le bouchon. Le contenu de la bouteille jaillit hors du goulot, les aspergeant tous les deux de mousse tandis que Tasha s'évertuait à le recueillir dans la tasse, parvenant finalement à remplir cette dernière.

— À toi, ma belle sirène à la chevelure de flammes. Joyeux anniversaire.

— Merci, Georg. C'est vraiment adorable.

— Tout comme toi, *kochanie*. Maintenant, bois !

Tasha rit et souleva la tasse, sentant les bulles chatouiller son palais tandis que le clair de lune dansait à la surface du liquide gazeux. Elle avait passé son dernier anniversaire terrée dans les ruines de Varsovie, et voilà qu'elle pique-niquait au bord d'un lac magnifique en compagnie d'un merveilleux garçon.

— Merci, Georg, dit-elle. Je ne pensais pas que la vie pourrait à nouveau ressembler à ça.

— Ça valait la peine de s'accrocher, pas vrai ?

Elle acquiesça, l'émotion lui serrant la gorge, et se pencha vers son verre pour boire une nouvelle gorgée du délicieux liquide.

— Eh, vous ! Qu'est-ce que vous faites là ?

La rude voix ricocha sur le lac comme un claquement de fouet nazi et Tasha renversa la boisson sur elle, alors qu'elle s'écartait instinctivement.

— Qu'est-ce que c'était ? demanda-t-elle, mais Georg était déjà couché sur le plancher du bateau, l'attirant vers le bas, bien que l'embarcation soit clairement visible dans la clarté scintillante de la lune.

— On dirait que la balade s'arrête là, gémit-il.

Sur la plage, un homme sautillait sur place et gesticulait furieusement. C'était Oskar Friedmann, le psychanalyste. Mais que faisait-il ici ? Et de quel droit leur donnait-il l'ordre de rentrer ? Le sang de Tasha se mit à bouillir. Pendant quelques minutes de bonheur, ils s'étaient sentis heureux et tournés vers l'avenir, et voilà qu'il les ramenait brusquement dans le monde de l'obéissance et du contrôle. Pourquoi quelqu'un se sentait-il toujours obligé à leur dire ce qu'ils devaient faire ?

— Ignorons-le, Georg, dit-elle furieusement. Ramons vers la rive opposée. Que peut-il faire pour nous arrêter, de toute façon ?

Georg se mordit la lèvre.

— C'est M. Friedmann, Tasha.

— Et alors ?

— Alors… je ne sais pas. C'est lui le responsable, ici.

Elle l'observa, étonnée de cette prudence inhabituelle.

— Depuis quand te préoccupes-tu de ces choses-là ? demanda-t-elle.

— C'est lui qui est chargé de trouver des stages, Tash.

— Et tu crois qu'il va t'en trouver un, après nous avoir découverts ?

— Je crois que je ferais mieux de faire ce qu'il dit.

Georg prit les rames et commença à ramer, avec un certain empressement, jusqu'au rivage. Furieuse, Tasha versa encore du champagne dans son verre et le but rapidement, le goûtant à peine, dans sa hâte de profiter de son cadeau d'anniversaire tant qu'elle le pouvait encore.

Si on pouvait appeler ça un cadeau !

Ils heurtèrent les galets et Tasha jeta un regard mutin à Oskar Friedmann, qui accourait vers eux.

— Que faisiez-vous sur ce lac en pleine nuit ? demanda-t-il. Vous auriez pu vous noyer !

— Pas du tout, rétorqua Tasha. C'est une grande barque et le lac est tout petit. Et puis, Georg est issu d'une famille de pêcheurs.

— Tasha, chut.

Georg paraissait curieusement effacé devant le psychanalyste, comme si l'avis de M. Friedmann comptait plus que le sien, pensa-t-elle furieusement.

— Vraiment, dit M. Friedmann en la faisant sortir du bateau. Nous t'avons aménagé une place dans cet endroit charmant, nous t'avons fourni tout ce que nous pouvions pour que tu te sentes en sécurité et heureuse, et c'est ainsi que tu nous remercies, en volant ?

— Nous allions remettre cette barque à sa place, dit Tasha.

— Et le vin aussi ?

Elle cacha la bouteille derrière son dos, puis, s'excusant intérieurement de succomber à la tentation, la ressortit et en prit une gorgée avec défi. Elle commençait à se sentir un peu étourdie, et alors ? Elle était virtuellement une adulte et Georg l'était à coup sûr, alors pourquoi se comportait-il comme un petit enfant sur le point de se faire reprendre ?

— Je suis désolé, monsieur, s'excusa-t-il dans un anglais hésitant. Je voulais faire plaisir à Tasha pour son anniversaire.

— Et vous n'avez pas pensé à demander si vous pouviez emprunter le bateau ?

— Nous l'auriez-vous prêté ?

— Certainement pas en pleine nuit. Si vous étiez tombés à l'eau, vous auriez pu mourir.

— Nous aurions pu mourir mille fois ces dernières années, rétorqua Tasha, alors pardonnez-nous si nous n'avons pas eu l'impression de prendre un grand risque.

Oskar Friedmann la fixa et inspira profondément.

— C'est vrai, jeune fille, mais nous ne sommes plus en guerre, et si vous voulez être traités comme des adultes, vous devez vous comporter de manière responsable.

Georg baissa la tête et Tasha essaya, sans succès, de donner un coup de pied dans une pierre. Il n'avait pas tort, sans doute, mais fallait-il qu'il les sermonne ainsi du haut de son assurance ?

— Je pense que vous comprendrez… commença-t-elle, mais elle se tut en apercevant une autre silhouette dévaler la pente en direction de la plage, une épaisse robe de chambre serrée autour d'une chemise de nuit en flanelle, ses cheveux grisonnants rassemblés sous un filet. Alice ?

— Qu'est-ce qui se passe ici ? Tout va bien ? Tasha ? Georg ?

— Nous allons bien, merci, dit Tasha. Nous voulions faire une excursion en bateau pour mon anniversaire, mais M. Friedmann ne pense pas que nous en soyons capables.

— Il est un peu tard, dit Alice en regardant Oskar d'un air incertain.

— Mais on y voit assez clair.

Tasha indiqua la lune et Alice tourna son visage vers elle en souriant.

— C'est vrai. Une bien belle soirée.

— Alice ! aboya M. Friedmann. Ce n'est pas la question. Ces enfants ont pris une embarcation sans autorisation.

— Ce ne sont guère des enfants, Oskar. Tasha a dix-sept ans et Georg, quoi qu'il ait pu dire aux autorités, en a au moins dix-huit. Peut-être exercent-ils simplement leur droit à l'autodétermination ?

Tasha avait envie d'applaudir à tout rompre. Bonté divine, Alice était vraiment une femme étonnante.

Oskar fronça les sourcils.

— L'autodétermination est une chose, Alice. Entrer par effraction dans un bâtiment qui ne vous appartient pas en est une autre. Nous ne sommes pas là pour héberger des criminels.

La remarque d'Oskar finit par faire réagir Georg.

— Je ne suis pas un criminel, s'indigna-t-il. Je suis juste doué avec les serrures.

— Ça suffit... commença Oskar.

Mais Alice lui coupa la parole.

— C'est vrai, Georg ? Le sujet t'intéresse donc ?

Georg se tourna vivement dans sa direction.

— Oh, oui, c'est vrai. Ce sont des systèmes d'une telle ingéniosité, la façon dont chaque clé a un motif différent, qui ouvre une serrure différente. Je trouve ça fascinant.

— Et tu as raison, acquiesça Alice. Tu sais, il y a plusieurs serruriers de renommée mondiale dans ce pays. Nous pourrions peut-être te trouver un stage auprès de l'un d'entre eux.

— Vraiment ? (Les yeux de Georg s'illuminèrent.) Il s'agit d'un travail ? D'un vrai travail ? Oh, ce serait merveilleux !

— Je ne suis pas sûr que les serruriers aiment beaucoup les voleurs, dit Oskar d'un ton réprobateur.

— Oskar a raison, acquiesça Alice. Tu devras travailler dur pour faire tes preuves, jeune homme.

— Je le ferai, acquiesça Georg. Je le ferai, je vous le jure. Je suis désolé, monsieur Friedmann. Je n'avais pas de cadeau pour Tasha et je voulais que son anniversaire soit spécial, et cette idée m'a semblé... romantique.

M. Friedmann esquissa un sourire crispé.

— Le romantisme a parfois quelque chose de galvaudé, dit-il d'un ton sec. Demain, Georg, tu nettoieras le fond de cette barque jusqu'à ce qu'il brille.

— Oui, monsieur.

— Mais pour l'heure, allez au lit tous les deux – séparément.

— Monsieur ! Je n'aurais jamais…

Mais Tasha en avait assez de toutes ces excuses. Elle tendit la bouteille de champagne à moitié vide à Alice, accompagnée d'un signe de tête qu'elle espérait pouvoir être compris comme un remerciement, et s'éloigna à grands pas sur le chemin. Georg la suivit en courant.

— Désolé, Tasha, dit-il en polonais, espérant ainsi l'apaiser.

— Ce n'était pas ta faute, Georg.

Elle le pensait, mais la journée avait été longue, et ce fut avec soulagement qu'elle atteignit la porte de sa chambre.

— Bonne nuit, Georg. Et merci.

— Tash…

— Bonne nuit.

Elle l'embrassa et se précipita dans sa chambre, avant de s'adosser à la porte, reconnaissante d'être enfin seule. Sa tête tournait et elle avait désespérément envie de dormir. Si elle avait de la chance, elle pourrait peut-être rêver d'avoir à nouveau sept ans, de souffler les bougies d'un gâteau fait par sa mère, entourée d'un amour et d'une attention naturels et débarrassée un instant des désagréments liés au fait d'être une orpheline presque adulte échouée près d'un lac anglais.

— Je ne suis pas orpheline, dit-elle férocement, avant de se jeter sur son lit blanc et impeccable avant de s'endormir en pleurant, épuisée.

11

Feldafing, Bavière, 23 septembre 1945

Lydia

Lydia aspira l'air bavarois dans ses poumons malades, goûtant le pin, l'eau fraîche et l'oxygène à chaque inspiration. Elle porta son regard au-delà du lac de Starnberg, immobile comme un miroir en ce jour particulier de septembre, et essaya d'apprécier la vue des collines au-delà. Dans le ciel, au-dessus du pic le plus élevé, un aigle descendit en piquet, surveillant les hauteurs dont Hitler s'était emparé pour en faire son repaire de montagne. Le monde se redressait lentement, mais une partie d'elle se sentait encore terriblement instable. C'était aujourd'hui le dix-septième anniversaire de sa fille, mais elle n'avait aucune idée de l'endroit où cette dernière le passerait, ni même si elle serait réellement en mesure de le fêter. C'était d'une tristesse aussi désespérante qu'exaspérante.

À quoi bon réparer ses poumons s'ils ne pouvaient respirer le même air que Tasha ?

À quoi bon contempler la beauté de la création si Tasha ne pouvait la voir à ses côtés ?

Et quel était l'intérêt de se lever et de se battre pour vivre si elle devait le faire sans sa fille ?

Parce que tu vas la retrouver, se rappela-t-elle sévèrement.

La volonté, cependant, ne suffisait pas et il lui fallait surtout compter sur la bureaucratie. Les forces alliées parvenaient à leur procurer de la nourriture – grâce aux milliers de prisonniers de guerre allemands qu'on avait réaffectés au travail des champs – et les lits pouvaient être bricolés. Quant aux médicaments, ils pouvaient les faire venir par avion ; mais les documents… ces derniers étaient aussi rares que des diamants, et tout aussi précieux.

Lydia avait été transférée dans un camp de « personnes déplacées » à Feldafing, au sud de Munich, une semaine plus tôt – quand elle s'était enfin sentie assez bien pour marcher sans aide. Il s'agissait du premier camp de déplacés entièrement juif, créé en raison des nombreux cas de violence enregistrés à leur encontre dans les camps généraux. Les nazis n'étaient pas les seuls à haïr le peuple de Dieu, semblait-il. À Feldafing, cependant, ils étaient en sécurité. Et les chances de retrouver des proches seraient sans doute plus grandes ici ?

« Nous nous retrouverons… » avait-elle crié à sa fille, ce jour terrible où elle lui avait été arrachée, à Auschwitz – mais elle avait ensuite hésité, ne sachant quel endroit annoncer, et avait été emportée avec les autres. Leur lieu de rencontre potentiel avait été une autre victime de la cruauté nazie. Maintenant, il n'y avait plus qu'à prier pour qu'elle découvre un indice sur l'endroit où se trouvait sa fille, et ce lieu ne semblait pas être un mauvais endroit pour commencer.

Le camp, installé en bordure de forêt, comptait plus de quatre cents jeunes, qu'elle avait tous passé en revue au cours des premiers jours, à la recherche d'une chevelure rousse – mais elle n'avait trouvé qu'un garçon aux cheveux fauves et des jumeaux roux. Malheureusement, ce n'était guère surprenant. Mme Leibowitz, l'efficiente administratrice du camp, lui avait confié qu'il y avait plus de trois cents camps de déplacés entre ici et le Danemark, et qu'il y avait donc peu de chances que Natasha se retrouve dans celui-ci.

Malgré cela, il fallait saisir toutes les occasions qui se présentaient.

Voilà pourquoi Lydia se tenait maintenant dans une longue queue faite de déplacés désirant parler aux représentantes de la nouvelle équipe de recherche d'enfants de l'UNRRA, qui avait installé un stand au bord du lac. L'équipe était composée de trois femmes, toutes américaines, entre deux âges et habillées de tweed, et munies de carnets de notes reliés en cuir. Cependant, comme elle le soupçonnait à la vue des visages découragés de ceux qui avaient réussi à leur parler, elles n'avaient sans doute guère d'idée sur la manière de s'y prendre pour retrouver l'une des quarante mille personnes perdues qui erraient à travers l'Europe, tâche extrêmement difficile, sinon impossible.

Lydia serra les dents et pria pour qu'on lui remette la patience qui lui manquait, tandis qu'elle avançait lentement, essayant de contenir sa toux persistante. Elle serait complètement guérie quand son tour viendrait, pensa-t-elle ironiquement, mais elle arriva finalement à l'extrémité de la queue, et on la fit entrer dans la tente. Avec un sourire aimable, l'une des femmes se présenta comme étant Mme Barrington, et nota immédiatement le nom de Lydia dans son carnet.

— Et vous cherchez ?

— Ma fille, Natasha Ancel.

— Où l'avez-vous vue pour la dernière fois ?

— Au camp d'Auschwitz.

Des images de neige et de glace, de sang, de chiens et d'une terreur indicible s'accumulaient dans son esprit. Lydia tenta de se stabiliser en fixant le lac bleu et calme derrière, et se demanda ce que Tasha regardait en ce moment. Elle essaya de l'imaginer dans un endroit aussi beau que celui-ci, et cela lui donna la force de continuer.

— On m'a emmenée à Wodzisław, mais on l'a laissée derrière, parce qu'on la considérait comme une enfant.

— Quel âge a-t-elle ?

— Seize ans. Enfin, dix-sept. Elle a dix-sept ans aujourd'hui. Si elle est encore… (Mais elle se rattrapa.) Elle a dix-sept ans, conclut-elle fermement.

— Et elle a été laissée à Auschwitz ?

— Oui. Ces monstres ont enfermé les enfants et les ont laissés là, je suppose. (Lydia se pencha sur le bureau et saisit le bras de la femme.) Y avait-il des enfants dans le camp lorsqu'il a été libéré, madame Barrington ?

La femme se tendit, serrant son collier de perles.

— Je ne sais pas.

— Vous ne savez pas ? Mais vous êtes l'équipe de recherche d'enfants.

— Oui, mais notre organisme est très récent. Et les enfants ont été abandonnés en de nombreux endroits.

— Mais c'était Auschwitz. C'était un très grand camp. Il doit y avoir des archives.

Mme Barrington lui tendit un mouchoir et lui adressa un sourire condescendant.

— Il doit y en avoir, j'en suis sûre. Nous prendrons évidemment contact avec vous dès que nous y aurons eu accès.

— Dans combien de temps ?

— J'ai peur de...

— ... ne pas savoir, termina Lydia d'un ton morne. Et en attendant, qu'est-ce que je suis censée faire ?

— Vous reposer, dit-elle. Je suis sûre que vous reposer un peu vous fera du bien – et ne vous inquiétez pas, vous serez en sécurité à Feldafing.

— En sécurité ?! (Lydia leva les bras au ciel, soudain furieuse.) Comme si je me souciais de ma sécurité ! Avez-vous des enfants, madame Barrington ?

— Oui, dit-elle avec fierté. Ma fille travaille pour l'UNRRA, à Francfort, et mon fils a combattu à Omaha. Beaucoup d'Américains sont morts là-bas.

— Et nous leur sommes très reconnaissants, dit Lydia, car il était entendu que c'était la réponse qu'elle attendait d'elle. Mais imaginez, si vous le voulez bien, ce que vous ressentiriez s'il avait été perdu sur cette plage, si vous n'aviez aucune idée de l'endroit où il se trouve ni des gens avec qui il se trouve, ni même s'il est encore en vie. Pourriez-vous réellement vous reposer, madame Barrington ?

Mme Barrington commença à écorner le bord de son carnet, puis leva les yeux vers Lydia, son regard soudain dur et résolu.

— Je ne me reposerais pas, madame Ancel, et je remuerais ciel et terre pour le retrouver.

Lydia acquiesça.

— Ainsi que je continuerai à le faire, dit-elle doucement.

Mais le ciel et la terre étaient si vastes, et elle ne savait pas quelles zones remuer en premier ni si elle pourrait trouver assez de souffle pour le faire. Se détournant tristement, elle repartit en direction du lac.

— Je suis là, Tasha, dit-elle au ciel qui se reflétait, splendide, dans les eaux bleues. Je suis là et je te trouverai. Où que tu sois, je te trouverai.

12

Windermere, 24 septembre 1945

Alice

Alice mettait tout son cœur dans son harmonica. Il ne s'agissait que de *Brille, brille, petite étoile*, mais jouer l'apaisait toujours. Fermant les yeux, elle repensa au visage excité de son frère lorsqu'il lui avait offert le précieux instrument, en 1938. La veille, elle avait reçu une nouvelle lettre de l'un des nombreux organismes auxquels elle avait écrit, lequel lui faisait part de son soutien et de sa sympathie, mais ne disposait d'aucune information utile. Ils conserveraient son nom et son adresse, lui avaient-ils assuré, de sorte que ses proches pourraient la retrouver s'ils se présentaient un jour. Tous lui avaient répondu la même chose, et l'idée que son nom et ses coordonnées seraient affichés dans de nombreuses villes européennes avait quelque chose de réconfortant. Après avoir pris une profonde inspiration, Alice entonna les dernières notes de la comptine, comme si l'étoile scintillante pouvait, d'une manière ou d'une autre, ramener son frère auprès d'elle.

— Encore, encore ! s'écrièrent Miri et Fifi en anglais lorsqu'elle eut terminé. Joue encore, Alice.

Alice sourit. La joie simple des enfants était également apaisante. Elle avait eu beaucoup de mal à dormir la nuit précédente, après l'altercation au bord du lac, et son esprit était embrumé. Elle avait entendu toute la dispute, alors qu'elle se précipitait sur le sentier du lac, et les mots furieux de Tasha avaient tourné en boucle dans sa tête : *« Nous aurions pu mourir mille fois ces dernières années, alors pardonnez-nous si nous n'avons pas eu l'impression de prendre un grand risque. »*

Elle n'avait pas tort. Alice avait entendu des bruits et était sortie pour voir de quoi il retournait, mais elle s'était arrêtée sur la colline qui surplombait le lac lorsqu'elle avait vu le jeune couple se balancer doucement sous les reflets argentés de la lune. Elle n'avait pu s'empêcher d'en vouloir à Oskar pour avoir gâché leur idylle et s'était sentie obligée de descendre pour prendre leur défense. Il avait craint pour leur sécurité, ce qu'elle comprenait, mais le risque n'avait pas été si grand qu'il le disait. Ils étaient maintenant gênés et pleins de ressentiment, et cela lui semblait tout aussi dangereux, si ce n'est plus.

Malgré tout, Oskar devait être furieux et elle était agacée de voir à quel point cela la perturbait. Anna Freud devait effectuer une visite aujourd'hui, et elle craignait qu'il ne se plaigne et qu'Anna soit déçue. Alice était trop douce, tel était le problème. Oskar avait tout à fait raison de dire que les enfants avaient besoin d'amour, mais aussi de discipline, cependant ils avaient eu si peu du premier et tellement du dernier qu'il était difficile de considérer ces deux besoins sur un pied d'égalité.

Tasha était introuvable ce matin, et Marta, privée de sa compagnie, s'était glissée sur les genoux d'Alice, tandis que Sophie entraînait les enfants dans une autre comptine. Ces derniers chantaient joyeusement à sa suite et, dans un coin, les plus petits jouaient à leurs jeux habituels. Ces six-là ne faisaient pas beaucoup de progrès en termes de langage ou de socialisation, mais ils étaient propres et en sécurité, et cela, sans doute, était un bon début.

Respirant la douce odeur des cheveux de Marta, Alice se demanda ce que cela aurait pu être, d'avoir des enfants à elle. D'avoir une maison, un mari et des enfants nés de ses entrailles, qu'elle aurait pu élever à sa façon.

Et qui auraient pu lui être enlevés par les nazis. Elle secoua à nouveau la tête. Pourquoi son esprit s'égarait-il toujours à emprunter des chemins sombres, même dans ces hautes terres ensoleillées de la région des Lacs ? D'innombrables scénarios de *ce qui aurait pu être* hantaient leur petit camp de fortune, et ils devaient construire un présent puissant et bienveillant pour les tenir à l'écart. Si les enfants en étaient capables, Alice le pouvait sûrement, elle aussi. Reprenant son harmonica, elle joua *Edelweiss* – une chanson sur les joies simples qui déroulait une mélodie si douce que même les plus petits s'approchèrent en titubant pour l'écouter.

— Bravo !

Alice sortit de sa rêverie pour apercevoir Anna Freud debout dans l'embrasure de la porte, applaudissant chaleureusement. Oskar se tenait derrière elle. Il applaudissait lui aussi mais évita son regard – et son cœur se serra.

— Merveilleuse musique, dit Anna en entrant dans la pièce, attirant immédiatement les enfants autour de ses jupes.

Elle s'assit sur le sol avec une aisance enviable étant donné ses genoux de cinquante ans, et se mit à bavarder avec eux dans un mélange d'allemand et d'anglais. Même Marta glissa des genoux d'Alice pour rejoindre l'attroupement qu'avait créé l'arrivée de la psychanalyste, et Alice se releva maladroitement, se sentant vulnérable sans enfant sur les genoux. Oskar se tenait dans l'embrasure de la porte. Alice avait envie d'aller lui parler, mais elle préféra s'approcher de Sophie.

— Regarde comme ils se pressent autour d'elle, fit-elle remarquer en indiquant Anna.

— Elle a une énergie inspirante, reconnut Sophie. Mais elle n'a pas ton endurance.

— Pardon ?

Alice loucha sur son amie.

— Anna va et vient. Elle est bienveillante, oui, mais c'est avant tout une scientifique. Comme Oskar. Ils s'intéressent à l'étude générale de l'esprit des enfants, pas aux spécificités de ces enfants. Ça, c'est plutôt ton domaine.

— Vraiment ?

— Absolument. Tu sais voir l'individu dans chaque enfant – une capacité que je ne me lasse pas d'admirer.

Alice frappa doucement le bras de son amie, gênée.

— Assez, Soph.

Sophie rit.

— Alice Goldberger, tu es aussi timide que la plupart des Anglaises. Une preuve de plus que tu as atterri dans le bon pays.

Alice plissa les yeux, ne sachant pas si elle devait être touchée ou offensée par la remarque, mais déjà Anna se levait et s'approchait.

— Alice ! (Elle l'embrassa sur les deux joues.) Je suis ravie de vous revoir. Puis-je vous demander de me faire visiter ce bel endroit ?

— Moi ?

— Oui, s'il vous plaît.

Le cœur d'Alice se serra à nouveau. Oskar avait certainement dit à Anna qu'elle avait sapé son autorité la nuit dernière, et qu'elle allait devoir la recadrer.

— Avec plaisir, dit-elle d'un ton ferme et, sous les cris de déception des enfants, elle entraîna Anna hors de la pièce.

— Ils ont l'air très heureux, dit Anna sur un ton neutre, alors qu'elles sortaient de la pièce.

C'était une journée fraîche et lumineuse. D'après ce qu'Alice avait compris en discutant avec les habitants, ils avaient été bénis par un été exceptionnellement doux, qui semblait se maintenir en ce début d'automne. Les pluies qui devaient traditionnellement alimenter les lacs qui caractérisaient cette belle région du monde avaient été particulièrement faibles, et Alice aimait à penser que Dieu leur offrait toute l'aide possible dans leur entreprise de guérison. Alice n'aimait pas trop se demander pourquoi il n'avait pas arrêté les nazis plus tôt, mais la capacité de l'homme à démolir sa création pouvait-elle lui être imputée ? N'était-ce pas là l'essence même du libre arbitre, comme le droit de Tasha et Georg de faire une virée nocturne en bateau ?

Mal à l'aise, Alice se tourna vers Oskar, qui semblait vouloir les suivre.

— Ne vous en faites pas, Oskar, dit Anna. Je sais que vous avez beaucoup à faire. Alice et moi nous débrouillerons très bien toutes les deux.

Le regard d'Oskar se rétrécit imperceptiblement, mais elle ne lui laissait pas le choix. Il les gratifia d'un mouvement de tête serré et retourna vers son bureau, les laissant continuer seules. Anna glissa une main sous le bras d'Alice et lui sourit, mais cela ne contribua guère à calmer ses nerfs. Sa patronne était certainement en train de l'amadouer avant une « discussion » concernant son aptitude à s'occuper de ces enfants, en particulier des plus âgés.

— Quel endroit adorable, dit Anna en faisant le tour du domaine de Calgarth. Absolument parfait pour ce que nous voulons y faire.

Alice acquiesça. Sous un chêne, au milieu de la pelouse, un groupe d'enfants prenait une leçon avec Marie Paneth, débattant d'un sujet dans un tumulte de langues. Sur le terrain de sport, deux équipes disputaient une partie de football endiablée avec Jock Lawrence, et près des bâtiments d'habitation, on apercevait quelques enfants assis autour d'une femme du quartier voisin, qui avait accepté de leur enseigner les mathématiques.

— Ils aiment apprendre ? demanda Anna.

— La plupart, oui, acquiesça Alice. Leurs capacités de concentration sont limitées et leur assiduité peut être… inégale, mais ils ont une conscience aiguë de tout le temps qu'ils ont perdu, et nous essayons d'être patients et de les laisser venir aux cours à leur rythme.

— C'est très sage, Alice.

— Vraiment ?

— Bien sûr. Toute tentative de forcer ces jeunes gens sera accueillie avec la plus grande résistance, c'est certain.

— Je le pense aussi, acquiesça Alice, qui se rappela l'attitude de Tasha, si furieuse d'avoir été obligée de quitter le lac.

— Le libre arbitre et l'autodétermination sont essentiels pour eux, poursuivit Anna.

Reconnaissant les mots qu'elle avait prononcés la veille, Alice se prépara à une réprimande.

Mais Anna se contenta de lui demander où se trouvait le lac.

— Je ne peux pas me rendre dans la célèbre région des Lacs sans en apercevoir un, n'est-ce pas ?

Alice les dirigea sur le chemin qui menait au lac, se demandant pourquoi Anna faisait traîner les choses en longueur. Il s'agissait probablement d'un jeu de psychanalyste, mais, franchement, elle n'avait aucune envie de s'y prêter. Ravalant la grosse boule qui s'était accumulée dans sa gorge, elle se lança :

— Je suppose qu'Oskar vous a parlé de la nuit dernière ?

— La nuit dernière ? répéta Anna en la regardant avec surprise. Pas que je me souvienne. Un événement particulier s'est-il produit ?

Alice évita son regard.

— Eh bien…

— Alice ?

— Rien de grave. Nous avons surpris deux de nos enfants les plus âgés dans un bateau, sur le lac.

Anna rit.

— Une promenade au clair de lune ? Pas bien méchant, en effet. Nous en avons tous fait à un moment où un autre, dans notre jeunesse, n'est-ce pas ?

Alice n'avait jamais eu de rendez-vous galant comme celui auquel elle avait assisté depuis la colline, la nuit dernière, mais elle s'efforça de rire comme si, à l'instar de sa séduisante patronne, elle avait par le passé croulé sous ce genre d'offres. Cela sonnait horriblement faux, mais Anna ne sembla pas le remarquer.

— Est-ce notre couple d'amoureux ?

Elles arrivèrent au bord du lac et Anna montra l'endroit où Georg nettoyait le bateau selon les instructions d'Oskar, Tasha travaillant d'arrache-pied à ses côtés. Alice fit un signe de tête.

— Allons les saluer, dit-elle avant de s'approcher d'eux à grands pas. Ça m'a l'air d'être un travail difficile.

Les deux jeunes gens levèrent la tête. Georg sourit ouvertement et Tasha, comme à son habitude, se montra plus réservée.

— Une punition, lui dit Georg sur un ton neutre. Pour une excursion illicite.

— Cela me semble approprié, dit Anna avec légèreté. Et vous faites du très bon travail.

— C'est plus intéressant que les mathématiques, dit Georg en souriant.

Tasha se contenta de continuer à frotter.

— C'est gentil d'aider Georg, lui dit Alice.

— Pourquoi ? (La jeune fille releva à nouveau la tête, son regard bleu glacier scintillant sous sa chevelure de feu.) Vous croyez que les filles ne peuvent travailler, Alice ?

— Non, je n'ai pas dit ça.

— Parce que nous avons travaillé dans les camps. Nous avons travaillé très dur. Il le fallait.

— Je le sais, dit Alice, aussi calmement qu'elle le pouvait.

Elle sentait le regard d'Anna sur elle, et détestait cela. Elle était à l'aise avec les plus jeunes, mais ces adolescents, avec leurs blessures si farouchement masquées et leur indépendance agressive, la laissaient désemparée.

— Je voulais simplement dire que le voyage était, j'imagine, l'idée de Georg, aussi partager sa punition est un geste noble de ta part.

— Ça me paraît juste. De toute façon, j'aime faire des choses avec mes mains. Nous ne sommes pas tous satisfaits de rester assis à chanter des comptines.

Alice recula, piquée au vif, mais à sa grande surprise, Anna prit sa défense.

— Tu dis que tu aimes être juste, Tasha, c'est bien ça ?

Tasha acquiesça.

— Eh bien permets-moi de te dire que tu n'es pas juste envers Alice.

Tasha cligna des yeux, surprise.

— Laisse-moi te parler d'elle, poursuivit Anna en passant à l'allemand pour être mieux comprise.

— Je ne crois pas que ce soit nécessaire, dit Alice d'une voix éteinte.

Mais Anna l'ignora.

— Alice a suivi une formation d'assistante sociale et, dans les années qui ont suivi la Première Guerre mondiale, elle est devenue directrice d'un centre d'accueil pour les enfants défavorisés et leurs familles. L'Allemagne était alors dans une situation catastrophique. Je ne m'attends pas à ce que tu les plaignes, mais sache que des milliers de familles vivaient à l'époque dans une grande pauvreté. Alice s'est occupée d'eux. Son travail a permis d'en sauver beaucoup de la misère, mais elle a été chassée de son poste lorsque Hitler a accédé au pouvoir. Parce qu'elle était juive, comme vous. Pendant plusieurs années, elle a travaillé avec les enfants de la communauté juive de Berlin, de plus en plus opprimés par les nazis, mais elle a fini par fuir en Angleterre, au péril de sa vie.

— Au moins a-t-elle pu quitter le pays, murmura Tasha.

— Elle a eu de la chance, reconnut Anna. Mais dès son arrivée en Angleterre, elle a été considérée comme une agente étrangère, et placée dans un camp. Elle n'a pas été autorisée à faire venir sa famille…

— Famille ?

Tasha se tourna vers Alice, qui évita son regard. Elle n'était pas prête à parler de son frère à qui que ce soit, et encore moins à cette jeune femme rebelle.

— Et elle était prise au piège, poursuivit Anna. Mais crois-tu qu'elle s'est laissée abattre ? Non. De sa propre initiative, elle a créé un centre d'accueil pour les enfants internés – une entreprise si remarquable qu'elle a attiré l'attention de la presse locale et, par un chemin détourné, la mienne. Je me suis battue pour la faire libérer, car je savais qu'elle était la femme idéale pour diriger l'un de mes refuges pour orphelins de guerre, et l'avenir m'a donné raison. Alice est la personne la plus gentille, la plus généreuse et la plus travailleuse que je connaisse. Ne vous laissez pas tromper par son apparente douceur – sous cette dernière se cache une volonté de fer.

— Je n'irai pas jusque-là… protesta Alice.

Anna secoua la tête.

— Accepte les éloges qui te sont dus, Alice. Tout comme notre admiration et notre respect, dit-elle en se tournant vers Tasha.

Tasha resta bouche bée.

— J'ignorais tout cela, dit-elle à Alice. Ça a dû être dur pour vous.

Alice déglutit.

— Pas aussi difficile que tu l'imagines.

— Mais difficile quand même.

— Oui, difficile quand même, reconnut Alice, qui dut réprimer un sanglot et se sentit ridicule pour ça.

Elle devait absolument s'assurer de dormir suffisamment cette nuit.

— Mais nous sommes à Windermere aujourd'hui, conclut Anna, repassant à l'anglais. Alors, tournons nos regards vers un avenir plus heureux.

— Bien dit ! s'exclama Georg, en anglais également.

Anna rit.

— Tu parles déjà comme un vrai local, Georg.

— J'espère bien. Car je vais bientôt faire un apprentissage, n'est-ce pas, Alice ?

— Espérons-le, Georg.

— Après ça, je pourrai m'occuper de Tasha et elle n'aura plus jamais besoin de travailler.

— Je peux me débrouiller toute seule, merci, objecta Tasha, qui sourit néanmoins au jeune homme.

Alice se souvenait d'eux, silhouettes argentées sur le lac, la nuit précédente, et s'émerveillait que l'amour ait pu trouver son chemin jusqu'à leurs cœurs meurtris. Ces jeunes esprits étaient dotés d'une grande résilience, semblait-il, mais la route serait encore longue et elle pria pour que ces deux-là y parviennent ensemble.

— Ne vous attardez pas trop ici, dit Anna d'un ton léger. Ce bateau me semble déjà suffisamment reluisant, et je suis certaine que vous pourrez trouver une activité plus à votre goût.

Georg acquiesça en lançant un petit clin d'œil à Tasha, qui le fit taire en lui marmonnant quelque chose. Pleine de tact, Anna s'éloigna, prenant le bras d'Alice pour l'inciter à la suivre.

— Une sacrée paire, ces deux-là.

— Ce sont deux de nos… enfants les plus volontaires.

— J'ai effectivement pu le constater. Et plus des enfants pour longtemps.

Alice acquiesça.

— Plutôt de jeunes adultes, en réalité. De mon point de vue, ce sont les plus difficiles à gérer, avoua-t-elle.

— Je pense que nous en sommes tous là. (Anna posa sa main sur son bras.) Donnez-leur davantage de vous-même, Alice.

— Je vous demande pardon ?

— Ils observent le monde qui les entoure et apprennent à faire preuve d'empathie, à décider des contours qu'ils veulent donner à leur personnalité. Une partie de cette formation est superficielle – vêtements, coiffure, langage –, mais ils développent également ce que seront plus tard leurs valeurs. Ils ont besoin de modèles pour les aider à comprendre tout ça.

Alice rit.

— Je ne suis pas un modèle pour Tasha Ancel.

— Je pense que vous vous rendrez compte plus tard que c'est le cas. Bon, ce doit être l'heure du déjeuner et il y a longtemps que je n'ai pas mangé un des délicieux repas de Sophie. Allons-y !

Elle s'élança d'un pas vif en direction de Calgarth, Alice la suivant d'un air hébété.

Sophie et son équipe avaient mis les petits plats dans les grands avec un hachis de bœuf, des brocolis du potager et des scones au fromage préparés par son équipe de chanteurs de comptines. Les scones avaient des formes inhabituelles et des visages dessinés dessus, mais c'étaient des visages souriants et ils ajoutèrent au plaisir du repas. Les trois cents enfants mangeaient bruyamment, mais sans la frénésie de leur première semaine à Calgarth, et Anna, assise entre Alice et Oskar, sembla impressionnée.

Cette dernière resta assise pendant que les enfants se rendaient à leurs activités de l'après-midi et que Sophie allait chercher du café pour accompagner les chocolats que leur visiteuse avait apportés de Londres – une rareté. Alice ne parvenait pas à regarder Anna et Oskar en face, car il semblait qu'une conversation sérieuse se préparait.

— J'ai des nouvelles à vous transmettre, dit-elle.

Alice jeta un coup d'œil à Oskar, mais il lui rendit son regard avec un air de surprise, lequel lui fit espérer qu'il ne lui gardait aucune rancœur pour l'incident de la nuit passée.

— Comme vous le savez, poursuit Anna, les sœurs Dann envisageaient d'ouvrir une crèche près de Londres.

Tous deux acquiescèrent.

— Elles disposent désormais d'un lieu et d'un financement, et ouvriront leurs portes dans les prochaines semaines.

— Excellent, murmura Alice alors qu'Anna marquait une pause, essayant de comprendre en quoi cela pouvait les concerner.

Anna se racla la gorge.

— Nous pensons y emmener les six enfants en bas âge qui se trouvent ici.

Alice sursauta.

— Nos six petits ?

— Les six qui vivent actuellement ici, corrigea doucement Anna. Cet endroit est trop grand et trop bruyant pour qu'ils s'y développent convenablement. Bulldogs Bank est un environnement plus petit et plus intimiste.

— Bulldogs Bank ?

— C'est le nom de la maison. Une très belle maison. Très calme.

— Près de Londres ? demanda Oskar.

— Oui, ce qui pourrait nous aider à leur trouver des familles d'adoption.

— Et pour les étudier entre-temps ? demanda-t-il sur un ton de défi.

Anna se redressa.

— C'est exact. C'est une occasion unique d'étudier le développement d'enfants ayant grandi sans influence directe d'aucun adulte.

— Je sais. J'ai moi-même pris un certain nombre de notes.

— Je serais ravie d'en discuter avec vous. Et vous serez, bien sûr, le bienvenu sur place à tout moment.

— Il est vrai que Londres n'est qu'à deux pas d'ici…

Le regard d'Alice passa d'un psychanalyste à l'autre, fascinée par le conflit à peine dissimulé qui était en train de s'ouvrir entre eux.

— Et non moins vrai que tous les enfants résidants ici partiront dans les prochains mois, rétorqua Anna.

Oskar poussa un soupir.

— Ces petits ont besoin d'un endroit à eux, vous avez raison. Simplement, leur bien-être a toujours été central dans le dispositif que nous avons mis en place ici, alors nous serons tristes de les voir partir, n'est-ce pas, Alice ?

— C'est vrai, acquiesça Alice.

— Il ne faut pas trop s'attacher à ceux dont on s'occupe, dit doucement Anna.

Alice prit un morceau de chocolat. Elle le savait, bien sûr. C'était une des règles de base lorsqu'on travaillait avec les enfants – mais cela ne signifiait pas qu'elle était facile à suivre.

Plus tard, quand Anna fut repartie vers le Sud, que les plus jeunes furent couchés et les plus âgés, installés dans la salle commune à bavarder, Alice entreprit de ranger les jouets dans la réserve. Elle était en train de stocker des blocs de construction – une activité étonnamment satisfaisante – lorsqu'on frappa à la porte.

— Ce n'est que moi, dit Oskar. Avez-vous une minute à m'accorder ?

— Bien sûr.

Alice se redressa, passablement mal à l'aise, alors qu'il la rejoignait dans la petite pièce.

— Intéressante visite d'Anna, déclara-t-il.

— Intéressante, oui, dit-elle prudemment. Même si ces petits bouts vont me manquer.

— Moi aussi. Une étude de cas fascinante – qu'Anna va maintenant revendiquer pour elle-même.

— Tant qu'on s'occupe bien d'eux…

Il rit.

— Vous êtes une femme au grand cœur, Alice Goldberger.

— Pas vraiment. Seulement je ne suis pas aussi intelligente que vous autres, psychanalystes de formation.

— Ce n'est pas vrai. Vous n'avez peut-être pas autant de connaissances théoriques, mais vous disposez d'une intelligence intuitive étonnante.

Alice tira sur son gilet. Il faisait très chaud dans cette petite pièce. Elle prit une épée jouet dans la main, puis, se sentant inutilement agressive, la reposa précipitamment.

— Pas avec ceux qui sont presque adultes, dit-elle.

— Je ne suis pas d'accord avec vous. En réalité, vous aviez raison. Hier soir, je veux dire. Je… euh… tenais à vous le dire. J'étais inquiet et cela m'a mis en colère. Vous avez fait preuve de beaucoup plus de sang-froid que moi. Vous m'avez impressionné.

— Vraiment ?

Elle rougissait, elle le savait, et Oskar le vit sans doute aussi, car il tendit la main et toucha sa joue du bout de ses doigts.

— Ne vous sous-estimez pas, Alice.

Soudain, elle sentit sa respiration devenir plus lourde, plus difficile.

— Non, bégaya-t-elle. Je veux dire… j'essaierai de ne pas le faire.

— Bien.

Il y eut un silence. Elle cherchait quelque chose d'intelligent à dire, mais son cerveau s'était manifestement changé en crème anglaise. Oskar jeta un coup d'œil à l'espace restreint et poussa un petit rire.

— Regardez-nous, à mener nos discussions dans une remise à jouets ! Nous devrions disposer d'installations plus adéquates, n'est-ce pas ?

— En effet, acquiesça faiblement Alice.

— Bien. Alors bonne nuit, dit-il.

— Bonne nuit, Oskar.

Sur ces mots, il quitta la pièce, et Alice se retrouva seule. Prise de soudains tremblements, elle se laissa glisser au sol et saisit un chien en peluche, enfouissant son visage dans son dos et attendant que les battements de son cœur reviennent à un rythme décent. Qu'attendait-il d'elle ? Elle n'avait guère fréquenté d'homme depuis ces valses maladroites avec Heinz, il y avait de cela trente ans, et ne savait pas comment interpréter son approche ni comment adapter la sienne. Il lui avait dit qu'il vivait séparé de sa femme, mais cela signifiait-il qu'il en cherchait une autre ? Tout cela était très déroutant. Elle pensait être venue dans la région des Lacs pour aider trois cents enfants en grande difficulté, mais ils n'étaient pas les seuls, semblait-il, à devoir se confronter aux prémisses d'une nouvelle vie et, en vérité, la chose n'était facile pour personne.

13

Windermere, octobre 1945

Tasha

Tasha attacha la nouvelle boucle à son sac et le contempla avec fierté. Jock avait réparé le fermoir et renforcé les attaches de la bandoulière pour que le sac puisse à nouveau pleinement remplir son office. Il avait même passé de la cire sur le cuir pour qu'il brille comme s'il était neuf. Non, *presque* neuf. Quelques marques d'usure y étaient encore visibles, mais Tasha les aimait. Elle n'avait aucune idée de qui avait possédé ce sac, et seule une sombre projection – par ailleurs plus que probable – lui permettait de deviner quel avait été son sort. Elle espérait cependant qu'un peu d'elle vivait encore à travers cet objet, portant et protégeant le souvenir de sa mère.

Tasha se mordit la lèvre pour retenir ses larmes et défit à nouveau la boucle pour sortir la mèche de cheveux de Lydia du sac. Elle avait trouvé une petite boîte pour ranger ce trésor mais, même ainsi, ils étaient affreusement emmêlés. Deux ou trois fois, elle avait essayé de les peigner, mais elle avait perdu beaucoup trop des précieux filaments et avait eu l'impression – assez stupidement – que chaque cheveu perdu diminuait ses chances de retrouver sa mère.

Levant la mèche devant ses yeux, Tasha se vit dans le miroir et fut horrifiée de voir à quel point cette dernière paraissait décolorée et pâle en comparaison du flamboiement de sa propre chevelure. Celle-ci lui arrivait désormais presque au menton et repoussait bien plus forte et épaisse qu'avant. Il y avait probablement une leçon à en tirer, le genre de signe d'optimisme débordant dont Georg faisait toujours usage, mais Tasha refusait de l'accepter. Elle voulait seulement que sa mère soit là, à ses côtés ; elle voulait la serrer dans ses bras, plaisanter avec elle et lui énumérer le programme de tout ce qu'elles allaient faire ensemble.

Replaçant les cheveux dans la boîte à contrecœur, Tasha s'approcha de la fenêtre. C'était une journée morne. De lourds nuages planaient sur les collines qui devenaient rouges, orange et brunes à mesure que le froid s'installait. Tasha frissonna. La dernière fois que les feuilles étaient tombées, son père avait été tué et s'était écroulé au milieu d'elles, et il avait été difficile de ne pas voir le sang même au milieu de leurs riches couleurs. Wondermere n'avait plus l'air si merveilleux aujourd'hui et elle avait l'impression que leur idylle à tous disparaissait avec les feuilles. Petit à petit, les gens partaient. Calgarth avait toujours été considéré comme un lieu de transition – un point de départ pour une nouvelle existence – mais Tasha détestait voir les gens s'en aller.

Les six plus petits étaient partis vers un foyer plus adapté, à Londres, et maintenant les plus âgés rejoignaient pour la plupart des foyers à Manchester, Liverpool et dans d'autres grandes villes, afin de travailler dans des usines le plus souvent. Les adolescents, pour la plupart des garçons, semblaient très impatients de rentrer dans la vie active, de gagner un salaire et de devenir des « adultes ». Tasha savait qu'elle aurait dû en avoir envie, elle aussi, mais elle avait toujours l'impression qu'une part de son enfance n'avait pas été accomplie et semblait ne pas arriver à trouver en elle la force de devenir adulte.

La semaine précédente, un bus rempli de volontaires enthousiastes était parti pour Israël, sous l'égide d'une organisation sioniste de Manchester. L'ONU travaillait à la partition de la Palestine en vue de créer un État israélien pour les Juifs persécutés, et un certain nombre de jeunes hommes de l'organisation avaient fait le tour de Calgarth pendant des semaines, essayant de recruter le plus grand nombre possible de leurs coreligionnaires pour les accompagner dans ce « retour au foyer ». Beaucoup avaient répondu à l'appel, mais Tasha s'était toujours considérée comme polonaise avant d'être juive, et la Terre sainte ne lui semblait pas plus chez elle que cette région anglaise reculée. Sans doute était-il bon que le monde offre une terre aux Juifs, après tout ce qu'ils avaient subi, mais une vie qui avait la foi et la religion pour épicentre n'était pas faite pour Tasha, et elle avait écarté cette option sans regret.

Sans qu'elle sache pour autant où elle allait atterrir dans un avenir proche.

L'autre jour, Alice lui avait annoncé que l'objectif était que chacun ait son propre toit avant l'hiver, mais cela avait l'air de lui déplaire et Tasha s'était rappelé qu'elle non plus n'avait pas de foyer. Elle n'était pas mariée, n'avait pas d'enfants et était si âgée que ses parents étaient sans doute morts depuis longtemps. Mlle Freud avait évoqué sa famille, mais le seul indice allant dans ce sens était une petite photo dans un cadre en bois, sur sa table de nuit.

Tasha l'avait vue un soir où des pleurs avaient attiré son attention et qu'elle s'était levée pour en déterminer l'origine. La porte d'Alice était ouverte, produisant un rai de lumière à travers le couloir, et elle s'était avancée pour découvrir Marta assise sur le lit d'Alice, pleurant à chaudes larmes. Alice était occupée à lui caresser les cheveux.

— Tout va bien, ma chérie, ce n'était qu'un mauvais rêve, disait cette dernière, et Tasha s'était demandé, non sans culpabilité, à quelle fréquence Marta se levait ainsi la nuit.

Le jour, elle allait généralement se confier à Tasha pour n'importe quelle contrariété, aussi se demandait-elle pourquoi Alice avait sa préférence lors de ces chagrins nocturnes. Mais Alice avait repris la parole :

— Une petite douceur t'aidera peut-être à chasser ces vilains cauchemars ?

Marta avait acquiescé avec empressement et avait attrapé l'âne en peluche qui trônait de façon incongrue sur la table de chevet. Alice l'avait saisi avec fermeté et, à la surprise de Tasha, Marta en avait soulevé la queue, révélant un compartiment secret rempli de bonbons.

Marta en avait pris un et avait commencé à le suçoter joyeusement. Tout en caressant sa petite tête endormie, Alice avait tourné la tête vers sa table de chevet d'un air si triste que Tasha s'était encore approchée. C'était là qu'elle avait aperçu la photo. On y voyait une jolie jeune femme avec une petite fille sur les genoux, un homme brun se tenant au-dessus d'elles d'un air protecteur, ce dernier ressemblant tellement à Alice qu'elle en conclut qu'il devait s'agir de son frère. Tasha avait fixé le cadre un moment, fascinée par cet aperçu de la vie privée d'une femme habituellement si renfermée sur elle-même. Ce n'avait été qu'en entendant Alice dire à Marta qu'il était temps de retourner dans son lit qu'elle avait fait demi-tour pour retourner dans sa chambre. Mais elle n'avait pas oublié le regard désespéré d'Alice. Même les personnes qui s'occupaient d'elles avaient, semblait-il, leurs propres chagrins à porter.

— Tasha ! Tasha, par ici !

Elle fut tirée de sa rêverie par la vision de Georg traversant l'herbe tout en agitant les bras et en souriant d'une oreille à l'autre.

— Viens dehors, *kochanie !* J'ai une merveilleuse nouvelle à t'annoncer !

Il brandissait une lettre et le cœur de Tasha se mit à cogner dans sa poitrine. Avait-il des nouvelles de Lydia ? Non. Pourquoi Georg aurait-il des nouvelles de sa mère ? Quelqu'un de sa famille, peut-être ? Cela prouverait au moins qu'il était encore possible de retrouver des gens. Que continuer à espérer n'était pas absurde. Repoussant la boîte de cheveux dans son sac, elle en referma la boucle nouvellement installée et sortit en courant pour aller le rejoindre.

— Qu'y a-t-il, Georg ?

— Une lettre. De Hobbs, Hart & Co.

Tasha plissa les yeux, confuse.

— Qui ?

Il gonfla sa poitrine.

— Des maîtres serruriers. De Londres. Installés au milieu d'une rue appelée Cheapside, d'après ce que dit Oskar. Il dit qu'on peut voir la cathédrale Saint-Paul depuis la porte de l'atelier.

— Voir quoi ?

— La cathédrale Saint-Paul. C'est le bâtiment que Marie nous a montré l'autre jour, pendant notre leçon de culture anglaise.

Tasha roula des yeux.

— Elle nous a montré beaucoup de bâtiments.

— Et la plupart d'entre eux étaient situés à Londres. C'est la ville la plus importante du pays, Tasha, et ces serruriers – Hobbs & Hart – veulent me faire passer un entretien pour un apprentissage. N'est-ce pas fantastique ?

Ses yeux brillaient d'excitation et Tasha essaya de ne pas se montrer grincheuse, pour une fois.

— C'est fantastique, Georg. C'est exactement ce que tu voulais.

— C'est vrai. Et tout ça grâce à Oskar.

— Oskar ? (Elle le regarda, étonnée.) Tu ne te souviens pas qui a eu cette idée, Georg ?

Il était clair qu'il ne s'en souvenait pas, aussi se permit-elle de lui rafraîchir la mémoire.

— C'était l'idée d'Alice, cette nuit-là, près du lac, alors qu'Oskar nous sermonnait comme des enfants pour être entrés par effraction dans le hangar à bateaux. Alice, elle, ne nous en a pas voulu – elle était plus intéressée par le fait que tu aimais les serrures.

— Oui, peut-être, convint Georg.

— Peut-être ?! (Tasha sentit la colère, qui couvait toujours sous sa peau, monter en elle.) C'était son idée !

— D'accord, d'accord ! dit Georg en levant les mains. Si tu le dis. C'était une bonne idée et je la remercierai quand je la verrai.

— Bien.

— Mais c'est Oskar qui a arrangé les choses. Il connaît le petit-fils de Hart. Ou est-ce le petit-fils de Hobbs ? Quoi qu'il en soit, il a un lien de parenté avec l'un d'entre eux, qui dirige l'entreprise aujourd'hui. Il leur a parlé de moi et ils ont été d'accord pour me proposer un apprentissage. C'est une question de relations, Tasha.

— C'est une question d'honnêteté, rétorqua-t-elle. Envers soi-même et ceux qu'on aime. Sans Alice, tu serais parti travailler dans n'importe quelle usine textile, comme les autres.

— Au lieu de ça, Oskar m'emmène à Londres en train. Cet après-midi. Nous allons visiter le foyer juif et dîner dans son club.

— Qu'est-ce qu'un club ?

— Un immeuble chic où les hommes d'affaires se réunissent et… (Il chercha le mot dans son esprit et le trouva comme par magie.) Et fraternisent.

— Qu'en est-il des femmes d'affaires ? demanda-t-elle.

Il éclata de rire.

— Qu'y a-t-il de drôle ?

Son rire s'arrêta.

— Tu es sérieux ?

— Il y a bien des femmes qui dirigent, parfois – des magasins, des crèches, des galeries et…

— Ce ne sont pas des entreprises.

— Elles gagnent bien de l'argent.

— Mais pas beaucoup. Ce sont de petites affaires privées. Je parle de *vrai* business – de grandes entreprises qui font bouger les choses.

— Qui doivent être tenues par des hommes, pas vrai ?

— Évidemment. Parce que… ?

Il hésita, puis leva une main triomphante.

— Les enfants !

— Pardon ?

— Les femmes ont des enfants.

— Et cela signifie qu'elles ne peuvent pas diriger d'entreprises ?

— Eh bien, oui. On ne peut pas emmener de bébés dans un bureau, pas vrai ?

Tasha se sentit tressaillir d'indignation et Georg dut s'en apercevoir car il posa ses mains sur ses épaules pour la calmer.

— Je ne dis pas que les femmes ne sont pas brillantes, Tash. Elles le sont. Intelligentes, courageuses et futées. Et belles aussi. Ma mère était fantastique. Enfin, elle l'était sur certains points, mais… Mais ce n'est pas la question. Ce qui compte, c'est que les femmes ont des bébés, ce qui est la chose la plus impressionnante au monde. Un acte de création qui relève du miracle. La raison d'être d'une espèce, non ?

— Oui, acquiesça Tasha à contrecœur.

— Vous faites tout ça et nous, simples hommes, sommes là pour prendre soin de vous, vous protéger et veiller à ce que le monde fonctionne bien, pour que vous soyez en sécurité.

Tasha y réfléchit un instant. Cela semblait une bonne chose, une position généreuse, même – mais il y avait une faille.

— Et pour ça, vous devez vous organiser dans des « clubs » réservés aux hommes ?

— Ces clubs ne servent qu'à… (Il réfléchit encore, cherchant de toute évidence le genre de réponse qu'Oskar aurait pu donner.) Aider les entreprises à fonctionner.

— Des entreprises dirigées par des hommes ?

— Exactement !

— Les vraies entreprises ?

— Oui, acquiesça-t-il, non sans un malaise palpable – et mérité.

Tasha le détailla de haut en bas, s'efforçant de rester calme et logique, bien que toutes ses fibres se hérissent d'indignation. Son père s'était quotidiennement rendu au tribunal pour mener des plaidoiries fantaisistes et sa mère avait tenu un magasin de robes, de manteaux et de sous-vêtements confortables. Elle savait lequel des deux lui avait toujours semblé mener une *vraie* entreprise.

— Sans les magasins, déclara-t-elle avec une maîtrise retrouvée, nous serions tous nus, affamés et incultes.

Georg grinça des dents.

— Je le sais bien, Tasha. Je ne nie pas que nous ayons besoin de magasins, je dis juste que certaines affaires se placent à un autre niveau. La finance, la politique, les…

— Les usines de fabrication de serrures ?

Il lui lança un regard noir.

— Tout est un sujet de discorde pour toi, pas vrai ? Tout se résume à la défense d'un point de vue, et c'est toujours ton point de vue qui doit l'emporter.

— Seulement quand j'ai raison.

— Autrement dit tout le temps.

— Georg…

— Je suis venu te trouver parce que j'étais heureux. J'ai reçu de bonnes nouvelles sur un avenir qui m'enthousiasme et je voulais les partager avec toi. Je voulais que tu sois heureuse aussi, mais tu ne peux pas l'être, n'est-ce pas ? Tu ne peux pas être heureuse pour moi. Il faut toujours que tout tourne autour de toi.

— Ce n'est pas vrai.

— Vraiment ? (Il lui lâcha les épaules et fit un pas en arrière.) J'aimerais que tu y réfléchisses, Tasha. Je pars à Londres pour la plus grande opportunité de ma vie. Je te verrai à mon retour pour te raconter comment ça s'est passé. Si ça t'intéresse, du moins.

— Georg… (Il se détourna et Tasha le rattrapa en courant, avant de lui saisir le bras.) Georg, je suis heureuse pour toi, vraiment. Mais…

— Il y a toujours un mais, Tash, c'est bien le problème, dit-il en secouant la tête. À bientôt.

— Georg…

Mais il était déjà parti, traversant la pelouse pour rejoindre sa chambre. Tasha le vit s'arrêter en même temps qu'Alice sortait des cuisines. Elle tenait une lettre et avait l'air distraite, malheureuse même, mais Tasha la vit se recomposer un visage rapidement tandis que Georg lui parlait, visiblement excité. Elle l'écouta en hochant la tête et lui tapota gentiment le bras. Tasha était contente qu'il l'ait remerciée, mais furieuse qu'il ait mis de côté l'intelligence attentionnée dont elle avait fait preuve. « Tout tourne autour de toi », avait-il dit, mais il ne proposait pas mieux. Très bien, qu'il aille à Londres pour son merveilleux travail et son merveilleux club. Elle n'avait pas besoin de lui de toute façon. Elle n'avait besoin de personne.

Sauf de maman, lui dit une voix dans sa tête, mais elle la repoussa et, pleine de fureur, se retourna et s'enfuit en courant.

— Tasha ! appela quelqu'un.

Elle jeta un coup d'œil en arrière, mais ce n'était qu'Alice, aussi reprit-elle sa jupe mal ajustée dans ses mains et recommença-t-elle à courir.

14

Alice

Alice gravit péniblement la colline, maudissant ses jambes vieillissantes. Elle aurait vraiment dû profiter d'être dans cette belle région pour faire davantage de marche, mais elle avait été tellement occupée à organiser la vie des enfants et à essayer de retrouver leurs familles qu'elle n'avait guère eu le temps de savourer les environs. Elle jeta un coup d'œil autour d'elle à la recherche d'un signe de Tasha. La jeune fille avait détalé, manifestement furieuse. Alice savait ce qu'elle ressentait, surtout en ce moment.

Touchant du bout des doigts la lettre qui se trouvait dans sa poche, Alice se laissa tomber sur un rocher voisin, ses jambes affaiblies par les nouvelles qu'elle venait de recevoir plus que par l'effort, tandis qu'elle était ramenée de façon poignante aux vacances de son enfance, dans le Tyrol. Ses parents étaient alors des alpinistes chevronnés, dont l'objectif était d'atteindre le sommet d'une montagne, quelque part au loin. Ils les avaient laissés, Max et elle, livrés à eux-mêmes et, heureux d'être libérés des contraintes habituelles de l'obéissance et de la bonne conduite, ils s'étaient laissé aller à des aventures débridées, cheminant joyeusement entre les fleurs, les ruisseaux et les animaux qu'ils apercevaient. En plissant les yeux sous le soleil rasant, Alice pouvait presque se revoir avec son frère, riant et s'appelant l'un l'autre, animés par la beauté et l'abondance de la nature qui les entourait. Le cœur d'Alice se serra. Elle essayait de nourrir ce dernier de son amour pour son frère, mais une chappe de plomb l'enserrait, imposée par la terrible incertitude qui la rongeait. Ravalant ses larmes, elle sortit la lettre et la relut. La Croix-Rouge avait trouvé de nouveaux documents concernant les convois de Theresienstadt à Auschwitz, et le nom de Max y figurait, ainsi que ceux de Lilli et de Ruthie. Ils avaient réussi à éviter la déportation jusque-là, mais il semblait que l'arrivée des Russes ait précipité les choses et que Max ait été envoyé à Auschwitz le 29 septembre 1944, suivi le 4 octobre par Lilli et Ruth-Gertrud. Leurs noms figuraient clairement sur la liste de sortie de Theresienstadt, mais, une fois de plus, la piste s'arrêtait là.

Alice avait peur de ce que cela pouvait signifier. Elle avait vu les films tournés sur place, avait lu les articles de presse et s'était penchée sur les statistiques toujours plus nombreuses sur les terrifiants plans d'extermination allemands. Si les noms de la seule famille qui lui restait n'apparaissaient pas sur les listes d'Auschwitz, sans doute était-ce qu'ils n'étaient jamais entrés au camp. Et s'ils n'y étaient pas entrés, un seul et même chemin avait dû être emprunté : celui de la cheminée. Alice le savait, mais elle ne pouvait se résoudre à y croire. Son cerveau lui disait qu'ils étaient morts, mais son cœur luttait contre cet étau de fer à chaque battement. Elle devait continuer à chercher. Certaines listes de ce maudit camp avaient pu être perdues, comme cela avait été le cas un peu partout ailleurs.

Alice ferma les yeux, luttant contre son chagrin. Une douce brise d'automne vint caresser son visage et elle inspira profondément, rouvrant les yeux tout en acceptant de laisser couler ses larmes. Là-haut, elle était à l'abri des regards indiscrets des enfants, des collègues ou même de Sophie, sa chère et tendre amie – une femme catholique, capable de compatir au sort des Juifs de tout son cœur, mais sans avoir jamais ressenti ce qu'ils avaient ressenti *eux*. Ici, sur cette colline anglaise, elle pouvait pour une fois cesser de s'inquiéter pour les autres. Elle pouvait simplement être elle-même : Alice, une sœur et une tante – et pleurer les siens.

— Alice ?

Elle s'essuya nerveusement les yeux et vit Tasha dégringoler la pente à sa rencontre avant de s'arrêter à ses côtés.

— Alice ! Qu'est-ce que vous faites là ?

— Je te cherchais, dit Alice sans la regarder.

Tasha se pencha en avant, la fixa et se mit à parler en allemand.

— Vous pleurez ?

Sa voix était si incrédule qu'Alice se demanda ce que les enfants pensaient vraiment d'elle. Était-elle trop distante ? Elle se souvint qu'Anna lui avait conseillé de partager un peu d'elle-même avec les plus grands, mais c'était difficile. Si elle commençait à se livrer, pourrait-elle ensuite empêcher que tout le reste suive ? La dernière chose dont ces pauvres enfants avaient besoin était que ses soucis s'ajoutent aux leurs.

Comme pour lui donner raison, les mains de Tasha se portèrent à sa bouche.

— Ce n'est pas maman, n'est-ce pas ? Vous avez eu des nouvelles d'elle ? C'est pour ça que vous me cherchez ?

— Non ! Bonté divine, non, excuse-moi. Je n'ai rien entendu qui la concerne. Ce qui est une bonne nouvelle, n'est-ce pas ? Je veux dire, alors que nous recevons de plus en plus de listes de victimes. Ce qui veut dire que…

Mince, voilà qu'elle en faisait tout un plat ! Mais Tasha laissa échapper un rire aigu.

— C'est habituellement mon genre d'optimisme, Alice !

Alice secoua la tête et osa regarder sa jeune protégée. Ses cheveux roux s'agitaient dans le vent qui se levait et ses yeux étaient d'un bleu presque translucide, et aussi rougis que les siens l'étaient sans doute.

— Qu'est-ce qui ne va pas, Tasha ?

Instantanément, la jeune fille se referma sur elle-même, ramenant ses genoux sur sa poitrine et fixant l'eau du lac au-dessous d'eux.

— Est-ce Georg ?

— Georg ! Pouah.

C'était donc bien lui.

— Vous vous êtes disputés ? demanda timidement Alice.

— Nous avons rarement été en si bons termes, répondit-elle laconiquement. Il est parti à Londres, pour un entretien avec une entreprise de serruriers au nom ridicule.

— Hobbs & Hart, oui, je sais. C'est plutôt bien, non ?

— Très bien, oui. C'était une idée de génie.

— Eh bien, je ne sais pas si…

— *Votre* idée de génie, Alice. Mais savez-vous à qui ce crétin attribue le mérite de cette opportunité ? M. Friedmann ! Ce tout aussi crétin M. Friedmann, qui était ce soir-là bien trop occupé à le traiter de criminel pour s'intéresser réellement à lui.

— Il était inquiet…

— Tout ça parce que M. Friedmann a des « contacts », un « club » et un gros sexe qui…

— Tasha ! protesta Alice devant tant de grossièreté.

La jeune fille rougit mais ne se dédit pas.

— Désolée, mais c'est vrai. Georg dit que c'est grâce à lui qu'il a obtenu ce rendez-vous, et a totalement oublié que l'idée venait de toi, jusqu'à ce que je le lui rappelle.

— C'est gentil de ta part.

— Mais ça n'aurait pas dû être nécessaire.

Alice regarda la jeune fille hérissée de colère et tendit la main pour lui tapoter le genou, heureuse d'oublier quelques instants la douloureuse lettre qu'elle gardait dans sa poche.

— Je suis d'accord avec toi, mais au moins l'entretien a-t-il été obtenu, et Georg pourra peut-être trouver un emploi qui lui plaît, maintenant.

Tasha recula, la dévisageant d'une manière déconcertante ; il semblait qu'elle avait dit ce qu'il ne fallait pas. Une fois encore !

— Et ça ne vous dérange pas ? demanda-t-elle.

— Que Georg ne se souvienne pas de qui l'a mis sur cette piste ? Non, pas vraiment. Ce qui compte, c'est de lui trouver du travail.

— Mais il devrait être reconnaissant que vous soyez intervenue ! Il devrait voir ce que vous avez fait pour lui. Il devrait vous voir, *vous* !

Alice repoussa cette éventualité d'un geste.

— Personne ne me voit jamais.

Tasha poussa un glapissement furieux.

— Et ça vous va comme ça ?

— Je…

— Ça ne devrait pas vous aller du tout, Alice !

— Je ne suis pas sûre d'avoir autant d'importance que tu le dis, Tasha.

La jeune fille émit un grognement.

— C'est à vous de voir pour ce qui vous concerne, mais ne sommes-nous pas importantes, nous, quelques filles seulement perdues au milieu des garçons ?

— Bien sûr que si.

— Alors, ne devriez-vous pas vous battre pour exiger le respect qui vous est dû, afin que nous soyons respectées, nous aussi ?

Alice la regarda fixement. Le rapport qu'elle faisait entre les deux éléments ne lui était jamais venu à l'esprit.

— Tu seras toujours entendue, Tasha.

— Parce que je suis toujours irritable et en colère ?

— Non. Parce que tu es fière, intelligente et passionnée.

— Oh.

La jeune fille retomba dans le silence et elles contemplèrent le lac côte à côte.

— Pourquoi pleuriez-vous ? demanda Tasha quelques instants plus tard.

Alice enfonça ses doigts dans la poche de sa jupe, sentant la lettre se froisser entre eux.

— Je pensais à mon frère, avoua-t-elle.

Les mots étaient sortis de sa gorge comme des fils barbelés, allant jusqu'à la faire tousser.

Tasha posa une main silencieuse sur son dos, un soutien inattendu contre sa colonne vertébrale endolorie.

— Où est-il ? demanda la jeune fille.

— Je ne sais pas. (Elle aspira une bouffée d'air tremblante.) Je viens de recevoir une lettre m'informant qu'il avait été envoyé à Auschwitz.

— Auschwitz ? Comme moi !

Alice la regarda, prenant pour la première fois conscience de ce lien évident.

— Comme toi, oui. Quand as-tu été envoyée là-bas, Tasha ?

— En octobre 1944, dit-elle rapidement. Après que le soulèvement du ghetto de Varsovie eut échoué.

Alice s'agrippa à sa manche.

— Mon frère y a été envoyé le 29 septembre, et sa femme et sa fille, quelques jours plus tard.

— Nous serions donc arrivés là-bas à peu près au même moment ?

Elles se regardèrent l'une l'autre en silence.

— Comment s'appellent-ils ? demanda Tasha.

— Mon frère s'appelait – s'appelle – Max. Les deux autres, Lilli et Ruth-Gertrud.

— Lilli et Ruth-Gertrud Goldberger ?

Malgré elle, Alice porta sur la jeune fille un regard plein d'espoir. Était-il possible qu'elle ait passé les deux derniers mois avec quelqu'un qui avait connu son frère ?

— Oui, dit-elle, la voix enrouée par l'émotion. Tu les as rencontrés ?

— Non, je suis désolée.

— *Scheiße.*

La déception avait fait sortir le juron avant qu'elle puisse l'arrêter et Tasha cligna des yeux.

— Vous me surprenez parfois, Alice.

Elle éclata d'un rire aigu.

— Et toi tu me surprends toujours, Tasha.

La main de la jeune fille caressa son dos de haut en bas, chaude et étonnamment douce.

— C'est horrible, n'est-ce pas, de ne pas savoir ?

— Horrible, acquiesça Alice. Tu veux me parler de ta mère, Tasha ? Si tu le peux ?

La jeune fille se mordit la lèvre et Alice vit sa main se diriger instinctivement vers son sac à main.

— Tu as un souvenir d'elle dans ton sac ? Puis-je le voir ?

Tasha ne parlait toujours pas mais elle défit la boucle et, d'un geste incertain, retira une boîte abîmée du sac avant de la poser sur ses genoux et d'en soulever le couvercle avec une tendresse nerveuse. Alice se pencha en avant, s'attendant à voir un bijou ou une photographie, mais à la place, elle aperçut une touffe de cheveux entremêlés.

— Ils appartiennent à ta mère ? demanda-t-elle doucement.

Tasha acquiesça.

— C'est elle qui te les a donnés ?

Tasha fit non de la tête.

Alice attendit et, soudain, les mots sortirent de la bouche de la jeune fille.

— Ce sont les nazis, commença-t-elle. Ils nous ont mis en ligne, et ont tout coupé avec leurs ciseaux. Tout coupé. À tout le monde. J'ai entendu dire l'autre jour qu'ils les récupéraient pour en faire des tapis. Plutôt malsain, non ? (Elle poursuivit sans attendre de réponse.) J'étais derrière maman, avec Amelia – ma petite sœur – entre nous. Je veillais sur Amelia. Elle n'avait que douze ans et nous avions peur qu'ils la retirent de la file d'attente pour l'envoyer dans… dans… l'autre file d'attente.

Alice acquiesça et passa timidement un bras autour des épaules de Tasha, essayant de se concentrer sur la jeune fille pour ne pas imaginer Max, Lilli et la petite Ruthie envoyés dans… dans…

— Et puis soudain, poursuivit Tasha, il y a eu cet horrible bourdonnement électrique, et j'ai vu les cheveux de maman qui tombaient au sol. C'étaient de si beaux cheveux, Alice. Des cheveux comme un rideau de flammes. Les gens les admiraient partout où on allait, et ces salauds les rasaient comme s'ils ne valaient rien. Et son cuir chevelu – si blanc et nu, en sang là où le rasoir l'avait entaillé. C'était comme si on lui arrachait son essence même.

Alice sentit la douleur dans la jeune voix de Tasha et elle la serra instinctivement contre elle. Tasha s'effondra sur son épaule et pleura, comme Alice avait pleuré quelques instants plus tôt. Alice fixa le lac, haïssant ce tremblement de douleur de l'enfant contre elle, mais sachant également qu'il s'agissait là d'un soulagement plus que nécessaire. Pour elles deux.

— Mais son amour pour toi était toujours le même, dit-elle doucement.

Tasha acquiesça.

— C'est ce qu'elle m'a dit. Elle a été si courageuse, dans ce camp. Elle travaillait si dur toute la journée et le soir, elle s'asseyait et nous racontait des histoires, nous parlait du passé et nous tirait hors de ces baraquements immondes, si sombres et si sales, pour nous emmener vers d'autres endroits, plus heureux. C'est la seule chose qui m'a permis de ne pas devenir folle… même quand Amelia est morte.

— Je suis désolée, Tasha.

La jeune fille laissa échapper un rire brutal.

— Pas autant que moi. Mais c'est du passé, pas vrai ? C'est ce que dit Georg, en tout cas.

— C'est un événement passé, mais cela ne veut pas dire que tu doives le chasser de ton cœur.

Tasha se détacha d'elle pour la regarder.

— Vous êtes une personne sage, Alice.

— Non, pas du tout.

— Si, c'est vrai… Ça… ça m'aide. L'avenir semble si… délicat.

Alice sourit devant l'euphémisme.

— Excessivement délicat.

— Partir à Londres pour faire des serrures, c'est très bien pour Georg – mais que suis-je censée faire, pour ma part ? Où dois-je aller ?

— Où voudrais-tu aller ?

— Chez moi, gémit Tasha. J'aimerais rentrer à Varsovie, retrouver ma maison, ma famille et la vie que j'avais avant que tout ça arrive. Ce n'était rien de spécial, vous savez. Une vie normale, ordinaire, mais j'ai envie de la retrouver. J'en ai tellement envie.

— Je sais, acquiesça Alice, qui repensa à son petit appartement à Berlin et à l'heureux foyer de Max, à quelques rues de là seulement. Les nazis nous ont volé nos vies.

— Les nazis ont tout détruit, gémit Tasha. Tout. Ils ont d'abord bombardé et brûlé notre ville, puis ils s'en sont pris à nous. J'ai su qu'ils allaient tout nous prendre à l'instant où je les ai vus mettre les premiers coups de ciseaux dans les cheveux de maman. Alors j'ai compris. Je me suis baissée et j'en ai attrapé quelques-uns que j'ai gardés si serrés dans la paume de ma main qu'ils ne s'en sont pas aperçus. Puis je les ai cachés dans une fente du mur pour pouvoir les regarder de temps en temps, et me souvenir du temps d'avant. Du temps qui pourrait, peut-être, revenir un jour. L'espoir nous faisait vivre, Alice, quand nous étions là-bas. L'espoir et seulement l'espoir. C'était ce qui nous permettait de continuer à vivre, à rêver. Mais aujourd'hui… aujourd'hui nous sommes dehors et nos rêves ne se sont pas réalisés. La vie est plus facile, oui, et je suis reconnaissante pour ça, vraiment – mais qu'est-il advenu de l'espoir ?

Alice ferma les yeux, repensant à Max et elle cueillant des edelweiss sur une montagne du Tyrol, et ressentit la douloureuse vérité de ce que disait Tasha. Mais si cette dernière avait réussi à s'échapper d'Auschwitz, Max avait pu en faire autant.

— Ta mère et mon frère sont peut-être bloqués dans un camp de réfugiés, quelque part, d'où ils cherchent à nous retrouver, suggéra-t-elle.

Tasha leva les yeux au ciel.

— Peut-être, dit-elle. Ou peut-être qu'ils sont morts tous les deux.

Alice grimaça et la jeune fille poussa un long soupir.

— Désolée. Je suis désolée, Alice. Vous avez raison, il faut garder espoir. Que reste-t-il d'autre, en fin de compte ?

— L'avenir ?

Tasha gémit.

— Penser à l'avenir est tellement épuisant. Pour moi, en tout cas. Georg n'a pas l'air de s'en préoccuper. Lui est impatient d'aller de l'avant et ne parle jamais du passé. Il ne parle même pas de ses parents.

— Comment les a-t-il perdus ? demanda Alice.

La jeune fille arracha quelques brins d'herbe.

— Je n'en ai aucune idée, dit-elle. C'est justement là que je veux en venir. Qui ne parlerait même pas de ses propres parents ?

— Quelqu'un qui souffre ? suggéra timidement Alice.

Mais en entendant ces mots, Tasha se leva d'un bond.

— Nous souffrons tous, répliqua-t-elle. Je souffre, vous souffrez. Au moins, nous en parlons.

— Tu as raison, dit Alice, mais Tasha était déjà partie, dévalant la colline en emportant sa blessure, et laissant Alice seule, une fois de plus, avec la sienne.

Le lendemain, Tasha se montra inhabituellement serviable, époussetant et balayant les pièces communes comme si elle pouvait faire disparaître toutes leurs souffrances avec la saleté de la maison. Mais elle s'éclipsa à l'heure du thé et n'était pas là lorsque Georg revint, passablement excité.

— J'ai réussi, Alice ! s'écria-t-il en anglais.

— Tu as obtenu l'apprentissage ?

— Oui ! Je commence dans deux semaines. Ils ont dit que j'avais l'air d'un jeune homme très « entreprenant ». Je ne connaissais pas le mot, mais j'ai demandé à Oskar et il m'a dit qu'il décrivait quelqu'un qui savait saisir les opportunités qui se présentaient à lui, alors je me suis dit que oui, j'étais « entreprenant », et que j'allais saisir cette opportunité et… et lui en mettre plein la vue.

Alice éclata de rire. Le garçon avait travaillé dur sur son anglais et essayait manifestement de maîtriser les expressions les plus idiomatiques du pays.

— Tant mieux, dit-elle.

Son regard parcourut la salle à manger avec impatience.

— Tasha est là ?

— Elle était là ce matin, mais ça fait quelques heures que je ne l'ai pas vue. Elle a été très… occupée. Je pense que tu lui as manqué.

— J'en doute, dit-il d'un ton bourru, mais il partit tout de même à la recherche de la jeune fille et Alice lui souhaita bonne chance. Oh, et… (Il se retourna pour crier depuis le couloir.) Oskar m'a dit de te demander de venir à son bureau. Il y a là quelqu'un qui aimerait te voir, apparemment.

Les visages des autres convives se tournèrent vers elle et elle rougit.

— Très bien, merci, Georg.

Elle se leva et débarrassa la table avec un calme étudié. Ce qu'elle voulait vraiment, c'était partir en courant comme Georg venait de le faire – mais elle n'était pas sûre de savoir si elle allait se diriger vers le bureau ou partir loin, très loin. S'agissait-il de Max ? L'avaient-ils trouvé ? Avaient-ils de mauvaises nouvelles le concernant ? La présence d'un nom dans un registre, elle l'avait découvert rapidement, était rarement une bonne nouvelle.

Mais en s'approchant de la porte ouverte, elle s'aperçut que le visiteur n'était autre que Leonard Montefiore. Mortifiée d'avoir fait attendre leur principal bienfaiteur, elle se précipita vers lui.

— Monsieur Montefiore, je suis navrée de vous avoir fait attendre.

— Ne le soyez pas, Alice. C'est moi qui suis désolé de vous avoir interrompue dans votre travail. Entrez, entrez. Vous désirez un whisky ? demanda-t-il en désignant la carafe posée entre les deux hommes.

Alice secoua la tête avec véhémence.

— Un sherry, peut-être ? Nous avons du sherry, Oskar ?

Alice leva la main en guise de refus.

— Rien pour moi, je vous remercie. Vous vouliez me voir ?

— En effet, Alice, en effet. (Leonard s'avança sur sa chaise, posant ses coudes sur la table et pressant ses longs doigts les uns contre les autres.) Comme vous le savez, nous retirons les enfants de Windermere aussi vite que nous pouvons raisonnablement le faire.

Alice acquiesça et jeta un coup d'œil à Oskar.

— Georg m'a dit qu'il avait obtenu son apprentissage, lui dit-elle. C'est une excellente nouvelle.

— N'est-ce pas ? abonda Oskar. C'est un poste qui lui convient parfaitement. Je l'ai su dès que j'ai vu à quel point il était doué avec les serrures.

Alice fronça les sourcils. Elle repensa à Tasha qui, hier, sur la colline, s'insurgeait contre le fait que les femmes n'étaient pas respectées comme elles le devaient. Elle ouvrit la bouche pour rappeler à Oskar que c'était bien là son idée, mais ne trouva pas de moyen de le dire sans paraître mesquine. Aussi resta-t-elle silencieuse.

— Il a l'air très enthousiaste à cette idée, dit-elle. Et je suis ravie qu'un avenir prometteur s'ouvre à lui. J'aimerais pouvoir en dire autant des plus jeunes.

— Mais vous le pouvez, lui dit Oskar en souriant. Leonard a un nouveau projet pour nous.

— Pour nous ? répéta-t-elle d'un ton grinçant.

— Bien sûr. Nous formons une équipe, n'est-ce pas ? Je n'aurais pas pu réaliser la moitié de ce que j'ai accompli ici sans vous.

« Ce que nous *avons accompli »*, entendit-elle Tasha corriger en esprit. Mais ce n'était après tout qu'un point de séman-

tique. Oskar la félicitait et rendait honneur à son travail – il la *respectait.*

— Ni moi sans vous, dit-elle. Nous avons formé, comme vous le dites, une équipe.

Oskar n'avait pas l'air aussi enthousiaste de l'entendre de sa bouche à elle, mais il garda le sourire et Leonard reprit la parole.

— J'ai le plaisir de vous annoncer que mon ami Sir Benjamin Drage a proposé sa maison pour accueillir les enfants de quatre à neuf ans, et j'aimerais beaucoup que vous envisagiez d'en assurer la gestion.

— Sa maison ? bégaya Alice, déconcertée.

— Eh bien, la moitié. Il emménagerait dans l'aile est avec sa femme, et vous et les enfants pourriez occuper l'aile ouest.

— L'aile ouest ?

— C'est une grande maison.

— J'imagine en effet. (Alice avait du mal à assimiler toutes ces informations nouvelles.) Où est-ce situé ?

— Lingfield. C'est dans le Surrey, au sud-ouest de Londres.

— Et il n'y a qu'une heure de train depuis le centre-ville, ce qui me permettra de continuer à vous assister, dit Oskar. Si vous voulez toujours de moi, bien sûr.

— Bien entendu, Oskar, lui dit Alice, puis, se sentant absurdement suggestive, elle chercha de meilleurs mots et les perdit dans une toux gênée. Je crois que je prendrai volontiers un fond de whisky, dit-elle en s'étranglant.

Leonard bondit pour le lui verser, faisant couler le liquide ambré dans le verre et y ajoutant quelques gouttes d'eau provenant d'une carafe en cristal.

— À votre santé Alice !

Elle leva faiblement son verre et en prit une petite gorgée.

— Le Surrey ? répéta-t-elle, prenant le temps de goûter à cette nouvelle version de son avenir et la trouvant presque aussi capiteuse que le whisky.

— Oui, confirma Leonard. Le domaine de Weir Courtney, plus précisément – un endroit charmant. Voyez par vous-même.

Il sortit une photo de sa poche supérieure et la fit passer à Alice par-dessus la table.

Elle contempla la belle maison de campagne avec ses murs recouverts de lierre, ses pignons décoratifs et son grand jardin, un vrai paradis pour des enfants de cet âge. Une balançoire suspendue à un grand chêne était visible au premier plan.

— C'est exactement ce qu'il leur faut ! s'exclama-t-elle.

— Heureux que vous le pensiez, Alice. Bienvenue dans votre nouveau foyer.

Foyer : encore ce mot. *« J'aimerais tellement retrouver mon foyer »*, gémit la voix de Tasha dans sa tête, comme si la jeune fille s'y était invitée de force – et cela lui donna une idée.

— Je peux prendre Sophie ? demanda-t-elle.

— Bien sûr.

— Et peut-être quelques filles plus âgées, pour aider. Et jouer le rôle de grandes sœurs.

— Ça me paraît une excellente idée, dit Leonard. Si vous pensez que les enfants seront heureux ainsi.

« Qu'est-il advenu de l'espoir ? » demanda à nouveau Tasha dans sa tête. Peut-être était-il là, derrière ces murs couverts de lierre, dans le Surrey.

— Je l'espère, dit-elle en posant le bout de son doigt sur la balançoire, qui semblait n'attendre qu'une chose : que quelqu'un monte sur son siège en bois pour s'élever dans les airs avec elle. Je l'espère vraiment.

15

Tasha

— Sophie, tu ne devineras jamais !

Tasha, qui cherchait un en-cas dans le garde-manger – tout en évitant Georg – vit Alice faire irruption dans la cuisine à une vitesse surprenante.

— Quoi ? entendit-elle Sophie lui demander.

— Nous avons un nouvel emploi !

Tasha se raidit. Elle se souvenait de la veille, quand Alice l'avait entourée de son bras sur la colline et lui avait dit qu'elle comprenait ses craintes pour l'avenir. Elle avait eu l'air sincère et compatissante, mais il semblait que, depuis le début, elle manigançait en réalité quelque chose. Elle recula plus profondément dans le garde-manger, écoutant avec attention.

— Où ? demanda Sophie.

— Le Surrey. C'est dans le sud de l'Angleterre, pas loin de Londres. Sir Je-ne-sais-qui fait don de sa maison pour les enfants, et c'est nous qui nous en occuperons.

Le cœur de Tasha se mit à battre la chamade ; peut-être n'était-ce pas aussi grave que ça en avait l'air.

— Quels enfants ? demanda Sophie.

— Les plus jeunes.

Tasha sursauta puis se couvrit la bouche d'une main. Alice ne voulait que les petits enfants, les gentilles petites filles à couettes comme Marta, pas les plus âgées comme elle.

— Ce sera parfait pour eux, continua Alice, comme Bulldogs Bank à l'air de l'être pour les tout-petits. Ils pourront aller à l'école du village avec les locaux et retrouver une vie plus normale et plus rythmée. Un nouveau départ pour de nouvelles perspectives d'avenir.

— Avenir ?! Le mot anglais jaillit de la bouche de Tasha avec fureur, suivi d'une gerbe de larmes qu'elle ravala avec colère en se lançant au milieu de la cuisine, laquelle ne lui semblait plus aussi accueillante désormais.

Les deux femmes sursautèrent et se tournèrent vers elle avec inquiétude.

— Si je pleure, dit-elle furieusement en allemand, ce n'est pas de tristesse, mais de colère. Je ne suis pas triste, je me fiche pas mal de ce que vous allez faire, l'une ou l'autre. Allez donc vous prélasser dans le Surrey, et amusez-vous bien. Je m'en moque ! Je vous déteste tous, de toute façon, avec vos manières de bienfaiteurs et votre prétendue attention et votre, votre…

Elle s'arrêta net lorsque Sophie s'approcha d'elle, l'entourant de ses grands bras et la serrant si étroitement contre ses formes généreuses qu'elle n'avait plus aucun moyen de s'échapper.

— Je ne suis pas dupe, pleura Tasha contre elle. Ce n'est pas un câlin, c'est de la manipulation.

— C'est un câlin, idiote, dit calmement Sophie en la serrant encore plus fort, laissant échapper de son tablier un nuage de sucre glace qui fit violemment éternuer Tasha.

Mais Sophie continua à la serrer.

— Tu devras bien me lâcher quand tu partiras, protesta Tasha. Quand vous partirez tous, comme tout le monde part tout le temps. Comme papa est parti quand il a reçu cette balle, comme Amelia est partie avec le typhus, comme maman est partie dans la neige, alors que je suis restée enfermée dans cette baraque.

— Ce n'est pas ce qu'ils voulaient, tenta de la consoler Sophie.

— Mais ils sont quand même partis !

Tasha se dégagea et se dirigea vers la porte, mais Alice la bloquait. Elle était suffisamment petite pour que Tasha puisse l'écarter, mais quelque chose dans la posture de son corps et le sombre éclat de ses yeux la fit hésiter.

— Je ne t'abandonnerai pas, Tasha.

— Vous allez le faire. Puisque vous allez dans le Surrey.

— Mais tu viens avec moi.

— N'importe quoi ! Je vous ai entendue. Je ne fais pas partie des *plus jeunes*, pas vrai ? Je suis une adulte. D'ailleurs je peux prendre soin de moi toute seule.

— En es-tu sûre ?

— Pas du tout ! hurla Tasha. Mais vous ne me laissez pas le choix. Je suis aussi prisonnière ici qu'à Auschwitz ! Laissez-moi passer, s'il vous plaît.

— Non, répondit Alice. Pas tant que tu ne m'auras pas écoutée. Je veux que tu viennes aussi. J'ai demandé à M. Montefiore l'autorisation de te prendre avec nous.

Tasha se figea.

— Vous avez fait ça ?

— Et il a dit oui.

— Il a dit… oui ? Mais pourquoi ?

— Parce que je lui ai dit que toi et toutes les autres grandes pourriez m'aider à m'occuper des petits.

— Nous occuper des… ?

Elle avait pensé un instant qu'Alice voulait vraiment qu'elle vienne avec elle, mais non, elle cherchait simplement de la main-d'œuvre bon marché.

— Est-ce l'avenir que vous envisagez pour moi, Alice ? Alors je dirais que vos talents de recruteuse vous ont abandonnée. Je ne serai jamais nourrice !

Elle avait lancé le mot comme un crachat. Comment se faisait-il que les garçons étaient invités à travailler dans les usines et les entreprises et qu'on considérait que les filles n'étaient bonnes qu'à s'occuper des bébés ?

— Qu'y a-t-il de mal à s'occuper d'enfants ? demanda Alice d'un ton glacial.

Un peu trop tard, Tasha se souvint de ce qu'Anna Freud leur avait raconté de la vie d'Alice – qu'elle avait créé des centres d'accueil pour enfants à Berlin, dans son camp d'internement et dans un autre endroit encore, dont elle ne se rappelait plus le nom – et elle eut honte du dédain dont elle avait fait preuve. Mais enfin, Alice pouvait bien faire tout ce qu'elle voulait, Tasha n'avait pas à vouloir lui ressembler. Et elle n'avait pas besoin de sa pitié non plus.

— Alors pourquoi n'avez-vous jamais voulu en avoir ? demanda-t-elle.

— Tasha ! la réprimanda Sophie.

Mais Tasha ne se souciait plus de ce qu'on pouvait lui dire. Tout le monde l'abandonnait – encore une fois –, alors pourquoi devrait-elle prendre des pincettes ?

Elle fixa Alice, mais celle-ci s'était ressaisie et lui tenait tête.

— Je voulais des enfants, mais je n'ai pas eu cette chance, et je ne vois pas l'intérêt de pleurer quelque chose que je ne pourrai plus avoir, surtout quand il y a tous ces enfants dont je peux m'occuper et que je peux aimer comme les miens.

— Non ! dit Tasha en levant la main. Vous n'avez pas le droit de dire ça. Vous ne pouvez pas nous revendiquer comme vos enfants seulement parce qu'un riche crétin vous en a confié la responsabilité. Nous ne sommes pas vos enfants. Et je ne suis pas votre fille.

Alice essaya de dire quelque chose, mais Tasha se dirigea vers la porte, une sorte de haine aveugle sur le visage.

— *J'ai une mère*, cria-t-elle en se retournant. Mais tout le monde est trop occupé à étouffer sa culpabilité à grands coups de *soins* et d'*attention*, au lieu de m'aider à la retrouver. Je n'ai pas besoin qu'on s'occupe de moi, je n'ai pas besoin de votre pitié de vieille fille desséchée. J'ai besoin de ma mère, c'est tout, de ma mère à moi, chaleureuse, gentille et courageuse. Le reste d'entre vous peut aller au diable !

Elle sortit en chancelant, prête à remonter la colline en courant pour se diriger vers la frontière de cette maudite île de bienfaisance, d'où elle pourrait prendre un bateau et partir à la recherche de Lydia – mais elle se heurta de plein fouet à Georg.

— Te voilà, Tash. Je te cherchais, justement. (Son sourire s'estompa lorsqu'il aperçut le visage de la jeune fille et il passa immédiatement au polonais.) Que s'est-il passé ?

— Rien, lança-t-elle. Rien ne s'est passé et rien ne se passe. Les gens partent, c'est tout. Tu pars. Alice part. Sophie part. Alors je pars, moi aussi. Et tout de suite.

— Très bien.

À sa grande surprise, il ne tenta pas de la retenir et, prise au dépourvu, elle n'eut d'autre choix que de quitter Calgarth. Elle regarda autour d'elle. À la réflexion, les collines n'étaient probablement pas le meilleur choix. La nuit tombait, le soleil était masqué par de lourds nuages et les premières gouttelettes de pluie tombaient à l'instant. La route serait un choix plus sage. Il y passerait bien un bus, à un moment ou à un autre.

— Tu as de l'argent, bien sûr ?

Elle jeta un coup d'œil en arrière et vit Georg arriver derrière elle.

— Bien sûr, dit-elle en tapotant son sac à main, bien qu'il ne contienne en tout et pour tout que la mèche de cheveux de sa mère, comme il le savait bien.

— C'est une bonne chose. Les bus ne sont pas chers, mais les trains peuvent l'être.

— Je me débrouillerai.

Elle atteignit la route et tourna à droite, se dirigeant vers l'abribus en bois.

— Au fait, j'ai obtenu le poste, dit Georg, toujours à quelques pas derrière elle.

— Félicitations. Je suis sûre que tu feras un excellent serrurier.

— Je le pense aussi, acquiesça-t-il. Mon patron a dit que j'avais l'air entreprenant.

— C'est une bonne chose.

Elle atteignit l'abri au moment où la pluie se mettait sérieusement à tomber. Elle se glissa dessous avec reconnaissance et se dirigea vers la plaquette qui annonçait les horaires. Le bus qui passait là se rendait jusqu'à un endroit nommé Kendal, mais seulement toutes les heures et jusqu'à 19 heures. Quelle heure était-il ? Elle jeta un coup d'œil au soleil, déjà presque derrière la colline.

— Il est entre 17 et 19 heures, annonça Georg en regardant son poignet.

Tasha en resta bouche bée.

— Tu as une montre, maintenant ?

— Oui. Oskar me l'a achetée pour m'aider à ne pas être en retard.

— Très généreux de sa part. Eh bien, bonne chance pour la suite.

Elle s'assit sur le banc, souhaitant qu'il parte, mais, à sa grande contrariété, il s'appuya sur le côté de l'abri, apparemment insensible à la pluie.

— Le bus arrive.

Le cœur de Tasha battait la chamade mais elle refusait de le montrer.

— Au revoir, alors.

— Je vérifie juste que tout va bien pour toi. Et tu as assez d'argent pour le bus ?

— J'ai t'ai déjà répondu, non ?

Elle entendait le bus se diriger vers eux en grondant, ses roues faisant trembler les flaques d'eau sur la route. Son estomac se serra.

— Et pour un hôtel à Kendal ? À moins que tu ne veuilles dormir dans la rue. Tu vas dormir dans la rue, Tash ? Ce n'est vraiment pas une bonne nuit pour ça.

— Et pourquoi ça t'intéresserait ?

— Parce que je suis curieux, c'est tout.

— Grand bien te fasse.

Le bus s'arrêta et la porte s'ouvrit, une lumière orangée se répandant sur la chaussée mouillée. Le cœur de Tasha battait la chamade et elle dut user de toute sa volonté pour forcer son corps à se lever.

— Et aussi, bien sûr, parce que je t'aime de tout mon cœur.

Elle se figea.

Le chauffeur prononça quelque chose d'inintelligible où elle ne reconnut que l'expression « monter à bord ». Elle lui adressa un sourire gêné mais ne monta pas.

— Et parce que je veux que tu viennes à Londres avec moi et que tu m'épouses, et que nous essayions, d'une manière ou d'une autre, de faire vivre cet espoir auquel nous nous accrochions si désespérément à Auschwitz.

— Tu… tu es sérieux ?

— Oui, je suis sérieux. Je n'ai pas de bague parce que je voulais, enfin tu vois, faire correctement les choses, mais avec toi ce n'est parfois pas possible, Tasha. Mais je suis sincère, vraiment. Je dois être fou, parce que tu es une fille irritable, grincheuse, exaspérante…

— Alors, vous montez, jeune fille ? demanda le chauffeur.

— … une plaie impossible à supporter, continua Georg, mais tu es aussi pétillante, amusante et excitante et, je le jure, Tash, je ne veux pas vivre sans toi.

— Dernière chance, dit le chauffeur.

Cela, Tasha le comprit, et elle pensa que le chauffeur avait sans doute raison, même si ce n'était pas dans le sens où il l'entendait.

— Je m'excuse, monsieur, murmura-t-elle en reculant d'un pas.

Le bus s'éloigna et elle se tourna vers Georg, debout sous la pluie, ses boucles plaquées sur la tête et son regard intense – ses mains tendues.

— Je t'aime aussi, dit-elle, et ses propres mots la surprirent.

Il y avait quelques instants, elle n'aimait personne d'autre qu'une femme rousse qui pourrait, ou non, être en vie quelque part en Europe, mais en prenant les mains de Georg – et aussi effrayant que cela puisse être – elle sut que ce qu'elle avait dit était vrai.

— Tu es insupportablement optimiste, douloureusement énergique et terriblement provocateur, Georg Lieberman, mais je ne serais jamais allée aussi loin sans toi, et je ne veux pas aller plus loin sans toi non plus.

Il la rapprocha de lui et déposa un baiser sur son front.

— Londres, alors ? murmura-t-il.

— Londres, accepta-t-elle.

Ses lèvres rencontrèrent les siennes et elle se blottit contre lui. Elle aimait Georg, véritablement, et elle désirait ardemment se donner à cet amour et en faire une vie. Si aller à Londres était ce qu'il fallait, alors elle devait essayer. Mais alors même qu'il l'embrassait, elle pensa à la douleur de quitter sa chère petite Marta et de se passer d'Alice et de Sophie, et de cette famille provisoire qu'elle s'était construite ici, et par-dessus tout de quitter le genre d'endroit où Lydia, si elle était encore en vie et si elle la cherchait encore, pourrait la retrouver.

16

Feldafing, Bavière, novembre 1945

Lydia

— Où crois-tu aller comme ça ?

Une jeune femme au regard sombre et à la démarche assurée s'avança devant Lydia, bloquant l'entrée du dortoir des filles. Lydia la jaugea avec un sourire tranquille. Elle avait survécu à des soulèvements et à des déportations, elle avait survécu aux camps et à une marche de la mort, aussi n'allait-elle pas se laisser arrêter par une jeune fille un peu trop sûre d'elle.

— On m'a dit qu'il y avait de nouveaux arrivants dans ce dortoir, mademoiselle… ?

— Markowitz. Evalina Markowitz.

— Eh bien, Evalina, j'aimerais seulement voir ces nouveaux arrivants au cas où ma fille se trouverait parmi eux.

De plus en plus de filles se rassemblaient autour de leur cheffe et Lydia soupira. Même dans les camps de réfugiés, les gens continuaient à se livrer à des jeux de pouvoir mesquins. N'en avaient-elles pas eu assez avec les nazis ?

— Son nom ? demanda Evalina.

— Natasha. Natasha Ancel.

— Non, désolée. Pas de Natasha ici. Où était-elle ?

— Quand ?

Se tournant vers ses acolytes, Evalina leva les yeux au ciel.

— Quand la guerre s'est terminée, bien sûr.

— Je ne sais pas. Je l'ai laissée à Auschwitz.

— Laissée ?

Les enfants se serrèrent autour de la femme, choqués, et Lydia leva les mains en guise de défense.

— Je n'ai pas eu le choix ! Ils m'ont forcée à le faire ! Ils m'ont poussée dehors et l'ont enfermée à l'intérieur du baraquement. J'ai essayé de…

Evalina leva une main pour l'arrêter à son tour, son regard plus doux désormais.

— Ne t'en fais pas, *stara*[1], nous comprenons. Nous avons fait les camps, nous aussi.

— À Auschwitz ?

— Non, mais un camp en vaut bien un autre. Ils nous ont traités comme du bétail partout. (Elle se pencha, ses yeux sombres comme deux pierres de jais.) Mais nous ne sommes pas du bétail, pas vrai, *stara* ? Nous ne sommes pas stupides. Et nous serons de nouveau unis, malgré tous leurs efforts pour nous diviser. Tu retrouveras ta fille.

— Tu crois ?

Avoir aussi avidement besoin de l'assurance de cette jeune femme arrogante la fit se sentir pathétique.

— Certainement, dit-elle, puis elle ajouta : Palestine.

— Pardon ?

— Ta fille est-elle une fille intelligente ?

— Oh oui, elle est…

— Alors tu la trouveras en Palestine. C'est là que vont tous les enfants intelligents. Les adultes aussi, d'ailleurs. À Sion, *stara* – la Terre promise, donnée par l'Éternel à Moïse et qui nous est enfin rendue. Notre propre terre, pour y fonder la nation d'Israël.

— Ah ! fut tout ce que Lydia parvint à répondre.

Elle avait entendu parler de la Palestine, bien sûr, mais il lui avait semblé impossible que cela se réalise concrètement.

— Je croyais que ce n'était qu'un rêve.

— Un rêve devenu réalité. Et rien de moins que ce que nous méritons.

1. « Ancienne » en polonais, utilisé de manière affective.

— C’est bien vrai.

— Alors, ta fille… comment s’appelle-t-elle, déjà ?

— Tasha.

— Oui. Ta Tasha va rejoindre Israël, comme nous tous. Tu devrais t’inscrire le plus tôt possible.

— M’inscrire ?

— Pour le transport. Suis-moi, je vais te montrer.

Elle poussa Lydia vers un stand où l’on pouvait apparemment inscrire son nom sur la liste du prochain bus pour Sion. Lydia observa la longue liste, puis les autres stands qui avaient vu le jour à Feldafing ces deux derniers mois. On proposait d’accueillir les réfugiés un peu partout. Le gouvernement polonais offrait des rentes alimentaires pour les inciter à rentrer au pays, mais peu de gens se laissaient séduire par cette offre compte tenu des violences dont on entendait parler envers les Juifs. Des gens promettaient des billets pour l’Amérique et un groupe cherchait même des orphelins pour l’Angleterre – mais cette liste pour Sion était de loin la plus longue. Tasha pouvait-elle avoir fait ce choix ? se demanda Lydia. Tous les stands promettaient de leur offrir de nouveaux foyers, mais celui-ci était le seul à se revendiquer comme le foyer juif d’origine. Cela aurait-il pu tenter sa fille ?

— Quand part le prochain bus ? demanda-t-elle nerveusement.

L’humeur de la jeune femme s’assombrit instantanément.

— Qui sait, dit Evalina. Cela pourrait être dans des jours, des semaines, des mois…

Lydia la remercia et s’éloigna, se sentant encore plus perdue qu’avant. Elle avait manqué l’occasion de dire à Tasha où la retrouver, dans la neige tourbillonnante d’Auschwitz, et il y avait tant de possibilités, aujourd’hui – et une seule juste. Se sentant terriblement affaiblie, elle s’affaissa sur un banc de bois brut, luttant contre une quinte de toux.

— Vous avez signé ? demanda Mme Leibowitz, l’administratrice du camp, en s’asseyant à ses côtés.

Lydia leva les yeux.

— Non, mais je me pose la question.

— Vous voulez partir ?

— Je veux retrouver ma fille, et je ne pense pas que c'est en restant ici dans l'attente de listes qui n'arrivent pas que j'y parviendrai. Il faut que je prenne les choses en main, mais comment savoir où elle s'est rendue ?

Mme Leibowitz fit la grimace.

— Si vous voulez mon avis, c'est une tâche sans espoir. Il y a un million de routes à travers l'Europe et un million de personnes sur chacune d'elles. Mieux vaut chercher là où elle se trouvait au départ.

— Comment ça ?

— Nous ne pouvons recenser les gens que lorsqu'ils passent par nos services. Nous essayons par la suite de les rassembler dans un système central, mais cela pourrait prendre des années avant que la liste soit exhaustive. Notre priorité est de replacer les personnes, pas de constituer des listes de noms, alors si vous voulez retrouver votre fille, je vous suggère de commencer là où vous êtes certaine qu'elle s'est trouvée.

— Auschwitz ? s'étonna Lydia.

— Si c'est là que vous l'avez vue pour la dernière fois, alors oui.

— À quelle distance se trouve Auschwitz ?

L'administrateur grimaça à nouveau.

— Je dirais à peu près huit cents kilomètres, en passant par la Tchécoslovaquie.

— Je vois.

À travers ses poumons épuisés, Lydia sentit la panique monter comme une marée trop familière – mais elle la repoussa. Elle aurait dû y penser d'elle-même. Elle ne pouvait pas rester assise ici, au bord de ce joli lac, et attendre que quelqu'un d'autre fasse le travail à sa place. Pour retrouver sa fille, elle devait revenir à son point de départ. Elle devait retourner à Auschwitz.

Troisième partie

Weir Courtney

17

Weir Courtney, 30 novembre 1945

Alice

Alice contempla son nouveau foyer, si distraite par la beauté des lieux qu'elle manqua de trébucher en descendant les marches du bus.

— Je vais vous aider !

Oskar lui prit le bras et elle lui sourit avec reconnaissance.

— Merci, Oskar. J'étais juste… Eh bien, cet endroit est tellement beau !

— Plutôt agréable, en effet, reconnut-il en regardant autour de lui. Mais venir vous rendre visite ici aurait été un plaisir, même sans ça.

Il lui adressa un large sourire et, troublée, elle se retourna vers le bus.

— Je ferais mieux de m'assurer que les enfants sortent sans se faire mal.

— Permettez, je vais m'en occuper.

Oskar s'avança d'un pas vif, bien que la première personne à descendre ne soit pas l'un des enfants mais leur nouvelle assistante, Manna Weindling. Oskar lui tendit la main, elle le remercia et regarda autour d'elle, visiblement aussi étonnée qu'Alice l'avait été un instant auparavant – quoique moins ridicule, sans doute, dans son entrée. Manna leur avait été envoyée par Anna pour remplacer Marie Paneth, qui avait rejoint une autre équipe. Manna était douce et efficace et jouait du violon d'une manière qui faisait frétiller jusqu'aux vieux pieds d'Alice. De plus, à seulement trente ans, elle apparaissait comme une jeune femme brillante, fraîche et débordante d'énergie. Se tournant vers les enfants encore à moitié endormis, elle frappa dans ses mains pour leur annoncer qu'ils venaient de se réveiller dans un conte de fées.

Ils étaient venus un à un, les yeux écarquillés et encore embrumés de sommeil, et tout à fait prêts à la croire en regardant autour d'eux. Il n'était que 18 heures, mais la nuit tombait tôt en cette saison et un certain nombre d'entre eux s'étaient endormis pendant le long voyage depuis la région des Lacs. Suzi et Judith regardaient autour d'elles, main dans la main, tandis que Mirella et Fiorina Bellucci se blottissaient l'une contre l'autre en contemplant l'imposante maison. Le jeune Mattias avait refusé pendant un certain temps de descendre du bus et même Moishe et Ernst, les plus âgés et les plus turbulents des garçons, restaient comme médusés. Marta s'accrocha désespérément aux jupes d'Alice, qui se sentit soudain coupable de demander à ces pauvres enfants de s'adapter une fois de plus à un nouveau foyer.

Pas n'importe lequel, cependant !

Ici, à Weir Courtney, l'obscurité était contrebalancée par plusieurs grands réverbères à gaz qui brûlaient sur un petit rond-point, en haut de l'allée, comme attendant l'arrivée de carrosses d'un autre âge se rendant à un grand bal. Sous leur lumière vacillante, Alice pouvait distinguer la maison recouverte de lierre, avec ses jolies lucarnes et sa grande porte d'entrée. Elle pouvait voir le début d'une grande étendue de pelouse sur la droite et le chêne avec sa balançoire, qui grinçait légèrement dans le vent d'hiver.

Un bâtiment aux parois de verre, qui pouvait être une orangerie – bien qu'Alice n'en ait jamais vu en dehors des livres d'histoires – était également éclairé et, devant lui, elle pouvait distinguer le rectangle couvert d'une petite piscine. Windermere était un lieu superbe, mais les bâtiments d'habitation, là-bas, avaient été très sommaires, et un peu trop semblables à ceux des camps pour offrir un véritable repos – alors qu'il s'agissait ici d'une vraie maison. Une belle et grande maison.

Alice commença à pousser tout le monde vers la porte d'entrée, désireuse que leur arrivée se passe au mieux. Une semaine ou deux après l'installation des enfants à Calgarth, l'un d'eux leur avait raconté les procédures d'arrivée des camps de Belsen et d'Auschwitz. Les soignants de Windermere s'étaient regardés avec horreur, s'apercevant qu'ils avaient involontairement soumis les enfants à un traitement similaire. Alice voulait éviter ce sentiment à tout prix.

C'était Hanoukka ce soir et ils avaient voyagé avec des paniers remplis des meilleures friandises de Sophie, ainsi qu'avec toutes les bougies qu'elles avaient pu trouver, afin de fêter dignement la fête de la lumière. Cela leur avait donné pas mal de travail supplémentaire en plus de l'empaquetage habituel et, pour être honnête, Alice aurait été heureuse de pouvoir se glisser directement dans son lit. Mais tous ces enfants étaient entassés dans des camps et des ghettos il y avait un an à la même époque, loin de tout espoir et de toute lumière, et ils avaient décidé de marquer ce changement en célébrant comme il se devait la plus joyeuse des cérémonies juives.

— Madame Goldberger, je suppose ? (Un homme de grande taille venait d'ouvrir la porte, les bras écartés et arborant une expression profondément amicale.) Bienvenue à Weir Courtney ! J'espère que vous et les enfants vous sentirez chez vous ici. Entrez, entrez, je vous en prie. (Il la fit entrer en lui serrant chaleureusement la main.) Je suis Sir Benjamin Drage et voici mon épouse, Lady Phœbe. Nous sommes très heureux de pouvoir vous accueillir ici.

— Vous êtes trop aimable, Sir Benjamin.

— C'est le moins que nous puissions faire. Vraiment. Absolument rien. Nous vivons seuls ici ces derniers temps et n'avons absolument pas besoin de tout cet espace, surtout alors qu'il y a des enfants dans le besoin, n'est-ce pas.

Il parlait avec un riche accent et à son ton Alice n'était pas tout à fait sûre qu'il lui posait une question. Mais cela ne semblait pas être le cas car il était déjà en train de serrer la main de chaque enfant, pliant sa grande taille pour se mettre à leur niveau et bavardant avec eux comme s'il accueillait des orphelins étrangers chaque soir de la semaine.

— Vous devez être épuisés, dit Lady Phœbe à Alice, mais nous avons pris la liberté de préparer une petite fête de bienvenue. C'est Hanoukka, après tout.

— C'est vrai, acquiesça Alice avec reconnaissance, et nous avons apporté… Oh !

Ses mots lui échappèrent lorsque Lady Phœbe ouvrit une autre porte qui donnait sur un grand salon où brillait la lumière d'une centaine de bougies, toutes disposées dans de gracieux chandeliers d'argent.

— Comme c'est brillant ! s'écria la petite Marta en s'élançant en avant pour se planter au milieu de la pièce.

Lady Phœbe éclata de rire.

— Joyeuse fête d'Hanoukka, dit-elle.

Alice contemplait le spectacle, ravie, tandis que Marta sautillait au centre de la pièce avec Suzi et Judith. La pauvre petite Marta avait été très silencieuse et renfermée depuis qu'elle avait appris que Tasha ne viendrait pas à Weir Courtney avec elles, et il était bon de la voir heureuse à nouveau. Pour être honnête, Alice se sentait elle-même plutôt inquiète à ce sujet.

— Je vais à Londres avec Georg, lui avait dit Tasha le lendemain de leur altercation dans la cuisine.

— Avec Georg ? Mais Tasha, tu ne peux pas…

— Ce n'est pas ce que tu crois. Je ne suis pas une *prostytutka.*

— Je n'ai jamais…

— Il va m'épouser. Et nous allons nous marier.

Tout son corps était tendu et elle semblait prête à se battre, aussi Alice avait avancé prudemment.

— Ça a l'air très romantique.

— Ça l'est. (Elle avait fixé Alice.) *Mazel tov*, c'est la phrase que tu cherches.

— *Mazel tov*, bien sûr. C'est juste que… Tu es sûre, *liebchen* ? Tu es encore jeune.

— J'ai dix-sept ans. C'est autorisé par la loi. Et nous avons tout prévu. Nous vivrons dans des dortoirs séparés jusqu'à ce que nous puissions organiser la cérémonie, puis nous nous installerons ensemble. Construire l'avenir, c'est bien ce que tu m'as dit de faire, n'est-ce pas ?

— Oui, bien sûr. Je suis heureuse pour toi, s'était empressée d'acquiescer Alice. C'est seulement que c'est une grande décision. Es-tu sûre d'être prête ?

— Bien sûr que je suis prête, avait-elle répondu. Et Georg aussi.

— Je ne doute pas que Georg veuille t'épouser, Tasha, avait dit Alice, hésitante. Je pensais simplement que, peut-être, tu voudrais attendre que ta mère puisse se joindre à toi pour ce jour heureux.

C'était un coup bas et elle s'était sentie coupable lorsque le visage défiant de la jeune fille s'était refermé encore un peu plus, mais elle avait prié pour que cela la persuade au moins d'attendre avant de décider d'assumer les responsabilités d'une épouse. Si elle avait eu le choix, Alice aurait aimé la prendre avec eux et la materner encore un peu, mais Tasha lui avait clairement fait comprendre qu'elle ne voulait pas de ce rapport avec elle, aussi n'avait-elle pas essayé de la retenir.

Cependant, elle s'inquiétait pour elle. Elle avait visité les foyers juifs lorsqu'elle travaillait avec Oskar, à Londres, et ne les avait pas aimés du tout. C'étaient des endroits exigus, délabrés et fréquentés par des personnages aux allures suspectes. Pour être honnête, elle n'était pas ravie que Georg s'y trouve, et encore moins Tasha, qui lui semblait particulièrement vulnérable. Elle savait qu'Oskar pensait la même chose – car il n'arrêtait pas de dénoncer les conditions d'accueil de ces endroits – cependant il n'avait rien fait pour empêcher l'un ou l'autre de déménager.

— C'est Londres, Alice, avait-il dit. Les loyers sont deux fois plus chers qu'ailleurs dans le pays, alors il y a forcément du monde.

— La promiscuité est une chose, Oskar, mais la saleté, le bruit incessant et l'insécurité en sont une autre. Je croyais que vous ne vouliez pas que nos jeunes deviennent des criminels, alors pourquoi les faire vivre avec d'autres ?

— Alice ! C'est une institution caritative et ses membres travaillent très dur.

— Y compris celui que vous m'avez montré en train de trafiquer de l'opium dans une arrière-boutique ?

Il s'était alors tortillé, gêné.

— Je vous ai montré ça ? Plutôt malvenu de ma part.

— Plutôt *honnête* de votre part. Ce n'est pas un endroit pour nos enfants.

Il lui avait pris la main.

— Ce ne sont pas nos enfants, Alice.

Il l'avait dit avec gentillesse, mais non sans une certaine condescendance et, de plus, ses paroles venaient se mêler à celles de Tasha, qui résonnèrent à nouveau dans son esprit – *« Je ne suis pas ta fille »*. Elle eut un mouvement de recul. Dans ces tâches qu'elle menait au quotidien, quelle part pouvait être attribuée à la bonté, et quelle part à la satisfaction de son propre besoin de reconnaissance ? Une image de Max, Lilli et Ruthie entassés à Auschwitz lui revint douloureusement à l'esprit et elle dut poser une main sur le mur lambrissé pour se stabiliser.

— Un bien bel endroit, en effet, dit Sophie en arrivant derrière elle.

Alice gratifia son amie d'une étreinte reconnaissante. Un bel endroit, oui, et si Tasha ne voulait pas être là, c'était à elle de décider. Deux adolescentes, Mina et Golda, avaient choisi de les accompagner à Weir Courtney et jouaient déjà avec les petits en les enveloppant d'une douceur qui avait certainement manqué à Tasha. Cette dernière aurait sans doute émis un jugement narquois concernant les rideaux, ou fait remarquer que les chandeliers n'étaient pas tous les hanoukkias à neuf branches prescrits par les plus observants – non pas que Tasha se soit jamais montrée si pieuse que cela, mais…

Arrête de penser à elle, se réprimanda-t-elle.

La jeune fille avait raison. Elle n'était pas sa mère et plus vite elle cesserait de se considérer comme telle, mieux ça vaudrait pour elles deux. Elle devait peut-être lui écrire, afin de s'assurer qu'elle allait bien, comme c'était son devoir en tant que responsable de son bien-être ici en Angleterre, mais ça devait s'arrêter là. Tasha deviendrait bientôt Mme Lieberman et elle devrait faire son chemin dans le monde comme elle l'entendait.

Et pourtant...

Si Alice essayait d'imaginer Tasha en mariée, tout ce qu'elle voyait, c'étaient ses grands yeux, magnifiquement bleus, mais remplis de douleur, et ce vieux sac à main contenant la mèche de sa mère contre sa maigre poitrine, comme s'il s'était agi du plus grand trésor du monde.

Elle devait à nouveau essayer de retrouver Lydia Ancel, pensa-t-elle en fixant la lumière vacillante de la bougie la plus proche. Son activité épistolaire avait été interrompue par l'organisation du déménagement, mais maintenant qu'elle se trouvait dans le Surrey, elle pouvait de nouveau tenter sa chance. Dans cette jolie maison, elle pourrait trouver l'énergie de contacter d'autres organismes au sujet de Max, Lilli et Ruthie, et profiter de ces envois pour s'enquérir de la mère de Tasha. Ce serait sans aucun doute le meilleur cadeau de mariage que la jeune fille pourrait recevoir. Un cadeau capable de la faire sourire à nouveau.

« De te *sourire à nouveau, tu veux dire »*, murmura une voix dans son esprit – celle de Tasha, probablement – et elle se réprimanda à nouveau. Elle était dans le Surrey, dans une superbe maison habitée par des hôtes charmants et des enfants heureux. Elle devait cesser de s'inquiéter pour ceux qui n'étaient pas là et profiter au maximum de ceux qui étaient auprès d'elle.

— Oui, Sophie, reprit-elle d'un ton résolu, tout en s'avançant au centre de la pièce. Disons tous un grand merci à Sir Benjamin et Lady Phœbe pour nous avoir accueillis dans notre nouveau foyer.

Les enfants applaudirent volontiers, puis Sophie ouvrit l'un de ses paniers de friandises, Manna brandit son violon et la pièce douillette se remplit de musique, de lumière et de douceur. Alice adressa une prière de remerciement à Dieu pour tout ce qu'il lui prodiguait et essaya, pour une fois, de ne pas penser à tout ce qu'il lui avait refusé.

18

L'Abri, Tower Bridge, décembre 1945

Tasha

— Salope ! hurla quelqu'un.

L'injure tira Tasha d'un sommeil inquiet. Poussant un gémissement, elle écrasa l'oreiller sur sa tête tout en priant pour que la dispute matinale cesse rapidement.

— Tu m'as pas laissé d'eau chaude !

— J'y suis pour rien, répondit une autre voix criarde. C'était à peine tiède quand j'y suis allée.

— Tu en as quand même bien profité, vu l'éternité que tu as passée là-dessous.

— Je n'y peux rien si j'ai tant de cheveux à laver.

— Wôôôw ! Vous entendez ça, les filles ?

La couchette de Tasha se mit à trembler tandis que la première jeune femme interpellait son amie, qui dormait en dessous.

— Beth fait la belle, mais elle sait pourquoi mes cheveux sont encore si courts. Et on sait tous pourquoi les siens sont si longs et si brillants – suceuse de nazi.

— C'est faux ! Aliza, sale menteuse.

Le lit trembla à nouveau, accompagné de nouveaux cris, et Tasha émergea à contrecœur de son oreiller pour fixer les deux jeunes femmes qui se retournaient coups de pied et gifles entre les couchettes.

— Pourquoi ne grandiriez-vous pas un peu, toutes les deux ? cria-t-elle.

Elles se figèrent et levèrent les yeux vers Tasha. Aliza croisa les bras et Beth retira ses griffes de la peau de son adversaire pour se tenir à côté d'elle, comme si rien ne s'était passé.

— Qu'est-ce qu'elle a dit, la nouvelle ?

Tasha se redressa sur sa couchette et croisa elle-même les bras ; elle avait connu suffisamment de brutes au camp pour savoir qu'il ne fallait pas avoir peur.

— Grandissez, c'est ce que j'ai dit. Ce n'est qu'une douche – et au moins avons-nous la chance d'être en vie pour en prendre une, chaude ou froide.

Quelques murmures d'approbation se firent entendre dans le dortoir. Mais Aliza ne voulait pas s'arrêter là.

— Et on est censées être reconnaissantes pour ça jusqu'à notre mort, c'est ça ?

Tasha avait émis exactement les mêmes critiques, mais elle vivait alors encore dans la chaude sécurité de Windermere. Ici, au foyer, la vie était rude, ce qui avait incité Tasha à profiter des moindres avantages sans se plaindre.

— Il y a pas mal de gens à qui on aurait raison d'en vouloir, c'est vrai. Je dis juste qu'on devrait éviter de se disputer entre nous, avança-t-elle prudemment.

— La nouvelle marque un point, dit Beth, mais elle devrait apprendre à ne pas nous prendre de haut si elle veut faire son trou ici.

Sur ce, les deux filles s'éclipsèrent et le dortoir redevint silencieux. Tasha s'allongea et s'efforça de se rendormir. Elle était restée éveillée la moitié de la nuit, dérangée par les grognements et les ronflements d'une quinzaine de jeunes filles. Sans qu'elle puisse faire autrement, elle avait immédiatement pensé à la promiscuité des camps, et s'en était voulu de cette association. Personne ne la maintenait prisonnière, ici. Elle était venue de son plein gré et pouvait repartir quand elle le voulait.

Certains jours, elle était à deux doigts de le faire.

« Quelques mois seulement », promettait Georg chaque fois qu'ils avaient du temps pour se voir, ce qui n'était pas souvent le cas.

Il travaillait à l'atelier de serrurerie pendant des heures tous les jours. Il économisait en vue d'acheter une alliance et de se procurer une maison à eux, disait-il – ce qui était tout à son honneur, vraiment, mais elle se sentait terriblement seule.

Elle protestait, il s'excusait, ils l'embrassaient et elle oubliait tout – jusqu'à la nuit suivante.

Londres était une ville assez amusante, sans doute, et très très grande. Certains jours où le soleil brillait, Tasha se rendait à Tower Bridge pour marcher le long de la Tamise. La ville était parsemée de cratères de bombes, mais un certain nombre de bâtiments remarquables étaient encore debout et la vie semblait avoir repris un cours presque normal. Pourtant, elle ne se sentait toujours pas à sa place. Quand les Londoniens évoquaient la guerre, ils parlaient tous de ce qu'ils appelaient « l'esprit du Blitz », censé décrire ce temps où les habitants de la ville se réunissaient dans les stations de métro pour boire du gin et chanter autour d'un piano. Les Varsoviens s'étaient cachés dans les souterrains, eux aussi, la ville entière recroquevillée sous terre pendant que les immeubles étaient détruits les uns après les autres jusqu'à ce qu'il n'y ait plus ni eau, ni électricité, ni nourriture, et qu'ils se voient obligés de se rendre aux maudits soldats nazis.

La vie n'avait pas été facile à Londres, Tasha pouvait le constater en voyant les nombreux immeubles en ruine, mais personne n'avait jamais croisé un nazi par ici. Personne n'avait été confronté au canon glacial de leur arme ni aux terribles extrémités de leur idéologie haineuse. Pour les « valeureux Britanniques », la guerre avait été vécue à distance et Tasha ne pouvait s'empêcher de regretter leur expérience idéalisée de la victoire.

— Tu es dure, lui avait dit Georg quand elle avait tenté d'expliquer son ressenti. Ils n'étaient pas obligés de se battre pour nous, tu sais. Ils auraient pu rester sur leur île et ne pas s'en mêler du tout. Ils auraient pu passer un accord avec les Allemands et éviter que leurs maisons soient bombardées et que leurs fils et leurs maris soient massacrés sur les champs de bataille d'Europe. Les Américains aussi. On devrait leur en être reconnaissants.

C'était vrai, Tasha le savait, et cela la mettait d'autant plus mal à l'aise. Elle n'arrivait pas à se sentir reconnaissante et comprenait parfaitement la plainte formulée par Aliza. Non pas qu'elle se sente le besoin d'aller le lui dire. La gentillesse ne menait nulle part dans ce genre d'endroit. Et ce n'était pas grave. Elle en avait vu d'autres. Mais elle était aussi fatiguée. Et elle se sentait seule. Depuis qu'elle était arrivée dans la capitale, elle avait passé beaucoup de temps à se demander comment allaient Alice, Sophie et les enfants. L'une d'entre elles en particulier.

— Pourquoi tu m'abandonnes ? avait demandé Marta quand elle lui avait expliqué qu'elle partait à Londres avec Georg.

— Je ne t'abandonne pas.

— Tu ne viens pas avec moi.

Sa décision avait été difficile à défendre.

— Je suis une adulte maintenant et je dois trouver un travail, lui avait-elle dit, mais tu resteras ma *kotka*. Quand Georg et moi nous nous marierons, tu seras ma demoiselle d'honneur et quand on aura notre propre maison, tu viendras vivre avec nous. Ça prendra un peu de temps, mais on pourra s'écrire d'ici là.

— Ce ne sera pas pareil, avait dit Marta avec tristesse, et elle avait raison.

Tasha lui envoyait des lettres tous les deux ou trois jours, économisant ses sous pour acheter des cartes postales de Londres, afin de montrer son nouveau lieu de vie à sa presque-sœur ; mais la douce compagnie de Marta lui manquait. En outre, et malgré les grandes raisons qu'elle avait évoquées, elle avait eu du mal à trouver du travail. Avec tant de soldats de retour de la guerre, les employeurs n'autorisaient pas les femmes à « prendre » le travail rémunéré des hommes. Seules les femmes hautement qualifiées conservaient leur emploi, et Tasha n'avait aucune compétence particulière. Sa couture était trop rudimentaire pour lui permettre de travailler en usine, et son anglais, pas assez bon pour être serveuse. Le nettoyage ! Elle avait grandi avec une bonne à la maison, et maintenant elle devait faire le ménage elle-même. Pire encore, le seul emploi qu'elle avait réussi à décrocher la forçait à passer ses journées ici, au foyer. En somme, elle devait faire le ménage pour tous ceux qui étaient partis travailler dans des conditions plus agréables. Ce n'était pas l'avenir prestigieux que Georg lui avait promis et, les mains plongées dans l'immonde puanteur des sanitaires, il était difficile de ne pas lui en vouloir.

L'horloge sur le mur du fond sonna 8 heures et Tasha sut qu'elle devait se lever. Son service commençait à 9 heures et si elle voulait prendre une douche – une douche froide, manifestement – elle devrait encore faire la queue. S'extirpant de la couchette supérieure où elle dormait, elle saisit sa serviette encore humide et se dirigea vers son casier pour constater que son fragile cadenas avait été forcé, et son savon, volé. Encore une fois.

— *Kradnące krowy*, cria-t-elle en polonais, puis *Diebische Kühe* en allemand, avant de finir par : Vaches de voleuses !

Personne ne réagit à aucun des langages et, fermant les yeux, Tasha s'efforça de se souvenir de sa maison de Varsovie. Mais les images qui lui venaient à l'esprit étaient, comme souvent ces derniers temps, celles de sa chambre à Windermere, de ses draps blancs impeccables, des fleurs fraîches déposées sur la table de nuit et de la petite peluche de son lit, qu'elle aimait en secret. Elle se souvenait de son dix-septième anniversaire, du gâteau, de la danse et de tout le monde qui chantait son nom. Elle se souvenait de la boucle que les soignants lui avaient achetée – un présent modeste, sans doute, mais choisi avec soin. Ici, au foyer, la responsable ne l'avait pas laissée porter son sac à main au travail, sous prétexte qu'il était « un obstacle à l'efficacité », si bien que Tasha devait le dissimuler sous son chemisier, ce qui lui irritait douloureusement la peau.

— Encore quelques mois, avait dit Georg quand elle s'en était plainte – parce que c'était tout ce qu'il savait dire.

Il était sincère, elle le savait. Lorsqu'ils passaient du temps ensemble, il la serrait contre lui et lui parlait avec force détails du studio qu'ils partageraient lorsqu'ils seraient mariés – mais Tasha avait regardé les prix des studios et il fallait plus de trois livres par semaine pour en obtenir un dans le coin.

Un gémissement plaintif provenant des cabines de douche sortit Tasha de ses pensées.

— Qu'est-ce qu'il y a ? demanda quelqu'un.

— Plus d'eau du tout, répondit-on, provoquant un gémissement général.

Tasha retourna vers sa couchette, ne pouvant s'empêcher de repenser aux douches toujours chaudes et disponibles de Calgarth. Elle savait que ce n'était que pour un temps, mais elle regrettait de ne pas en avoir profité davantage.

Fouillant son casier à la recherche de la jupe et du chemisier rudimentaires que la direction du foyer lui avait donnés pour travailler, ses doigts effleurèrent une lettre qu'elle avait aplatie tout au fond, enveloppée dans ses sous-vêtements dans l'espoir de la garder à l'abri des regards indiscrets. Elle était arrivée il y avait quelques jours et, en regardant l'écriture inconnue sur l'enveloppe, Tasha avait d'abord pensé qu'il s'agissait d'une lettre de l'UNRRA donnant des nouvelles de sa mère. Mais quand elle l'avait retournée, elle avait tout de suite vu les coordonnées de l'expéditeur : Alice Goldberger, Weir Courtney, Surrey. Alice avait inscrit son nom au dos de l'enveloppe pour éviter à Tasha de s'imaginer autre chose, elle le savait, mais cela l'avait blessée d'une autre manière.

Weir Courtney ! Quel genre de nom pour une maison ! Marta lui avait aussi écrit, dessinant une cuisine chaleureuse et une immense salle de jeux avec des maisons de poupées et des chevaux à bascule, des dortoirs avec des froufrous roses sur les oreillers, et de vastes jardins avec des fleurs sous serre et une balançoire accrochée à la branche d'un arbre. Depuis la crasse du centre de Londres, tout cela ressemblait à une folle fantaisie, mais, connaissant Alice et son équipe attentionnée, Tasha se doutait que c'était en grande partie vrai.

Vrai peut-être, se dit-elle férocement en rangeant la lettre au fond du casier et en enfilant son chemisier par-dessus son sac à main, *mais certainement pas réel. Je suis une adulte maintenant, et je peux m'en sortir seule. Et ce n'est que pour quelques mois, après tout.*

Mais même à ses oreilles, cela sonnait terriblement creux – et ce fut le cœur lourd qu'elle entama sa journée de travail.

19

Weir Courtney, janvier 1946

Alice

— Alignez-vous dans le hall, s'il vous plaît, en vous tenant la main deux par deux. C'est très bien !

Alice sourit aux enfants en les encourageant, cachant sa nervosité sous une jovialité tout anglaise qui, elle s'en rendait compte, sonnait horriblement faux. Les enfants faisaient leur rentrée à l'école du village aujourd'hui même et elle voulait que tout se passe pour le mieux. Elle avait attendu ce moment avec une certaine impatience, heureuse que les enfants puissent retrouver un semblant de routine, mais maintenant qu'il était là, elle s'inquiétait. Une bonne partie de la nuit, elle s'était demandé si les enfants seraient moqués pour leur accent, leur statut d'orphelins ou le sort de leurs coreligionnaires.

Les lettres qu'elle avait continué d'envoyer un peu partout avaient permis de trouver de la famille à deux des enfants, mais les dix-neuf autres devraient se débrouiller sans. C'étaient des enfants gentils et joyeux, mais aussi une curiosité exotique dans cet arrière-pays qui ne connaissait guère le changement, et elle craignait qu'ils puissent être pris pour cible. Le corps enseignant avait été très encourageant, en particulier le directeur de l'école et sa douce épouse, qui était aussi l'institutrice du village. C'était rassurant pour les enfants, mais encore fallait-il composer avec tous leurs petits camarades. À Weir Courtney, Alice pouvait garder les enfants en sécurité, elle pouvait les aimer et les couver ; à l'école, ils n'étaient plus sous sa protection.

C'était une journée glaciale de janvier et même dans le couloir de Weir Courtney, le souffle des enfants formait des nuages de buée devant eux. Ils étaient vêtus de leurs manteaux les plus chauds, ainsi que des bonnets, des écharpes et des gants que Sophie leur avait tricotés pour Noël, et la plupart d'entre eux semblaient impatients de vivre cette nouvelle aventure. Rien d'étonnant à cela : depuis un mois, Alice leur avait dit et redit à quel point ils allaient pouvoir s'amuser. Seize d'entre eux étaient bien alignés deux par deux, mains tenues, prêts à partir – mais trois ne l'étaient pas. La petite Marta semblait très hésitante et, comme elle n'avait pas de partenaire, Alice lui prit elle-même la main. Restaient les deux garçons les plus âgés.

— Qu'est-ce qui ne va pas, Ernst ? Moishe ? leur demanda Alice tandis que Manna commençait à faire sortir les autres de la maison.

— Nous ne voulons pas nous tenir la main, Alice. C'est pour les petits.

— Oui, c'est vrai. Et les filles.

Alice dissimula un sourire. Récemment, ces deux-là s'étaient efforcés d'être plus « virils », comme ils le disaient. C'était utile lorsqu'ils proposaient de couper et de transporter des bûches pour le feu ou de faire des travaux dans la maison, et elle avait été très reconnaissante à Joshua, le jardinier et homme à tout faire bourru de Sir Benjamin, de les laisser l'aider. Ces garçons en développement avaient besoin de modèles masculins. Ce qui était une raison de plus de les envoyer à l'école.

— Très bien. Marchez calmement l'un à côté de l'autre, s'il vous plaît.

Mais ils restèrent plantés là.

— Qu'est-ce qui ne va pas ? demanda Alice.

— On peut prendre nos vélos ? S'il vous plaît !

— À l'école ?

— Oui. Beaucoup de garçons le font. Nous les avons vus. Et ils jouent aussi dessus à l'heure du déjeuner.

Encore une fois, Alice dut réprimer un sourire à l'idée qu'Ernst et Moishe observaient la vie des jeunes gens du coin pour voir ce qu'ils pouvaient en tirer de mieux. Ils avaient tous les deux de bons vélos, gentiment offerts par les membres de la synagogue de West London, tous descendants des plus anciennes familles juives de Londres, et leurs bienfaiteurs ici à Weir Courtney. En outre, ils allaient être en retard s'ils traînaient plus longtemps ici, ce qui n'était pas souhaitable.

— Très bien, dit-elle en levant la main pour couper court à toute acclamation intempestive. Mais seulement si vous me montrez que vous pouvez rouler prudemment et en toute sécurité !

— Oui, Alice, nous pouvons vraiment le faire. Rester sur le côté gauche, serrer le bord du chemin et utiliser notre main pour montrer qu'on va tourner. Nous avons l'habitude.

Alice leur sourit.

— Je vous fais confiance, les garçons. Alors, allez-y, on se retrouve là-bas.

— Oui ! Merci, Alice.

Et ils se précipitèrent vers les vélos gardés dans la remise de Joshua, sur le côté de la maison.

— Ah, les garçons ! s'exclama Alice en regardant Marta, tout en sortant à leur suite et en attendant la petite fille.

Mais les talons de Marta semblaient vissés au parquet, et elle ne semblait pas avoir l'intention de bouger.

— Marta ? Viens, on va être en retard.

— Je m'en moque. (La petite fille plissa sa lèvre inférieure en une expression mutine.) Je ne veux pas y aller.

— À l'école ? Et pourquoi pas ? Ça va être amusant.

— C'est amusant, ici. Et j'apprends aussi des choses. Je sais déjà lire.

— Tu es très douée pour la lecture, reconnut Alice, mais l'école, c'est bien plus que cela. Il y a les mathématiques et la géographie, l'art et les jeux.

La tête de Marta se leva à l'évocation du mot « jeux », mais elle la rabaissa avec détermination.

— Nous faisons des jeux, ici.

— Oui, mais nous ne sommes pas nombreux, n'est-ce pas ? On peut jouer à de meilleurs jeux avec davantage d'enfants.

— Comme quoi ?

— Viens avec moi et je te raconterai.

— Non.

Marta recula d'un pas et Alice fixa la porte ouverte avec frustration. Ernst et Moishe passèrent en trombe sur leurs vélos, faisant tinter leurs sonnettes dans l'air glacial. Alice voulait à tout prix les suivre pour observer leur comportement. De plus, Manna et les autres enfants devaient être à mi-chemin, et elle devait les rattraper. Les enseignants avaient fait de gros efforts pour accueillir les enfants de Weir Courtney dans les meilleures conditions et il aurait été terriblement impoli d'arriver en retard.

— Je vais te dire, dit-elle en croisant les doigts dans son dos. Allons avec les autres, et si tu ne veux pas les suivre en classe, tu pourras rentrer avec Manna et moi.

Marta la regarda avec méfiance.

— Tu ne penses pas ce que tu dis.

Alice y réfléchit.

— Si, je suis sincère. Je pense que tu trouveras l'école amusante, mais je ne vais pas te forcer à faire quelque chose que tu ne veux pas faire.

— Vraiment ?

— Oui, vraiment.

Alice décroisa les doigts. Elle ne voulait pas mentir à Marta. Si la petite fille n'était pas à l'aise, elle pouvait bien manquer un jour. La directrice comprendrait. Et il ne faisait aucun doute qu'une fois que les autres reviendraient en parlant du plaisir qu'ils avaient eu à aller à l'école, elle demanderait à se joindre à eux de son propre chef.

— Je te le promets, Kotka.

Le surnom était sorti sans qu'elle y pense, mais, à sa grande horreur, les yeux de Marta se remplirent instantanément de larmes. Alice les mena en direction de la route, la main de la petite fille serrée dans la sienne, l'esprit en ébullition.

— Quelque chose te tracasse en particulier, Marta ?

Marta essuya ses larmes de sa main gantée.

— Tasha me manque, Alice.

Alice sentit instantanément un pincement au cœur.

— À moi aussi, répondit-elle, et elle le pensait.

— C'était une sorte de sœur pour moi, mais elle n'est pas venue avec nous. Pourquoi n'est-elle pas venue avec nous, Alice ?

Alice soupira.

— Je suis sûre qu'elle l'aurait fait si elle avait pu, mais c'est une adulte maintenant, et elle devait trouver un travail.

— A-t-elle trouvé un travail ?

— Je ne sais pas, Marta.

Tasha envoyait régulièrement des lettres, mais il s'agissait de récits superficiels de choses quotidiennes, dont Alice soupçonnait qu'ils masquaient le fait qu'elle trouvait la vie à Londres difficile.

— Elle va se marier, alors ? demanda Marta. Elle a dit qu'elle allait se marier et que je pouvais être sa demoiselle d'honneur. J'aimerais bien être demoiselle d'honneur, Alice.

— Je sais, Kotka, et je suis sûre que dès que ce sera organisé, Tasha nous contactera pour les préparatifs.

— Tu crois ? (Marta donna un coup de pied à un caillou qui traînait sur le trottoir.) Moi je crois qu'elle est partie.

— Partie ?

Alice détailla la petite fille de haut en bas, tandis qu'elle l'entraînait vers le village. Elle commença à entendre les enfants dans la cour de récréation. Elles devaient arriver avant que la cloche ne les appelle tous à l'intérieur.

— Pas vraiment partie. Pas comme dans la cheminée…

Alice retint un cri de protestation mais aujourd'hui encore, l'acceptation insensible par les enfants de réalités aussi brutales ne cessait de l'étonner.

— Elle ne reviendra pas nous voir, c'est ce que je veux dire, conclut Marta.

— On pourrait aller lui rendre visite.

Alice regretta ses paroles dès qu'elle vit le visage de Marta s'illuminer. Quelle idiote ! *Ne jamais faire de promesses qu'on n'est pas sûr de pouvoir tenir.*

— Vraiment ? (Marta sauta sur place.) On peut vraiment ? Oh, j'en serais ravie, Alice ! Quand est-ce qu'on peut y aller ? Aujourd'hui ? On peut y aller aujourd'hui ?

— C'est un jour d'école aujourd'hui.

Le sautillement de la petite fille cessa aussitôt.

— Tu as dit que je n'étais pas obligée d'y aller.

Elles tournèrent à l'angle de la rue et découvrirent l'école, un imposant bâtiment de briques rouges, son allure austère adoucie par les cris joyeux des enfants qui couraient un peu partout dans la cour. Marta s'arrêta net, s'agrippant à la branche d'un arbre sans feuilles pour s'ancrer, et Alice poussa un juron silencieux.

— Et c'est toujours ce que je pense, Marta, mais nous ne pouvons pas aller à Londres aujourd'hui, parce que je dois être là quand les autres reviendront.

— Pourquoi ?

— Pour qu'ils puissent me raconter quelle bonne journée ils ont passée.

Le regard de Marta se resserra.

— Ce ne sera pas une bonne journée. Aller à Londres serait une bonne journée.

Alice s'agenouilla devant elle.

— Et nous irons à Londres dès que nous le pourrons.

Elle devait se rendre à Londres tous les mois pour faire un rapport aux dames de la synagogue de West London. Elle ne s'y était rendue qu'à deux reprises pour l'instant, mais avait trouvé le voyage détestable à chaque fois. Elle avait dû se tenir devant ces femmes londoniennes riches à la mine sévère, leurs mains parfaitement manucurées croisées sur leurs poitrines parfaitement décorées, tandis qu'elles examinaient son budget dans les moindres détails.

— Cet enfant, ce Mattias… a-t-il réellement besoin de leçons de piano ? avait demandé la dernière fois Mme Pinto, l'imposante présidente.

Alice l'avait regardée, certaine que ses propres enfants prenaient non seulement des leçons de piano, mais aussi de violon et de flûte, sans parler de l'équitation, du ballet et de tout ce qui pouvait amuser leurs petits esprits gâtés. Mme Pinto n'avait aucune idée de la façon dont les petits yeux de Mattias s'illuminaient lorsqu'il entendait de la musique ni du temps qu'il avait passé au piano de Sir Benjamin à essayer d'apprendre les notes tout seul – sans parler de la reconnaissance dont il avait fait preuve lorsqu'Alice lui avait montré les bases. Il était naturellement doué pour la musique et, avec l'aide d'un professionnel, il pouvait aller loin.

— Je crois, avait-elle dit fermement, qu'entre un repas et des leçons de piano, Mattias choisirait le piano. Il rêve d'être pianiste.

Mme Pinto avait secoué son élégante tête.

— Et c'est là, voyez-vous, que réside le problème. Nous sommes là pour apporter à ces orphelins les bases d'une vie décente, madame Goldberger, pas pour les encourager dans des fantasmes irréalisables.

Alice avait envie de hurler. Ils considéraient les enfants comme des outils destinés à dorer leur blason, et non comme de jeunes esprits à qui l'on pouvait montrer ce que pouvait vraiment valoir la vie.

— Puis-je suggérer, avait-elle dit en s'efforçant de conserver son calme, que lors de votre prochaine visite à Weir Courtney, nous demandions à Mattias de jouer ce qu'il a appris jusqu'à présent ? Peut-être verrez-vous alors à quel point le piano lui tient à cœur ?

Heureusement, une autre dame, Mme Reinhart, était convenue avec elle qu'il s'agissait d'une excellente idée, et Alice avait reçu l'argent pour les leçons – mais chaque rencontre était une lutte et elle redoutait déjà la prochaine. Rendre visite à Tasha rendrait certainement ce voyage à Londres plus intéressant – si la jeune fille acceptait de les voir.

— Je vais écrire à Tasha, promit-elle à Marta.

— Quand ?

— Aujourd'hui.

— Bonne idée. Je vais t'aider.

— Tu ne veux pas aller à l'école ?

— Non.

Il ne servait à rien d'insister, Alice le voyait bien. Marta avait pris sa décision et elle devait la respecter. Mais il fallait encore penser aux autres.

— Assieds-toi ici, pendant que je vais avec les autres à l'intérieur.

— Rester ici ? Toute seule ?

— Je dois accompagner les autres enfants jusqu'à leurs salles de classe, n'est-ce pas ?

Marta hocha la tête à contrecœur.

— Tu vas revenir ?

— Bien sûr, Marta.

— Et après on va rentrer à la maison ?

Le cœur d'Alice se serra à nouveau. C'était la première fois qu'elle entendait l'un des enfants appeler Weir Courtney « la maison », et cela avait semblé tout à fait naturel dans la bouche de la petite fille.

— Oui, nous allons rentrer à la maison, dit-elle.

— Et écrire à Tasha ?

— Et écrire à Tasha, oui.

À 3 heures de l'après-midi, elles étaient de retour aux portes de l'école. Marta avait été des plus charmantes une fois de retour à Weir Courtney. Elle avait préparé de la soupe avec Sophie, passé un temps inhabituellement long à lire avec Manna, puis s'était assise avec Alice pour écrire à Tasha et lui demander si elle voulait bien qu'elles lui rendent visite. Dans l'ensemble, elles avaient passé un agréable moment, mais Alice priait pour que les autres aient une bonne journée à raconter à la fillette, tout en surveillant nerveusement les portes de l'école alors que la cloche venait de sonner.

Mais son inquiétude ne dura pas longtemps. Les enfants de Weir Courtney se trouvaient bien, semblait-il, au milieu de la cohue générale, plusieurs d'entre eux discutant même avec des enfants du quartier. Suzi et Judith accoururent dès qu'elles aperçurent Alice, s'empressant de lui raconter les nouvelles figures de corde à sauter qu'elles avaient apprises à l'heure du déjeuner, et Alice fut ravie de voir Marta écouter avec attention.

— Tu devrais venir demain, Marta, lui dit Suzi. Nous avons fait de la peinture et des additions avec des cailloux, et on nous a raconté une très belle histoire à propos d'une licorne.

— Une licorne ? demanda Marta.

— Oui. Une licorne qui pleurait.

— Pourquoi pleurait-elle ?

— Nous ne le savons pas. On nous lira la suite de l'histoire demain.

Alice embrassa Suzi avec reconnaissance. La jeune fille n'aurait rien pu dire de mieux, même si tout avait été préparé, et Alice pensa qu'elle devrait reparler de la licorne au souper afin de maintenir éveillée la curiosité de Marta. Pour l'heure, il était temps de rassembler les troupes pour rentrer à la maison.

— Ernst, Moishe, vous avez vos vélos ?

— Bien sûr ! (Ernst se précipita vers elle.) Jack m'a montré comment rouler sur la roue arrière !

— Vraiment ? C'est très bien, les enfants, mais pas de roue arrière sur la route.

— Je sais ! Je te montrerai en revenant à la maison.

« La maison », encore ce mot. Les enfants étaient manifestement en train de se plaire dans le Surrey, et Alice poussa un soupir de soulagement. Les deux garçons poussèrent leurs vélos hors de la remise située à côté de l'école et elle fut heureuse de voir Marta se glisser entre Suzi et Judith afin d'en apprendre plus sur leur journée.

— C'est l'heure d'y aller ! Sophie a préparé des sablés pour tous ceux qui sauront marcher dans le calme, alors montrez-moi votre plus belle démarche.

Les enfants rirent en chœur et se mirent joyeusement en route vers Weir Courtney, Alice en tête et Manna à l'arrière. Le soleil commençait à se lever plus tôt, chassant les dernières gelées de la saison, mais le soir tombait encore assez vite.

— Attention à ne pas glisser sur le chemin, prévint Alice, ce qui conduisit inévitablement plusieurs enfants à tenter quelques glissades volontaires. Pas ici ! prévint-elle. (Il n'y avait pas beaucoup de voitures sur la route, mais la chaussée était étroite et il fallait rester prudent.) Nous pourrons peut-être aménager une piste de glissade sur l'allée quand nous reviendrons.

— Une piste de glissade ? s'écria Ernst, qui passait à toute allure sur son vélo. Youpi !

— Si vous êtes prudents.

— Je suis toujours prudent.

Ce n'était pas tout à fait vrai, mais Alice fut heureuse de le voir reporter son attention sur la route et bien tenir sa gauche, tandis que Moishe suivait sur sa roue arrière. Elle se souvint de son enfance lorsque, si leurs parents ne regardaient pas – ce qui était souvent le cas –, Max versait de l'eau sur leur terrasse pour qu'elle se transforme en une longue piste de glace, qu'ils pouvaient parcourir en glissant avec leurs chaussures sans crampons. C'était très amusant. Les enfants d'ici allaient adorer et…

Alice entendit le bruit des freins avant celui du moteur de la voiture. Une odeur âcre emplit l'air et elle se plaça instinctivement devant la file des enfants quand le capot d'une élégante

Austin arriva au coin de la rue en suivant un angle tout à fait anormal. La voiture ralentit, mais pas assez vite, et se dirigea droit sur Ernst et Moishe qui avaient repéré le danger et s'étaient arrêtés, jetant leurs vélos de côté et se serrant contre la haie.

Alice vit le conducteur se débattre avec son volant, essayant désespérément de redresser le véhicule, mais, bien que les roues avant aient tourné, les roues arrière restaient désespérément bloquées dans le même axe et elle vit l'arrière du véhicule chasser et venir percuter les bicyclettes abandonnées sur la route.

— Ernst ! cria-t-elle. Moishe ! (Elle se tourna vers les enfants.) Ne bougez pas ! Ne bougez surtout pas !

Manna resserra les enfants autour d'elle, autant d'yeux écarquillés dans la pénombre qui s'installait, et Alice se mit à courir en direction des garçons.

— Alice !

— Moishe ! Le ciel soit loué. (Elle le prit dans ses bras, le sentant trembler contre elle.) Ernst ? Ernst !

Le deuxième garçon était introuvable. Le chauffeur était sorti de la voiture, le visage blême et bredouillant quelque chose d'inintelligible, mais ça n'avait aucune importance.

— Ernst ! cria-t-elle.

Puis elle les vit : deux petites jambes qui sortaient de sous la voiture fumante.

— Non !

Poussant doucement Moishe de côté, elle s'agenouilla sur le sol, le chauffeur à ses côtés. Un petit gémissement pathétique s'échappa d'en dessous et elle se mit à sangloter.

— Il est vivant ! Ernst, c'est Alice. Je suis là, mon chéri. Je vais te sortir de là.

— J'ai mal, gémit-il.

— Je sais, mon chéri. Je vais venir te chercher. Je vais faire en sorte que ça arrête de faire mal.

Le conducteur poussa un affreux grognement en tentant de déplacer la voiture, mais celle-ci ne voulait pas bouger d'un pouce. De la fumée s'échappait du capot et il regarda Alice d'un air sinistre.

— Je vais devoir le tirer de là. Nous ne devrions pas le déplacer, mais…

Elle acquiesça et jeta un coup d'œil vers les autres, tandis qu'il passait la main sous les jambes d'Ernst et les saisissait délicatement. Moishe courut vers les autres et le cœur d'Alice se serra en voyant Marta l'entourer de ses bras – mais elle n'avait pas le temps de s'en occuper pour l'instant.

— Ernst, mon chéri.

L'homme le portait dans ses bras et Ernst paraissait si petit, son corps si mou. Ses yeux restèrent fermés tandis qu'on l'éloignait de la voiture et qu'on l'étendait sur un manteau qu'un passant avait prestement étendu là. D'autres personnes s'étaient arrêtées et s'affairaient à fermer la route et à envoyer chercher des secours au village, mais Alice n'entendait tout ce brouhaha qu'à travers un brouillard d'horreur.

— Maman ? geignit Ernst. Maman !

Le cri désespéré transperça Alice et elle s'assit pour recueillir sa tête sur ses genoux, le berçant tout en écartant les cheveux qui lui barraient le visage.

— Je suis là, Ernst.

C'était un mensonge, mais il était déjà terriblement clair pour Alice que le garçon n'allait pas s'en rendre compte. Ni maintenant, ni jamais. Ses jambes étaient allongées dans un angle peu naturel et sa respiration était irrégulière.

— Maman, murmura-t-il une dernière fois, avant de sourire, à demi-ange déjà.

Sa main saisit celle d'Alice avec une force brève et soudaine, puis redevint molle. Alice l'attira contre elle, couvrant son visage de baisers, mais il était trop tard. Il était parti, parti rejoindre sa mère. Sa petite vie, sauvée au prix d'un effort insensé au cœur même des horreurs de la guerre, avait été perdue à cause d'une plaque de verglas.

— Est-ce qu'il est… ? (Le chauffeur s'affaissa à côté d'elle.) Mon Dieu, c'est le cas. J'ai tué cet enfant.

Il enfouit son visage dans ses mains.

Alice était partagée entre la haine et la pitié. Elle tendit une main hésitante vers son genou, mais au moment où elle le faisait, une avalanche de petits poings serrés s'abattit sur le pauvre homme.

— Nazi ! hurla Moishe en se jetant sur l'homme. Maudit nazi !

— Quoi ? (L'homme leva les yeux, plus horrifié que jamais.) Je ne suis pas un nazi ! Je suis comptable. Je vais à l'église, je…

Mais Moishe continua de hurler de plus belle et Alice dut lâcher le corps du pauvre Ernst pour le serrer contre elle.

— Ce n'est pas un nazi, Moishe. C'était un accident. Un horrible, un terrible accident.

— Il est mort. Ernst est mort. Nazi !

— Pourquoi continue-t-il à me dire ça ? bredouilla le chauffeur.

— Cet enfant a connu les camps, dit Alice en essayant de comprendre ce qui se passait pour elle-même. Pour lui, tout ce qui a trait à la mort est le fait des nazis.

L'homme cligna furieusement des yeux.

— Seigneur. C'est affreux. Je ne voulais pas que ça arrive. Je suis tellement désolé. C'est la glace, elle… Je, je…

Il tremblait violemment, manifestement en état de choc, et commençait à divaguer.

Alice fut soulagée d'entendre la cloche de l'ambulance approcher. Pour être honnête, elle se sentait elle-même au plus mal et fut rassurée de sentir les grands bras de Sophie l'entourer, attrapant Moishe au passage.

— Sainte mère de Dieu, sauvez-nous tous ! s'exclama Sophie. Mes enfants, mes pauvres, pauvres enfants. Rentrons à la maison, maintenant.

C'était la troisième fois aujourd'hui qu'Alice entendait leur foyer décrit de cette façon et, cette fois, elle s'y raccrocha avec reconnaissance. Les ambulanciers transportèrent Ernst dans la camionnette et Sir Benjamin arriva, prenant la situation en main. Alice laissa donc Sophie la guider, elle et ses protégés terrifiés, jusqu'à la route de Weir Courtney. Jusqu'à la maison.

Il fallut beaucoup, beaucoup de temps pour calmer les enfants ce soir-là. Ils avaient tous cru, comme Moishe, que seuls les nazis pouvaient tuer et que, par conséquent, une fois les nazis vaincus, la mort elle-même aurait disparu. Découvrir d'une manière aussi brutale et tragique que le monde restait un endroit dangereux fut un choc terrible, et la plupart des enfants pleurèrent beaucoup. Alice s'assit dans la chambre des filles et joua quelques berceuses sur son harmonica, jusqu'à ce qu'elles s'endorment toutes, mais Moishe était le plus durement touché et, à la fin, elle dut recourir à du lait chaud avec un trait de brandy pour l'aider à s'endormir.

Elle en ingurgita une dose autrement plus importante avant d'aller se coucher elle-même, mais malgré cela, tout ce qu'elle pouvait voir en fermant les yeux était les petites jambes d'Ernst qui dépassaient de la voiture fumante. Il avait été confié à ses soins, il était sous sa responsabilité. Elle savait qu'il s'agissait d'un terrible accident, mais si elle n'avait pas autorisé les garçons à rentrer à vélo, ou si elle les avait fait rouler derrière elle, ou les avait obligés à descendre avant le virage… Cela n'aurait sans doute rien changé, mais il était si difficile de croire que la mort avait frappé ici, dans cet endroit qu'elle leur avait présenté comme sûr. Dans sa tête, elle entendait sans cesse la petite voix désespérée d'Ernst appelant sa mère, et elle n'était sans doute pas la seule. Ernst était en paix, maintenant, mais les autres ne l'étaient pas, et elle savait que nombre d'entre eux se réveilleraient sans doute cette nuit.

Finalement, elle se leva de son lit et, assise à son bureau, ramassa la lettre que Marta et elle avaient si innocemment écrite à Tasha plus tôt dans la journée. Elle la déchira en petits morceaux. Après ce qui s'était passé aujourd'hui, il était hors de question qu'elle emmène une enfant de huit ans dans le tumulte de Londres. Mais Marta avait plus que jamais besoin de voir sa grande sœur. En fouillant dans le tiroir caché où elle gardait ses économies, Alice en sortit un billet de dix shillings qu'elle glissa dans l'enveloppe. Puis, prenant un stylo, elle s'empara d'une feuille de papier et écrivit une nouvelle lettre.

Elle raconta à Tasha les larmes de Marta, la mort d'Ernst et les cris de rage de Moishe. Elle raconta les cœurs brisés des enfants et insista sur la façon dont une visite de Tasha pourrait les aider à s'en remettre. Elle n'écrivit rien concernant ses propres sentiments. Elle n'écrivit pas que voir l'éclair des cheveux roux de Tasha au détour du chemin lui manquait, ou entendre sa voix féroce lors d'un débat. Elle ne parla pas de la culpabilité qui pesait sur elle, car c'était à elle seule qu'il incombait de la porter, mais elle se languissait de la compagnie de la jeune fille et espérait que cette dernière le lise entre les lignes.

« S'il te plaît, viens nous voir, avait-elle terminé. Les enfants seront si heureux. »

Elle relut la lettre. Et ne distingua rien à lire entre les lignes.

« Et moi aussi », ajouta-t-elle, avant de refermer l'enveloppe d'un geste rapide, de crainte de changer d'avis. Elle s'enfonça alors dans la nuit glacée afin d'aller poster son courrier pour Londres.

20

Le foyer, janvier 1946

Tasha

Tasha roula ce qui lui parut être la centième boulette de *matzo*[1] dans ses paumes et la déposa sur un plateau, prête à rejoindre la grande cuve de soupe que le chef préparait pour le repas du soir. Elle avait commencé à aider dans les cuisines du foyer et préférait ce poste au nettoyage des latrines, mais pas de beaucoup. La cuisine était exiguë et surpeuplée, et le chef avait des ingrédients de mauvaise qualité, des clients exigeants et un tempérament hostile. La recette n'était pas idéale.

Resserrant son tablier autour de sa taille, elle sentit le frottement familier de son sac à main sous son chemisier et y posa ses doigts pour y puiser de la force. À l'intérieur, comme toujours, se trouvait la mèche de cheveux de Lydia, mais aussi, ces derniers jours, la petite somme qui lui restait après avoir payé sa pension, ainsi que les lettres d'Alice. La dernière lettre semblait presque chaude sous le rabat de cuir et elle rougit en repensant aux mots qu'elle contenait.

« S'il te plaît, viens nous voir. Les enfants seront si heureux. Et moi aussi. »

La chaleur provenait à la fois d'un sentiment de plaisir et de culpabilité. La nouvelle de la mort du pauvre Ernst était terrible et elle détestait l'idée de savoir sa Kotka triste. Elle n'avait qu'une envie : se blottir contre elle et la câliner longue-

1. Boulettes de semoule juives, traditionnellement servies en bouillon.

ment. Et pourtant… Elle leur avait écrit et avait compati à leur chagrin dans toutes les langues qu'elle connaissait, leur assurant qu'elle les rejoindrait dès qu'elle le pourrait, mais elle ne s'était pas encore résolue à prendre le train pour le Surrey. Elle avait peur – peur que lorsqu'elle verrait la belle maison et les enfants heureux, lorsqu'elle verrait Alice organiser tout cela à la baguette et Sophie cuisiner des plats chauds et réconfortants avec de vraies boulettes de *matzo*, douces et fondantes, et non les imitations flétries qu'ils confectionnaient au foyer, elle n'ait plus le courage de revenir à Londres. C'étaient des raisons égoïstes et assez pathétiques, et elle s'en voulait beaucoup pour ça, mais elle n'arrivait toujours pas à se décider à monter dans ce train.

— Les boulettes sont prêtes ? demanda le chef.

— Oui, chef, dit-elle en avançant le plateau et en chassant la pensée de Weir Courtney.

— Ah ! répondit-il, manifestement déconcerté. Très bien, très bien. Juste à temps.

— Un merci aurait été apprécié, marmonna Tasha dans sa barbe.

L'anglais lui venait facilement maintenant, même lorsqu'elle se parlait à elle-même. Cependant, elle n'attendait pas vraiment de remerciements. Du moins, pas avant que tout le monde ait mangé, que les tables et le plan de travail aient été nettoyés et que le chef se soit confortablement installé avec un verre d'eau-de-vie de prune. Parfois, à ce moment-là, elle obtenait un sourire ou même un « Tu n'es finalement pas si mauvaise que ça, ma fille », mais en général, elle était partie depuis longtemps, s'échappant pour une ou deux précieuses heures avec Georg.

Ce dernier rentrait plus tôt maintenant que les jours étaient plus courts. Ils avaient trouvé un escalier de secours au troisième étage du foyer, lequel menait à une petite partie du toit où, si aucun autre couple ne les avait devancés, ils pouvaient s'isoler en toute intimité. L'hiver britannique était glacial, mais ils pouvaient se blottir sous une couverture et contempler la ville en dessous d'eux, et discuter un peu. Enfin, cela revenait surtout à écouter Georg.

— Tu vois ce bâtiment, là-bas ? disait-il en désignant un immeuble de trois étages surplombant la Tamise, c'est là que nous allons vivre.

— C'est formidable, s'exclamait Tasha, acceptant de se prendre au jeu. Je vois déjà notre salon bleu canard, avec ses rideaux en tissu épais qui descendent jusqu'au sol, notre tapis crème, nos deux canapés assortis et notre jolie petite chaise longue pour prendre un peu de repos.

— Et notre piano à queue, bien sûr, au milieu du salon.

— Bien entendu, parce que nous jouons tous les deux du piano.

— Et nos enfants aussi.

Mais elle perdait toujours patience avant lui.

— Nous n'aurons jamais d'enfants si nous ne nous marions pas, Georg.

— Encore quelques mois, *kochanie*.

C'était ce qu'il disait toujours : « Encore quelques mois. » Il avait toujours un objectif plus précis à donner, si elle le poussait dans ses retranchements : « On pourra emménager à Pessah » ; « Nous réserverons la synagogue pour Chavouot ». À chaque fois, il était sincère, mais la bague de fiançailles tant de fois promise ne se matérialisait jamais et elle savait que chaque date annoncée glisserait vers un oubli similaire. Marta ne serait pas demoiselle d'honneur et ne viendrait pas vivre avec eux – et la perspective de ne pas tenir cette promesse était peut-être ce qui la blessait le plus. Georg, en revanche, était heureux d'avancer dans son travail et il lui était difficile de voir qu'il n'y avait pas grand-chose d'intéressant pour elle à Londres.

Il lui demandait souvent ce qu'elle aimerait faire, mais elle n'en savait rien.

Lydia lui avait toujours dit qu'elle hériterait de son magasin de vêtements et, bien que Tasha n'ait jamais été aussi intéressée que sa mère, elle avait aimé l'idée de tenir un magasin. Elle y pensait toujours, d'ailleurs. Oui, elle aurait aimé avoir un espace à elle où les clients lui auraient dit, comme ils avaient pu le dire à l'époque à sa mère, que le mariage ou la bar-mitzvah de leur fils ou de leur fille serait une réussite grâce à elle. Faire en sorte que les gens se sentent bien dans leurs vêtements n'était pas un objectif ambitieux, et cela ne changerait pas le monde, mais cela devait permettre, dans une moindre mesure, de l'améliorer.

Cependant, les magasins de Londres semblaient se départager entre boutiques de banlieue miteuses et grands magasins d'Oxford Street. Peut-être y avait-il des quartiers de la capitale aux magasins plus bohèmes, mais si tel était le cas, elle ne les avait pas encore visités.

— Le premier service arrive, appela le chef. Tiens-toi prête.

À contrecœur, Tasha s'installa au comptoir, passa son sac dans son dos et se saisit de la louche.

— Ooh, notre serveuse préférée, s'esclaffa Beth, la première dans la file d'attente. Tu nous donnes une boulette de plus, camarade de chambrée ? Certains d'entre nous ont travaillé toute la journée.

— Donne-moi la force, murmura Tasha en tournant son visage vers le plafond et en serrant les dents avant de commencer à distribuer les plats.

Enfin, le service se termina. Elle sortit son sac de sous son chemisier et chercha la lettre.

« S'il te plaît, viens nous voir. Les enfants seront si heureux. Et moi aussi. »

Elle jeta un coup d'œil à la fenêtre et aux réverbères qui scintillaient dehors, recouverts de givre. Peut-être devrait-elle se promener le long de la rivière, trouver la gare Victoria, se renseigner sur les horaires des trains pour Lingfield. Ce ne serait qu'une courte visite ; elle reviendrait peu de temps après. Georg et elle avaient des projets à Londres et un jour, ils les réaliseraient. De plus, elle avait dit à tous les services de recherche de Londres qu'elle vivait ici, alors si Lydia venait à retrouver sa trace…

Tasha entra dans le hall de réception et s'arrêta net.

Une femme élancée aux cheveux mi-longs couleur de feu se tenait debout devant le bureau, lui tournant le dos, apparemment occupée à s'entretenir avec la réceptionniste.

— Maman ? croassa Tasha.

Puis elle se mit à courir vers elle, dérapant sur le carrelage de la réception avant de se jeter sur la femme.

— Maman !

Des bras puissants l'entourèrent et une main caressa ses cheveux.

— Tasha, dit une voix, comme venant de très loin, et elle s'enfouit dans l'étreinte de sa mère, avec l'impression que son cœur allait exploser de joie.

— Tu es là, pleura-t-elle. Tu es vivante.

— Tasha, répéta la voix.

Cela ne ressemblait pas à la voix de sa mère, mais sa voix à elle avait sans doute aussi changé ces derniers temps.

— Tasha, laisse partir cette pauvre femme !

Une main se referma sur son bras et Tasha leva les yeux, fâchée, pour voir la réceptionniste tenter de l'éloigner. Elle cligna des yeux, confuse.

— Ça va, dit une deuxième voix. Je comprends. Je pense qu'il y a eu une méprise, mais ça va. Vraiment, tout va bien.

Tasha leva lentement les yeux vers la femme dans les bras de laquelle elle s'était précipitée avec tant d'empressement. Le visage qui la regarda alors était doux, plein de tendresse même, mais ce n'était pas celui de Lydia. Elle s'éloigna d'un bond, comme piquée.

— Vous n'êtes pas ma mère.

— Non, acquiesça l'inconnue. Je suis désolée.

— Vous n'êtes pas… répéta-t-elle, hébétée.

Son corps pétillait encore de la joie des retrouvailles, mais son cerveau mettait un temps fou à accepter le fait qu'elle s'était jetée dans les bras d'une parfaite inconnue.

— Je m'appelle Nicola Grainger. Je suis infirmière et je viens rendre visite à l'un des résidents du foyer.

Tasha s'éloigna, remarquant l'élégant uniforme sous le simple manteau de laine.

— Vos cheveux… bredouilla-t-elle.

Nicola Grainger porta une main gênée à sa tête.

— Ils ont la même couleur que ceux de votre mère ?

Sa voix était douce, mais Tasha ne voulait pas de sa douceur. Elle voulait sa mère, pas cette femme qui s'était fait passer pour elle – même si c'était par inadvertance – et qui rouvrait la cicatrice de son espoir alors qu'elle s'était efforcée de l'enfouir le plus profondément possible, là où elle espérait qu'elle devienne moins douloureuse.

Elle était redevenue douloureuse, maintenant.

Elle lui faisait mal comme si on l'avait rouverte à la cisaille, à vif à nouveau en une fraction de seconde. Se retournant, elle s'enfuit du foyer et courut à perdre haleine jusqu'à la rivière, ses larmes roulant, glacées, sur ses joues.

— Tasha ?

C'était Georg, qui se promenait dans la rue en compagnie d'un autre jeune homme. Tasha chercha désespérément un moyen de l'éviter mais c'était impossible.

— Laisse-moi.

Elle tenta de passer mais il lui saisit le bras.

— Mais tu pleures ! Qu'est-ce qui ne va pas, *kochanie* ?

— Il y avait une femme, dit-elle en faisant un geste vers l'abri.

Le compagnon de Georg rejoignit le foyer en contournant Nicola Grainger, qui avait dû suivre Tasha et les regardait maintenant tous les deux avec curiosité.

Georg se retourna à son tour.

— Je vois, dit-il.

— Qu'est-ce que tu vois ?

— Je vois ce que tu as pu penser.

Tasha croisa les bras sur sa poitrine.

— Oui, et j'avais tort.

— Pourquoi cela t'étonne, c'est ce que je ne comprends pas, Tash.

Sa voix était douce, mais ses mots ne l'étaient pas et Tash sentit la colère monter en elle : colère que la femme de l'auberge ne soit pas sa mère ; colère qu'elle soit elle-même venue à Londres pour prendre un nouveau départ, et que ce dernier s'avère si désastreux ; colère de faire souffrir Marta et d'avoir déçu Alice ; colère que Georg veuille que la vie soit toujours devant, et jamais derrière.

— Elle n'est pas morte, lui cria-t-elle. Je sais que ça t'arrangerait qu'elle le soit. Je sais que ça signifie que nous n'aurions plus à nous soucier du passé, bien que je n'aie aucune idée de la raison pour laquelle ça te pose un tel problème, car tu n'en parles jamais, jamais. Seul l'avenir existe avec toi, hein ? Un avenir tout rose, plein de rêves fantaisistes et totalement dénués de fondements.

— Mes rêves ne sont pas sans fondements, rétorqua Georg. Je travaille, n'est-ce pas ? Je m'en sors, je me débrouille bien, je construis les bases de notre vie commune. Et toi, tout ce que tu fais pendant ce temps, c'est te morfondre en attendant un fantôme qui n'arrivera jamais.

Tasha sursauta.

— Maman n'est pas morte !

— Elle l'est, Tasha. Bien sûr qu'elle l'est. Ils sont tous morts. (Il lui saisit les bras.) Les nazis ont tué des millions d'entre nous ; qu'est-ce qui te fait penser que son sort aurait été différent ?

— Je le sais, Georg, c'est tout. Je le sens ici, dans mon cœur. (Elle se frappa la poitrine, ses jointures heurtant le cuir de son sac.) Regarde bien, dit-elle en tirant la mèche de cheveux, je l'ai gardée pour qu'elle reste vivante à mes yeux, et je n'y renoncerai pas juste pour te faire plaisir.

Georg prit la mèche et la souleva à la lumière d'un réverbère où elle se révéla, sombre et ébouriffée.

— C'est ça la vie, pour toi ?

— C'est un rappel de la vie.

— Un rappel que tu préfères nettement à une vie avec moi. Tu dois abandonner cet espoir-là, Tasha, si tu veux nous donner une chance.

— Pourquoi ? Pourquoi ne veux-tu pas me laisser aimer ma mère comme je t'aime toi ?

— Mais je te laisse faire tout ça, s'écria-t-il. Tu peux honorer sa mémoire, Tasha, aimer le souvenir que tu as d'elle. Seulement je ne peux pas supporter de devoir mettre notre vie entre parenthèses jusqu'à ce qu'elle revienne. Et j'ai peur de ce qui va t'arriver quand tu comprendras qu'elle ne reviendra pas. Abandonne, Tasha. Pour moi, pour toi, abandonne.

Puis il ouvrit les doigts et, d'un geste négligent, libéra le précieux amas de cheveux. Le vent glacial l'emporta sur le trottoir. Horrifiée, Tasha courut à sa poursuite, tapant du pied dessus pour arrêter sa course.

— Abandonner ma mère ? demanda-t-elle furieusement. Abandonner mes racines et tout ce qui fait que je suis moi ?

— C'est *toi* qui fais que tu es toi, ne le vois-tu pas ? Tu es une femme audacieuse et courageuse, une femme magnifique, et tu ne le dois qu'à toi. Je t'en supplie, Tasha, dépose ce fardeau, relève-toi et sois toi-même.

Il fit un pas vers elle, mais Tasha leva les mains. Chaque mot qu'il prononçait venait heurter la plaie rouverte de sa mère disparue et elle ne pouvait plus supporter d'être avec lui plus longtemps. Comment osait-il jeter les cheveux de Lydia au vent ? Comment osait-il disperser ses biens comme s'ils lui appartenaient ?

— Tes promesses d'avenir sont des promesses vides, Georg Lieberman. Tu dis construire les bases de notre vie commune, mais il ne s'agit là que d'argent. Il faut plus que ça pour construire une vie commune. Il faut de la force, une vision et un minimum de sagesse. Demande à n'importe quel arbre – il te dira que sans racines, il tomberait au moindre coup de vent.

Georg la regarda fixement.

— Je fais de mon mieux, dit-il, la voix si basse, si misérable, qu'elle mourait d'envie de le prendre dans les bras.

Mais elle ne l'avait que trop fait déjà. Il n'y aurait ni appartement en ville, ni chaise longue pour le repos, ni piano à queue. Il n'y aurait ni mariage ni bébé, et cela lui convenait parfaitement.

— Ça ne suffit pas, lui dit-elle.

Puis elle se détourna de son beau visage et se pencha pour récupérer les cheveux de Lydia sous sa chaussure, plus écrasés et emmêlés que jamais. Elle les remit dans son sac en tremblant, poussant la boîte abîmée vers le bas, où elle s'accrocha à la lettre d'Alice. Elle fixa le billet de dix shillings qui émergeait de l'enveloppe, semblant s'offrir à elle avec une bienveillance simple et ouverte. Georg lui avait dit qu'il s'occuperait d'elle, mais il ne l'avait pas fait. Depuis que Lydia avait été chassée d'Auschwitz à travers la neige du glacial hiver polonais, une seule personne s'était réellement occupée d'elle.

— Alice, chuchota Tasha.

Serrant son sac et se saisissant de ce qui lui restait de courage, elle se retourna et s'éloigna du foyer, de Georg, et se dirigea vers la seule parcelle de réconfort qui lui restait. Peut-être que Georg avait raison ; peut-être que Lydia était morte. Mais peut-être qu'elle ne l'était pas. Et tant que Tasha n'en aurait pas le cœur net, il était hors de question qu'elle laisse échapper le moindre brin de sa chevelure bien-aimée – comme de son espoir. Si Georg ne comprenait pas ça, ça ne valait pas la peine de rester avec lui, aussi douloureux que cela puisse être.

21

Lingfield, février 1946

Alice

Alice s'arrêta à mi-chemin de Lingfield High Street, son regard inextricablement attiré par les cœurs rose vif collés sur la vitrine d'un grand magasin. Ils étaient, supposait-elle, destinés à la Saint-Valentin, mais ils manquèrent de la faire éclater en sanglots. Ernst avait un grand cœur comme ceux-là, pensa-t-elle, et il avait été tué par cette maudite voiture, qui l'avait percuté de plein fouet sur la glace.

— Assez, Alice, se dit-elle sur un ton dur.

Les enfants se remettaient lentement de la perte de leur ami et cela ne ferait de bien à personne qu'elle s'y attarde outre mesure, mais quelque chose dans ce drame semblait avoir fait remonter tout le reste : les nombreux déménagements qu'elle avait connus ces dernières années, l'absence de nouvelles de Max, la perte de Tasha, le fait qu'elle n'était toujours pas venue les voir. Elle se sentait si fatiguée. Si triste… si triste…

— Tout va bien, ma chère ?

Alice sursauta. Une femme plantureuse, vêtue d'un tablier d'un rose saisissant, se tenait dans l'embrasure de la porte et la dévisageait avec inquiétude.

— Ça va, bégaya-t-elle. C'est juste que, euh… je regarde vos cœurs.

— Charmants, n'est-ce pas ? Tout le monde a besoin d'un peu d'amour, c'est ce que je dis toujours. Vous désirez un rendez-vous ?

— Un rendez-vous ?

— Vous avez de la chance, je viens d'avoir une annulation et je peux vous recevoir juste avant la fermeture. Entrez, je vous en prie.

— Je ne pense pas que…

Mais la femme prenait déjà ses sacs de courses avant de la tirer à l'intérieur. Alice semblait avoir perdu toute volonté et se contenta de la suivre. Elle se retrouva dans une pièce chaleureuse, richement colorée de crème, d'or et de rose, ses murs décorés de plusieurs miroirs encadrés de dorures.

— Un salon de coiffure, dit-elle à voix haute.

— Absolument, très chère. Bienvenue chez *Beautiful You.* Je m'appelle Joyce.

Alice cligna des yeux, éblouie.

— C'est très… lumineux.

— Merci, déclara Joyce. Je me suis inspirée des salons d'Elizabeth Arden.

— Elizabeth… ?

— Arden, très chère. C'est une Américaine, célèbre pour avoir créé parmi les meilleurs salons de beauté du monde. Bien sûr, les siens se trouvent dans des endroits chics comme New York et Paris, mais je ne vois pas pourquoi notre petit coin de Surrey n'aurait pas droit à un peu de luxe lui aussi. Alors, me voilà ! Et pour la moitié du prix. Comment vous appelez-vous ? Alice ? Merveilleux ! Asseyez-vous et détendez-vous, Alice.

Alice était à peu près certaine que la chose était impossible. Joyce l'installa dans un fauteuil rembourré et elle fixa sa mine morose à travers un miroir beaucoup trop bien éclairé. Ses cheveux, libérés de leur chignon habituel, pendaient mollement autour de son visage, tous deux teints d'une même grisaille.

— Cela fait longtemps que vous n'êtes pas allée chez le coiffeur, n'est-ce pas ? demanda Joyce avec douceur.

Alice réfléchit. Sophie sortait régulièrement sa paire de ciseaux pour garder ses pointes nettes, mais ce n'était pas ce que lui demandait cette femme souriante.

— Je crois que la dernière fois date de 1932.

— 1932 ! Juste ciel, c'était il y a près de quinze ans ! (Joyce attrapa un magazine en papier glacé et commença à s'éventer énergiquement.) Ma pauvre, pauvre chérie. Comment cela se fait-il ?

— Vous voulez vraiment le savoir ?

— Bien entendu, répondit Joyce. Comment puis-je tirer le meilleur parti de votre beauté si je ne sais pas à qui appartient cette beauté ?

Alice la regarda dans le miroir en clignant des yeux. C'était une idée. Cela faisait une éternité que personne ne s'était intéressé à elle et ce salon lumineux et accueillant lui semblait être un endroit sûr.

— Je suis juive, commença-t-elle, guettant sa réaction.

Beaucoup de gens, même dans cette Angleterre si paisible, n'aimaient pas les Juifs, mais Joyce se contenta d'un signe de tête, l'encourageant à continuer.

— Je vivais autrefois à Berlin.

— Oh, je vois. Ah. Et Herr Hitler a pris le pouvoir ?

Alice soupira. Tellement de douleur et de malheur enclos dans ce nom unique. Dans cet affreux nom.

— Oui, confirma-t-elle. Il a peu à peu banni les Juifs de tout ce qui existait de vie sociale en Allemagne. Mon frère et moi avons perdu notre travail.

— Mais, non ! Et que faisiez-vous, Alice ?

— Je dirigeais un centre d'accueil pour les enfants dont les parents étaient trop pauvres pour pouvoir les garder.

— Quelle belle entreprise ! (Joyce porta une main à sa poitrine généreuse.) Et quelle mauvaise action de la part de ces nazis, de vous avoir arrêtée ! Qui s'est occupé des enfants à votre place ?

— Une plus blonde que moi, dit Alice avec amertume.

Joyce éclata d'un petit rire méchant.

— Cet imbécile d'Hitler ! Même la vieille Joyce Cherry aurait pu lui apprendre qu'on peut changer de couleur de cheveux en un tournemain. Et que ce n'est pas l'apparence qui compte, pas vrai ? C'est la façon dont vous traitez les gens.

Alice regarda Joyce dans le miroir. Tant de sagesse dans un emballage si brillant.

— C'est vrai, Joyce, reconnut-elle. Mais eux ne voyaient pas les choses de cette façon, alors j'ai dû partir.

— Et votre frère ?

Le cœur d'Alice se mit à cogner dans sa poitrine et elle dut lutter pour retrouver son souffle.

— Ils n'ont pas voulu le laisser partir tant que je n'étais pas installée en Angleterre, et le temps que ça se fasse, ils avaient fermé les frontières.

— Non ! Pauvre chérie... Comment se porte-t-il, aujourd'hui ?

— Je ne sais pas.

— Vous ne savez... Mon Dieu, Alice, vous n'avez aucune nouvelle de lui ? (Alice confirma et Joyce resta perplexe un instant, puis se ressaisit.) La poste n'est plus ce qu'elle était, n'est-ce pas ? Je suis sûre qu'une lettre arrivera bientôt. A-t-il une famille ?

— Une femme et une petite fille.

— Au moins doivent-ils être ensemble.

— Ensemble quelque part, dit Alice d'un ton sombre.

— Et la prochaine fois que vous les verrez, vous aurez de beaux cheveux. (Joyce leva presque instantanément la main pour empêcher Alice de protester.) Je comprends que ça ne paraisse pas très important en comparaison, mais c'est au moins quelque chose qui est en votre pouvoir.

Et sur ce point, Alice ne put la contredire. Cette attente interminable provoquait en elle un douloureux sentiment d'impuissance et, imaginant Max s'approcher d'elle en disant : « Eh, grande sœur, tes cheveux sont très beaux, dis-moi », elle sourit comme elle n'avait pas souri depuis bien trop longtemps.

Joyce se pencha vers elle, posant doucement ses mains sur ses épaules.

— Que diriez-vous d'essayer quelque chose de plus court ?

— Plus court ? Alice porta la main à ses cheveux, qu'elle sentit longs et fins autour de ses épaules.

— C'est la grande mode, en ce moment. Vous avez une ondulation naturelle que toute cette longueur éteint. Si nous raccourcissions suffisamment, cette dernière s'exprimerait magnifiquement autour de votre visage. Cela vous donnerait plus de… corps.

— Vous voulez dire que j'aurais l'air moins maigrichonne ? demanda Alice.

Elle avait appris l'expression de la bouche d'une maman à la sortie de l'école et la trouvait tout à fait appropriée la concernant.

— Oui, en quelque sorte, dit Joyce. Nous sommes tous un peu plus maigres que nous ne l'étions avant cette maudite guerre, mais on voit le bout du tunnel, pas vrai ?

Et, assise là dans ce beau salon avec Joyce qui lui souriait si gentiment, Alice pensa que c'était peut-être enfin le cas.

— Faites ce que vous voulez, je vous fais confiance, dit-elle avec insouciance.

— Ooh, voilà qui est parlé ! Croyez-moi, vous allez adorer. Si vous voulez bien me suivre pour le shampoing.

Elle dirigea Alice vers un lavabo rose vif et, tandis que la coiffeuse commençait à masser son cuir chevelu avec une douce assurance, Alice ferma les yeux et pria pour qu'elle dise vrai. Elle ne se faisait pas d'illusions sur les capacités de Joyce à réaliser des miracles, mais se mettre un peu plus en valeur ne lui ferait sans doute pas de mal. Au cours des trois dernières semaines, depuis que la voiture avait tué le pauvre Ernst, elle devait admettre qu'elle avait eu toutes les peines du monde à trouver l'énergie pour s'habiller correctement, sans parler de soigner son apparence. Elle s'en était sortie en se concentrant sur le soin des enfants, mais cela avait été difficile. Ils avaient tous été profondément choqués, et elle les comprenait parfaitement car elle n'en avait pas mené plus large qu'eux.

Son esprit était ramené au garçon comme par une force irrésistible. Sans cesse elle revoyait son jeune visage enthousiaste quand il avait sauté de l'avion. « Venez voir. Venez voir comme c'est joli », avait-il lancé aux plus petits, avant de partir en avant, impatient d'explorer ce nouveau monde qui s'offrait à lui. Plus clairement encore, elle le revoyait passer devant elle sur son vélo, impatient d'être un grand et de rentrer seul à la maison, puis elle entendait le crissement des freins et le craquement déchirant de son pauvre corps.

Elle était heureuse de pouvoir garder les yeux fermés tandis que Joyce lui rinçait les cheveux avec de l'eau délicieusement chaude. L'enterrement avait été un crève-cœur. Il n'y avait eu personne à prévenir, c'était peut-être ce qui l'avait le plus bouleversée. Il n'y avait eu personne à qui annoncer la perte de ce petit être plein de vie, aucune famille pour le pleurer. Toute la maisonnée de Weir Courtney avait été là pour lui rendre hommage, elle avait insisté sur ce point. Même l'entrepreneur des pompes funèbres avait essayé de la dissuader de laisser les plus jeunes enfants assister à la cérémonie, mais elle n'avait pas cédé. Ils étaient tous la famille l'un de l'autre maintenant, et c'était un moment de rassemblement. De plus, il était important pour ces enfants de voir les morts être traités avec dignité et tristesse, et non pas jetés en tas pour être liquidés sans aucun ménagement.

— Tout va bien, Alice ?

Elle ouvrit les yeux en clignant des paupières, et ils se remplirent des couleurs éclatantes du salon.

— Désolée. J'ai perdu un petit garçon il y a quelques semaines…

— Non !

— Et je n'arrête pas d'y penser.

— Comment en irait-il autrement ? (Joyce la raccompagna jusqu'à la chaise avec des gestes bienveillants.) Vous en avez bavé, pas vrai ?

Alice ne connaissait pas l'expression, mais elle lui semblait malheureusement s'appliquer.

— Ce n'était pas mon petit garçon, expliqua-t-elle précipitamment. Je veux dire… il était sous ma responsabilité.

— C'était donc votre petit garçon, ou tout comme. Vous devez être la dame de Weir Courtney. J'ai entendu beaucoup de bien de cet endroit. Essayer d'offrir une nouvelle vie à ces pauvres petits, c'est là quelque chose de formidable, vraiment.

— Oh, je… je vous remercie.

— Non, merci à *vous*. Ce sont des gens comme vous qui remettront le monde sur pied. Regardez-moi, occupée à couper des cheveux toute la journée, pendant que vous vous occupez de ces pauvres orphelins. Je me sens coupable, vraiment.

Alice sourit.

— Oh, non, surtout pas ! Les gens ont besoin d'un peu de bien-être et de détente.

Joyce pencha la tête d'un côté et réfléchit un instant.

— C'est vrai, acquiesça-t-elle en souriant à nouveau. Tout le monde a perdu quelque chose, ces dernières années. Mon mari a été tué à Dunkerque.

— Je suis vraiment désolée.

Alice se sentit instantanément coupable d'être rattrapée par ses propres chagrins, mais Joyce lui fit un signe de la main.

— Ne le soyez pas. Je suis déjà passée à autre chose. Ne vous méprenez pas, c'était un homme très gentil, mais plutôt banal. Je ne l'ai épousé que parce que je me suis retrouvée enceinte de notre Betsy – que je ne regretterai jamais d'avoir eue. Quant à lui… disons que j'aurais pu m'en passer. Sa mort m'a rendue triste, bien sûr, mais il ne me manque pas. Je suis mieux toute seule. Et vous, ma chère ?

Alice rougit.

— Mieux toute seule aussi, je n'ai aucun doute là-dessus.

— Là, vous voyez.

Alice n'était pas sûre d'être tout à fait d'accord avec elle, mais Joyce déjà levait ses ciseaux, lui épargnant de devoir en dire plus – et la première mèche grise tomba sur le sol carrelé.

— Ça va être splendide, dit Joyce en roucoulant.

Alice croisa les doigts sur ses genoux, espérant que son pronostic s'avérerait. Oskar voulait inviter Sir Benjamin et Lady Phœbe à dîner et avait convaincu Sophie de préparer un festin pour ce soir. Sir Benjamin restait régulièrement pour dîner, ces derniers temps, les rejoignant dans le petit réfectoire situé à côté du dortoir des garçons, mais cette soirée devait être plus formelle que les habituels soupers dans la cuisine. Manna avait acheté une nouvelle robe et invité Mina et Golda à « s'apprêter pour l'occasion ». Après tout ce qui s'était passé, Alice craignait ce genre de moments, mais assise ici, dans le salon de Joyce, elle parvenait presque à s'en réjouir.

La cloche installée au-dessus de la porte du salon tinta joyeusement et une jeune fille d'environ seize ans, en uniforme d'écolière et passablement débraillée, entra en trombe. Elle sautilla jusqu'à Joyce et lui déposa un baiser sur la joue. Alice supposa qu'il devait s'agir de Betsy.

— Salut, m'man.

— Bonjour, ma chérie, répondit Joyce en lui rendant son baiser. Tu as passé une bonne journée ?

— Non, dit Betsy en s'esclaffant. J'ai été nulle en maths et Mme Turner n'a pas voulu me laisser entrer en salle de travaux pratiques, sous prétexte que j'avais l'air d'un « accident sur le point de se produire ».

— Quel toupet ! s'indigna Joyce.

Mais Betsy se contenta de ricaner et s'affala sur la chaise voisine.

— Pour être honnête, elle n'a pas tort. La semaine dernière, j'ai mis le feu aux cheveux d'Audrey avec le brûleur à gaz.

— Betsy ! Tu n'as pas fait ça ?

— Juste une mèche. Audrey était d'accord. Elle a dit qu'elle voulait des cheveux courts, alors je lui ai proposé de m'en charger pour elle.

— *Je* m'en chargerai pour elle, dit Joyce sur un ton répro-bateur. (Elle roula des yeux vers Alice dans le miroir.) Les enfants ! Ils ont l'impression qu'ils peuvent faire tout et n'importe quoi, pas vrai ?

— Je vais devenir une grande coiffeuse, dit Betsy à Alice avec assurance.

— Peut-être, ma chérie, acquiesça Joyce, mais seulement avec la formation adéquate.

— Heureusement, j'ai la meilleure prof du monde à la maison, non ? (Betsy se leva de nouveau, gratifiant Joyce d'un autre baiser sonore, puis elle se pencha, approchant son jeune visage de celui d'Alice.) Vos cheveux sont magnifiques !

Alice cligna des yeux.

— Hum, merci.

Elle se regarda dans le miroir. Joyce était toujours en train de lui couper les cheveux, mais la plus grande partie de sa chevelure avait disparu et la coupe plus courte donnait déjà à son visage un aspect moins maigre.

— J'avoue que c'est un choc.

Betsy jeta un coup d'œil sur les piles de cheveux qui jonchaient le sol.

— J'en suis sûre ! Il faut dire, qui a besoin de tous ces cheveux sur sa tête ? Un fardeau, voilà ce qu'ils sont. Le dernier carcan du patriarcat, l'assura-t-elle.

— Le dernier…

Joyce se tourna vers sa fille d'un air désapprobateur.

— Ne dis pas de bêtises, Betsy.

Elle se pencha vers Alice.

— Betsy est sensible à toutes ces nouvelles idées – féministes et autres. « Pourquoi les filles ne peuvent-elles pas être aussi bonnes que les garçons ? » C'est ce qu'elle ne cesse de répéter. Nous *sommes* aussi bonnes que les garçons, et c'est notre grand pouvoir de le savoir, et leur faiblesse de l'ignorer – c'est ce que je lui réponds toujours. Mais ça ne prend pas. De nos jours, l'égalitarisme est la tarte à la crème de tous ces jeunes gens.

Alice sourit à Betsy.

— Je connais quelqu'un avec qui tu t'entendrais à merveille, dit-elle en repensant aux féroces affirmations de Tasha à Windermere. Et qui m'a dit que notre devoir de femmes adultes était de nous faire entendre par les hommes de notre âge, pour que votre génération ait plus de facilité à le faire à son tour.

— Tout à fait d'accord, acquiesça Betsy. Elle a l'air super, en effet. Elle vit ici ?

Alice eut un mouvement de recul.

— Non, à Londres.

— Londres ! La chance !

— Pas d'accord, dit Joyce d'un ton sec. Londres est un endroit désagréable, hostile et malodorant. Maintenant, ouste ! Laisse-moi finir la coupe de cette pauvre dame en paix.

Betsy haussa les épaules et repartit d'un bond.

— Très bien, dit Joyce en se tournant vers Alice. Au séchage, maintenant.

Alice revint à Weir Courtney légèrement étourdie, mais plus heureuse qu'elle ne l'avait été depuis longtemps. La bonhomie naturelle de Joyce l'avait apaisée et elle aimait beaucoup sa nouvelle coiffure. Son cou était nu dans l'air froid du soir et elle pensait avec nervosité au produit américain appelé *laque* qu'elle devait apparemment appliquer sur sa tête pour aider sa coiffure à « garder sa forme ». Mais elle se sentait considérablement plus légère et anticipait déjà le choc qu'elle allait provoquer quand elle franchirait la porte.

Elle jeta un coup d'œil à sa montre. Ciel, il était déjà plus de 18 heures. Sophie avait dû s'occuper du goûter des enfants en plus de la préparation du dîner de ce soir. Se sentant coupable, Alice accéléra le pas. Mais lorsqu'elle arriva dans la salle à manger, elle trouva Mina et Golda aux commandes, leurs cheveux montés en bigoudis et leur visage recouvert d'une outrageuse quantité de maquillage.

— Alice ! s'écria Golda. Mais, regarde-toi ! C'est d'un chic !

Alice rougit alors que tous les regards se tournaient vers elle.

— Très beau ! dit Moishe en lui adressant un sourire. Un petit sourire, mais c'était l'un des premiers qu'elle lui voyait depuis qu'il avait perdu son ami, et cela seulement valait déjà l'effort qu'elle s'était donné.

Derrière elle, elle entendit la porte d'entrée s'ouvrir et rougit encore davantage. Était-ce Oskar ? Et elle n'avait même pas encore eu le temps de se changer ! Elle envisagea de sortir de la salle à manger par la porte de derrière et de laisser Mina ou Golda s'occuper de l'accueillir, mais elle se réprimanda sévèrement. Elles avaient déjà fait leur part pendant qu'elle se faisait dorloter chez le coiffeur.

— Je m'en occupe, dit-elle, la gorge sèche, avant de se diriger vers le hall d'entrée.

La porte était légèrement entrouverte, mais il n'y avait personne. L'avait-elle laissée ouverte par mégarde ? Quelle négligence de sa part, par ce froid ! Elle s'avança et referma la porte, mais juste avant que le loquet ne s'enclenche, elle entendit un bruit étrange – quelque chose comme un gémissement.

— Il y a quelqu'un ?

Elle ouvrit à nouveau la porte et jeta un coup d'œil dans la pénombre.

— Alice ? demanda quelqu'un à voix basse, puis plus fort : Alice !

Soudain, quelqu'un se jeta sur elle avec autant de force que Betsy s'était jetée sur Joyce un peu plus tôt, et Alice recula en titubant dans le couloir pour voir une jeune femme rousse au regard sauvage accrochée à elle.

— Tasha ! Tasha, tu es là !

Tasha recula, se tenant soudain raide devant elle.

— Il y a encore du travail pour moi ? demanda-t-elle d'une voix faible.

— Nous n'avons pas besoin d'autre puéricultrice, Tasha.

— Vraiment ?

— Non. (Alice s'avança pour déposer un baiser sur les sourcils froncés de son jeune et charmant visage.) Mais nous avons besoin de toi, par contre. Bienvenue, Tasha. Bienvenue à la maison.

— La maison ? murmura Tasha en se balançant maladroitement d'un pied sur l'autre. Est-ce que ça peut être la maison sans ma mère, Alice ?

— Peut-être pas complètement, concéda Alice, le cœur serré pour la jeune femme maladroite qui se trouvait devant elle, mais j'espère que nous pourrons, au moins, partager nos vies ici jusqu'à ce que tu la trouves.

— Partager nos vies ? (Un sourire timide se dessina sur le visage de Tasha, et elle avança d'un pas hésitant.) Ça m'a l'air chouette !

Alice n'eut besoin d'aucune autre invitation et prit la jeune fille dans ses bras – mais Tasha était plus grande qu'elle à présent, et en réalité il était difficile de savoir qui tenait qui. Alice ferma les yeux, acceptant cette bifurcation du destin, et pria pour que, comme elle l'avait suggéré un jour à Tasha sur la colline, au-dessus de Windermere, Lydia Ancel rencontre Max Goldberger quelque part, et qu'ensemble, ils les retrouvent toutes les deux.

22

Frontière autrichienne, mars 1946

Lydia

« Frontière, 1 km », annonçait le panneau en allemand, en anglais et dans une autre langue que Lydia ne connaissait pas. Elle le fixa un instant avec étonnement. Elle avait l'impression que la traversée de la Bavière avait duré une éternité. Tout au long du chemin, les gens avaient été très gentils avec elle. On l'avait prise en charrette, en camion et même à dos d'âne. On lui avait offert des couchettes dans des granges et des remises, dans des auberges, des campements, des chambres d'amis et même, une fois, dans un hôtel chic, le propriétaire ayant eu cette bonté d'offrir un peu de luxe à une voyageuse épuisée.

Au cours de cette nuit salvatrice, elle s'était allongée dans un bain chaud, avait pris un repas complet – avec des légumes, et même de la sauce ! – et s'était couchée dans des draps de soie. Elle avait dormi si profondément qu'elle s'était réveillée en croyant être chez elle, à Varsovie, en 1939, avec un mari, deux filles et une bonne. Puis la réalité de sa situation l'avait frappée de plein fouet et elle était redevenue une « réfugiée », sans maison ni famille, avec pour seule motivation un retour en enfer pour la sortir de ce lit douillet.

Les jours s'étaient ajoutés aux jours et, tout comme ses pas traînants sur les longues routes boueuses, avaient commencé à se fondre en un seul. Ce fut donc avec une certaine excitation qu'elle lut le panneau. Passer d'un pays à l'autre était sans aucun doute un succès.

Österreich, annonçait le panneau suivant : l'Autriche. Bien sûr ! Elle l'avait vu sur la carte avant de partir : une petite part de l'ancien allié de l'Allemagne se dressait entre eux et la Tchécoslovaquie, et il semblait qu'elle devait la traverser. Son cœur se serra. L'Autriche, comme l'Allemagne, était occupée par les Alliés. Il y avait peut-être des soldats à la frontière, des militaires britanniques ou américains, qui pourraient sans doute l'aider dans son voyage, lui épargner une partie de la fatigue qu'elle était en train d'accumuler –et qui commençait à peser trop lourdement.

Lydia passa son sac à dos sur ses épaules douloureuses et continua à avancer. Elle était proche de la frontière et pouvait apercevoir des lumières dans le crépuscule : elle voyait une grande hutte, une barrière et des gardes postés autour. Des gardes armés de fusils et de chiens. Ses membres se mirent à trembler, mais elle tenta de se raisonner. Ce n'étaient pas des nazis. C'étaient les Alliés, les libérateurs. Mais son corps ne voulait rien entendre et elle dut faire usage de toute sa volonté pour continuer à avancer vers le poste-frontière.

— Halte ! aboya un soldat.

Elle s'arrêta net, se tassant instinctivement sur elle-même. Il la contourna et elle sentit la chaleur de son souffle, entendit le bruit sourd de ses lourdes bottes, sentit la crosse de son fusil alors qu'il passait.

— Je suis une réfugiée, bégaya-t-elle. Juste une réfugiée.

— Réfugiée, répéta le soldat, puis quelque chose qui ressemblait à « bezhenets[1] ». Son accent était nasal, sifflant. Ce n'était ni un Américain, ni un Britannique, ni même un Français. Non, comprit-elle avec une terreur soudaine : cette frontière était contrôlée par les Russes.

— Je suis désolée, dit-elle en levant les mains. Je ne veux pas traverser. Je vais faire demi-tour. Je…

Elle tenta de se retourner, mais il lui saisit le bras.

1. « Réfugié » en russe.

— Je vous aider.

— Je ne…

— Je vous aider, dit-il, plus fermement. Je suis allié. Ami.

Elle osa lever les yeux. Les traits de l'homme étaient fins, mais sa joue était barrée d'une effrayante cicatrice. Son corps frémit plus intensément. Son regard, cependant, semblait bienveillant, et d'ailleurs il ne lui laissait pas le choix. Il ramassait déjà son sac et sa prise sur son bras, bien que pas douloureuse, était suffisamment solide pour le devenir si elle essayait de résister.

— Je cherche ma fille, bredouilla-t-elle. Je cherche juste ma fille.

— Tout le monde cherche quelqu'un, répondit-il en secouant la tête. Par ici, s'il vous plaît.

Elle se retrouva à l'intérieur du poste-frontière. Ce dernier était plus grand qu'il n'y paraissait de loin et contenait plusieurs bureaux rudimentaires, où étaient assis des hommes tout aussi rudimentaires. Ils portaient des uniformes kaki à ceintures et des casquettes bleues. Sur le mur, derrière eux, on pouvait voir un blason présentant une épée argentée sur fond rouge, avec une faucille dorée sur le devant. Lydia n'était pas sûre de comprendre le symbole, mais cela lui rappelait trop l'iconographie nazie pour qu'elle se sente à l'aise. Le garde lui fit signe de s'asseoir à l'un des bureaux et elle jeta un coup d'œil à la porte. Pouvait-elle s'enfuir ? Non, bien sûr que non. Ses jambes pouvaient à peine marcher, et encore moins courir – et même si elles avaient pu, elle ne voulait pas risquer qu'on l'abatte dans le dos.

— Je cherche ma fille, dit-elle au nouvel homme.

Mais il ne sembla pas l'entendre.

— Papiers, demanda-t-il.

— Je n'en ai pas. Je suis une réfugiée.

— Papiers.

Il tendit une main, qu'elle fixa d'un air impuissant. Le garde avait posé son sac à ses pieds et elle tâtonna à la recherche du certificat de Feldafing, qui lui donnait officiellement le statut de réfugiée. Le Russe fronça les sourcils.

— Ça, certificat allemand. Pour l'Allemagne.

— Je cherche ma fille.

Elle voulait qu'il comprenne.

— Où est fille ?

— Je ne sais pas. C'est le problème. Je dois aller à Auschwitz.

— Plus personne là-bas.

— Non, dit-elle en essayant de garder son calme, mais il y a des papiers.

— Papiers ?

Elle acquiesça vivement.

— Papiers, oui.

— Mais vous n'avez pas papiers ?

— Je suis une réfugiée.

Ils tournaient en rond. Quelle idiote elle avait été, de considérer la frontière comme un signe d'espoir. Pourquoi n'avait-elle pas choisi de contourner la petite bande de pays par le nord ? Elle avait voulu s'épargner une fatigue supplémentaire mais tout ce qu'elle avait fait était de se jeter dans les griffes de la police soviétique.

— S'il vous plaît, dit-elle, je ne veux causer aucun trouble. Je veux juste…

— Trouver votre fille. Oui. Mais ça pas problème.

— Vraiment ?

— Nous devons seulement confirmer identité, et vous serez bienvenue en Autriche soviétique.

Lydia se déplaça sur sa chaise.

— Combien de temps ça va prendre ?

Il agita une main velue.

— Pas longtemps. On vérifie juste avec Moscou.

— Moscou ?!

— Bien sûr. Par ici. Nous avons une auberge pour gens comme vous.

— Non ! Euh… je ne veux pas d'auberge. Je ne veux pas rester. Je vais partir. Je vais retourner en Allemagne. Je ne vous dérangerai pas plus longtemps…

— Non, non, pas problème. Pas problème pour nous. Et pas problème pour vous.

Il claqua des doigts et un soldat plus jeune arriva au pas de course.

— Je vous en prie ! supplia Lydia. Je n'ai pas le temps. Je dois retrouver ma fille. Je dois retrouver Tasha.

— Pourquoi si pressée ?

— Je suis en train de mourir.

Il haussa les épaules et attrapa une bouteille de vodka.

— Nous tous en train de mourir. Vous allez à l'auberge. Vous reposez. On trouve identité. Peut-être qu'on trouve votre fille aussi. Peut-être c'est elle qui vous trouvera.

Il se servit un verre et le leva, un mince sourire aux lèvres.

— *Na zdorovie.*

La dernière chose qu'elle entendit fut qu'il se servait un autre verre avant qu'on la pousse dans une pièce située tout au fond du poste où une poignée d'autres femmes se serraient sur des banquettes en bois brut douloureusement ressemblantes à celles dont elle avait été chassée par les nazis, il y avait un peu plus d'un an.

— Non ! s'écria-t-elle en poussant le garde. Laissez-moi partir. Je dois retrouver ma fille !

Il la fixa avec commisération.

— Allons, madame, croyez-vous que vos désirs personnels valent plus que la sécurité et la prospérité de toute une nation ?

— Oui ! hurla-t-elle, mais il était trop tard.

La porte se referma et, une fois de plus, elle se retrouvait à la merci d'un système étatique qui considérait qu'il avait le droit de la priver de liberté. Elle s'effondra au sol, son souffle s'échappant de ses poumons en sanglots secs et déchirants, mais nul ne semblait l'entendre, ou, si c'était le cas, nul ne s'en souciait.

23

Weir Courtney, 8 mai 1946

Tasha

Les orteils de Tasha prirent contact avec l'herbe de la prairie parsemée de fleurs et elle poussa à fond. La balançoire s'éleva en direction de la fraîche et verte ramure du chêne et le ciel bleu au-delà, et elle s'efforça d'en ressentir de la joie. Elle était à Weir Courtney depuis deux mois maintenant. L'endroit était absolument charmant, mais la vie semblait assez vide ici et ce vide commençait à lui peser.

Alice écrivait sans cesse des lettres à toutes sortes de personnes, et l'avait encouragée à faire de même – mais les réponses qui arrivaient sur l'élégant paillasson de la maison ne contenaient jamais aucune nouvelle utile. L'Europe était submergée par les réfugiés. Tasha les avait vus dans des films projetés au cinéma local, s'agglutinant dans les camps et les villes, à la recherche de leurs proches disparus. Cela ressemblait à une Theresienstadt géante, mais il semblait n'y avoir aucun moyen de trouver ceux qu'on cherchait au milieu de cette marée de détresse humaine.

Tasha s'élança plus haut, balançant ses pieds pour exprimer sa frustration. Au-delà du couvert de l'arbre, les jardins de Weir Courtney étaient en pleine floraison et, dans l'orangerie de Sir Benjamin, de minuscules oranges se formaient déjà sur les arbres luxuriants. Sir Benjamin passait beaucoup de temps à s'occuper des plantes et il était toujours heureux de faire visiter l'orangerie aux enfants et de répondre à leurs questions.

— D'où viennent les orangers ? lui avait demandé Marta l'autre jour.

La petite fille, après une première phase de méfiance qui avait profondément attristé Tasha, l'avait à nouveau prise en affection, et était avec elle aussi souvent qu'elle le pouvait.

— Je les ai ramenés d'Espagne, lui avait appris Sir Benjamin. Ils étaient assez petits pour tenir dans ma valise à l'époque, mais ils se plaisent ici, et ils sont devenus grands et forts.

— Comme moi, avait dit Marta très sérieusement.

— Exactement comme toi. Vous êtes tous des plantes exotiques et j'aime vous voir vous faire votre place ici.

Marta s'était réjouie de la comparaison et Tasha, si elle avait compris le caractère bienveillant des paroles de leur hôte, se dit aussi qu'elle ne se sentait pas à l'aise dans la peau d'une plante exotique.

— Êtes-vous déjà allé en Pologne, lui demanda-t-elle.

— Oui, en effet. À Cracovie une fois et à Varsovie plusieurs fois.

— Varsovie ! Quand ?

— C'était au début des années 1930, lorsque j'étais commerçant.

— J'étais déjà là à l'époque, déclara-t-elle, enthousiaste. J'y suis née en 1929.

Sir Benjamin lui sourit.

— Eh bien, nous aurions pu nous croiser là-bas, alors.

L'idée lui paraissait de la plus grande étrangeté : elle à deux ans passant devant un grand homme d'affaires anglais sans jamais savoir qu'elle serait un jour hébergée chez lui, en Angleterre. Dépendante de sa charité. Comme une de ses plantes exotiques.

— Une bien jolie ville, poursuivit-il. Ou du moins l'était-elle avant que les Allemands ne la réduisent en miettes. Enfin, je veux dire... Oh, ma chérie, je suis vraiment si maladroit. Je te prie de m'excuser. Ne laisse pas un vieil imbécile comme moi te saper le moral. Viens voir mes orchidées. Elles sont en train de fleurir ; elles sont magnifiques !

Il l'avait dirigée vers les superbes fleurs violettes et blanches, bavardant sur leur provenance tandis qu'elle l'écoutait attentivement, bien qu'ils aient tous les deux en tête, elle en était sûre, les maisons colorées de Varsovie et les ruines qu'elles étaient devenues.

Tasha se balança encore plus haut, essayant de dépasser les feuilles, de briser la canopée de ce monde difficile. Elle était en colère et se savait ingrate pour ça. Cette maison était un vrai petit paradis et elle y était venue de son plein gré, mais l'absence de Georg avait creusé un vide dans sa poitrine. Il lui avait écrit plusieurs fois – des missives soigneusement construites et pleines d'égards, dans lesquelles il l'assurait de son amour et la suppliait de revenir.

« Je viendrai quand tu auras un appartement à toi », avait-elle écrit.

« Je n'en ai pas les moyens, Tasha, avait-il répondu, mais j'ai parlé aux gens du foyer et si nous sommes mariés, ils sont d'accord pour nous laisser disposer d'une chambre à nous jusqu'à ce que je sois capable de payer un appartement. »

Elle était tentée, elle devait l'admettre. Elle serait toujours coincée dans cet endroit miteux, mais au moins y serait-elle coincée avec Georg. Il lui manquait. Ses taquineries, ses baisers, ses projets, ses rêves et son insupportable optimisme lui manquaient. Même leurs disputes lui manquaient. Mais l'incertitude qui entourait leur vie commune, elle, ne lui manquait pas, et tant qu'il ne se présenterait pas avec un projet de mariage validé par un vrai rabbin, elle refusait de s'engager avec lui.

En attendant, elle était coincée à Weir Courtney comme un coucou dans son nid. Tous les autres semblaient se sentir chez eux et couraient un peu partout dans la maison, jouant les uns avec les autres comme s'ils étaient de vrais frères et sœurs. Tasha partageait sa chambre avec Mina et Golda, qui ne cessaient de la harceler de question jour et nuit. C'était très déconcertant. Elles aussi la voyaient comme une grande sœur, sans doute, mais cela ressemblait surtout à un grand jeu de faux-semblants – la fiction d'une famille jusqu'à ce qu'elles retrouvent toutes leurs vraies familles. C'était du moins ce qu'elle pensait pour sa part.

La seule tâche qu'elle aimait vraiment était d'aider à brosser les cheveux des petites filles et à leur faire des nattes pour l'école, activité qui avait lieu tous les matins. Elles avaient toutes les cheveux longs, maintenant, et bien qu'elles en tirent une grande fierté, elles n'aimaient pas qu'on les démêle trop longtemps, finissant rapidement par se tortiller et se plaindre sur leurs chaises.

— Arrête de bouger ou je vais chercher les ciseaux, disait alors Tasha.

C'était là une menace qui la blessait à chaque fois, mais elle fonctionnait à merveille. Pour les plus jeunes, les souvenirs des camps s'estompaient rapidement – Dieu soit loué – mais ils se souvenaient encore, comme elle, de la peur qui régnait dans ces salles où on les avait accueillis, et se tenaient toujours parfaitement immobiles si elle y faisait ne serait-ce qu'allusion.

Les cheveux de Tasha lui dépassaient largement des épaules et, chaque soir, elle s'asseyait pour les brosser patiemment, comme un acte d'amour pour sa mère disparue. Les coiffures modernes, plus courtes, étaient tentantes. Celle d'Alice l'avait clairement rajeunie de dix ans et Tasha était descendue au village plusieurs fois pour admirer le salon *Beautiful You*, mais sans oser approcher. D'après la description qu'en avait faite Alice, la propriétaire, toute de rose vêtue, s'emparait de vous dans la rue avant de saisir ses ciseaux, et Tasha n'en avait aucune envie. De plus, si elle fermait les yeux et laissait ses cheveux bien brossés tomber sur son visage, dans la faible lumière du dortoir, elle pouvait imaginer le frôlement de Lydia contre elle quand elle l'embrassait pour lui souhaiter bonne nuit – et elle ne se serait privée de ça pour aucune coupe au monde, si réussie et moderne qu'elle puisse être.

Tasha rejeta la tête en arrière, poussant la balançoire si haut que les cordes se tordirent et s'enroulèrent sur elles-mêmes. Elle accueillit la secousse, qui lui sembla plus naturelle qu'un simple balancement. On était au mois de mai. Le 8 mai, pour être exact. L'année précédente, à la même époque, elle vivait dans la chaleur, le vacarme et la misère de Theresienstadt, passant ses journées à chercher de la nourriture et à essayer d'éviter de décevoir tous ceux qui cherchaient des êtres chers. L'année précédente, à la même époque, Georg était venu en courant lui annoncer qu'un cheval avait franchi les portes de la ville, et ils s'étaient rendus ensemble devant la mairie pour entendre M. Dunant annoncer que l'armistice était officiellement signé.

C'était ce qu'ils appelaient le Jour de la victoire en Europe. Il y avait aussi le Jour de la victoire sur le Japon, qui commémorait la disparition de millions de civils japonais sous l'effet d'une bombe à la puissance démesurée, et ce jour-là ne semblait pas plus à fêter du point de vue de Tasha que le premier. Bien sûr, la paix était une bonne chose. Elle comprenait ce besoin de commémoration et de réconfort, de banderoles et de gâteaux, mais pour elle ce jour n'avait rien d'une victoire. Ce jour marquait la fin de la guerre, certes, mais aussi le début de la recherche – une recherche aussi déchirante qu'infructueuse. C'était le jour où l'espoir s'était changé en une longue liste de morts, et pour Tasha, ce n'était nullement une raison pour faire la fête.

Aucun des enfants qui s'étaient envolés pour l'Angleterre à bord de ces gros bombardiers n'avait retrouvé un seul parent vivant. Alice écrivait inlassablement aux différentes agences de réfugiés. Tasha l'avait souvent vue assise à son bureau alors que le reste de Weir Courtney dormait à poings fermés, épluchant les réponses qu'on lui avait faites à la recherche d'une lueur d'espoir – qui n'était cependant que rarement au rendez-vous. Quelques-uns des enfants avaient rejoint des oncles et tantes en Amérique ou en Palestine, et un ou deux avaient retrouvé un frère ou une sœur (ou, comme Mirella et Fiorina, n'en avaient jamais été séparés), mais aucune mère ni aucun père n'avait récupéré le moindre d'entre eux depuis leur arrivée en Angleterre. Pas un seul.

Jusqu'à présent.

Instinctivement, la main de Tasha se porta à son sac à main et la balançoire se mit à pencher de côté, si bien qu'elle cessa de la relancer et se laissa aller. Sans le souffle de l'air dans ses oreilles, le silence inhabituel qui régnait à Weir Courtney semblait presque oppressant. Tout le monde était sorti. Les enfants s'étaient rendus à une bruyante fête de village avec Alice et Sophie, mais Tasha n'avait aucune envie de participer aux activités pittoresques des villageois anglais. Mina et Golda étaient à Londres avec Manna, pour assister aux grandes célébrations devant le palais de Buckingham – mais Tasha avait également refusé de les accompagner. Elle ne voulait pas retourner à Londres et elle ne voulait surtout pas courir le risque de croiser Georg. Le quitter à nouveau aurait été trop difficile.

— Comment est-il possible que cet idiot-là me manque ? murmura-t-elle à l'intention d'un merle qui s'était posé dans le chêne.

Ce dernier la regarda curieusement, la tête penchée de côté, comme s'il réfléchissait un instant à une réponse – mais il n'en trouva aucune, apparemment, car il s'envola à nouveau sans rien ajouter. Tasha le regarda faire avec envie.

— Tasha ?

Elle se retourna pour voir Alice se débattre sur la pelouse, deux chaises pliantes bringuebalant contre ses genoux.

— Qu'est-ce que tu fais ici ? demanda-t-elle.

La remarque n'était pas très sympathique, mais elle avait l'impression d'être surveillée en permanence.

— Je suis revenue prendre des chaises, dit Alice. Tu es sûre de ne pas vouloir te joindre à nous ?

— Pour boire de la bière chaude, lancer des bottes de foin par-dessus des poteaux et danser avec des cloches attachées aux genoux ? Non merci, ça va.

— La danse Morris n'est pas si différente des danses folkloriques polonaises ou allemandes.

— Sauf que les Anglais sont encore en vie pour l'exécuter.

— Hormis tous leurs jeunes hommes qui sont partis en Pologne et en Allemagne se faire tuer pour notre liberté.

Tasha se mordit la lèvre. Elle l'avait bien mérité.

— Je suis bien ici, dit-elle fermement, se forçant à ajouter : merci beaucoup.

— Londres te manque ?

— Non !

— Le foyer ?

— Certainement pas.

— Georg ?

Seigneur, cette femme cessera-t-elle un jour de se mêler des affaires des autres ?

— Je ne veux pas parler de Georg.

Alice posa les chaises, comme si Tasha avait dit le contraire de ce qu'elle venait d'affirmer. Elle était réellement exaspérante.

— Ça te ferait peut-être du bien, tu sais. Il a joué un rôle important dans ta vie, après tout. Vous avez survécu ensemble à Auschwitz…

— Je m'en souviens très bien, merci.

Elle se souvint du moment où ils avaient essayé d'ouvrir la porte de leur baraquement, partageant un regard d'incrédulité horrifiée en comprenant que les nazis les avaient enfermés pour les laisser mourir là. Mais ils n'étaient pas morts.

— Vous étiez ensemble à Theresienstadt l'année dernière, à la même époque, dit Alice.

Tasha serra les dents.

— Je me souviens de ça aussi.

La sensation de sa main dans la sienne, alors que Dunant lisait la déclaration d'armistice, ses bras enserrant sa taille alors qu'il la faisait tourner en l'air…

— Et bien sûr, Windermere…

— Je sais tout ça, Alice !

Les promenades à vélo et leur premier baiser, assis dans une barque sous une lune argentée, avant d'être rappelés comme des enfants par Oskar. Et sauvés par Alice.

— Je sais, dit-elle à nouveau, plus doucement. Et je l'aimerai toujours pour tout ça, mais ce n'est pas suffisant pour construire une vie. Georg ne fait que poursuivre des rêves et ne propose rien de concret.

— Il n'est pas à la hauteur de son travail ?

— Eh bien, si…

— Fait-il des économies ?

— Un peu.

— Se fait-il des amis ?

— Oui, pour ça, je ne me fais pas de souci pour lui.

— Il s'enracine, alors…

— Non ! Il se moque des racines. Je lui ai dit une fois que sans elles, n'importe quel arbre tomberait au premier coup de vent, mais il n'en voit pas l'utilité. Les racines ne sont pas assez brillantes, pour lui. Tout ce qui l'intéresse est en surface.

Alice fronça les sourcils.

— N'est-ce pas un peu injuste de ta part, Tasha ?

— Injuste ?!

— Peut-être que ce qui n'est pas en surface lui est douloureux ?

— Peut-être. Mais s'il veut partager sa vie avec moi, il doit comprendre que j'ai ce besoin.

Alice s'appuya contre l'arbre.

— Je suppose que tu as raison. Je ne suis pas la meilleure personne pour répondre à ces questions.

Tasha résista à l'envie de lui faire remarquer que c'était bien elle qui était venue lui poser des questions, et pas le contraire.

— Tu n'as *jamais* eu de petit ami ? demanda-t-elle.

Alice se redressa.

— J'ai déjà eu un prétendant, je te remercie !

Tasha la regarda, intriguée.

— Quand ?

— En 1917. Il s'appelait Heinz, et il était très gentil. Très charmant.

— Tu étais amoureuse de lui ?

Alice changea de position, visiblement gênée.

— Je n'irais pas jusque-là. Disons que nous n'avons pas eu le temps de faire avancer les choses sur ce point précis.

— Pourquoi ?

Alice leva la tête et la regarda droit dans les yeux.

— Parce qu'il est mort, Tasha. Il a été tué dans les Flandres, deux semaines après avoir été appelé sous les drapeaux.

— Ah ! (Tasha regrettait d'avoir posé la question.) Je suis désolée.

— Merci.

La jeune fille réfléchit un instant.

— Mais vous n'étiez pas… enfin, tu vois, engagés ? Il ne t'avait pas demandé de l'épouser ?

— Est-ce que ça a vraiment de l'importance ? Georg t'a demandé de l'épouser, mais je n'ai pas l'impression que ça a beaucoup fait avancer les choses.

Tasha retint sa respiration et Alice prit soudain une expression mortifiée.

— Oh, je suis désolé, Tasha, ce n'était pas gentil de ma part.

Tasha éclata de rire.

— Heureuse de voir que tu sais te défendre, Alice.

La femme plus âgée secoua violemment la tête.

— Eh bien je n'en suis pas fière, pour ma part. Je crois qu'il y a déjà eu bien assez de méchanceté dans ce monde pour vouloir en rajouter. Je ne sais pas pourquoi, mais la guerre est terminée, et pourtant personne ne semble pouvoir voir les choses du bon côté et se contenter d'être heureux.

Tasha la fixa un instant. Elle avait l'impression d'entendre un des discours de Georg, seulement cela semblait inconfortablement juste dans sa bouche à elle, et elle ressentit un soudain besoin de s'expliquer.

— Le fait est que tant que je n'aurai pas retrouvé ma mère, ou tant que je ne saurai pas… ce qui lui est arrivé… je crois que je ne pourrai jamais considérer que la guerre est vraiment terminée…

Alice poussa une des chaises pliantes du pied.

— Je comprends, Tash, mais aujourd'hui au moins, nous pourrions essayer.

Tasha soupira et se leva de la balançoire. Il était impossible de rester fâché contre Alice ; c'était une personne trop bienveillante pour ça.

— Très bien, allons-y, dit-elle en prenant l'une des chaises, je vais t'aider. Mais je te préviens ! Je m'en vais à la première personne qui essaie de m'accrocher des cloches aux genoux !

Alice lui adressa un large sourire.

— Entendu ! Alors, allons…

Mais elle fut interrompue par un cri strident qui déchira le ciel anglais.

— Les nazis ! Fuyez ! Les nazis sont là !

24

Alice

Alice rejoignit le terrain de cricket en haletant et découvrit que les célébrations du jour de la victoire de Lingfield étaient en plein chaos. Des bénévoles observaient, désemparées, Suzi et Judith se recroqueviller sous les nappes qu'elles avaient installées. Marta et d'autres s'étaient réfugiés derrière la roue de la tombola, les filles Bellucci avaient escaladé un chêne et Mattias avait sauté dans une mare aux canards et essayait de se dissimuler sous l'eau en bafouillant. La scène aurait été comique si leurs visages n'étaient pas empreints d'une terreur absolue.

— Sauvez-nous des nazis ! supplia Moishe en s'adressant à deux hommes qui jouaient aux quilles. Allez chercher vos armes ! Vous devez aller chercher vos armes !

Alice se précipita au cœur du chaos et saisit Sophie par les épaules.

— Que se passe-t-il ?

En guise de réponse, Sophie désigna le champ situé au-delà du terrain de cricket. Un groupe d'hommes en combinaisons rayées étaient surveillés par des policiers en uniforme, tandis qu'ils récoltaient des pierres dans le sol. Il devait s'agir de prisonniers de guerre effectuant des travaux d'intérêt général avant d'être renvoyés dans leur pays d'origine, mais Alice pouvait voir, d'après la réaction et les commentaires des enfants, que la scène leur rappelait vraisemblablement des choses qu'ils avaient vues dans les camps. Dans leur peur viscérale, les enfants n'avaient pas compris que c'étaient bien des nazis qui étaient maintenus prisonniers.

Elle regarda autour d'elle, réfléchissant à un moyen de les rassurer en toute sécurité, mais son regard tomba sur Mme Smythe, la présidente peu amène du comité du village.

— Mademoiselle Goldberger, vos enfants perturbent la commémoration !

Alice se redressa soudain.

— Madame Smythe, votre comité a permis qu'une scène rappelant brutalement les camps de concentration soit jouée sous les yeux de ces enfants, qui tentent péniblement de s'en remettre. Nous, les adultes, pouvons considérer l'inversion des rôles comme une vengeance juste, mais les enfants ne peuvent pas réagir de la sorte et ne voient que la violence du rapport de force – et qui pourra les en blâmer ?

Mme Smythe, à son crédit, devint livide. Elle se tourna vers les prisonniers, que leurs gardiens, loin d'être compatissants, harcelaient du bout de leurs crosses, puis revint vers Alice.

— Mon Dieu, je suis vraiment désolée. Je vais leur dire de repartir immédiatement.

Elle traversa le terrain de cricket et rejoignit le chef de la garde, sous le regard de l'ensemble des villageois. Au début, ce dernier sembla prendre un air hautain, brandissant un papier qui devait faire état d'un ordre officiel, mais il ne faisait pas le poids face à Mme Smythe et ses épaules s'affaissèrent bientôt. Jetant un regard désolé aux festivités interrompues, il emmena ses prisonniers à rayures un peu plus loin et l'on commença à entreprendre la tâche la plus difficile : tirer les enfants de leurs cachettes.

Alice rejoignit le stand de pêche aux canards pour tendre la main à Mattias, qui tremblait tellement qu'elle dût entrer elle-même dans l'eau et le soulever, tout dégoulinant, pour le sortir de la petite piscine. Sir Benjamin était parvenu à faire sortir les enfants de sous leurs tables à l'aide de friandises, Tasha avait fait de même au niveau de la tombola et Sophie avait fait descendre

Mirella et Fiorina du chêne. Les joueurs de quilles parvinrent à calmer Moishe par un moyen peu conventionnel, mais apparemment efficace, consistant à lui montrer comment neutraliser un agresseur à l'aide d'une quille en bois et, lorsque les deux violonistes de la troupe de Morris entonnèrent un air doux et mélodieux, la paix sembla revenir sur le terrain de cricket.

Alice s'effondra au sol en serrant Mattias dans ses bras tandis que les autres la rejoignaient. Elle était consciente que les villageois l'observaient et voyait les mères tenter d'expliquer ce comportement curieux à leurs enfants. Elle se demandait ce que les familles d'ici avaient dit à leurs enfants à propos des orphelins de Weir Courtney. Une partie d'elle ne voulait pas qu'ils sachent ce que leurs nouveaux camarades de classe avaient enduré, mais une autre, plus dure, estimait qu'il n'était pas juste que toute cette souffrance ne repose que sur leurs épaules. Non pas que cela permette d'atténuer la souffrance de ses petits protégés, bien sûr. Ces derniers étaient livides, en état de choc, la vue de ces prisonniers en uniformes rayés ayant réveillé des traumatismes enfouis au plus profond d'eux-mêmes.

Oskar aurait été fasciné par cette réaction de groupe, pensa-t-elle, et elle essaya de noter certains détails pour les lui raconter lors de sa prochaine visite, mais elle se sentit aussitôt grossière et insensible. L'étude scientifique était importante et permettrait d'aider d'autres enfants par la suite, elle en était convaincue, mais la seule chose qui la préoccupait en cet instant était ces petits êtres tremblants assis en cercle autour d'elle. Elle devait les aider, et la seule chose qui lui vint à l'esprit fut de faire preuve d'honnêteté.

— Certains des hommes que vous avez vus dans le champ voisin étaient des Allemands, dit-elle aux enfants. Mais pas les gardes, ajouta-t-elle aussitôt. Les Allemands étaient les prisonniers. Ce sont des prisonniers de guerre. Ils sont emprisonnés et ne sortent que pour travailler, surveillés par des policiers anglais. C'est leur punition pour ce qu'ils ont fait, et ils ne peuvent pas vous atteindre ni vous faire de mal.

Les enfants la regardèrent fixement, prenant peu à peu conscience de la situation.

— Pourquoi est-ce qu'ils sont toujours en vie ? demanda Moishe. Ils devraient être morts, comme le sont mon père et ma mère.

Alice ravala les larmes que sa petite voix chargée de douleur avait fait monter en elle. Elle devait rester calme, pour eux – mais c'était si difficile.

— Parce que tuer, c'est mal, dit quelqu'un d'autre à sa place. (C'était Tasha.) Seuls les barbares tuent ainsi.

Moishe la regarda avec curiosité.

— C'est quoi, des barbares ?

— Des hommes et des femmes sauvages. Non civilisés, rustres et primitifs.

Moishe croisa les bras.

— Moi, je voudrais être un barbare pour tuer les Allemands.

— Écoute, Moishe… commença Alice, mais Tasha poursuivit.

— Moi aussi, dit-elle. En vérité, Moishe, ce que j'aimerais vraiment faire, c'est aligner tous les nazis qui existent sur terre et leur donner des coups de poing, des coups de pied et des coups de couteau, comme ils l'ont fait pour nous. J'aimerais leur faire porter des cadavres sur le dos, comme ils l'ont fait à nos mères. J'aimerais les faire courir, sans jamais s'arrêter, jusqu'à ce qu'ils s'effondrent, comme ils l'ont fait à nos amis. J'aimerais les fusiller, les pendre, et j'aimerais vraiment, profondément, les entasser eux aussi dans des chambres à gaz et les laisser mourir en hurlant, en griffant les murs, comme l'ont fait tant des nôtres.

— Tasha, c'est trop ! objecta Alice.

Mais Sophie posa une main sur son bras et désigna les enfants d'un signe de tête. Tous écoutaient, captivés, et Alice se rendit compte que ces mots ne les choquaient pas comme ils la choquaient elle, et comme ils choquaient certainement les quelques villageois assez proches pour entendre. Pour ces pauvres enfants, cette brutalité-là était un simple fait. C'était ce qu'ils avaient vu chaque jour, jour après jour, et il fallait leur donner une chance d'assimiler ces faits de manière ouverte, sans jugement. Alice se tut, écoutant attentivement.

— Mais si nous faisions cela, dit Tasha, nous serions aussi mauvais qu'eux. Qui ici veut devenir un nazi ?

Les enfants secouèrent la tête avec véhémence.

— Moi non plus. Les nazis étaient vicieux, cruels et méchants. Nous pouvons être meilleurs qu'eux. Nous pouvons être gentils, intelligents et aimants. Nous pouvons montrer que nous savons respecter tous les autres êtres humains, même ceux qui sont différents de nous. Et c'est difficile. C'est vraiment difficile, et ça ne devient pas plus facile en grandissant, croyez-moi. Mais nous devons apprendre à devenir de bonnes personnes. Il n'y a que *comme ça* que nous pourrons dire que nous avons gagné cette guerre.

Silence. Quelque part derrière eux, les danseurs de Morris recommençaient leur ronde. Alice repensa à Tasha lorsqu'elle lui avait dit qu'elle ne resterait pas si quelqu'un tentait d'accrocher la moindre cloche à ses genoux, et ressentit une bouffée d'affection pour cette jeune fille aux cheveux de feu. Elle posa une main sur son bras.

— Bien dit, Tasha.

Tasha la regarda, un peu étonnée.

— Je ne sais pas trop d'où c'est sorti, avoua-t-elle.

— De ton cœur, dit Alice. De ton très grand cœur.

Tasha lui fit un sourire étrange.

— D'habitude, je le cache mieux que ça.

— Oui, reconnut Alice. Mais il n'en est pas moins toujours là.

Tasha chercha son précieux sac à main à tâtons.

— Ça fait du bien de se sentir utile, pour une fois, dit-elle tristement.

Alice la regarda avec curiosité, mais elle évita son regard et se leva d'un bond.

— On rentre à la maison ?

Les enfants n'avaient plus la tête à la fête et tous acquiescèrent. Alice écarta doucement Mattias de ses genoux et se leva lentement, ne remarquant pas sa robe humide tant elle était occupée à observer Tasha qui, visiblement mal à l'aise, guidait les enfants hors du terrain de cricket. Elle avait semblé heureuse ici – à l'exception de sa nostalgie évidente pour Georg – et Alice ne s'était même pas rendu compte à quel point elle se sentait inutile. Quel manque de jugement de sa part ! Cette jeune fille avait dix-sept ans, et elle voulait pouvoir s'accomplir dans un métier rémunérateur – mais que pouvait-elle faire ? Elle avait très clairement fait savoir ce qu'elle pensait du métier de puéricultrice et, pour être honnête, Alice considérait elle aussi que ce n'était pas fait pour elle. Mais alors, quoi ?

Ils repartirent sous les regards inquiets des habitants. Certains enfants du quartier offrirent les jouets qu'ils avaient gagnés à la tombola. Les mères chargèrent leurs bras de gâteaux et de biscuits, et Mme Smythe vint les assurer personnellement qu'elle ferait envoyer « les méchants hommes loin, très loin ». Alice en ressentit de la reconnaissance, mais rien de comparable avec le fait de voir la forte silhouette de Tasha qui s'avançait à leur tête, les enfants la suivant en file indienne.

— Ces enfants ont vécu des choses terribles, n'est-ce pas ? dit Mme Smythe, et Alice se contenta d'acquiescer.

Aujourd'hui, le village de Lingfield avait pu constater que s'il y avait tout lieu de se réjouir de la fin de la guerre, le chemin vers la guérison serait plus long pour certains. Ces enfants pouvaient être emmenés aussi loin des camps que possible, cependant les horreurs qu'ils y avaient vécues étaient de celles qui ne s'effacent pas, et ce fut avec le cœur gros qu'Alice les ramena jusqu'à Weir Courtney.

Une fois arrivés, ces derniers se montrèrent apathiques et distraits. Alice et Sophie essayèrent de chanter et de raconter quelques histoires, mais les enfants avaient du mal à tenir en place. Elles tentèrent ensuite d'organiser des jeux sur la pelouse, et certains d'entre eux commencèrent à s'ouvrir ou, du moins, à laisser de côté les horreurs qui les rongeaient de l'intérieur.

Moishe et quelques autres garçons entamèrent une partie de football particulièrement endiablée et Alice fut heureuse de voir Sir Benjamin revenir de sa mission de remise des prix et jouer le rôle d'arbitre. Quelques-uns des plus petits enfants, éreintés, furent heureux de se retirer dans la salle de jeux et de jouer avec leurs poupées, mais Marta, Suzi, Judith, Mirella et Fiorina semblaient agitées et contrariées.

— Pourquoi ne pas essayer de nouvelles coiffures ? leur demanda Tasha.

Leurs regards s'illuminèrent et Alice, qui essayait vainement de les intéresser à un jeu de société, se rassit dans sa chaise en les observant se presser autour de Tasha. Elle avait remarqué que la repousse de leurs cheveux avait été importante pour les filles, et Tasha avait maintenant toute leur attention.

— Comme quoi ? demanda Marta.

Tasha caressa les deux tresses de la fillette.

— Ma mère avait l'habitude de me faire une coiffure très audacieuse. C'était comme une tresse, mais à l'envers, de sorte que les cheveux étaient à plat sur la tête et que la tresse se dressait, un peu comme une *challah*[1].

Mirella et Fiorina applaudirent en même temps.

— Essayons-là !

— Ce n'est pas facile à faire, prévint Tasha. Il me faudra peut-être plusieurs essais.

— On va t'aider !

L'une d'entre elles courut chercher une brosse tandis que Tasha libérait les longs cheveux de Marta de leurs tresses. Elles s'attroupèrent toutes, la langue entre les dents, concentrées sur la confection de la coiffure. Alice observa les doigts fins de Tasha qui allaient et venaient dans les cheveux de Marta et, au bout de dix minutes, vit apparaître la fameuse « tresse à l'envers ». Elle était un peu grossière, au début, mais Tasha la défit à plusieurs reprises et recommença jusqu'à obtenir l'effet souhaité.

1. Pain traditionnel juif proche de la brioche, habituellement tressé.

Sa foule d'admiratrices l'acclama, puis elles réclamèrent la même coiffure à cor et à cri et Tasha s'occupa d'une petite tête après l'autre. Les filles étaient totalement absorbées et levèrent les yeux, étonnées, lorsque Sophie sonna l'heure du thé.

— Viens, s'écria Mirella. Allons montrer nos nouveaux cheveux aux garçons.

— Les garçons ne s'intéressent pas à ces choses-là, dit Fiorina, mais en réalité, Moishe et ses compagnons se montrèrent fort impressionnés lorsqu'ils les rejoignirent.

— Comment est-ce qu'elle a fait ça ? demanda Moishe à Marta.

— Elle est très douée pour les cheveux, répondit quelqu'un, ce qui alluma une étincelle dans le cerveau d'Alice.

Mais bien sûr !

Elle se tourna vers Tasha, tranquillement occupée à ôter les cheveux coincés dans sa brosse.

— Tu es vraiment douée avec les cheveux, Tash.

Tasha rit.

— Oh, ce ne sont que des tresses.

Alice secoua la tête.

— Non, pas seulement. C'était aussi de l'intérêt et du plaisir, et… et de la passion.

Tasha rit encore plus fort.

— N'importe quoi, Alice. On parle de cheveux, là !

Alice pensa à Joyce, à son salon rose et crème, à ses manières joyeuses et à sa philosophie tranquille, qui consistait à transformer ses clientes en leurs *plus belles versions d'elles-mêmes.* Et c'était bien ce que Tasha avait fait cet après-midi.

— Tu aimes la coiffure ?

Tasha haussa les épaules.

— Je suppose que oui.

Elle passa le bout de ses doigts sur les poils de sa brosse, puis ajouta :

— J'avais l'habitude de brosser les cheveux de ma mère, parfois, le soir. Ils brillaient à la lumière du feu et plus je les brossais, plus ils brillaient.

Elle baissa la tête, son rire disparu. Alice vit ses doigts se tendre, comme toujours, vers son petit sac à main, et son cœur se serra. Le Jour de la victoire aurait dû être un jour heureux, une célébration de la paix et de la liberté retrouvées, mais les choses ne s'étaient pas passées comme elles auraient dû. Weir Courtney n'était pas à la fête ce soir, et nul n'avait le cœur aussi gros que cette jeune fille qui avait aidé, plus qu'elle ne l'admettrait jamais, à maintenir ces pauvres enfants abîmés dans le peu de bonheur dont ils étaient encore capables.

Alice aurait aimé retrouver Lydia Ancel. Elle aurait aimé pouvoir la ramener à sa fille si courageuse, si passionnée et si triste, mais le monde n'était pas fait de ce bois-là. Des lettres arrivaient à Weir Courtney presque tous les jours, mais elles ne contenaient toujours aucune information nouvelle. Elle avait récemment appris que d'anciens prisonniers souhaitaient ouvrir un mémorial à Auschwitz et s'efforçaient de rassembler tous les documents qui s'y référaient. Elle priait chaque jour pour que ces archives contiennent des informations sur Max et sa famille, et presque autant pour qu'elles permettent de localiser Lydia. Elle continuerait ses recherches, comme elle le faisait pour tous les autres enfants, mais en attendant, Tasha avait besoin de trouver des raisons de se réjouir.

Il était temps de rendre une nouvelle visite à Joyce.

25

Lingfield, 10 mai 1946

Tasha

— Je n'ai aucune intention de me couper les cheveux.

Tasha regarda Alice, puis le salon aux couleurs vives, avant de se tourner à nouveau vers Alice. Cette femme était-elle folle ? Elle lui avait pourtant dit à quel point elle chérissait le fait que ses cheveux aient repoussé comme ceux de sa mère, et voilà qu'elle lui suggérait maintenant de les couper. Elle se détourna, impatiente de s'éloigner de ce salon, mais Alice lui saisit le bras avec une fermeté surprenante.

— Je ne suggère rien de tel.

— Pourquoi m'emmènes-tu ici, alors ? Je ne suis pas assez bien coiffée à ton goût ? Elle désigna l'enseigne au-dessus de la porte. *Beautiful You*… Quel nom ridicule !

— Tu sais très bien à quel point tu es belle, lui dit Alice.

Bon sang, elle était d'une humeur massacrante ce matin ; Tasha l'admirait presque pour ça.

— Non, je veux juste que tu rencontres quelqu'un.

— Vraiment ? (Tasha jeta un coup d'œil en direction de la fenêtre, confuse.) Qui ?

Comme en réponse, la porte s'ouvrit et une femme plantureuse aux cheveux blonds bouffants (et dont ni l'ondulation, ni la couleur n'étaient naturelles, de l'avis de Tasha) sortit en lançant un sonnant « Bonjour ! ».

— Tu dois être Tasha, dit-elle. Alice m'a parlé de toi. Entrez, mais entrez donc…

Elle leur fit signe de la suivre et il y avait quelque chose de si désarmant dans ses manières que Tasha entra sans protester. L'odeur du salon la frappa d'abord – shampoings luxueux et cheveux chauffés au sèche-cheveux, accompagné d'un soupçon de produits chimiques intrigants. Elle regarda le papier peint crème et or, les lavabos roses, les fauteuils rembourrés et les magazines en papier glacé, et essaya de critiquer cette opulence ostentatoire, sans y parvenir toutefois. Au contraire, quelque chose dans tout cela la faisait se sentir en sécurité, apaisée même.

— Je m'appelle Joyce, dit la femme. Ravie de vous accueillir chez *Beautiful You*.

— C'est un endroit charmant, se contenta de dire Tasha.

— Merci. (Joyce lui adressa un sourire du coin des lèvres.) Ça paraît banal de le dire, mais la vie est trop souvent terne et grise, tu ne trouves pas ?

Tasha hocha la tête, interdite.

— Je me suis donc dit : pourquoi ne pas donner un peu de couleur à tout le monde, comme on le fait en Amérique ?

— Un peu ! s'exclama Tasha.

Puis elle plaqua la main sur sa bouche, horrifiée de sa réaction. Mais Joyce se contenta de rire sans se sentir offensée le moins du monde.

— Disons, beaucoup de couleur. Mais peut-on avoir trop d'une bonne chose ? Laisse-moi te faire la visite.

— À moi ?

Tasha ne savait pas vraiment pourquoi elle était ici, mais elle devait admettre que l'endroit la fascinait et elle suivit Joyce avec plaisir alors que cette dernière lui montrait la station de lavage, les deux zones de coupe, avec leurs immenses miroirs et, le plus intéressant de tout, la mallette de coiffeuse de Joyce – toutes sortes de ciseaux, de tondeuses et de peignes différents réunis dans une même boîte à outils.

— Vous les utilisez tous ? demanda-t-elle, incrédule.

— Oh, oui. Il y a tellement de types de cheveux différents, vous voyez, et vous devez avoir la bonne lame pour ne pas arracher les cheveux. Et puis, il y a les techniques de coupe. Ces tondeuses servent à dégager la nuque pour les coiffures plus courtes, par exemple. Ces ciseaux, qui coupent par le côté, sont utilisés pour faire des carrés bien propres et ceux-ci… (elle brandit une curieuse paire de ciseaux dorés avec une série de dents carrées le long de sa lame.) … servent à éclaircir les cheveux trop épais. Comme les tiens.

Tasha recula d'un pas.

— Je ne voudrais pas avoir les cheveux moins épais.

— Et je respecterais évidemment ce désir si tu étais ma cliente, mais je suggérerais également que le fait d'alléger cette superbe chevelure permettrait à sa charmante ondulation naturelle de se déployer davantage.

Tasha porta la main à ses cheveux.

— Se *déployer ?*

Joyce éclata de rire. Joyce, semblait-il, riait beaucoup.

— Tu crois que je te raconte des salades, c'est ça ?

— Des… salades ?

Tasha se tourna vers Alice pour obtenir une traduction. Son anglais devenait plutôt bon ces derniers temps, mais cette expression-là lui était inconnue. Alice ne semblait pas la connaître non plus.

— Des absurdités, répondit Joyce sur un ton goguenard. J'en raconte pas mal, mais dans ton cas, je le pense vraiment.

Tasha lança un regard accusateur à Alice.

— Tu m'as donc amenée ici pour une coupe de cheveux.

— Non, dit Alice en jetant un coup d'œil à Joyce. Je t'ai amenée ici pour te proposer un apprentissage.

Tasha sentit sa bouche s'ouvrir, mais s'empressa de la refermer. Elle jeta un regard sur le salon rose et crème et essaya de s'imaginer en train de travailler ici. Travailler vraiment ! En tant que coiffeuse ! Ici ! Elle ressentit une pointe de quelque chose qui ressemblait à de la joie, mais se ravisa immédiatement, se disant qu'elle avait dû mal comprendre. Joyce s'attendait sans doute à ce qu'elle lui prépare le thé ou qu'elle nettoie le sol.

— Un apprentissage ?

Joyce lui adressa un sourire franc.

— Oui. Tu travaillerais ici, à mes côtés, et tu apprendrais à couper les cheveux, à faire des permanentes, toutes les ficelles du métier.

— Tu m'apprendrais ?

— C'est l'idée.

— Mais… pourquoi ?

— Et pourquoi pas ? Je suis débordée en ce moment. Avec tous ces hommes qui reviennent de la guerre, la plupart des femmes veulent se refaire une beauté. Et tant de nouvelles tendances arrivent sur le marché que j'ai du mal à suivre. J'ai besoin d'un peu de sang neuf dans cette boutique. Betsy – c'est ma fille – a aussi envie d'apprendre, mais elle a encore un an d'école devant elle, et je ne veux pas qu'elle interrompe ses études. La gestion d'un salon de coiffure demande beaucoup de travail – tenir les comptes, payer les factures et tout le reste – et il faut une certaine dose d'intelligence. Alice dit que tu es intelligente.

— Vraiment ?

— Oui, et tu es douée avec les cheveux, paraît-il. Alice m'a dit que tu savais faire les tresses hollandaises ?

— Je… Oh, vous voulez dire celles qui sont à l'envers ? (Elle rougit.) Je sais les faire, oui, mais je doute qu'il y ait beaucoup de demandes pour ce genre de choses par ici.

— Eh bien détrompe-toi, ma belle. J'en prépare assez souvent pour les anniversaires de jeunes filles, les dîners chics, les mariages…

— Les mariages ?

Tasha pensa instantanément à Georg et à sa promesse – mais il ne lui avait toujours rien proposé, et elle ne pouvait pas l'attendre à rien faire. Cette blonde souriante et compétente lui proposait un apprentissage, et accepter lui semblait la chose la plus logique au monde.

— J'adorerais avoir la chance de travailler avec vous, s'entendit-elle dire, sa voix pétillant d'un enthousiasme enfantin presque embarrassant. (Elle se tourna vers Alice.) Tu l'as encore fait, Alice ! Tu as trouvé le travail parfait ! Vraiment, il n'y en a pas deux comme toi.

— Tais-toi, tu vas me faire rougir ! protesta Alice, mais le compliment semblait lui faire plaisir. Très bien, je vous laisse, alors.

— Maintenant ? grinça Tasha. Je commence maintenant ?

— Le moment présent est toujours le meilleur moment, dit Joyce. Une cliente doit arriver d'une minute à l'autre. Tu peux commencer par observer ta première coupe.

— Je… vraiment ?

Tout allait si vite.

— Tu peux commencer la semaine prochaine, si tu préfères, dit Joyce avec gentillesse.

Sa voix était si douce et si maternelle que Tasha dut se détourner pour masquer une larme. Elle regarda lentement autour d'elle et s'aperçut que ce qu'elle avait trouvé ici – ce qu'Alice avait trouvé pour elle ici – était sa chance de se construire un avenir. Elle aurait été folle de refuser.

— Aujourd'hui me semble parfait, dit-elle. Merci.

Joyce lui adressa un signe de tête et Alice les laissa seules, la sonnette au-dessus de la porte tintant joyeusement tandis qu'elle sortait d'un bond, comme une femme de la moitié de son âge.

— Quelle perle, cette Alice, dit Joyce.

Ce n'était pas exactement comme ça que Tasha l'aurait dit, mais elle comprenait ce que Joyce voulait dire.

— Elle a été très bonne avec moi.

— Ce qui n'a pas été le cas de la plupart de ceux que tu as rencontrés ces dernières années, si j'ai bien compris. Mais trêve de bavardages. On doit te trouver une tenue !

Joyce conduisit Tasha jusqu'à une petite pièce confortable. Une kitchenette, équipée d'un réfrigérateur, d'une cuisinière à deux feux et même d'une bouilloire électrique, était installée le long du mur.

— Tout ça me permet de préparer facilement les boissons pour ces dames, expliqua Joyce en ouvrant un placard pour lui montrer où étaient rangées théières et cafetières. Et pour moi aussi. Il me faut bien mes dix tasses de thé pour passer la journée, dit-elle en adressant un clin d'œil à Tasha. Maintenant, ta tenue. Il faudra utiliser une des miennes le temps que je t'en trouve une à ta taille. Ça risque d'être un peu grand.

Elle s'empara d'un tablier et le passa par-dessus la tête de Tasha. Ce dernier flottait mollement autour de son corps maigre, comme s'il attendait que quelqu'un d'autre vienne la rejoindre, et le rose vif détonnait hideusement avec ses cheveux. Tasha jeta un coup d'œil dans le miroir et grimaça.

— Hmm, dit Joyce. On devrait essayer la version crème. Et ça ferait un joli contraste avec moi, pas vrai ?

Tasha acquiesça bêtement, priant pour qu'aucune de ses connaissances ne passe au salon. Mais il y avait peu de chances. Les seules personnes qu'elle connaissait étaient les autres orphelins et ils n'avaient aucune raison de se présenter ici.

— Je ne suis pas orpheline, maugréa-t-elle.

— Tu dis, ma belle ?

— Rien, Joyce.

— Très bien. Alors, accrochons ce sac à main au crochet, et nous pourrons… Ow !

Elle avait saisi le sac à main de Tasha et cette dernière avait instinctivement repoussé son bras. Joyce recula en titubant, heurtant le plan de travail de la cuisine, et Tasha se précipita vers elle.

— Je suis désolée. Je suis vraiment, vraiment désolée. C'est seulement que… je ne me sépare jamais de ce sac.

Joyce se redressa prudemment.

— Pourquoi ?

— Qu'est-ce que ça peut faire, à la fin ? lança Tasha d'un ton féroce.

Joyce mit les mains sur ses hanches, tout sourire envolé.

— C'est de moi que dépend le fait que tu vas travailler ici ou pas, jeune fille. Et je ne vais pas laisser un sac rugueux heurter mes clients pendant qu'ils essaient de se détendre, n'est-ce pas ?

Une partie de Tasha pouvait comprendre la logique, mais cette logique se voyait brouillée par une colère toujours prête à s'exprimer. Qu'importait le confort de quelques dames de la moyenne Angleterre par rapport à sa mère, perdue et probablement blessée, quelque part dans le chaos de l'Europe d'après guerre ?

— Je ne l'enlèverai pas, répéta-t-elle.

Joyce croisa les bras.

— Alors tu ne travailleras pas ici.

La joie intense que Tasha avait ressentie dix minutes auparavant avait disparu aussi vite qu'elle était arrivée. À quoi s'attendait-elle, d'ailleurs ? Comment avait-elle pu croire que la chance lui souriait enfin ? Quelle idiote elle avait été.

— Très bien.

Enlevant son tablier rose vif, elle se dirigea vers la porte.

— Attends ! appela Joyce. Je… je m'excuse.

Tasha se figea, confuse. Elle s'excusait ?

— Ce sac est de toute évidence très important pour toi, mais… s'il te plaît, explique-moi pourquoi.

Tasha posa ses deux mains sur le sac et se retourna lentement.

— C'est là que je garde la mèche de cheveux de ma mère. C'est la seule chose qui me reste d'elle et je ne veux pas la perdre.

Joyce la dévisagea, puis, à sa grande surprise, s'avança vers elle et l'enveloppa de ses bras chauds.

— Je suis désolée, dit-elle. Ta mère est morte ?

— Non ! dit Tasha en se reculant vivement. C'est-à-dire que je ne sais pas. Je n'en sais rien du tout. La dernière fois que je l'ai vue, c'était à Auschwitz, quand elle a été poussée dans la neige avec toutes les autres femmes. Les nazis nous ont enfermés, nous les enfants, dans notre baraquement, et je n'ai pas pu la suivre. Nous n'avons même pas eu l'occasion de nous dire au revoir. (Tasha ferma les yeux pour empêcher les larmes de monter, mais les images s'imposaient à son esprit.) J'ai grimpé jusqu'à l'une des minuscules fenêtres pour essayer de la voir, mais les prisonniers étaient déjà poussés vers les portes. J'ai aperçu ses cheveux avant qu'elle ne les recouvre d'un châle, et puis plus rien – elle a disparu.

— Ma pauvre, pauvre chérie.

Joyce la serra à nouveau contre elle et cette fois, Tasha ne résista pas. Les bras de la coiffeuse étaient si forts et si affectueux, sa poitrine, si douce et, alors qu'elle s'affaissait contre elle, elle perçut les battements réguliers de son bon cœur contre son oreille.

— A-t-on essayé de la retrouver ? demanda timidement Joyce.

— Oh oui, dit Tasha, il y a des tas d'organisations humanitaires qui collectent des tas de listes, mais jusqu'à présent… rien. Je demande à chaque fois que je peux, et Alice aussi, mais elle pourrait être n'importe où en Europe et je ne peux rien faire de plus. Puis j'ai eu connaissance de ce programme pour venir en Angleterre et Georg m'a persuadée de venir…

— Georg ?

— Un garçon. Un idiot.

— Je vois.

— Alors je suis venue, mais je suis loin du continent, maintenant, et je ne sais pas comment je vais faire pour la retrouver.

Joyce lui caressa les cheveux.

— Tu n'en auras pas besoin, ma belle.

Tasha lui lança un regard noir.

— Vous pensez qu'elle est morte ? Comme Georg, comme…

— Non, je ne pense pas qu'elle soit morte. Je veux dire, je n'en sais rien. Mais si elle est vivante, il y a une chose que je sais : elle remuera ciel et terre pour te retrouver.

— Vous croyez ?

— Bien sûr. C'est ta mère.

— Eh bien, oui elle l'est…

— Tu es donc la chose la plus précieuse au monde pour elle.

D'autres larmes frémirent dans les yeux de Tasha, mais moins amères qu'à l'accoutumée.

— C'est ce que vous pensez ?

— Je n'ai pas le moindre doute. Si j'avais été séparé de ma Betsy, j'aurais fouillé le monde pierre par pierre pour la retrouver. Certaines personnes doivent savoir que tu es ici, pas vrai ?

— Oui, c'est le cas. Nous figurons sur des listes publiques et ils ont même fait quelques articles sur nous.

— Alors, elle va te retrouver.

— Vous le pensez vraiment ?

— Si elle en a la possibilité, oui. Et quand elle le fera, Tasha, tu seras à mi-chemin de devenir coiffeuse pour pouvoir subvenir à vos besoins à toutes les deux, prendre un appartement ensemble, recommencer une nouvelle vie.

C'était une idée séduisante. Bien plus séduisante encore que les fauteuils roses, le shampoing de luxe et les vingt types de ciseaux différents.

Tasha essuya ses larmes.

— Vous êtes quand même d'accord pour me laisser travailler ici ?

— Si c'est ce que tu veux, oui. Seulement, on ne peut vraiment pas te laisser porter ce sac – elle leva la main pour parer aux objections de Tasha – mais je peux l'enfermer dans mon coffre-fort pendant que tu es ici, où il sera en sécurité. (Elle indiqua un coffre-fort d'apparence solide, encastré dans le mur.) Cela te convient-il ?

La cloche de la porte retentit et Tasha vit une femme âgée entrer en clopinant, appuyée sur une canne, avant de se redresser pour regarder autour d'elle.

— Je suis d'accord, dit-elle. Merci, Joyce. Et, euh, je suis vraiment désolée de vous avoir… vous savez… bousculée.

Joyce retrouva le sourire.

— Et moi je suis désolée d'avoir essayé de te prendre ton sac. J'ai un tempérament assez vif, tu sais.

— Moi aussi, répondit Tasha en baissant les yeux.

— Alors, nous allons toutes les deux faire un petit effort, et ça va aller, pas vrai ?

Tasha acquiesça et, serrant les dents, elle retira son sac et le tendit à sa nouvelle patronne. Joyce le prit avec délicatesse et, ouvrant le coffre-fort, l'enferma à double tour. Tasha tira sur sa tunique trop large, se sentant presque nue sans ce sac qui l'avait accompagnée depuis le camp d'Auschwitz. Mais ce fut le cœur léger qu'elle suivit Joyce pour entamer son premier jour de travail comme apprentie coiffeuse.

Elle regarda le fauteuil rembourré sur lequel Joyce installait sa cliente et imagina Lydia s'y asseoir et croiser le regard de Tasha dans le miroir, leurs visages se reflétant enfin l'un l'autre.

« Tu peux le faire, ma fille, sembla lui dire Lydia », et Tasha acquiesça, des larmes venant brouiller sa vision.

— Je vais faire en sorte que ça marche, maman, murmura-t-elle. Je vais nous créer un avenir – à toutes les deux. Tout ce que tu as à faire, c'est me retrouver.

26

Třebíč, 10 mai 1946

Lydia

Lydia détacha ses cheveux de leur grossier chignon et les laissa tomber autour de son visage avant de les plonger dans la rivière Jihlava. La liberté, enfin ! Après six semaines atroces dans l'« auberge » soviétique, même la boue de la route et une couche de paille pour dormir lui paraissaient merveilleuses. Moscou avait finalement décidé qu'elle ne représentait pas une menace pour l'État soviétique, et elle avait été libérée deux semaines plus tôt. Les gardes avaient été très surpris de la voir reprendre le chemin de l'Allemagne, mais elle préférait contourner cette maudite zone soviétique plutôt que de devoir affronter un nouveau contrôle de l'autre côté. Son corps malade ne pouvait plus se permettre d'attendre.

Plongeant toute sa tête dans l'eau claire, Lydia la sentit frémir de vie. Malgré le soleil printanier qui l'éclairait avec bonheur, la rivière était d'un froid à couper le souffle, et elle n'avait que très peu de souffle à perdre. Malgré cela, elle ne bougea pas la tête, souhaitant que le courant nettoie sa chevelure et la débarrasse des nœuds qui y devenaient de plus en plus nombreux et étendus. En Tchécoslovaquie (où elle était finalement entrée), elle avait été accueillie par une incessante pluie printanière qui avait changé les chemins en pistes boueuses. Elle rejeta ses cheveux mouillés en arrière, heureuse de voir un peu de son roux naturel revenir.

Rassérénée, elle tourna le regard vers Třebíč, une petite ville tchèque de conte de fées aux allées pavées et aux maisons blanchies à la chaux. Elle se trouvait à quelque cinq cents kilomètres de Feldafing, mais il restait encore trois cents kilomètres à parcourir jusqu'à Auschwitz. Il lui avait fallu une éternité pour arriver jusqu'ici, mais sa destination lui paraissait toujours aussi abstraite, toujours aussi impossible à atteindre. Elle se laissa tomber sur un muret, luttant pour retrouver le courage de continuer.

— Je veux juste qu'elle soit en sécurité, gémit-elle à l'intention de la rivière insouciante. Je veux juste savoir que Tasha est en sécurité.

Ce n'était pas tout à fait vrai. Elle voulait aussi la prendre dans ses bras, lui parler, la combler de tout son amour et lui dire combien elle était désolée de l'avoir abandonnée.

Mais elle sait cela, se dit-elle sévèrement. Tasha n'était plus une enfant, il ne servait à rien de verser dans le pathos. Elle lui avait toujours dit de rester forte. Elle lui avait promis qu'elles se retrouveraient. Et elles se retrouveraient.

Mais c'était tellement long.

Lydia passa une main sur ses cheveux mouillés, regrettant soudain sa toilette imprudente. Ses poumons étaient faibles et elle craignait qu'il ne leur reste qu'un nombre limité de respirations avant qu'ils ne s'enrayent inévitablement. Mais elle n'était pas une machine, elle était un être vivant. L'exercice la rendrait plus forte, c'était ce qu'avait dit le médecin. Ce dernier ne pensait pas, sans doute, à une randonnée de près de huit cents kilomètres.

Lydia s'autorisa un sourire en coin et se remit debout. C'était le soir et Třebíč s'enfonçait dans l'ombre, mais des lumières s'allumaient à chaque fenêtre, se répandant sur les pavés comme autant de flaques d'or. Lydia arriva sur une petite place avec des bancs tout autour et quelques rosiers au centre. De l'autre côté, un solide bâtiment de couleur crème montrait de hautes fenêtres cintrées, elles aussi éclairées. Elle s'approcha et retint son souffle, car là, clouée à un modeste montant de porte, se trouvait une mezuzah.

— Une synagogue !

Lydia fixa le bâtiment avec incrédulité. Elle avait l'impression d'observer un animal dont l'espèce était réputée éteinte et n'osait s'approcher, mais un homme sortit sur les marches – un homme avec une barbe bien taillée et une kippa d'un blanc éclatant sur la tête.

— Rabbi ? demanda-t-elle, n'osant y croire.

— Mon enfant ! Entre, entre, je t'en prie.

Il la conduisit dans la synagogue aux murs blanchis à la chaux, toute simple, et dont les murs étaient ornés de textes de la Torah, comme autant de lettres d'un passé magnifique.

— Que le Seigneur te bénisse, mais tu as froid. Et, mon Dieu, tu tousses comme un morse.

Un rire s'échappa des lèvres de Lydia, le premier depuis très longtemps, mais il se transforma rapidement en une nouvelle quinte de toux.

— Oh, ma pauvre enfant, nous ne pouvons pas tolérer cela. Tu vas venir te restaurer avec nous, et nous raconter ton histoire. Nous allons t'aider.

Lydia songea qu'elle n'avait jamais entendu de plus belles paroles.

Plus tard, à la table du rabbin, autour d'une délicieuse soupe au poulet, Lydia termina son récit et vit l'homme échanger un regard horrifié avec sa femme.

— Que nous ont-ils fait ? gémit-il. Dieu nous vienne en aide, que nous ont-ils fait ?

— Rien qui n'ait déjà été fait auparavant, déclara sa femme avec sagacité. Mais ils ont échoué. Bien qu'ils ne soient pas passés loin du but, cette fois. Nous allons tout reconstruire, comme nous le faisons toujours – âme après âme.

Lydia la regarda avec curiosité.

— Comment avez-vous pu rester là ? demanda-t-elle. Comment leur avez-vous échappé ?

Le rabbin sourit.

— Le Seigneur nous a envoyé des amis, de bons chrétiens qui nous ont cachés, et Třebíč n'est pas un village très important, comme vous avez pu le constater. Nous avons eu la chance de rester à l'abri du mal jusqu'à la fin de cette terrible guerre, afin de pouvoir restaurer la synagogue et offrir un abri aux quelques autres qui, comme vous, ont échappé au pire.

Il sourit à nouveau.

— Où vous rendez-vous, mon enfant ?

— Auschwitz, dit-elle, et elle le vit échanger un autre regard avec sa femme. Je cherche une trace de ma fille.

— Je vois. (Il joignit les mains en forme de prière.) Alors je peux peut-être vous aider. J'ai des amis dans l'armée américaine, des frères juifs dont je m'occupe. Ce sont des hommes bons et, surtout, ils ont des camions, beaucoup de camions, qui circulent dans toute la région. Je peux sûrement vous trouver une place pour Ostrava, si cela peut vous aider ?

— Ostrava ?

Lydia s'efforça de se remémorer les cartes qu'elle avait dessinées sur papier avant de partir de Feldafing en 1945, mais sa mémoire n'était plus ce qu'elle était.

— Ostrava est proche de la frontière polonaise, expliqua le rabbin.

— La Pologne ! Mon pays !

— Une fois la frontière franchie, il ne reste plus qu'une cinquantaine de kilomètres à parcourir pour atteindre Auschwitz.

Cinquante kilomètres.

Autrefois, quand elle était une commerçante de Varsovie avec bonne et talons hauts, cinquante kilomètres lui auraient semblé une distance considérable ; aujourd'hui, c'était un rien vertigineux.

— Oui, s'écria-t-elle. Oui, je vous en prie.

Dans quelques semaines, elle pourrait y être et découvrir où Tasha était partie. Si elle était partie quelque part. Pour la première fois depuis qu'elle avait quitté Feldafing pour effectuer cet interminable voyage, elle en redoutait la fin.

Non, elle n'est pas morte, se dit-elle. *Elle ne peut pas être morte.* Car si c'était le cas, tous ses efforts n'auraient servi à rien, et elle n'aurait plus qu'à mourir elle aussi. Elle pria simplement pour que quelqu'un, quelque part, s'occupe de sa fille bien-aimée, jusqu'à ce qu'elle parvienne à la retrouver.

27

Londres, juin 1946

Alice

Alice essuya subrepticement la sueur accumulée sous la bande de son élégant couvre-chef et se demanda, pour la vingtième fois de la matinée, pourquoi elle s'était sentie le besoin de mettre des gants. Personne d'autre ne semblait en porter et elle se doutait bien qu'ils étaient pour ainsi dire *passés de mode*, mais les femmes de la West London Synagogue étaient plutôt passéistes, et elle devait faire bonne impression. Il y avait beaucoup à demander.

Fouillant son sac à la recherche de son dossier budgétaire, elle essaya de se souvenir de tout ce qu'Oskar lui avait dit quand elle avait osé avouer que ces visites l'intimidaient.

— Il n'y a pas de quoi être intimidé, Alice, avait-il déclaré en agitant son verre de vin, comme il le faisait lorsqu'il s'échauffait un peu. Vous êtes une femme intelligente et travailleuse. En quoi ces Londoniennes pourraient-elles vous en remontrer ?

— Le style, la prestance et l'élégance ? avait suggéré Alice.

Oskar avait éclaté de rire.

— Laissez de côté ces enfantillages, Alice. Et vous avez autant d'aplomb que n'importe laquelle d'entre elles.

Alice ne l'avait pas cru une seconde, mais ça lui avait fait du bien de l'entendre. Oskar était venu souvent ces derniers temps, pour terminer une étude sur les enfants commandée par l'important *Journal of Clinical Psychology*, à ce qu'il disait

– bien qu'il semble passer autant de temps avec Alice, Sophie et Manna qu'avec les enfants.

— Pourquoi ne pas demander directement aux enfants ? avait-elle suggéré l'autre jour, alors qu'il l'interrogeait sur les angoisses auxquelles ils étaient sujets.

— Vous êtes avec eux chaque jour, Alice. Vos observations sont inestimables.

Ce qui était agréable à entendre, bien sûr, même si elle ne pouvait s'empêcher de penser que les opinions immédiates des enfants ne pouvaient que l'être encore plus. Mais c'était bien lui le psychanalyste – alors qu'en savait-elle ?

Le bus approchait de la synagogue de West London et Alice rassembla ses affaires, avant de se diriger d'un pas mal assuré vers l'avant du véhicule. Elle sentait son estomac se serrer sous l'effet d'une nervosité trop familière et se félicitait de ce que ses gants l'empêchaient de transpirer contre le dossier du siège lorsque le bus s'arrêta en cahotant. Elle vérifia à nouveau son dossier, remarquant, glissée à l'intérieur, l'enveloppe qu'Oskar lui avait remise la veille.

— Un petit supplément, avait-il dit, pour vous montrer à quel point nous apprécions votre travail. Achetez-vous quelque chose de bien – une nouvelle robe peut-être, une jolie robe à fleurs comme celle de Manna.

Alice ne savait quoi en penser. Manna portait de jolies robes, mais elle avait vingt ans de moins qu'elle et le genre de corps voluptueux qui va bien dans une jolie robe. Alice était plutôt du genre à porter jupe et gilet. Pourtant, elle pouvait toujours s'acheter un nouveau chemisier et il lui resterait un peu d'argent pour…

— Interdiction de le dépenser pour les enfants, avait insisté Oskar.

C'était le problème avec ces psychanalystes : ils avaient le mauvais goût de lire dans vos pensées.

— Ils grandissent vite, Oskar. Ils ont besoin de beaucoup de choses.

— Et ce sera toujours le cas, mais vous avez des besoins vous aussi.

C'était gentil de sa part et elle appréciait le geste. Elle avait guetté les magasins par les vitres du bus et y avait aperçu une boutique d'allure raisonnable, suffisamment tentante pour lui donner le courage dont elle avait besoin pour survivre à cette réunion.

Tu n'as qu'à te rendre à la synagogue, remettre ton budget et déclarer ce dont tu as besoin pour le mois à venir, se dit-elle. *Quel est le pire qu'elles puissent faire ? Dire non, voilà tout.*

Seulement, il était tout à fait impossible d'être serein à ce sujet, car un « non » signifierait pas de maillots de bain pour les petits, pas de but de football pour Moishe et les garçons. Et pas de cadeau spécial pour Tasha.

Alice monta sur le trottoir et redressa les épaules. Tasha se débrouillait si bien avec Joyce. La semaine précédente, elle leur avait annoncé avec enthousiasme avoir fait sa première coupe. Une simple coupe de frange, mais elle avait été aussi concentrée qu'un chirurgien à sa première incision, et Alice avait adoré l'entendre s'emballer à ce sujet.

— Je vais devenir très douée, Alice, disait-elle. Je vais avoir mon propre salon et quand maman me retrouvera, je gagnerai assez d'argent pour subvenir à nos besoins à toutes les deux.

Il n'y avait toujours aucune nouvelle de Lydia Ancel, pas plus que de Maximillian Goldberger, mais si Tasha parvenait à être optimiste, Alice se devait de l'être aussi. Elle avait également un plan pour aider la jeune fille, un plan qui nécessitait de l'argent et, par conséquent, la coopération des femmes auxquelles elle allait se confronter. Aussi se recueillit-elle une fraction de seconde lorsque Mme Pinto la fit entrer.

— Comment vont les enfants, madame Goldberger ? demanda la présidente une fois qu'Alice se fut assise devant elles.

Sur ce point au moins, Alice était à l'aise. Elle ouvrit ses notes et commença à raconter aux dignes femmes le récital de piano de Mattias qui s'était tenu à la salle communale, le week-end précédent.

— J'espère au moins qu'il a joué de la musique anglaise ? demanda Mme Van Raalte.

Alice se trémoussa sur sa chaise.

— Il travaille actuellement un morceau d'Elgar.

— Très bien, mais qu'a-t-il joué au récital ?

— Bach, admit Alice.

— Bach ?

Les dames levèrent les mains en signe d'horreur.

— C'est son compositeur préféré.

— C'est un compositeur allemand, madame Goldberger.

— Et je suis moi-même allemande, répondit-elle, piquée au vif.

Les dames se regardèrent d'un air inquiet, mais, vraiment, Alice trouvait qu'elles se couvraient de ridicule.

— Tous les Allemands ne sont pas des nazis, dit-elle, comme vous le savez certainement, n'est-ce pas ? Le sauvetage des juifs allemands – sans parler des juifs polonais, hongrois et tchèques – a été l'une des grandes œuvres de charité du Central British Fund, que vous représentez avec la plus grande bienveillance, et je vous en remercie.

— C'est vrai, déclara Mme Pinto en la gratifiant d'un sourire condescendant, mais même en tenant compte de cela, nous pensons, au sein de cette commission, que plus tôt ces enfants deviendront de bons petits Anglais, mieux cela vaudra.

— Je vois.

Alice s'agrippa au dossier de sa chaise pour retenir sa langue. Personnellement, elle pensait que s'il était important que les enfants s'intègrent à la culture locale, il était également vital qu'ils conservent leur héritage culturel. Elle repensa à Tasha et à ce qu'elle lui avait dit à propos des arbres sans racines, et elle était tout à fait d'accord ; mais ce n'était sans doute pas le moment d'en débattre.

— Le professeur de piano de Mattias travaille dur avec lui sur plusieurs morceaux d'Elgar, pour le prochain récital, dit-elle d'un ton pincé.

Qu'elles lui refusent ses leçons après ça, pensa-t-elle, et elle se lança dans son rapport budgétaire. Elle prit soin de détailler les quantités de fruits et de légumes qu'ils cultivaient afin de réduire leur budget et de travailler la notion d'autosuffisance avec les enfants. Elle expliqua que les enfants apprenaient à coudre et à repriser leurs propres vêtements, précisant qu'ils n'avaient besoin que de tissu – ce qui n'était certainement pas difficile à obtenir auprès de la communauté juive, dont une bonne moitié travaillait dans l'industrie textile. Elle leur parla de Mirella et Fiorina, qui avaient créé leur propre « entreprise » en vendant des biscuits et de la limonade faits maison lors des matchs de cricket du village – sans mentionner qu'elles confectionnaient nombre d'amarettis, comme leur mère italienne leur avait appris à le faire. Personnellement, elle pensait que c'étaient les biscuits les plus délicieux qu'elle ait jamais goûtés, mais elle soupçonnait qu'ils ne seraient pas jugés suffisamment anglais par le comité.

— Tout ça me semble formidable, déclara Mme Pinto, alors qu'Alice s'arrêtait, ayant manifestement terminé son discours. Félicitations ! Avec de telles économies, vous serez capable de prendre en charge quelques dépenses supplémentaires.

Alice tourna son regard vers les chevrons du papier peint, à la recherche d'un soutien.

— Nous avons accès à des moyens suffisamment décents pour vivre, acquiesça-t-elle, cependant nous sommes plus dépourvus pour ce qui est du… (Elle ne voulait pas parler de confort, car il s'agissait pour elle de besoins essentiels.) … des aménagements supplémentaires destinés à nous assurer que les enfants grandissent dans de bonnes conditions.

La commission se pencha en avant comme une seule femme.

— Comme ? demanda Mme Van Raalte d'un ton sec.

Alice prit une profonde inspiration.

— Eh bien, Tasha Ancel, l'une de nos filles les plus âgées…

— Celle qui s'est enfuie de son foyer ?

— Celle qui a pris conscience toute seule, et très raisonnablement, qu'elle n'était pas assez âgée pour vivre dans le centre de Londres.

— Le directeur s'est inquiété de savoir où elle avait pu passer, fit remarquer Mme Pinto.

— Je lui ai téléphoné personnellement pour le rassurer. Cette jeune fille était en détresse et avait besoin d'un meilleur abri que ce que le, le…

— Le foyer ? compléta Mme Van Raalte.

Alice grogna intérieurement, mais continua :

— … que ce que le foyer pouvait offrir. Quoi qu'il en soit, Tasha s'est très bien intégrée à Weir Courtney, et elle est d'une grande aide avec les plus jeunes. De plus, elle a décroché un contrat d'apprentissage chez une coiffeuse de Lingfield.

— Une coiffeuse ?!

Les dames, toutes parfaitement coiffées, n'eurent pas l'air impressionnées.

— Elle se débrouille très bien et gagnera bientôt un salaire correct, ce qui est, comme vous le savez, notre objectif pour tous les enfants. Mais elle a besoin d'une paire de ciseaux.

— Des ciseaux ? Mais vous en possédez certainement à Weir Courtney, n'est-ce pas, mademoiselle Goldberger ?

Alice pria à nouveau pour qu'on lui donne la force.

— Nous avons des ciseaux de cuisine et de jardinage, mais pas de ciseaux de coiffure. Ce sont des instruments de précision, m'a-t-on dit, et les coiffeuses en ont généralement plusieurs, pour les adapter aux styles de coupes recherchés.

Alice sourit en se rappelant le visage animé de Tasha, lorsqu'elle lui avait tout expliqué en détail la semaine précédente. Elle avait montré à Alice une photo tirée d'un magazine, montrant la paire de ciseaux qui, selon elle, lui conviendrait parfaitement bien, et l'avait affichée au mur de sa chambre. Elle économisait pour se les offrir, avait-elle dit à Alice, et elle lui avait demandé une boîte pour y mettre les quelques pièces d'argent de poche que Joyce lui donnait. Cependant, il lui faudrait beaucoup de temps pour réunir la somme nécessaire et Alice avait vraiment envie de lui obtenir ces ciseaux. Ils l'aideraient à développer ses compétences professionnelles et, plus important encore, sa confiance en elle.

— Je vois. Et combien coûtent de tels ciseaux ?

Alice prit son courage à deux mains.

— Quinze shillings.

Les dames émirent une protestation étouffée.

— Tant que ça ?

— La société Richards, qui les fabrique, jouit d'une excellente réputation et les lames, m'a-t-on dit, sont extrêmement tranchantes, et fabriquées dans un acier Sheffield particulièrement résistant, gage d'une grande durabilité.

— J'ose l'espérer ! C'est une somme importante, madame Goldberger. Vraiment, je vous trouve extravagante, aujourd'hui.

Alice faillit éclater de rire ; elle ne pensait pas avoir déjà été traitée d'extravagante.

— Considérez cela comme un investissement, tenta-t-elle.

— Pour qui ?

— Pour Tasha, pour son avenir. C'est la forme de charité la plus constructive qui soit, car elle contribuera à lui donner les moyens de subvenir à ses besoins seule.

Il y eut quelques murmures d'accord à ce sujet, mais la somme était importante, du moins selon les standards de Weir Courtney. Alice était presque certaine que chacune de ces femmes mangerait ce soir un dîner plus coûteux qu'une paire de ciseaux, fût-elle d'excellente qualité ; mais leur budget caritatif était plus modeste, il est vrai. Et elle n'avait pas à s'en plaindre. C'était leur argent et c'était à elles de décider de ce qu'il convenait d'en faire – y compris lui payer un salaire ou pas.

— Une contribution à son propre effort d'épargne serait peut-être envisageable ? essaya-t-elle encore.

Mais à sa grande surprise, Mme Reinhart se leva.

— Il me semble que c'est une bonne dépense, surtout si cette jeune fille fait preuve de dévouement dans son apprentissage.

— Je m'en porte garante, lui assura Alice.

Les autres semblaient encore incertaines, mais Mme Reinhart fit un clin d'œil à Alice avant de se tourner vers elles.

— Et pensez-y ! Une fois qu'elle sera qualifiée, elle pourra nous rendre visite avec Mlle Goldberger, et nous faire une démonstration de ses talents. Gratuitement.

Une vague de détente se répandit dans la salle. Les femmes étaient aussi riches que pingres et les coupes de cheveux gratuites étaient une perspective séduisante. Alice regarda son nouveau soutien avec gratitude, laquelle la gratifia d'un autre clin d'œil avant de se rasseoir dans son fauteuil tandis que le comité votait à contrecœur l'octroi des fonds. Alice aurait pu se lever d'un bond et l'embrasser et, tandis qu'elle se lançait dans la défense de ses autres demandes, elle pouvait déjà imaginer le visage de Tasha quand elle ramènerait les précieux ciseaux à la maison.

Alice descendit d'un autre bus quelques heures plus tard, passablement éreintée, mais le spectacle impressionnant du Tower Bridge s'ouvrant pour laisser passer un grand bateau ne manqua pas de la réjouir.

Comme nous, qui ouvrons les portes de l'avenir à ces enfants, pensa-t-elle, avant de se reprocher cette image fantaisiste. Et arrogante ! Les enfants ouvraient seuls leurs propres portes. Tout ce qu'ils faisaient était de s'assurer qu'ils avaient la force d'en manier les poignées.

Alice rassembla ses sacs de courses, se sentant soudain très « urbaine ». Dans l'un d'eux se trouvait sa nouvelle robe – et elle jeta un coup d'œil gêné vers le bas, comme pour vérifier la réalité de son achat. C'était un vêtement qui ne lui ressemblait pas du tout : une ample robe à motifs floraux blancs et bleus, totalement inadaptée pour une femme qui travaillait avec des enfants, mais qui lui avait fait ressentir un tel sentiment de fraîcheur qu'elle avait imprudemment dépensé la quasi-totalité de la prime d'Oskar pour se la procurer. C'était bien ce qu'il lui avait dit de faire, après tout, et elle ne pouvait s'empêcher d'espérer qu'il l'admirerait dans cette tenue. C'était idiot, bien sûr. Il était bien trop sophistiqué et intellectuel pour s'intéresser à une vieille chose ennuyeuse comme elle, mais il avait été très attentif à elle ces derniers temps – et il lui avait donné l'argent pour la robe.

Dans le second sac, bien plus important, se trouvaient les ciseaux de Tasha, achetés à un homme charmant qui, après avoir entendu l'histoire de la jeune fille, avait ajouté un peigne dont il lui avait assuré qu'il était « de première qualité ». Certaines de ces expressions anglaises étaient vraiment déconcertantes, mais l'expertise de l'homme était incontestable, et Alice était sûre que Tasha serait ravie. Mais pour l'heure, elle avait un dernier travail à faire à Londres et elle s'éloigna du grand pont pour descendre Mansell Street jusqu'au foyer juif.

Ce n'était pas sa première visite mais elle avait jugé le foyer en observatrice impartiale la première fois ; elle le voyait aujourd'hui comme l'endroit où Tasha avait essayé de vivre. Et ça n'avait pas dû être facile. L'endroit était surpeuplé, bruyant, et les gens avaient l'air particulièrement endurcis. Alice se sentait intimidée et repensa avec une tendresse douloureuse à la paix et à la beauté de Weir Courtney. Mais Tasha avait pu vivre ici pendant des semaines, aussi pouvait-elle supporter ce décor une heure ou deux le temps de faire une visite importante.

Elle se dirigea vers la réception, prête à demander les informations dont elle avait besoin, avant d'être rattrapée par de puissants bras masculins.

— Alice ! Quelle joie de te voir !

— Pour moi aussi, Georg, s'écria-t-elle, ravie. Comment vas-tu ?

— Bien ! Enfin, le travail va bien, en tout cas. J'ai été promu la semaine dernière. Le patron dit que j'ai ça dans le sang.

— Je n'en doute pas.

— Et on n'est pas si mal ici, une fois qu'on s'y est habitué. J'aime être près de la rivière. Elle est si grande qu'on dirait presque la mer.

— Tu as grandi près de la mer, n'est-ce pas ? Tasha m'a dit que tu venais d'une famille de pêcheurs, c'est bien ça ?

Georg rit, mais son rire s'étrangla dans sa gorge.

— Elle a peut-être un peu exagéré. La famille de ma mère avait l'habitude d'aller pêcher à Gdynia, c'est tout.

— D'accord. Je suis heureux que tu ailles bien.

Georg frotta son pied contre un pavé branlant, ressemblant soudain davantage au jeune garçon qui était arrivé par avion depuis Prague qu'à l'homme en train de se faire une place dans le monde.

— Comment va-t-elle ?

— Ta mère ? demanda Alice, confuse.

— Non ! Tasha. Comment va Tasha ?

Sa voix était empreinte de nostalgie lorsqu'il prononça son nom et Alice se sentit stupide.

— Je m'excuse, Georg. Tasha va très bien. Elle est apprentie coiffeuse maintenant.

— Vraiment ? (Son visage s'illumina.) C'est une excellente nouvelle. Et ça lui va si bien. Elle est douée avec les cheveux. Mais tu le sais bien, puisque tu… C'était ton idée, n'est-ce pas ?

— Ça m'est venu assez logiquement, tenta de minimiser Alice.

— Mais c'était ton idée quand même, comme le fait que je devienne serrurier. Merci, Alice, merci d'avoir contribué à la rendre heureuse.

Il était si sincère qu'Alice en fut profondément touchée.

— Plus heureuse, dit-elle doucement. Mais tu lui manques, Georg.

— Vraiment ? Est-ce qu'elle te l'a dit ?

Alice eut envie de répondre oui, mais elle était mauvaise menteuse ;

— Pas à proprement parler – tu connais Tasha – mais je le sais d'après sa façon de se morfondre.

Il se détourna.

— Elle pense sans doute à sa mère, pas à moi.

Alice posa sa main sur son épaule.

— Elle pense aux deux, j'en suis sûre. Elle garde tes lettres dans son sac à main.

— Ce maudit sac, dit-il.

Mais Alice vit son sourire et comprit qu'il était content.

— Tu devrais venir nous voir, Georg. Nous serions ravis de t'accueillir.

— Mais Tasha aimerait-elle me voir ?

— J'en suis sûre, affirma Alice, qui s'inquiéta aussitôt de la véracité de cette affirmation.

Tasha adorerait voir Georg, elle en était sûre ; quant à savoir si la fière jeune femme l'admettrait, c'était une tout autre affaire.

— Peut-être la prévenir au préalable ? Lui écrire quelque chose ?

Georg roula des yeux.

— Je lui écris tout le temps.

— L'amour vrai n'a jamais suivi un cours facile, lui dit Alice.

— Paisible. L'amour vrai n'a jamais suivi un cours paisible, corrigea-t-il. C'est de Shakespeare.

— Vraiment ? Eh bien c'était un homme sage que ce Shakespeare. Poursuis tes efforts, Georg. Vous êtes faits l'un pour l'autre, je le pense vraiment.

— Quant à moi, je n'en suis pas si sûr, dit-il, mais il avait l'air plus heureux et, quand la cloche du dîner retentit, il s'excusa et s'éloigna d'un bond, toute sa fougue retrouvée.

— Madame Goldberger ?

— Mademoiselle, corrigea-t-elle par automatisme, tout en se tournant vers l'infirmière qui s'approchait d'elle, ses yeux verts bienveillants brillant sous de beaux cheveux roux. Mademoiselle Grainger ?

— C'est bien moi. Mais appelez-moi Nicola, je vous prie. Puis-je vous proposer une tasse de thé ?

Alice avait rarement entendu des paroles aussi accueillantes et se laissa volontiers conduire par la jeune femme jusqu'à une pièce annexe, où cette dernière entreprit de leur préparer une tasse de thé. Londres était une ville épuisante ! Elle s'assit avec reconnaissance sur une chaise et donna à Nicola tous les détails dont elle se souvenait concernant la mère de Tasha. L'infirmière avait contacté Weir Courtney dans l'idée d'aider Tasha, après qu'elle s'était enfuie du foyer. Elle confia à Alice avoir des contacts dans toute l'Europe, l'assurant de son soutien dans leur entreprise de retrouver la mère de Tasha. Il n'y avait aucune raison de penser qu'une infirmière seule serait en mesure de faire mieux que les agences de recherche américaines et européennes, mais elles ne risquaient rien à essayer.

— Vous êtes vraiment gentille, dit Alice à Nicola lorsque, à contrecœur, elle se leva pour retourner affronter les rues de la capitale.

— C'est le moins que je puisse faire. La pauvre petite en a vu de toutes les couleurs. Et puis, entre rousses, on doit se serrer les coudes.

Alice sourit. Elle n'avait pas tout à fait saisi l'expression, mais au point où elle en était, n'importe quelle aide serait la bienvenue.

— Pensez-vous, dit-elle timidement, que pendant que vous demandez pour Lydia, vous pourriez aussi, si cela ne vous dérange pas trop, vous renseigner sur un certain Maximillian Goldberger ?

Nicola posa sa main sur son bras.

— Votre… ?

— Mon frère. Lui et sa femme, Lilliana, ainsi que leur fille Ruth-Gertrud, ont disparu avec lui. Je sais qu'ils ont été envoyés à Auschwitz à la fin du mois de septembre 1944, mais j'ai perdu leur trace à ce moment-là. (Elle vit les épaules de Nicola se crisper et leva la main.) En toute probabilité, je sais ce que cela signifie, mais tout de même…

— Vous voudriez en avoir le cœur net. Je comprends.

Ce n'était pas ce qu'Alice voulait vraiment. Ce qu'elle voulait vraiment était apprendre qu'ils étaient vivants et en bonne santé ; que, contre toute attente, ceux qu'elle aimait avaient été parmi les rares à s'en sortir ; qu'elle les reverrait. Mais elle supposait que s'ils étaient morts, comme elle le craignait au fond d'elle-même, alors, oui, elle voulait le savoir aussi.

— Je vous en suis très reconnaissante.

— Non. C'est moi qui suis reconnaissante de ne pas avoir eu à vivre tout ça. Je ferai tout mon possible, je vous le promets.

— Merci.

Alice serra la main de Nicola avec gratitude et reprit le chemin de Weir Country avec ses ciseaux, sa robe et le cœur un peu plus léger.

Weir Courtney était presque totalement silencieux lorsqu'elle se traîna finalement jusqu'à la porte d'entrée, bien après 9 heures du soir. Tout ce qu'elle voulait était s'offrir une friandise tirée de la boîte spéciale de Sophie et aller au lit, mais elle se souvint des ciseaux qui attendaient dans son sac et ressentit un regain d'énergie. Elle monta l'escalier et se dirigea vers la petite chambre que Tasha partageait avec Mina et Golda. Une lumière brillait par l'entrebâillement de la porte et, alors qu'elle s'avançait dans le couloir, elle entendit des ricanements qui ne ressemblaient pas à ceux de Tasha. Que se passait-il, ici ? Elle s'approcha et vit le dos des deux plus jeunes filles regroupées autour de la coiffeuse dont elles se partageaient l'usage.

— Ohh, Tash, tu es magnifique ! ronronna Mina.

— Comme une star de cinéma, acquiesça Golda.

— Comme Audrey Hepburn, dit une troisième voix, et Alice se figea.

Manna était là, avec les filles, en train d'appliquer un fard à paupières sur les yeux de Tasha. Cette dernière portait une élégante chemise de nuit, surmontée d'une robe de chambre en soie de couleur pêche, et avait l'air, il est vrai, d'une star de cinéma. Alice jeta un coup d'œil à la robe bleue et blanche qui se trouvait dans son sac et se sentit ridicule. Qu'est-ce qui avait pu lui faire croire qu'elle pourrait un jour retrouver sa beauté de jeune femme ?

Elle se retourna pour partir, désireuse de ne pas perturber ce tête-à-tête amical, mais son pied se prit dans le bord du tapis et son coude vint heurter le mur.

— Qui est là ? grinça Mina.

— C'est peut-être le fils du jardinier qui nous espionne, dit Golda avec un intérêt évident.

— Non, dit Mina, c'est juste Alice.

Alice se stabilisa.

— Oui, ce n'est que moi, dit-elle d'un ton morne.

Mais Tasha s'avança. Son visage était très étrange, maquillé de la sorte, mais elle souriait gentiment.

— Il est si tard, Alice. As-tu passé une bonne journée ?

— Très bonne, acquiesça Alice. Et j'ai quelque chose pour toi.

Ce n'était pas tout à fait comme ça qu'elle avait imaginé la scène, mais maintenant qu'elle l'avait dit…

— Pour moi ? Pourquoi aurais-je droit à quelque chose de spécial ?

En guise de réponse, Alice lui tendit le sac. Tasha le prit et en sortit lentement l'élégante boîte noire. Ses yeux s'écarquillèrent et, après avoir tâtonné pour retirer le ruban, elle souleva le couvercle.

— Qu'est-ce que c'est ? demanda Mina, jalouse.

Golda se pencha en avant.

— Ce n'est qu'une paire de ciseaux, dit-elle d'un ton cinglant.

Sur quoi elles retournèrent dans leur chambre, pas impressionnées pour un sou, mais Tasha fixa Alice comme si cette dernière venait de lui remettre le trésor des derniers rois d'Égypte.

— Mes ciseaux ! Alice, tu m'as acheté mes ciseaux !

— Pas moi, dit-elle précipitamment, le comité de la synagogue.

Mais Tasha n'était pas dupe.

— C'est quand même toi qui as dû demander l'argent. Tu as réussi à les persuader de te le donner. Comment as-tu fait ?

Alice sourit.

— Je leur ai dit qu'il s'agissait d'un investissement utile pour une jeune femme très spéciale qui allait devenir la meilleure coiffeuse d'Angleterre.

— Alice ! C'est absurde !

Tasha rougit, mais elle entoura Alice de ses bras et la remercia d'innombrables fois, tandis qu'Alice lui rendait son étreinte. Tasha n'était pas sa fille, elle le lui avait bien fait comprendre, et Alice ne pouvait que prier pour que Nicola retrouve, d'une manière ou d'une autre, Lydia Ancel, pour réparer l'immense trou de son si grand cœur. Entre-temps, cependant, s'occuper de cette fille de feu était devenu non seulement le devoir d'Alice, mais aussi sa joie. Dieu lui en soit témoin, aussi épuisée qu'elle soit, elle reprendrait la route de Londres sans attendre une minute si cela devait rendre Tasha aussi heureuse. Elle n'avait aucune idée du sens profond de ces choses, mais quelle importance ? Elle était soignante, pas psychanalyste, et pour l'instant, elle se contentait de s'occuper de cette tâche dévorante qu'était le soin d'autrui.

28

Lingfield, juin 1946

Tasha

— Salut, stagiaire !

Betsy entra en trombe dans le salon depuis l'appartement qu'elle occupait avec Joyce à l'étage, saluant Tasha d'un air enjoué.

— Salut, non-stagiaire, répondit Tasha.

C'était une plaisanterie. Que Betsy trouva hilarante, fort heureusement. Tasha ne trouvait pas drôle de taquiner Betsy sur le fait qu'elle ne pouvait pas encore travailler comme coiffeuse, mais le sens de l'humour britannique était parfois très particulier. Dans ce cas précis, Betsy éclata d'un grand rire sonore.

— Encore une année d'ennui à pratiquer mathématiques et vieux livres idiots, et je serai ici avec toi.

— Un livre n'est jamais idiot, dit Joyce d'un ton réprobateur, alors qu'elle sortait de l'arrière-boutique avec des tasses de thé fumantes.

C'était là une coutume britannique à laquelle Tasha commençait à s'habituer, et elle prenait le sien avec un plaisir grandissant.

— D'accord, dit Betsy. Les livres ne sont pas idiots, c'est vrai – seulement ils me donnent l'impression de l'être, moi. Je peux à peine comprendre la moitié de ce que raconte Shakespeare.

— Mon petit ami aime Shakespeare… commença Tasha, avant de laisser retomber sa phrase, se rappelant que Georg n'était plus son petit ami.

Betsy la regarda avec curiosité.

— Georg ? demanda-t-elle.

La jeune fille était souvent au salon après l'école, balayant, aidant à ranger et, plus souvent encore, bavardant sans relâche. L'espace rose et crème du salon semblait inspirer les confidences, tant chez les clientes qu'entre elles, et Tasha avait avoué à Joyce et Betsy bien plus de choses sur Georg qu'elle ne l'aurait fait en temps normal.

— Oui, Georg, acquiesça-t-elle lourdement. Il est obsédé par l'apprentissage du bon anglais.

Betsy ricana.

— Eh bien, le fait d'étudier Shakespeare ne lui sera d'aucun secours. La moitié du temps, ce que cet homme raconte n'a absolument aucun sens.

— Ce n'est pas ce que disent les critiques littéraires, souligna Joyce.

— Tout le monde suit le troupeau, rétorqua joyeusement Betsy. Je vais rater le bus si je ne file pas tout de suite. À plus tard !

Elle sortit du salon en faisant voler la clochette, après avoir reposé sa tasse de thé si brutalement sur la table que le reste du liquide qu'elle contenait s'était répandu sur le plateau. Tasha se précipita pour l'éponger.

— Merci, ma belle, dit Joyce. Cette fille ne peut jamais rien faire à moins de cent à l'heure !

— J'aime son enthousiasme, dit Tasha.

Et elle le pensait. L'énergie de la jeune fille lui rappelait Georg et son entêtement à toujours vouloir mordre la vie à pleines dents. Elle aurait aimé lui ressembler davantage, mais elle était d'un naturel prudent. Elle s'en exaspérait elle-même, d'ailleurs ; il n'était pas étonnant que Georg se soit lassé d'elle.

Une image de lui surgit dans son esprit, rouge de colère et criant : « Tout ce que tu fais pendant ce temps, c'est te morfondre en attendant un fantôme qui n'arrivera jamais. » N'avait-il pas raison ?

— Tasha ? Tout va bien, ma belle ?

Elle se secoua. Non, il n'avait pas raison. Il n'y avait qu'à voir ce qu'elle était en train de construire ici, avec cet apprentissage. Elle s'en sortait bien et tirait le meilleur parti de sa vie, et si elle continuait à prier tous les jours pour que sa mère soit encore en vie, ça la regardait.

— Tant mieux, dit-elle avec détermination, en emportant le chiffon taché de thé dans l'arrière-boutique.

— C'est une bonne chose, dit Joyce, parce qu'aujourd'hui, je veux que tu fasses ta première permanente.

Tasha la regarde bouche bée.

— Moi ? Toute seule ?

— Et pourquoi pas ? Tu m'as observée assez souvent, tu sais comment faire.

— Oui, je sais, dit Tasha avec un air décidé. Je sais comment faire.

Elle jeta un coup d'œil à l'imposante machine à permanente installée dans un coin de la pièce. Un appareil impressionnant, avec de nombreuses têtes électriques tombant d'une couronne et qui ressemblait à une sorte de chandelier venu de l'espace. Les cheveux de la cliente devaient être traités avec la solution spéciale de Joyce, puis lentement et soigneusement passés dans chaque rouleau avant que la machine puisse opérer sa magie. L'ondulation permanente qui en résultait était très appréciée des clientes, mais c'était un appareil de location et Tasha était honorée qu'on lui fasse confiance pour l'utiliser.

— Merci, Joyce. Je ne te décevrai pas.

— Bien sûr que non. (Joyce lui donna une tape dans le dos.) Va me chercher le matériel de préparation, nous allons nous occuper de la solution avant que Mme Gifford n'arrive. Elle sera là à 10 heures.

Tasha embrassa Joyce sur la joue et s'empressa de faire ce qu'on lui demandait.

— Si tu pouvais me voir maintenant, Georg Lieberman, se murmura-t-elle intérieurement.

C'était ce qu'elle aurait voulu : qu'il passe la porte et la voie exactement à cet instant – elle le souhaitait presque aussi férocement qu'elle l'avait souhaité pour Lydia – mais la seule personne qui ferait sonner la cloche ce matin serait Mme Gifford, aussi se contenta-t-elle de baisser la tête et de se mettre au travail.

La permanente se déroula sans problème. Le plus difficile n'était pas tant d'enrouler les cheveux dans les rouleaux suspendus que de maintenir un bavardage joyeux tout au long du processus – mais Joyce était imbattable à ce jeu, et Tasha lui fut reconnaissante de prendre le relais sur ce point, ce qui lui permettait de se concentrer sur sa tâche. Quand elle eut enfin terminé, elle mit la machine en marche et partit chercher une tasse de thé et un magazine pour Mme Gifford, profondément soulagée.

Pendant ce temps, Joyce passait de la lotion fixante dans les cheveux blancs et soyeux de Mme Samson. La vieille dame venait sans faute chaque semaine pour un shampoing et une mise en plis et, bien plus important encore, pour une matinée de bavardage et de bien-être. Tasha lui offrit également une tasse de thé, qu'elle accepta avec reconnaissance.

— Tu es une bonne fille, Natasha, dit-elle, saisissant le cœur de Tasha.

Seule sa mère l'avait jamais appelée par son prénom complet, et la phrase résonna en elle comme un lointain écho du passé.

— Est-ce que tu aimes travailler ici ? poursuivit la vieille dame, tandis que Joyce commençait à passer ses cheveux autour des rouleaux.

— Oui, beaucoup, madame Samson. J'apprends énormément de choses.

— Et tu as une enseignante hors pair. Joyce est une véritable merveille.

— Je suis tout à fait d'accord.

— Pour ma part, venir ici est le meilleur moment de ma semaine.

— Je vous remercie, dit Joyce, visiblement émue. Et nous sommes ravies de vous avoir.

— Ce genre de choses vaut mieux que n'importe quelle médecine, vous savez ? Vous connaissez sans doute toutes ces nouvelles idées sur les *thérapies* modernes ?

— Oui, j'en ai entendu parler, acquiesça Tasha en pensant à Alice, Oskar et Anna Freud, et à la façon dont ils semblaient toujours en train de vous étudier.

— Je suis sûre que ces gens-là disent des choses très intéressantes, mais la vérité est que la plupart du temps, c'est surtout d'un peu de soin et d'attention que les gens ont besoin.

— Suis-je votre thérapie, madame Samson ? demanda Joyce.

— Vous l'êtes, ma chère, vous l'êtes réellement !

Les deux femmes rirent joyeusement, mais Tasha se dit qu'elles étaient sans doute plus sages qu'elles ne le croyaient. Elle en parlerait peut-être à Alice un jour. Un jour où sa bienfaitrice se montrerait particulièrement agaçante. Elle se mit à ranger son poste de travail pendant que Joyce terminait les rouleaux de Mme Samson et l'installait sous le deuxième séchoir, à côté de Mme Gifford.

— Vous aurez un salon à vous, plus tard ? demanda la vieille dame d'un ton bienveillant.

Tasha sursauta et se retourna.

— Je suppose que oui. Un jour. J'ai encore beaucoup à apprendre, mais oui, ce serait fantastique.

— J'en suis sûre. Comment l'appelleriez-vous ?

— Pardon ?

— Votre salon, très chère, comment l'appelleriez-vous ?

— Je n'en ai aucune idée. (C'était une pensée trop vertigineuse pour qu'elle puisse la regarder en face.) Je ne sais même pas si je l'ouvrirai ici, en Angleterre, ou chez… chez moi…

Elle avait buté sur le mot et Mme Samson s'était tournée vers elle, soudain curieuse.

— D'où venez-vous, ma chère ?

Tasha déglutit.

— Varsovie. En Pologne.

— Ah !

La vieille dame saisit la main de Tasha.

— Ma pauvre petite.

Mme Gifford se pencha à son tour, faisant s'entrechoquer ses bigoudis métalliques.

— Mon petit-fils a fait partie d'un bataillon envoyé en Pologne. Il m'a dit que la Pologne avait été horriblement martyrisée.

Tasha regarda les deux femmes tour à tour, se sentant exposée.

— Je… Oui, c'est vrai. Nous n'avons pas réussi à résister à l'invasion, et nous…

— Personne n'aurait pu battre cet Hitler et ses maudites troupes.

— Vous, les Britanniques, l'avez fait.

Mme Gifford émit un petit rire amusé.

— Seulement une fois que les Américains nous ont rejoints, eux et tout leur argent.

— Mais ne parlons plus de ces horreurs, mon enfant, dit Mme Sansom, nous discutions de noms de salons. Pourquoi ne pas l'appeler *Chez Natasha* ? C'est un nom qui sonne bien dans tous les pays.

— Oh non ! (Tasha secoua la tête.) Je ne pourrais pas. Je me sentirais trop… (Elle chercha le mot.) Arrogante ?

— C'est absurde, dit Joyce. Si c'est ta boutique, pourquoi n'aurais-tu pas le droit de mettre ton nom sur la porte ?

C'était exactement le genre de choses que Georg dirait, mais ce n'était pas le genre de Tasha.

— Je ne pourrais pas.

— Et pourquoi pas le nom de quelqu'un d'autre ? suggéra Joyce. Celui de ta mère, par exemple ?

— *Chez Lydia* ? essaya-t-elle, faisant jouer le nom sur sa langue – et elle sentit immédiatement une bulle de joie monter en elle. *Chez Lydia* ! C'est fantastique.

— C'est vrai, reconnut Mme Gifford.

— Et attendez de pouvoir le lui annoncer, dit Mme Sansom. Elle sera aux anges, j'en suis sûre.

Tasha sentit la bulle de joie crever et se dégonfler misérablement.

— Si jamais je la retrouve un jour, dit-elle tristement.

Mme Sansom prit un air paniqué.

— Oh, mon Dieu, j'ai encore mis mes vieux pieds dans le plat, n'est-ce pas ?

Tasha fixa les pieds soignés de la vieille dame, sa tête commençant lentement à tourner – mais Joyce passa son bras autour de ses épaules, lui donnant la force de faire face.

— Tasha et sa mère ont été séparées à la fin de la guerre, dit-elle calmement aux deux femmes. Il va encore falloir un peu de temps pour qu'elles se retrouvent.

— Bonté divine ! (Mme Sansom avait l'air horrifiée.) Ma pauvre enfant. C'est terrible. Mais vous la retrouverez, j'en suis sûre.

— Vous croyez ?

— Oh oui.

Mme Sansom avait acquiescé si vigoureusement que sa tête avait heurté la paroi du séchoir.

Tasha était reconnaissante du soutien que lui témoignait cette gentille vieille dame, mais elle était terriblement consciente de l'état de délabrement de son propre espoir. Cela faisait presque un an et demi que Lydia avait été emmenée hors d'Auschwitz. Si elle était encore en vie, elle aurait dû trouver un moyen de prendre contact avec elle depuis tout ce temps. Elle chercha quelque chose à dire mais fut tirée d'affaire par l'impérieuse sonnerie du minuteur, et se précipita avec reconnaissance vers Mme Gifford pour s'occuper de la suite des opérations. Après tout, c'était la première fois qu'elle réalisait une véritable permanente, et elle tenait absolument à y parvenir.

Dieu merci, l'effet était très réussi et Mme Gifford la remercia chaleureusement, lui donnant même un pourboire. Tasha courut ranger les pièces dans son sac, bien caché dans le coffre-fort, et revint dans le salon pour trouver Marta debout au milieu du salon, à bout de souffle.

— Kotka ? Que se passe-t-il ?

— Tout va bien, s'étouffa Marta, mais elle n'avait pas encore retrouvé son souffle, et ce ne fut qu'après quelques bouffées d'air supplémentaires qu'elle put ajouter : c'est une bonne nouvelle.

— Quoi ? demanda Tasha avec impatience.

— Alice est venue à l'école chercher Mirella et Fiorina. (Elle prit une nouvelle inspiration.) J'ai couru jusqu'ici pour te le dire, dès qu'on a été autorisés à sortir pour la pause du matin. (Elle inspira à nouveau.) Elles ont reçu une lettre.

— Qu'est-ce que ça dit ?

Tasha se rendit compte que Joyce et Mme Sansom l'écoutaient attentivement et espéra que Marta trouverait l'oxygène nécessaire pour continuer. La petite fille, comme beaucoup d'entre eux, avait des capacités pulmonaires dégradées ; mais elle se rétablissait doucement, tout en prenant conscience de son auditoire.

— La lettre dit, déclara-t-elle avec grandiloquence en regardant autour d'elle, que leurs parents sont vivants, bien portants et installés en Italie, et qu'ils veulent récupérer leurs filles.

Les genoux de Tasha faiblirent instantanément et elle dut s'agripper à l'évier pour ne pas s'écrouler.

— Leurs parents ? Vivants ? Tous les deux ?

Marta acquiesça vivement.

— Leur père était prisonnier et leur maman dans les camps. Ils sont rentrés séparément en Italie, puis se sont retrouvés et ont commencé à chercher Miri et Fifi et maintenant, maintenant…

— Maintenant ils les ont retrouvées ?! s'écria Tasha.

— Ils les ont retrouvées, confirma Marta.

Tasha porta sur le salon crème et rose un regard hébété. L'endroit semblait s'emplir de la nouvelle et danser avec elle, et la bulle de joie se mit à nouveau à monter dans sa poitrine.

— Tu vois, dit Joyce avec douceur. Les gens arrivent encore à se trouver.

Tasha acquiesça et se retourna vers Marta.

— Dans quel camp était leur mère, Kotka ?

Marta sourit.

— Auschwitz, Tash. Elle était à Auschwitz, comme la tienne.

Le mot tant haï semblait danser lui aussi. La mère de Miri et Fifi avait été internée à Auschwitz et s'en était sortie. Et elle les avait retrouvées. Si Mme Bellucci en était capable, pourquoi pas Mme Ancel ? Tasha jeta un coup d'œil de côté, vers le miroir le plus proche, imaginant à nouveau Lydia ici, avec elle, et son cœur, si malmené ces derniers temps, se sentit à nouveau gonflé d'espoir.

29

Auschwitz, juin 1946

Lydia

Lydia gravit les dernières marches du paisible village d'Oświęcim de plus en plus lentement, mais pour une fois, ce n'étaient pas ses poumons épuisés qui la retenaient, mais la faiblesse de son cœur. Ici, dans cette campagne polonaise vide et dépouillée, se tapissait l'ombre de ses pires cauchemars, et chaque particule de son corps lui hurlait de ne pas y retourner.

— Tout va bien, se répéta-t-elle. Il n'y a plus de camps ici, aujourd'hui. Pas de nazis, pas de fusils, pas de chiens, pas de gaz.

Mais son corps refusait de la croire et elle dut faire appel à toute sa volonté pour forcer ses pieds à avancer le long de la voie ferrée qui, il y avait un peu moins de deux ans, les avait conduites, elle, Tasha et Amelia, en plein cœur de l'enfer.

Soudain, le camp se dressa devant elle et elle recula en titubant, s'agrippant à un lampadaire pour garder l'équilibre. Elle voyait les fils barbelés étendre leurs ramifications, les tours de guet postées à intervalles réguliers le long des clôtures. Les baraquements se trouvaient toujours au même endroit et le long portail sombre également, tel qu'il lui était apparu en ce jour amer de janvier 1945, lorsqu'elle avait été poussée à travers la glace et la neige, et obligée d'abandonner Tasha.

Tasha !

Penser à sa fille redonna du courage à Lydia, la poussant à avancer, et ce ne fut qu'alors qu'elle prit conscience des changements, subtils, mais absolument essentiels, qui s'étaient produits ici : les clôtures ne grésillaient plus de leur électricité mortelle, les tours de guet étaient vides et les portes étaient grandes ouvertes. Deux ouvriers étaient occupés à bétonner l'emplacement des voies ferrées. Lydia s'approcha. À l'intérieur, elle vit que tout était semblable, hormis que de l'herbe poussait là où il n'y avait eu que de la boue, et que des oiseaux se perchaient sur les fils de fer en chantant joyeusement. Quand elle atteignit le portail, l'un des ouvriers lui fit un clin d'œil. Embarrassée, elle passa rapidement devant lui et se retrouva à nouveau à l'intérieur d'Auschwitz – cette fois totalement vide.

Un sanglot monta dans la gorge de Lydia. Elle essaya de le ravaler, mais il s'accrocha aux déchirures de ses poumons et remonta sous la forme d'une toux rauque. Les ouvriers se tournèrent vers elle avec inquiétude et elle se hâta de rentrer, ses pas la menant automatiquement vers la baraque où elle avait dormi avec Tasha, jusqu'au moment où les nazis les avaient arrachées à leur couchette – et l'une à l'autre. Le petit bâtiment en bois se tenait devant elle, une cahute d'apparence anodine, nettoyée de la boue, du sang et de la crasse de la vie concentrationnaire. En entrant ici et en voyant les couchettes bien rangées, le poêle central nettoyé et les planches relativement récentes des murs, nul n'aurait pu se douter de ce qui s'était passé ici. Pourquoi ce bâtiment était-il encore debout ? Pourquoi les Alliés n'avaient-ils pas tout simplement rasé cet endroit hideux, l'effaçant de la surface de la Terre, comme les nazis avaient essayé de le faire pour la nation juive ? Ce baraquement vide ne racontait aucune histoire. Il était vide de femmes mourantes, vide de poux et de rats, vide de toute trace de l'interminable souffrance vécue par chacun des prisonniers qui y étaient passés. Vide de Tasha. Lydia ressortit en trébuchant et s'adossa au mur de bois avant de se laisser glisser sur l'herbe, tout en regardant autour d'elle, furieuse. Elle avait mis des mois à venir jusqu'ici et il n'y avait rien. Rien ! Elle avait utilisé tant de son précieux souffle pour revenir ici la tête basse, comme un chien devant un maître cruel. Pour rien.

— Tasha ! cria-t-elle en direction du camp glacial, mais son cri rebondit sur les toits instables des baraquements, avant de finir en quinte de toux, ses poumons moquant cet effort pathétique.

Épuisée, Lydia enfouit sa tête dans ses mains et se mit à pleurer.

— Madame ? La voix était douce, hésitante. Madame ? Est-ce que je peux vous aider ? Vous cherchez quelque chose ? Quelqu'un ?

Lydia releva la tête et rencontra une paire d'yeux inquiets.

— Je le pensais, mais c'était un rêve insensé. Il n'y a personne ici.

— Moi, je suis là.

Elle tenta de sourire.

— Pardonnez ma rudesse, mais vous n'êtes pas la personne que je recherche.

— Vous cherchez quelqu'un, alors ?

— Bien sûr que je cherche quelqu'un, dit-elle d'un ton las. Qu'est-ce qu'un Juif peut faire d'autre, ces derniers temps ?

L'homme se mordit la lèvre, mais resta immobile.

— Je comprends votre colère.

— Comment le pourriez-vous ? Vous n'étiez pas là quand tout ici n'était que peur, souffrance et mort.

— J'étais là.

Elle sursauta à ces paroles et il vint s'asseoir en face d'elle, restant à une distance respectueuse.

— Vous étiez dans le camp ? demanda-t-elle.

— Oui. Tadeusz Wąsowicz, à votre service. Numéro de détenu 20035.

Il releva sa manche et Lydia fixa le tatouage apposé sur son maigre avant-bras.

— Je ne comprends pas, dit-elle. Pourquoi êtes-vous ici ? Pourquoi être revenu ?

— Je suis ici avec une petite délégation envoyée par le ministère polonais des Arts et de la Culture, et chargée de préserver ce lieu, pour garder un témoignage des souffrances qui y ont été endurées.

— Vraiment ? (Elle émit un rire noir, puis désigna le camp aseptisé d'un geste de la main.) Je ne vois trace d'aucune souffrance.

— Vous préféreriez les voir ?

Elle inspira longuement.

— Non. Mais l'endroit est devenu tellement… tellement propre.

Il acquiesça.

— C'est vrai, mais que pouvions-nous faire ? Nous ne pouvions pas laisser le typhus sévir. Il a certainement fait suffisamment de victimes, vous ne croyez pas ?

Une quinte de toux fut la seule réponse dont il avait besoin.

— Nous rassemblons des images, des histoires. Cela ne rendra jamais compte de toute l'expérience, mais nous faisons de notre mieux.

— Pourquoi ?

Il haussa les épaules.

— Pour faire en sorte que ce genre de choses n'arrive plus.

Lydia rit amèrement.

— Vous êtes quelqu'un de bien, monsieur Wąsowicz. Meilleur que moi, je dois vous le dire. J'aimerais pouvoir penser à l'humanité, mais j'ai à peine l'énergie de penser à moi.

— Voulez-vous me dire qui vous cherchez ? demanda-t-il doucement.

— Est-ce que ça peut vraiment aider ?

— Oui, en effet, sourit Tadeusz. Car dans ce baraquement blanchi, là-bas, dit-il en pointant le complexe du doigt, nous conservons l'ensemble des dossiers du camp.

La tête de Lydia se redressa en entendant le mot magique.

— Les dossiers ?

— Listes d'entrée, registres des crématoires, certificats de décès. Je vous préviens, les SS en ont brûlé un certain nombre dans les derniers jours, mais pas tous.

— Et après ? chuchota Lydia à voix basse. Est-ce que quelqu'un a fait une liste sur l'après ?

— Concernant ce qui est arrivé aux survivants, vous voulez dire ? demanda Tadeusz.

Lydia hocha la tête.

— Oui, la Croix-Rouge a dressé une liste de tous les survivants.

— Tous les survivants ? s'étonna-t-elle.

— Et où ils ont été envoyés. Vous me suivez ?

Il se leva et lui tendit le bras. Lydia s'y appuya, chancelante, et le laissa l'entraîner du baraquement où Tasha avait été enfermée un an plus tôt jusqu'à celui qui lui apprendrait peut-être si elle était vivante – et où elle se trouvait. Ses jambes la soutenaient à peine et Tadeusz dut à moitié la porter pour gravir les cinquante longues marches qui menaient à la réponse qu'elle avait pourchassée sur près de huit cents kilomètres.

Il l'installa dans un fauteuil et elle s'assit, serrant les bras de ce dernier de toutes ses forces, tandis qu'il ouvrait un petit carnet et posait un doigt en haut d'une colonne remplie de noms rédigés avec soin.

— Quel est le nom que vous cherchez ?

Elle lutta pour trouver la force de prononcer le nom.

— Natasha. Natasha Ancel.

— A, dit-il doucement. Facile.

Puis son doigt commença à descendre le long de la page et quelques lignes plus bas, s'arrêta. Lydia retint ce qui lui restait de souffle.

— Là voilà. Natasha Ancel. Survivante.

Les mains de Lydia se portèrent à sa bouche.

— Ma fille, dit-elle. Ma chérie.

Puis tout devint noir autour d'elle.

30

Weir Courtney, juillet 1946

Alice

Alice examina la pile de lettres qui reposaient sur son lit sans avoir été ouvertes et fouilla le tiroir supérieur de sa table de chevet. Au fond, se trouvaient des chocolats qu'elle gardait en cas d'urgence. Il n'en restait d'ailleurs plus beaucoup. Elle en choisit un au hasard, l'introduisit dans sa bouche et laissa la délicieuse saveur sucrée napper sa gorge, ce petit moment de plaisir lui redonnant la force d'affronter le courrier du jour. Elle aurait dû le faire ce matin, mais, les enfants n'ayant pas classe, elle avait dû surveiller l'activité baignade dans la piscine de Sir Benjamin. Le reste de la journée s'était déroulé dans la même veine, si bien qu'elle se retrouvait ici, après l'heure du coucher, avec encore beaucoup de travail à faire.

Depuis qu'on avait appris que les parents des sœurs Bellucci avaient été retrouvés, elle n'avait plus eu de temps pour elle. Elle avait été contactée par de nombreux journalistes, historiens et membres de la société civile souhaitant exprimer leur bonheur pour les deux petites filles et, bien que cela démontre une attention généreuse, ça n'allait pas sans lui conférer une charge de travail supplémentaire. L'école étant terminée, au moins pouvait-elle confier à Mina et Golda de répondre aux questions les plus simples, mais ça en laissait quand même beaucoup.

Les lettres les plus déchirantes étaient celles venant d'autres réfugiés, eux-mêmes désespérés de ne pas retrouver leurs familles.

Certains étaient de jeunes gens qui, arrivés en Angleterre en tant que réfugiés en 1938, y grandissaient aujourd'hui seuls à l'âge adulte. D'autres, des universitaires et des hommes d'affaires qui avaient fui l'Europe avant le début de la guerre et avaient perdu tous leurs réseaux. Il y en avait même quelques-uns qui, comme Alice, étaient parvenus à gagner l'Angleterre seuls, mais n'avaient aucune idée de ce qui était arrivé à ceux qu'ils avaient laissés derrière eux. Tous écrivaient à Alice avec l'idée que, parce que deux de ses protégées avaient vécu le miracle qu'ils attendaient tous, elle pouvait en être la cause.

Comment leur expliquer qu'elle était seulement aussi ordinaire et impuissante qu'eux ?

« Je sais à quel point vous souhaitez retrouver ceux que vous aimez, écrivait-elle encore et encore. J'ai moi-même de la famille disparue en Europe, aussi je comprends votre douleur. » Elle doutait que ce soit d'un grand réconfort, mais c'était tout ce qu'elle avait à offrir.

Pendant ce temps, à Weir Courtney, l'excitation la plus intense régnait. Une aura d'admiration flottait autour de Mirella et Fiorina et la lettre de leurs parents avait été lue et relue si souvent qu'elle commençait à se déchirer par endroits. Sophie avait fini par la coller sur le tableau d'affichage, avec la permission des filles, soigneusement épinglée aux quatre coins pour que les enfants puissent lire les mots d'amour et d'espoir sans les abîmer. Il y avait toujours au moins un enfant fixant la missive avec espoir, la tête levée, souhaitant de toutes ses forces que les noms, en bas du document, se transforment en ceux de sa famille.

Alice était ravie pour Miri et Fifi, bien sûr, et elle ne pouvait nier que l'injection de cette dose d'espoir faisait du bien à tous, seulement elle devait désormais répondre trois ou quatre fois par jour à la question : « Quand est-ce que mes parents vont m'écrire ? » de la part des autres enfants, ce qui était à la fois usant et déchirant. La myriade de lettres qui arrivaient ne faisait qu'ajouter aux spéculations et, comme les enfants n'étaient pas à l'école, Alice sortait de son bureau le matin pour en trouver plusieurs devant sa porte, plein d'espoir et d'attentes. Les enfants étaient heureux à Weir Courtney, mais c'était de cet autre foyer, plus personnel, enfoui au plus profond de chacun d'entre eux, que la lettre des Bellucci avait ranimé le désir.

Alice poussa un soupir et ouvrit la première enveloppe. Elle provenait d'un journaliste qui voulait prendre des photos des filles. Alice la déposa sur la pile réservée à Mina et Golda. De nombreuses demandes de journalistes arrivaient, et les filles leur répondaient invariablement que chacun pourrait se présenter à la gare de Victoria, d'où les filles prendraient un train jusqu'à Douvres, une fois qu'un tuteur aurait été trouvé pour les accompagner. La lettre suivante était dans la même veine, mais demandait une interview complète et filmée. Alice se doutait que cela plairait aux filles, mais ce n'était pas bon pour elles. Elles avaient la chance de retourner chez leurs parents, mais cela ne devait pas les mettre à l'écart de ceux qui n'avaient pas eu cette chance, et encore moins au-dessus.

La troisième lettre était celle d'un jeune homme qui avait perdu tout contact avec sa famille depuis son arrivée en Angleterre en 1938, et qui suppliait Alice d'utiliser ses « contacts » pour les retrouver. Elle plaça cette lettre sur la pile réservée aux requêtes personnelles, dont elle tenait à se charger. La quatrième lettre était écrite sur un papier lilas inhabituel, et l'adresse, rédigée dans une écriture ronde et assurée. Alice l'ouvrit et jeta un coup d'œil à la signature au bas de la deuxième page : Nicola Grainger.

Son cœur s'emballa. Cette lettre venait de l'infirmière rousse qui avait promis d'essayer d'en savoir plus sur Lydia Ancel. Et sur Max. Se léchant les lèvres tout en repensant au chocolat qu'elle n'avait plus, Alice déplia la lettre sur son plan de travail et commença à lire.

Ma chère Alice,

J'espère que tout va bien pour vous et les enfants dont vous vous occupez dans le Surrey. J'ai fait des recherches sur Lydia Ancel et je vous écris parce que je pense avoir trouvé une piste. Ne vous faites pas trop d'illusions, car le nom Ancel est courant, et je dois encore confirmer les détails individuels avec l'UNRRA, mais nous avons été contactés au sujet d'une Lydia Ancel hospitalisée à Katowice, et transférée depuis le nouveau musée d'Auschwitz-Birkenau. Je vous laisse le soin de décider si vous devez en parler à sa fille, mais je vous déconseille personnellement de le faire de peur de créer une lourde déception s'il s'avère qu'il ne s'agit pas de la bonne femme. Quoi qu'il en soit, mes espoirs et mes prières l'accompagnent. Je reprendrai contact avec vous dès que j'en saurai plus.

Alice fixa longuement la page, incapable de croire ce qu'elle venait de lire. « Ne vous faites pas trop d'illusions », avait dit Nicola et elle avait bien raison de le rappeler, mais tout de même ! Si elles parvenaient à retrouver la mère de Tasha, la vie de la jeune fille en serait métamorphosée. Alice porta la lettre à ses lèvres et l'embrassa, puis jeta un regard coupable vers la porte, craignant que quelqu'un puisse l'apercevoir. Cette dernière était légèrement entrouverte, mais, à 23 heures passées, nul ne se promenait plus dans les couloirs.

Elle s'apprêtait à mettre la lettre sur sa propre pile, déterminée à y répondre le lendemain à la première heure, lorsqu'elle se souvint que la signature de Nicola se trouvait de l'autre côté de la page lilas. La lettre n'était pas terminée. Elle la retourna et poursuivit sa lecture.

Et regretta aussitôt de l'avoir fait.

J'ai d'autres nouvelles, Alice, et je crains qu'elles ne soient pas bonnes. Il n'y a aucune manière agréable de le dire, aussi je ne peux qu'être la plus directe possible, bien que cela me brise le cœur, sachez-le. Le nom de Maximillian Goldberger apparaît sur un registre du crématoire d'Auschwitz-Birkenau, passé en contrebande par un

Sonderkommando[1] *ayant échappé aux marches de la mort, et qui l'a récemment remis aux mains des autorités.*
Il n'y a évidemment aucun moyen de certifier qu'il s'agit bien de votre frère, mais l'homme en question a été inciméré le 29 septembre 1944, le jour même de son arrivée au camp de Theresienstadt. Une Lilliana et une Ruth-Gertrud Goldberger sont également inscrites dans le registre du crématorium le 4 octobre 1944, également le jour de leur arrivée au camp. L'ensemble de ces éléments suggère qu'il s'agit des personnes que vous recherchiez, et qu'elles sont malheureusement mortes dans le camp d'extermination d'Auschwitz.
Je suis vraiment désolée, Alice. Je ne peux qu'espérer que le fait de savoir la vérité vous apporte un peu de paix, même si j'ai bien conscience que cela ne compensera jamais la présence de votre famille dans votre vie, et je vous présente mes plus sincères condoléances. Je serai heureuse de vous parler à tout moment si vous en ressentez le besoin, mais je sais que vous êtes entourée de personnes bienveillantes et intelligentes qui pourront vous aider plus que moi. Nous avons tous besoin d'amis en ces temps difficiles.
Je m'excuse encore une fois d'être porteuse d'une si terrible nouvelle.
Avec tout mon soutien,
Nicola Grainger

Alice fixa les mots avec une telle intensité qu'ils semblèrent se heurter les uns aux autres – ce qui ne les adoucissait pas, mais encourageait au contraire plusieurs d'entre eux à lui sauter au visage, durs et glaciaux : *camp d'extermination, malheureusement mortes, registre du crématorium.* Les dates concordaient avec ce qu'elle savait déjà, le tout s'articulant en une vérité sombre et douloureuse. Un besoin de hurler commença à grandir dans son estomac, un besoin de hurler si fort, si violemment,

1. Unités de travail des centres d'extermination nazis composées de prisonniers – juifs le plus souvent – forcés à participer au processus de la Solution finale.

que l'écho s'en ferait ressentir dans toute la maison, et elle laissa tomber la lettre pour enfoncer ses poings dans sa bouche, cherchant à étouffer son désespoir. Elle ne pouvait pas effrayer les enfants en exprimant librement son chagrin, aussi se replia-t-elle sur elle-même, se balançant contre la tête du lit alors que la réalité des mots de Nicola la frappait de plein fouet.

Max était mort. Son grand frère ne lui sourirait plus jamais, ne la prendrait plus dans ses bras, ne la taquinerait plus, ne lui souhaiterait plus le shalom. Sa belle-sœur ne plaisanterait plus avec Alice à son sujet, levant les yeux au ciel à certaines de ses facéties, et sa nièce ne courrait plus vers elle pour lui montrer son dernier dessin ou son dernier collage. Personne, désormais, ne partagerait avec elle la mémoire de ses parents ni celle de ses souvenirs de jeunesse. Elle était véritablement, définitivement seule. Le hurlement monta dans sa gorge et elle dut se forcer à haleter puissamment pour l'empêcher de s'échapper, et de troubler la paix durement acquise de Weir Courtney.

— Max, gémit-elle, une main toujours dans la bouche, tandis que l'autre était agrippée à ses flancs, comme pour empêcher le chagrin de lui déchirer le ventre.

Sa vision était brouillée par les larmes, sa tête en était pleine. Son cœur même semblait submergé par la marée. Mon pauvre, pauvre Max.

Elle se représenta Auschwitz à partir des photographies qu'elle avait pu voir dans les journaux télévisés et des bribes de témoignages d'enfants qui, comme Tasha, y avaient vécu. Elle imagina Max poussé hors d'un train, séparé depuis longtemps de sa femme et de sa fille, puis être poussé dans la mauvaise file. Le voyage avait déjà dû le briser, si les nazis n'avaient pas jugé utile de le faire travailler jusqu'à la mort, et elle l'imaginait poussé, nu, vers la chambre, confus et désorienté. Y avait-il fait sombre ? Il n'avait jamais aimé l'obscurité. Cela l'avait sans doute terrorisé avant même qu'ils n'introduisent le gaz mortel.

— Ça suffit ! se dit-elle durement, mais elle ne parvenait pas à repousser les images qui affluaient.

Il avait dû souffrir horriblement, alors le moins qu'elle puisse faire était de supporter de penser à ce qu'il avait vécu. Et sa petite nièce aussi, s'accrochant à sa mère et se demandant où était passé papa. Avaient-elles pensé qu'elles allaient prendre une douche, comme on l'avait parfois dit à certains, ou avaient-elles su ? Ici, dans la douillette Angleterre, les photos des camps après la libération avaient été un choc total, de l'ordre de l'impensable, et elle ne pouvait que prier pour qu'il en ait été de même en Pologne – mais d'une certaine manière, elle en doutait. Des millions de personnes ne disparaissent pas des ghettos sans que de sérieux soupçons pèsent sur les nazis, et sa famille était très certainement allée à la mort en toute connaissance de cause, surtout si tard dans la guerre.

— 1944 ! gémit Alice, le poing serré.

Lorsque Max avait été précipité vers la mort, les Alliés marchaient déjà sur l'Europe. Les nazis battaient en retraite mais, cachés derrière leurs propres lignes, ils avaient continué à tuer sans raison, s'arrogeant le droit de décider qui pouvait vivre sur la terre de Dieu.

Ses yeux se portèrent sur la photographie posée sur sa table de chevet et elle la prit entre les mains. Du bout du doigt, elle traça la ligne du visage de son frère, si fier de se tenir là, le bras autour de sa femme et de son enfant, et de sourire au photographe. La photo avait été prise peu de temps après que la petite Ruth-Gertrud ait commencé à marcher, peut-être en 1937. En 1944, elle avait huit ans. Le même âge que Marta ou Suzi.

Pourquoi elle et pas eux ?

La pensée s'insinua dans son esprit, mais elle la repoussa aussitôt. Les courageux enfants dont elle s'occupait et qui luttaient pour se recréer une existence, comme elle devrait le faire désormais, n'y étaient absolument pour rien. Elle était comme eux, maintenant, seule et sans famille.

— Aaaah !

Le cri ne pouvait plus être contenu et elle le laissa s'échapper tout en lançant le précieux cadre à travers la pièce. Ce dernier vint heurter l'armoire, le cadre en bois se fissurant et projetant du verre brisé sur le tapis.

— Alice ? Oh, Alice !

Alice leva les yeux de son cocon de misère pour apercevoir – à sa grande horreur – Oskar debout dans l'embrasure de la porte. Elle ne savait pas ce qu'il faisait ici à cette heure – à vrai dire elle ne savait même pas qu'il était à Weir Courtney – cependant c'était bien lui, et elle était là, recroquevillée sur elle-même, en train de pleurer comme une idiote. Qu'allait-il penser d'elle ?

Il entra à grands pas, ramassant le cadre photo au passage. Il se tourna vers elle et son regard s'emplit de tristesse.

— Vous avez eu des nouvelles de votre frère ?

Alice acquiesça.

— Il est… ?

— Mort !

Elle poussa un autre gémissement. Le chagrin ne pouvait s'arrêter, même avec son patron dans la pièce – mais il ne se laissa pas déconcerter. S'asseyant sur le lit à ses côtés, il l'attira dans ses bras et la berça doucement.

— Je suis désolé, Alice, dit-il en guise de consolation. Ma pauvre, pauvre Alice, je suis tellement désolé.

Cette dernière tenta de se calmer, de résister à la vague de chagrin, mais la douleur était trop forte et elle s'écroula contre lui en pleurant.

— Ma pauvre Alice, répéta-t-il en lui caressant les cheveux. Pleurez tant que vous voulez. Je suis là. Vous êtes en sécurité.

Elle pleura donc. Elle n'était pas sûre de savoir quand ça s'était arrêté. Elle ne se souvenait pas d'avoir pleuré jusqu'à l'épuisement, ni qu'il l'ait couchée dans son lit et bordée – mais il avait dû le faire, car elle s'était réveillée ainsi à l'aube, la gorge irritée, les yeux gonflés et le corps brisé par le chagrin. Et, sans trop savoir comment, elle s'était levée et avait tenu bon pour une nouvelle et interminable journée.

31

Lingfield, juillet 1946

Tasha

Alors que le train entrait en gare de Lingfield, Tasha ressentit une irrépressible envie de faire demi-tour et de s'enfuir. C'était une idée insensée. Elle ne voulait pas le voir, elle ne voulait pas qu'il vienne ici, elle ne voulait pas...

La porte la plus proche d'elle s'ouvrit et tout ce qu'elle voulait ou ne voulait pas devint sans importance, parce qu'il était là et qu'il devint clair que son corps se montrait en total désaccord avec son esprit. En réalité, tout son être chantait à la vue de Georg qui bondissait sur le quai, avec cette énergie dont elle se souvenait si bien. Il regarda autour de lui et, l'apercevant, la gratifia d'un sourire presque étonné.

— Tasha ! Tu es splendide !

La jeune femme piétina maladroitement, heureuse de voir qu'elle ne s'était pas apprêtée pour rien. Alice, qui avait été très bizarre ces derniers jours, l'avait poussée à accepter de rencontrer Georg, répétant qu'il était « bon d'avoir des gens qui se soucient de vous ». Elle avait donc cédé et accepté cette visite, et elle devait admettre qu'en le voyant maintenant, elle ne regrettait pas de l'avoir fait.

Elle brossa sa robe d'un geste gêné. Manna, qui s'était révélée une couturière hors pair, avait fait plusieurs petites retouches à la création turquoise qu'Alice lui avait trouvée à Windermere. Elle lui avait aussi fourni du mascara et du brillant à lèvres, pour « rehausser sa beauté naturelle », ou quelque chose du genre. Elle s'était montrée particulièrement animée au moment de parler des « joies et des pièges de l'amour », exhortant Tasha à « s'assurer d'obtenir ce qu'*elle* voulait de la relation ».

— Je sais tout ça, lui avait répondu Tasha.

— Tant mieux. J'aurais aimé le savoir à ton âge, avait été sa réponse énigmatique.

Il semblait que tous les adultes de Weir Courtney se comportaient étrangement ces derniers jours. Tasha avait tenté d'en savoir plus, mais Manna s'était rapidement éclipsée et elle n'avait pas eu le courage de lui courir après.

Elle s'était réveillée trop tôt ce matin, et trop nerveuse. Elle avait passé un long moment à brosser ses cheveux pour qu'ils brillent de leur plus bel éclat cuivré. Ce geste familier l'avait apaisée et elle avait presque aimé ce qu'elle avait vu dans le miroir avant de sortir – bien que cela ne justifie certainement pas l'admiration béate avec laquelle Georg la regardait actuellement.

— Comment ai-je pu supporter de rester si loin de toi ? dit-il, la voix rauque.

Il s'avança vers elle et elle se demanda s'il allait l'embrasser – se demanda si elle résisterait – mais il se contenta de déposer un léger baiser sur chacune de ses joues, le second venant effleurer le coin de sa bouche, si bien qu'elle sentit le pouls même du jeune homme dans ses veines. Ils restèrent là à se regarder sans bouger, et il fallut qu'une grande femme pressée passe brusquement entre eux pour les séparer.

— Alors je te fais visiter le coin ? demanda maladroitement Tasha.

— Avec joie.

— Tu as beaucoup de temps ? Avant ton train de retour, je veux dire ? Pas que j'essaie de me débarrasser de toi, pas du tout ! Tu peux rester aussi longtemps que tu le souhaites. En fait, j'aimerais que tu restes longtemps et, je… Oh, et puis zut !

Elle s'interrompit et Georg rit, lui donnant un coup de coude amical pour l'encourager.

— Le dernier train est assez tard, je crois. De plus, je ne travaille pas demain, alors je pourrais rester si… je veux dire, s'il y a une chambre libre ou un canapé ou quelque chose comme ça. Je ne veux pas… Ce qui ne veut pas dire que…

C'était maintenant à son tour de s'emmêler les pinceaux.

Tasha rit.

— On peut bien s'occuper de ça plus tard, tu ne crois pas ?

— Tu as raison, acquiesça Georg, reconnaissant.

Ils se dirigèrent vers Lingfield et Georg observa les alentours, inspirant de grandes bouffées d'air.

— Tu es malade ? demanda-t-elle, soudain inquiète.

— Non ! Mais mes poumons redemandent de cet air frais. L'atmosphère est si polluée à Londres, ces derniers temps. Et le foyer est une vraie étuve, surtout au dernier étage. Parfois, je dors à l'extérieur, sur l'escalier de secours, mais la ville est trop bruyante et le soleil se lève tôt en cette saison. Je ne me sens jamais vraiment reposé. (Il la toisa un instant.) Bien sûr, j'en reste le seul responsable.

— Pourquoi dis-tu ça ?

Ses yeux, lorsqu'elle osa croiser son regard, la fixaient avec intensité.

— Parce que j'ai laissé partir la femme de mes rêves, sans qui mes rêves ne sont plus.

Le cœur de Tasha bondit alors que son esprit s'efforçait de comprendre les implications de ses mots. Elle avait oublié les tendances littéraires de Georg.

— C'est du Shakespeare ? demanda-t-elle.

— Non, du Georg Lieberman, dit-il. Tu me manques, Tasha.

Sa main trouva la sienne et elle s'y agrippa, sans pouvoir se résoudre à croiser son regard. C'était déjà le problème avant. Georg était doué pour les mots, pour les songes et pour les promesses, mais il l'était moins pour la vie réelle, pour le partage du quotidien.

— Je vais te montrer où je travaille, proposa-t-elle.

Il poussa un soupir à peine audible, mais acquiesça.

— Très bien, allons-y.

Ils descendirent Lingfield High Street en silence, un millier de pensées et de souvenirs se bousculant entre leurs doigts liés. C'était l'homme, pensa Tasha – le garçon, à l'époque – avec lequel elle avait été abandonnée dans un baraquement gelé d'Auschwitz. L'homme en compagnie duquel elle avait refusé de mourir, puis, une fois qu'Ana et Ester les avaient libérées, l'homme aux côtés duquel elle s'était battue pour survivre. C'était l'homme qui l'avait serrée dans ses bras quand les Russes étaient entrés à Auschwitz, celui qui lui avait annoncé qu'ils étaient libres. Elle se souvenait à peine de ce que ce mot signifiait à l'époque, et ne l'avait pas vraiment cru, car la guerre lui avait refusé la plus grande part de ce qu'elle aurait voulu pour elle-même. Georg avait toujours embrassé la liberté plus facilement qu'elle.

La paume de sa main se fit soudain collante et elle fut soulagée de s'arrêter devant *Beautiful You* et de lâcher prise. On était samedi après-midi, le salon était donc fermé. Ce qui convenait parfaitement à Tasha, la dernière chose dont elle avait besoin étant que Joyce et Betsy – surtout Betsy – analysent Georg sous toutes les coutures. Il ne manquerait pas d'user de son charme et elles ne manqueraient pas de l'aimer, ce qui provoquerait des interrogations étonnées sur le fait qu'elle se refuse toujours à le considérer comme son petit ami. À vrai dire, Tasha se posait elle-même la question, maintenant qu'il était là devant elle.

— C'est *ici* que tu travailles ?

Georg semblait incrédule et, tandis qu'il s'approchait de la fenêtre, mettant ses mains en coupe pour voir plus clairement à l'intérieur, elle essaya d'imaginer ce à quoi pouvait ressembler *Beautiful You* à travers ses yeux. Les couleurs crème et rose vif n'étaient pas les teintes qui lui ressemblaient le plus, elle devait l'admettre ; elle était plutôt vert kaki et gris brumeux, ces derniers temps.

— Ce n'est pas ce à quoi tu t'attendais ? demanda-t-elle d'un ton léger.

— Ça fait quand même un sacré contraste.

— Avec mes cheveux ?

— Avec tout ce que je connais de toi.

Tasha rit.

— C'est aussi ce que j'ai pensé au début. Plutôt étonnant, pas vrai ? Et beaucoup trop brillant pour mon caractère grincheux, sans doute.

— Ce n'est pas ce que j'ai dit.

— Mais tu l'as pensé.

— En fait, ce que je me suis dit est que j'adorerais m'installer dans un de ces magnifiques fauteuils roses et profiter de tes beaux doigts dans mes cheveux.

L'image la heurta de plein fouet.

— J'aimerais bien aussi, admit-elle.

Sans réfléchir, elle tendit le bras et passa un doigt dans une des boucles qui pendaient près de son oreille. Il prit une grande bouffée d'air et s'approcha, posa une main douce sur sa taille et, comme elle ne résistait pas, l'attira contre lui.

— Tu me manques vraiment, Tasha. Te parler, plaisanter avec toi, te taquiner, t'embrasser me manque.

Son visage était à un centimètre du sien. Ses doigts se resserrèrent dans ses cheveux et elle l'attira contre elle, puis leurs lèvres se rencontrèrent et son cœur se mit à battre la chamade et…

— Eh, vous deux, prenez donc un hôtel !

Ils s'écartèrent d'un bond pour voir une bande de garçons du quartier qui les haranguaient depuis l'autre côté de la rue. Tasha était mortifiée, mais Georg se contenta de passer un bras autour de ses épaules avant de leur adresser un sourire narquois.

— Ben quoi, les gars, vous êtes jaloux ?

Les jeunes rougirent et prirent la fuite, et il sourit à Tasha.

— Nous devrions peut-être trouver un endroit plus privé, c'est vrai.

— Euh…

— Je veux dire, pour parler. J'ai vraiment, vraiment besoin de te parler, Tasha.

Il avait l'air sérieux. Tasha n'était pas sûre d'être prête pour une discussion sérieuse.

— Oui, j'ai des choses à te dire.

Elle n'était pas vraiment prête pour des « choses à dire » non plus, mais que pouvait-elle faire ? Elle regarda autour d'elle.

— Si je t'emmène à Weir Courtney, tu vas être complètement submergé.

— Je ne suis pas contre, mais plus tard. Pour l'instant, je te veux pour moi tout seul.

Elle réfléchit un instant.

— Nous pourrions aller au terrain de cricket.

Georg éclata de rire.

— Regarde-nous, Tasha – le terrain de cricket ! À quel moment sommes-nous devenus anglais à ce point ?

Tasha rit en retour.

— Au moment où nous avons pris l'avion de Prague à Windermere.

— *Wondermere*, dit Georg avec nostalgie. Et c'était un vrai petit paradis, je m'en rends compte aujourd'hui. En partant pour Londres, j'ai vraiment eu l'impression d'avoir trouvé ma place, mais il s'avère qu'on ne peut pas se contenter de se trouver une place, il faut continuer à la faire exister. Et cela demande une certaine dose d'efforts. (Il lui serra les épaules.) Surtout quand il s'agit de l'aménager pour deux.

Encore des mots fantaisistes.

— Ton père était poète, c'est ça ? plaisanta-t-elle, mais elle fut surprise de le voir grimacer.

— Où se trouve ce terrain de cricket ?

Elle déglutit. Elle sentit qu'il se tendait contre elle et profita de l'ouverture pour se diriger d'un pas léger vers l'allée qui menait jusqu'au grand terrain gazonné. Heureusement, il n'y avait pas de match en cours, seulement quelques enfants qui s'entraînaient à la batte et une poignée d'autres qui grimpaient dans les chênes, à l'autre bout du terrain. Tasha se souvint de Miri et Fifi perchés dans ces arbres, en mai dernier, quand ces derniers avaient malencontreusement cru que les nazis étaient de retour. Aujourd'hui, les sœurs Bellucci s'apprêtaient à rentrer chez elles. Chez leurs parents. Leurs deux parents. Elle chercha les mots pour raconter toute l'histoire à Georg, mais elle ne les trouva pas et se contenta donc de les diriger en silence vers un banc situé non loin. Une plaque en laiton leur indiqua que le banc avait été installé « En l'honneur de Fred, qui aimait ce terrain, et de Maisie, qui aimait Fred ».

— C'est émouvant, déclara Georg.

— Tu trouves ? (Tasha n'en était pas si sûre.) La pauvre Maisie aime ce bon Fred et lui lui préfère ce terrain de cricket…

Georg secoua la tête.

— Toujours aussi négative, Tasha Ancel. Il n'est pas dit que Fred n'aimait pas Maisie. C'est sans doute un hommage de la part de cette dernière, une déclaration ouverte d'amour inconditionnel.

— Hmm.

— Qu'y a-t-il de mal à cela ?

— C'est plutôt mignon, je suppose, mais je me demande si cette histoire d'amour inconditionnel n'est pas un peu stupide.

Georg plissa les yeux.

— Stupide ?

— Le caractère inconditionnel. Et si Fred assassinait quelqu'un ? Est-ce que Maisie l'aimerait encore ?

— Probablement, dit Georg. Bien que peut-être un peu moins.

C'était une chose réellement ridicule à dire et, malgré elle, Tasha rit à gorge déployée.

— Tu m'étonneras toujours, Georg. Toujours à voir le meilleur dans chaque situation.

— Non, je ne vois rien de bon dans le fait que nous soyons séparés. (Il redevint soudain sérieux.) S'asseyant sur le banc, il prit la main de Tasha et l'attira près de lui. Tu m'as dit une fois, Tash, que pour construire une vie commune, il fallait avoir des racines.

— Oui, je l'ai dit, mais…

— Ça m'a fait réfléchir. Tu vois, ce qu'il y a, c'est que je crois que mes racines sont… pourries.

Tasha fronça les sourcils.

— Pourries, Georg ? Mais pas du tout ! Elles ont été arrachées, tranchées par les nazis et…

— Non, ce n'est pas le cas.

Sa voix était basse, mais ferme. Elle le regarda fixement.

— Pardon ?

— Ce ne sont pas les nazis qui ont tué mes parents.

— Mais tu m'avais dit que…

— Je n'ai jamais rien dit. Les gens ont seulement supposé. Les parents des autres avaient été tués par ces monstres, alors ils ont supposé que les miens l'avaient été aussi. Et je… je les ai laissés le croire. Je t'ai laissée le croire, toi. Je suis désolé.

Un vertige s'empara de l'esprit de Tasha.

— Tu m'en as parlé. Tu m'as dit que tu les avais vus mourir devant toi.

— Je les ai vus mourir devant moi. Mais pas pendant la guerre. Et pas en même temps.

— Comment, alors…?

Georg fixa l'herbe à leurs pieds, se tordant nerveusement les doigts.

— Ce n'est pas une jolie histoire, Tasha.

— Je m'en doute, Georg.

— Non, c'est seulement que… Tu as manifestement eu une belle famille, une belle maison et une belle vie, alors que moi…

— S'il te plaît, Georg, dis-moi ce qui s'est passé.

— Très bien. (Il inspira profondément.) Ce ne sera pas long. Mon père a été tué au cours d'une bagarre, dans un bar. On m'avait envoyé le chercher pour le ramener à la maison, mais il ne voulait pas me suivre. Le patron du bar était de mon côté, les autres non. Ça a dégénéré et il… il a été poignardé. Il est mort sur le sol du bar en crachant du sang et en maudissant la terre entière.

— C'est terrible. Quel âge avais-tu ?

Ses doigts se crispèrent entre les siens.

— J'avais cinq ans.

— Cinq ans ! Ta mère t'a envoyé chercher ton père dans un bar à cinq ans ?

— Je te l'ai dit, ma vie n'a pas ressemblé à la tienne. Je l'ai surtout vécue dans la rue avec les autres enfants.

— C'est à ce moment-là que tu es devenu doué pour crocheter les serrures ?

— La seule chose utile que mon père m'ait jamais apprise.

Tasha lui caressa la main du bout des doigts.

— Je suis désolée, Georg. Ce n'était pas ta faute.

— Pas pour mon père, non. Mais pour *mama*…

Le mot polonais enflamma immédiatement le cœur de Tasha, mais il ne s'agissait plus d'elle, maintenant.

— Tu veux me raconter ?

Il la regarda, son visage si sombre qu'elle eut du mal à le reconnaître.

— Cette partie-là est la pire, Tash. Après la mort de papa, elle s'est mise à boire – ce qui était quand même assez ironique, tant elle l'avait détesté pour ça de son vivant. Je n'étais pas assez important pour elle, tu vois. *Nous* n'étions pas assez pour elle.

— *Nous ?* Tu as eu des frères et sœurs ?

Georg émit un drôle de petit son, mi-grognement, mi-cri de détresse.

— Pas longtemps. J'avais un petit frère, Leon, mais peu de temps après la mort de papa, il est tombé malade. Nous n'avions pas les moyens de payer un médecin. Enfin, nous aurions pu les avoir, mais ma mère considérait apparemment la vodka comme un meilleur investissement. (La douleur fissurait sa voix et Tasha se sentit terriblement impuissante.) Il est mort dans mes bras pendant que maman noyait son chagrin au rez-de-chaussée. Elle s'est excusée auprès de moi, à l'enterrement. Elle a pleuré et m'a demandé pardon, puis elle a trébuché sur le petit cercueil et l'a renversé. (Il fixa Tasha, son regard glacial.) Je l'ai détestée à partir de ce moment-là.

Tasha acquiesça.

— Et j'aurais fait la même chose.

— Tu crois ?

— Bien sûr. Elle a tué ton frère.

— Je ne sais pas si c'est elle qui…

— Si, Georg. Ton frère a été tué par négligence. Les nazis faisaient ça tout le temps. J'ai vu autant de gens mourir dans le ghetto que dans les camps. Le typhus, la pneumonie, la famine, les accouchements – tout ça tue aussi facilement que le Zyklon B et pour moins cher.

Georg grimaça.

— Ne dis pas ça, Tash.

— Et pourquoi pas ? Tu es passé par là. Tu l'as vu aussi.

— Mais pas mes parents. Mon père a été tué dans une bagarre d'ivrognes et maman s'est tout simplement dissolue dans le néant.

— Comment as-tu survécu ?

Il laissa échapper un petit rire amer.

— Je suis devenu malin. J'ai appris que si je voulais manger, je devais mettre la main sur son argent de poche le vendredi, alors qu'elle venait de le récupérer. Je le sortais en douce de son sac à main et le dissimulais dans un trou spécial de mon oreiller, de sorte qu'au milieu de la semaine suivante, il me restait quelques zlotys pour acheter du pain.

Tasha s'imaginait un Georg en miniature enfonçant sa petite main au milieu de son oreiller pour trouver quelques pièces de monnaie, afin de pouvoir s'acheter un peu de pain. Elle voulait l'entourer de ses bras et panser ses blessures, mais il était si rigide, si anormalement replié sur lui-même qu'elle n'osa pas le toucher.

— Tu sais, poursuivit-il, je ne me souviens même pas du moment où maman est morte. Il y avait si peu de différence entre les moments où elle rentrait dormir à la maison et ceux où elle n'était plus là que je l'ai à peine remarqué.

— Quel âge avais-tu, à l'époque ?

— Douze ans.

— Tu as survécu en t'achetant ton pain toi-même pendant sept ans ?

— À peu près, oui. Mais je me suis perfectionné pour ce qui est des serrures.

Le sourire de guingois que Tasha connaissait si bien apparut brièvement, puis disparut à nouveau – lui manquant instantanément.

— Je suis vraiment désolée, Georg. Mais tu n'as pas à avoir honte.

Il se tourna vers elle, son regard soudain féroce.

— Et comment en irait-il autrement ? Mes parents étaient des ivrognes qui se souciaient si peu de leurs enfants qu'ils ne les nourrissaient même pas. Quand la guerre est arrivée, j'ai été soulagé. Soulagé ! Est-ce que ce n'est pas parfaitement affreux ? D'un seul coup, je n'étais plus le seul à vivre des moments difficiles. Quand ils ont commencé à enfermer les Juifs dans des ghettos, mon existence s'est améliorée. Je suis probablement le seul à pouvoir dire ça, mais c'est la réalité. J'ai été placé dans une maison avec une famille adorable, qui pensait que mes parents avaient été tués dans les déplacements de population, et qui m'a pris sous son aile. Pour la première fois depuis des années, j'ai été nourri correctement. La femme qui m'a accueilli se privait régulièrement pour que j'aie suffisamment à manger, ce que personne n'avait jamais fait pour moi auparavant. Je vivais à l'étroit, j'avais froid et parfois faim, mais je n'étais pas seul.

Tasha ne savait pas quoi dire. Les conditions de vie dans le ghetto avaient été inhumaines – un gouffre de souffrance et de détresse – mais pour Georg, elles avaient constitué un pas en avant.

— Je suis vraiment désolée, dit-elle à nouveau, mais cela semblait de plus en plus dérisoire.

— C'était affreux, Tasha, bien sûr que ça l'était. Les nazis nous ont jetés en enfer et nous y avons tous brûlé. Même ceux d'entre nous qui ont survécu continuent de brûler, et nul ne peut rien faire pour changer ça. Mais après la guerre, tout le monde s'est mis à aider les quelques orphelins survivants de l'Holocauste, et il était plus facile pour moi de suivre le mouvement, de prétendre que je faisais face aux mêmes souffrances, de prétendre que…

Tasha tapa du pied, incapable d'en supporter davantage.

— Ça suffit, Georg !

Il se tourna vers elle, interloqué.

— Je ne peux pas te laisser dire ça. Tu ne faisais pas semblant. Tu étais à ta place. Tu es *toujours* à ta place. Tu es bien juif, n'est-ce pas ?

— Oui.

— Et orphelin.

— Oui, mais…

— Mais tu es devenu orphelin bien plus tôt que la plupart d'entre nous. Et alors ? En réalité, ta souffrance n'en est que plus grande.

— Mais les nazis ne m'ont pas pris mes parents. C'est leur négligence seule qui m'a fait orphelin.

— Négligence dont tu n'es pas responsable.

— Peut-être pas. Mais ça fait quand même de moi un imposteur. Je te demande pardon.

Tasha réfléchit à ces informations nouvelles. Pas cette histoire d'imposture – que Georg s'en afflige était absurde – mais tout ce qu'il lui avait appris de sa propre histoire. Tout s'emboîtait parfaitement.

— Je comprends mieux pourquoi tu tenais à tout prix à oublier ton passé, à *aller de l'avant*, comme tu l'as si souvent dit.

— Je n'ai que peu de choses à regretter de mon passé, Tasha. L'accueil que m'a fait ce pays, mon travail et ma nouvelle vie, c'est une véritable bénédiction pour moi et je veux m'y consacrer pleinement.

Tasha acquiesça.

— Je comprends.

Il se retourna brusquement pour lui faire face, lui serrant soudain les mains, et un peu de feu revint dans son regard riche et sombre.

— Je veux avoir une belle vie, Tash. Je ne ferai pas les mêmes erreurs que mes parents, jamais. Je serai bon, honnête et travailleur et je m'occuperai de ma famille. Je veillerai sur toi, Tasha, si tu le veux bien. Et sur tous les enfants que Dieu voudra bien nous accorder. Tu es d'accord, Tash ? Tu me laisseras faire ?

Tasha lui sourit.

— Si tu me laisses m'occuper de toi aussi.

Puis elle l'embrassa et il n'y eut personne, cette fois, pour les interpeller, personne pour les bousculer ou les séparer. Seulement le doux soleil anglais, le banc de Fred et Maisie et l'impact étouffé d'une batte de cricket, alors que leurs bouches se trouvaient à nouveau.

— Je suis désolé d'avoir jeté les cheveux de ta mère, dit Georg alors qu'ils se séparaient enfin.

— Je comprends mieux maintenant, lui dit Tasha. Tu étais jaloux.

Il fronça les sourcils.

— Je ne suis pas sûr, je…

— Je veux dire, de ne pas avoir eu de mère à regretter.

— Non. (Il secoua la tête.) Non, ce n'était pas ça. C'est que tu étais tellement obsédée par la recherche de ton passé que ça te rendait incapable de construire ton avenir.

— Ce n'est pas vrai. J'étais – *je suis* – heureuse d'avoir un avenir. Je veux juste que ma mère en fasse partie. Est-ce si étrange que cela ?

— Ça l'est si elle est morte. Enfin, je veux dire, s'il y a des chances qu'elle le soit.

— Comme la tienne ?

— Eh bien, oui, mais…

Elle le regarda fixement.

— C'est ce que tu aimerais, n'est-ce pas ? Que ni toi ni moi n'ayons plus de famille, pour en fonder une ensemble. Ça t'arrangerait.

— Non…

— Si, c'est le cas ! Mais, tu sais, Georg, je ne veux pas que mon passé soit effacé. Je veux que tout ce qui s'est passé dans ma vie reste gravé, le bon comme le mauvais.

— Moi aussi. (Il s'agrippa à elle et la serra contre lui.) Moi aussi, Tash. Je sais que nous ne pouvons pas effacer Auschwitz ; d'ailleurs je n'ai aucune envie de le faire. J'étais là-bas avec toi.

— À la toute fin.

— Exactement. Nous étions là-bas, ensemble.

— Et j'étais là-bas avec maman, juste avant ça.

Il se figea.

— Et c'était mieux ?

— Mieux ? (Tasha éclata d'un rire amer.) Allons, Georg, tu ne peux pas utiliser ce mot pour définir une situation ayant existé à Auschwitz.

— Mais tu préférais quand elle était là ?

— Je t'en prie, Georg – *évidemment* que je préférais.

Il se secoua.

— Oui. Désolé. Je suis désolé, Tasha. Je ne suis pas venu ici pour me disputer. Je suis venu pour m'expliquer. Je suis venu pour te parler de mes parents, pour être honnête avec toi.

— Merci.

— Et pour te demander de revenir à Londres avec moi. Nous pourrons nous marier bientôt.

Il fouilla dans sa poche et elle porta une main à sa bouche.

— Tu as acheté une bague ?

Il toussa.

— Pas tout à fait. Je suis désolé, je ne peux pas encore me le permettre. Mais je peux t'offrir une alliance toute simple, Tash, et je suis allé voir le rabbin. J'ai une licence, regarde !

Il sortit un morceau de papier de sa poche et Tasha plissa les yeux, stupéfaite.

— C'est…

— Merveilleux ? Tu m'avais dit que j'étais fait de trop de rêves et de pas assez d'action, alors voilà : de l'action.

— Oui, je vois ça. Mais Londres, Georg ? Qu'est-ce que je ferai de mon apprentissage ?

— Au salon rose ?

— Au salon de Joyce, oui. Je suis en train de recevoir une formation complète.

— Combien de temps cela prend-il ?

— Deux ans.

— Deux ans ! Pour couper des cheveux ?

— C'est un métier complexe.

— Vraiment ?

— Plus complexe que quelques serrures à trafiquer.

— Très drôle, dit-il, mais la situation n'avait rien d'amusant. Tu ne peux pas apprendre à Londres ?

— Peut-être, acquiesça-t-elle en essayant d'y réfléchir. Mais obtenir un apprentissage là-bas est sans doute plus difficile, et j'en suis déjà à plusieurs mois avec Joyce. Si je continue ici, j'aurai terminé au printemps 1948, et je pourrai ouvrir mon propre salon.

— Ton salon ? Et nos enfants ?

Tasha cligna des yeux.

— Nos enfants ? Je ne sais pas, Georg. Avoir des enfants n'a pas vraiment fait partie de mes projets, ces derniers temps. Je me suis concentrée sur ma formation, l'ouverture du salon et le fait de gagner assez d'argent pour subvenir à mes besoins et à ceux de maman, et…

— Attends. (Georg leva la main.) Tu es en train de me dire que pendant que je me démène à Londres pour essayer de nous trouver un appartement, de ton côté tu économises pour toi et ta mère ?

— Je pensais que tu ne voulais plus de moi.

— Tu abandonnes facilement.

Est-ce que c'était le cas ? Tasha n'arrivait plus à réfléchir.

— Je t'ai écrit, poursuivit Georg. Je me suis excusé. Je t'ai dit ce que je ressentais. Je t'ai dit que je travaillais pour notre avenir et tu ne m'as pas cru ?

Tasha y réfléchit ; la réponse n'était pas simple.

— Au fond, je pense que je ne t'ai pas cru. Ou, du moins, que je ne voulais pas m'y fier. Je devais suivre ma propre voie, et c'est ce que j'ai fait. Je suis désolée.

Il plia l'acte de mariage, lentement et soigneusement, et elle vit les mots disparaître, le cœur serré. Il le remit dans sa poche, puis leva les yeux.

— Je vais attendre.

Tasha se décala.

— Je ne peux pas te demander ça.

— Mais moi je peux te l'offrir. Je t'aime, Natasha Ancel, et je veux que tu me suives, mais tu dois le faire librement.

— Je t'aime aussi, Georg.

— Alors j'attendrai. (Il lui prit les mains et les serra si fort que leurs extrémités commencèrent à blanchir.) Viens me trouver quand tu seras prête. Quand ta mère se manifestera, d'une manière ou d'une autre.

— Qu'est-ce que tu veux dire ?

— Exactement ce que j'ai dit. Tu dois admettre la possibilité qu'elle soit morte. C'est bien toi qui te plains tout le temps de mon optimisme béat.

Tasha haussa les épaules.

— Peut-être que mon optimisme à moi n'arrive à se concentrer que sur une seule chose.

— C'est bien possible. (Il leva les yeux au ciel.) Je devrais y aller.

— Déjà ?! Tu ne viens pas à Weir Courtney ?

— Pas dans ces conditions. (Il lui prit la main et y déposa un unique baiser, aussi formel qu'un vieux gentleman.) Tu sais où me trouver, Tasha Ancel, si jamais me trouver devient une priorité pour toi.

Puis il s'éloigna, quittant le terrain de cricket au pas de course.

Elle lui courut après.

— Georg !

Il était déjà à mi-chemin de la rue principale, mais il se retourna et tendit la main. Elle faillit courir vers lui, faillit prendre la décision de le suivre, qu'importe où la vie les mènerait : mais du coin de l'œil, elle aperçut l'or et le rose de *Beautiful You* et s'arrêta. Georg soupira, puis se remit à courir.

Et disparut.

32

Weir Courtney, 15 août 1946

Alice

— C'est ça, les enfants, courez vers moi. Très bien, continuez à courir.

Avec une stupéfaction horrifiée, Alice observait le réalisateur plein d'entrain encourager les jeunes enfants à traverser à toute vitesse la pelouse de Weir Courtney ravagée par les taupes.

— Attention aux trous… s'écria-t-elle, mais trop tard.

Suzi fit un vol plané et sa jupe s'agita follement dans les airs, son gémissement se faisant entendre avant même qu'elle ne touche le sol. Le cameraman continua de filmer pendant que Manna la rejoignait au pas de course, la serrant contre sa maigre poitrine et déposant des baisers sur ses tresses – réalisées à la perfection par Tasha.

— Sensationnel, déclara le réalisateur, comme s'il s'était trouvé à Hollywood et pas dans le Surrey profond.

— Combien de temps cette absurdité va-t-elle encore durer ? demanda Alice à Oskar, mais ce dernier semblait également fasciné par la vision de Manna berçant une Suzi déjà presque remise sur pied.

Et le jour de mon anniversaire, en plus, pensa Alice d'un air renfrogné. Non pas que cela ait beaucoup d'importance. Elle ne s'attendait à rien de spécial. De toute façon, elle n'avait plus de famille pour s'en souvenir.

Oskar avait discrètement retiré la photo de son frère après cette nuit embarrassante où il l'avait surprise en train de la jeter rageusement à travers la pièce. Le cadre avait été brisé et le papier probablement déchiré, et il avait passé beaucoup de temps à ramasser les petits morceaux de verre sur son tapis, ce qui avait été très gentil de sa part. La photo lui manquait, cependant, et elle essayait de réfléchir à un moyen de la récupérer. C'était tout ce qui lui restait de son frère.

Alice posa une main sur ses yeux embués de larmes, puis la laissa là quelques instants, heureuse de se couper un instant des idioties qui se déroulaient devant elle. L'idée du film venait de M. Montefiore, qui souhaitait marquer l'année écoulée depuis l'arrivée des enfants en Angleterre et encourager les gens à mettre la main à la poche pour financer le travail qui restait à faire. L'idée était bonne, supposait-elle, mais pourquoi imaginer une production aussi superficielle, alors qu'il y avait encore tant de souffrance dans le monde ?

— Je crois que vous ne vous y prenez pas comme il faut, dit une voix criarde et elle força ses yeux à se rouvrir pour voir Tasha face au réalisateur, les mains sur les hanches.

Ainsi, elle n'était pas la seule à en avoir assez, se dit-elle. Mais non, c'était autre chose.

— Vous devriez filmer des gens qui ont l'air tristes, poursuivit la jeune fille.

— Pourquoi ferais-je une chose pareille ? demanda le réalisateur.

— Parce que les gens seront plus enclins à donner de l'argent, de cette manière. Personne ne donnerait l'aumône à un mendiant assis devant une tasse de thé, en train de passer du bon temps, n'est-ce pas ? Quelle différence, ici ? S'ils nous voient avec notre belle maison, notre beau cheval à bascule et notre belle piscine, ils garderont sans aucun doute leur argent pour leurs propres enfants, qui n'ont rien de tout cela.

— Elle n'a pas tort, dit le réalisateur en se tournant vers son équipe.

Alice gémit.

— Je peux avoir l'air triste, poursuivit Tasha. Je peux m'asseoir sur la balançoire et regarder au loin, l'air abattue. Un narrateur pourrait alors dire quelque chose du genre : « Et pourtant, nous devons nous rappeler toutes les choses que ces pauvres enfants ont perdues – leur maison, leur famille et jusqu'à leur pays. » Là vous passez quelques-unes de ces photos de Belsen, et paf, tout le monde est en larmes.

Les membres de l'équipe étaient médusés, mais Alice prit les devants.

— Assez, Tasha ! Ce brave homme n'a pas besoin que tu lui apprennes son métier.

Tasha n'avait pas l'air de vouloir céder et Alice dut s'efforcer de résister à l'envie de l'envoyer dans sa chambre, avec interdiction d'en sortir avant de s'être rappelé les bonnes manières. Depuis la visite de Georg, deux semaines plus tôt, la jeune fille était impossible. Ils avaient tous attendu ce dernier pour le thé à Weir Courtney, mais il n'était jamais venu et Tasha avait traversé la maison comme une furie pour se barricader dans sa chambre, jusqu'à ce qu'elle doive intervenir, Mina et Golda se plaignant de ne pas pouvoir se mettre au lit.

Alice avait tenté de lui parler à plusieurs reprises, mais elle avait été renvoyée à chaque fois par un cinglant « tu ne pourrais pas comprendre ». Et pourquoi ne pourrait-elle pas comprendre ? Certes, elle n'avait jamais été *amoureuse*, avec toutes les connotations enivrantes et étourdissantes que cela semblait avoir, mais elle avait aimé, pourtant. Et elle savait ce que c'était que de perdre un être cher.

Elle se secoua. Ce n'était pas le moment de s'appesantir sur ses propres problèmes, car, à sa grande surprise, le réalisateur semblait avoir repris l'idée de Tasha à son compte et l'invitait maintenant à se déplacer vers la balançoire. L'une des assistantes était occupée à lui brosser les cheveux, tandis qu'une autre installait une de leurs lampes fantaisistes sous le chêne – lampes destinées à remplacer un soleil défaillant, qui s'était inconsidérément caché derrière un nuage.

Alice observa Tasha tandis qu'elle se balançait, la tête en arrière, ses cheveux roux ruisselant derrière elle et brillant sous les feux de l'astre de remplacement. Elle devenait une belle femme, maintenant que les privations d'Auschwitz s'étaient estompées, et la scène était superbe, il fallait le reconnaître – mais les petits se tenaient debout à l'écart, désabusés, et Alice en voulut à Tasha de s'être ainsi mise en avant.

Elle avait agi de la sorte pendant les trois jours de tournage, cherchant désespérément à apparaître dans tous les plans. Cela ne lui ressemblait pas du tout. De plus, l'équipe de tournage avait promis qu'elle aurait terminé à l'heure du thé, mais maintenant que Tasha était rentrée du travail et commençait à les abreuver d'idées artistiques, ils n'allaient jamais partir. Sophie avait promis à Alice du poulet pour le dîner et elle avait hâte de le déguster en toute tranquillité. Elle consulta sa montre d'un air contrarié. Deux des nombreux assistants du réalisateur étaient en train de choisir d'autres enfants pour qu'ils aient « l'air tristes » avec Tasha. Marta fut choisie pour contempler la poupée qu'elle tenait entre les genoux avec tristesse, tandis que Moishe devait s'asseoir sur un ballon de football, la tête entre les mains. C'était ridicule.

Elle avança jusqu'au milieu de la pelouse.

— Stop !

Tout le monde sursauta. Leonard Montefiore, qui attendait le départ de l'équipe de tournage pour les raccompagner, traversa précipitamment la pelouse, Anna Freud dans son sillage, et Alice se sentit terriblement gênée – mais tant pis.

— Quelque chose ne va pas, Alice ? demanda Leonard.

— Cela ne va pas du tout, en effet, confirma-t-elle. Cette mise en scène ne va pas. (Elle indiqua les jeunes qui posaient juste à côté.) La dernière chose dont ces enfants ont besoin est qu'on leur dise que les gens ne s'occuperont d'eux que s'ils ont l'air malheureux.

Leonard fronça les sourcils mais les mains d'Anna se portèrent à sa bouche.

— Vous avez raison, Alice. Vous avez tout à fait raison. J'aurais dû m'en rendre compte moi-même, je suis désolée. Votre analyse est supérieure à la mienne.

Alice cligna des yeux.

— Je ne dirais pas cela, Anna. C'est juste que j'ai une grande expérience des enfants, et…

— Alice est très perspicace, dit Oskar en se joignant à eux et Alice sentit sa peau s'enflammer tandis que toutes ces personnes intelligentes et importantes hochaient la tête avec sérieux.

— Je ne dis pas ça pour moi, dit-elle précipitamment. Je dis ça pour les enfants. Ils ont assez travaillé, je pense qu'ils devraient faire une pause, maintenant.

— Absolument, déclara Leonard.

— Tout à fait d'accord, abonda Anna.

— Je vais m'en occuper, ajouta Oskar, avant de filer rejoindre le réalisateur pour lui parler.

Alice était presque sûre que l'équipe avait quand même tourné ses plans « tristes », pendant qu'elle s'entretenait avec ses patrons, mais au moins commençaient-ils à remballer leur matériel.

— Venez, les enfants, dit-elle. Allez dire au revoir à la gentille équipe de tournage et rentrez tous vous débarbouiller et préparer la table pour le thé.

Le mot « thé » était encore un mot magique pour les enfants, et ils se précipitèrent à l'intérieur comme un seul homme. Rapidement, la pelouse fut débarrassée de tout ce qui s'y trouvait, à l'exception des taupinières, et seule Tasha s'attardait désormais sur la balançoire, observant l'équipe charger ses caméras, ses éclairages et ses claps de tournage dans une grande camionnette. Cela semblait prendre beaucoup de temps. Alice s'approcha d'elle.

— Tu viens à l'intérieur ?

— Maintenant que tu as gâché le film, tu veux dire ?

— Gâché ?

— C'était une bonne scène, Alice. Tu m'as vue sur la balançoire ? Tu as vu mes cheveux ?

— Je t'ai vue, acquiesça Alice, sans pouvoir s'empêcher d'ajouter : Je ne te pensais pas vaniteuse, Natasha Ancel.

Tasha sursauta comme si elle avait été mordue.

— Vaniteuse ?

Ses yeux bleus s'étrécirent.

— Tu crois que je veux jouer dans ce film par vanité ?

— Ce n'est pas le cas ?

— Non !

— Alors pourquoi…?

Tasha jeta ses bras en l'air.

— Si ce film est diffusé, s'il passe aux informations, s'il est distribué aux organisations juives, alors elle pourra me voir.

— Elle… ?

— Aaahh ! (Tasha sauta de la balançoire et se dirigea en trombe vers la maison.) Elle ! Lydia ! Ma mère. Je dois la retrouver, Alice. Je n'arrête pas de le dire, mais personne ne m'écoute. Je suis coincée ici, dans cette petite Angleterre idyllique, sans rien pouvoir faire, alors j'ai pensé qu'au moins passer dans ce film pourrait…

Des larmes roulèrent sur ses joues et elle les écarta rageusement tout en marchant. Alice lui saisit le bras.

— Arrête, Tasha. Je suis désolée. Je comprends, maintenant.

Tasha s'arrêta si brusquement que leurs corps se heurtèrent.

— Vraiment, Alice ? demanda-t-elle froidement. Je ne sais pas si tu comprends. Quand je l'ai vu, Georg avait une licence, tu sais. D'un rabbin.

Alice la dévisagea, essayant de comprendre ce soudain changement de sujet.

— Il m'a demandé de l'épouser. C'était très romantique. Mais, devine quoi ? Nous nous sommes disputés. Encore une fois. Et encore une fois à propos de ma mère. Il dit que je suis obsédée. Il dit que je ne peux pas envisager un avenir avec lui tant que je ne sais pas ce qui est arrivé à ma mère, et il a raison. Je m'en rends compte aujourd'hui. Alors je dois absolument savoir ce qui lui est arrivé. J'en ai besoin pour moi, pour ma vie.

— Je vois, répondit Alice, stupéfaite.

— Et personne – *personne !* – ne fait rien pour m'aider.

Comme c'était douloureux à entendre.

— Ce n'est pas vrai, jeune fille ! De nombreuses personnes travaillent à retrouver les personnes déplacées.

— Les personnes déplacées en général, oui, mais pas celle qui m'intéresse en particulier.

Alice sentit des larmes de colère piquer ses yeux fatigués. Elle était usée par trois jours de chaos et c'était son anniversaire, ce dont personne ne semblait s'être souvenu. La dernière chose dont elle avait besoin était d'une adolescente égocentrique qui lançait des accusations injustes.

— Moi j'essaie.

— Comment ?

— Puisque tu veux le savoir, je travaille avec Nicola Grainger, qui se renseigne spécifiquement sur le cas de ta mère.

Les paroles de Nicola lui revinrent à l'esprit – *« Je vous déconseille personnellement de lui en parler »* – mais plus de deux semaines s'étaient écoulées depuis l'apparition de cette piste cruciale, et Nicola, n'ayant pas à traiter avec Tasha au quotidien, ne se rendait certainement pas compte de la détresse dans laquelle la jeune fille se trouvait.

— Qui est Nicola Grainger ? demanda Tasha.

— Une infirmière qui travaille à Londres.

— Pourquoi chercherait-elle ma mère ?

— Parce que tu l'as confondue avec elle, l'autre jour au foyer.

Le teint pâle de Tasha s'illumina et Alice vit qu'elle se souvenait. Comment aurait-il pu en être autrement ? Cette histoire l'avait complètement bouleversée.

— Comment se fait-il que tu la connaisses ? bégaya Tasha.

— Elle m'a contactée. Elle s'inquiétait pour toi. Tout comme moi.

— Vraiment ?

— Elle s'est donc renseignée auprès des réseaux hospitaliers.

— Et ? (Tasha s'agrippa à ses bras.) Et, Alice ? Elle a trouvé quelque chose ?

Seigneur, il n'y a plus moyen de revenir en arrière, maintenant.

— Elle a peut-être retrouvé la trace d'une femme appelée Lydia Ancel, mais rien ne dit qu'il s'agisse de ta mère. Elle essaie d'en savoir plus.

— Où est cette femme ? Où est-elle ?

Les yeux de Tasha avaient pris une teinte maniaque, comme des flammes de gaz, et Alice regrettait son impétuosité. Cette fille l'atteignait à chaque fois.

— Dans un hôpital de Katowice.

— Katowice est loin de Varsovie.

— Oui. C'est près d'Auschwitz. La femme en question y a été transférée depuis Auschwitz.

— Mais Auschwitz n'existe plus, n'est-ce pas ? Je veux dire, le camp n'existe plus ?

— Non, acquiesça Alice. Mais on m'a dit que l'endroit avait été transformé en musée.

— Un musée ?! Nos vies sont… sont… ? (Elle se secoua énergiquement.) Mais ça n'a pas d'importance. Ce qui compte, c'est que cette femme était là-bas. Elle devait chercher quelqu'un.

— Peut-être.

— Moi ? Elle me cherchait moi ?

— Je ne sais pas… (Alice pouvait voir le teint de la jeune fille se colorer, son souffle s'accélérer.) Je n'aurais pas dû te le dire, Tasha…

— Si, tu aurais dû ! (Elle fit les cent pas devant Alice.) Comment est-ce que je peux savoir si c'est vrai ? Et si cette femme, Nicola, est digne de confiance ? Elle a peut-être tout inventé.

Alice pensa aux autres informations que Nicola lui avait transmises, au registre du crématorium, et son cœur se serra.

— J'aurais bien voulu, pour ma part, dit-elle, la voix brisée.

Tasha s'arrêta et la fixa.

— Pourquoi ? (Elle saisit les épaules d'Alice.) Pourquoi, Alice ? Pourquoi ?

— Parce qu'elle a découvert que mon frère était mort.

Tasha se figea.

— Non ?! Oh, Alice. Comment ? Quand ?

Plus loin, un oiseau gazouillait dans la haie. Quelque part en arrière-plan, Alice pouvait entendre les cris de l'équipe de tournage et, dans la maison, les enfants qui bavardaient en se préparant pour le thé. Des sons normaux et joyeux qui tranchaient avec la vague de chagrin qui menaçait de la submerger.

— À Auschwitz. À son arrivée à Auschwitz, en 1944. (Sa voix était creuse et monocorde, mais c'était la seule façon pour elle de pouvoir prononcer ces mots.) Son nom figure dans le registre du crématorium. Et les noms de sa femme et de sa fille, quelques jours plus tard. Tous ont été gazés, Tasha.

Elle osa regarder le visage de la jeune fille et vit que toute colère et toute préoccupation égoïste avaient disparu de son regard pour être remplacées par un chagrin total.

— Je suis désolée, Alice. Je suis tellement, tellement désolée. (Puis ses bras l'entourèrent et elle lui caressa le dos en le répétant, encore et encore.) Je suis désolée, désolée. Tellement désolée.

— Je suis désolée aussi, dit Alice, et les mots étaient si désespérément faibles – presque absurdes – qu'elles tremblèrent toutes les deux d'un mélange de chagrin et d'amusement nerveux qui aurait éclaté si elles ne s'étaient pas serrées si fermement l'une contre l'autre.

— Je vais réécrire à Nicola, dit Alice. J'insisterai pour en savoir plus. Nous allons la retrouver, Tasha. Nous allons retrouver Lydia – pour nous deux.

— Merci, Alice. Je suis vraiment désolée. Je suis une sale égoïste.

— Nous le sommes tous parfois.

Mais Tasha secoua la tête.

— Non, pas toi. Maintenant, viens, c'est l'heure du thé et je crois qu'il y a quelque chose de spécial pour toi là-haut.

— Pour moi ?

— Bien sûr. C'est ton anniversaire, après tout.

— Tu t'en es souvenue ?

— Comment pourrions-nous oublier, Alice ? Tu te souviens de chacun des nôtres. Allez, viens !

Puis elle l'entraîna dans la maison et Alice sentit la délicieuse odeur du poulet rôti. Elle ne pensa pas à s'arrêter pour mettre de l'ordre dans ses cheveux, lisser sa robe froissée ou essuyer les larmes qui embuaient ses yeux, alors qu'elles se dirigeaient vers la salle à manger. Rien de tout ça n'avait d'importance, surtout lorsqu'elle entra dans la salle à manger sous les cris de « Joyeux anniversaire, Alice ! ».

— Quoi ?! bredouilla-t-elle.

Il y avait des guirlandes tout autour de la pièce et des nappes sur les tables, un énorme bouquet de fleurs et une grande pile de cartes et de cadeaux faits maison. Il y avait aussi un gâteau couvert de bougies, et chacun chantait et applaudissait. Elle vit Leonard et Anna applaudir chaleureusement, Manna diriger les chants et sa chère et tendre Sophie brandir une pelle à gâteau. Elle vit Oskar lui proposer une chaise et se laissa guider par Tasha.

Les enfants présentèrent leurs cadeaux un à un, tous confectionnés avec un soin si manifeste qu'Alice crut que son cœur allait exploser. Il y avait des mouchoirs brodés, des peintures et des tricots maison. Sophie avait réussi à se procurer des chocolats allemands, Manna offrait un billet pour un concert de piano et Tasha, une nouvelle brosse, spécialement conçue pour les cheveux courts. Alice se sentait submergée et ce fut alors qu'Oskar s'avança, tenant un petit paquet rectangulaire.

— J'espère que vous aimerez.

Il avait l'air anormalement nerveux et Manna dut l'encourager à avancer avant qu'il lui tende le cadeau. Curieuse, Alice le prit et en défit soigneusement l'emballage. Le papier était magnifique et méritait d'être conservé, mais ce qu'il y avait à l'intérieur l'était encore bien davantage, car là, dans un cadre argenté tout neuf, se trouvait la photo de son frère et de sa famille.

— Oh !

Elle fut tellement surprise qu'elle faillit lâcher le cadre et Oskar s'avança pour le stabiliser, posant sa main sur la sienne.

— Si vous ne l'aimez pas, je peux retirer le cadre et conserver la photo. Je… je n'étais pas sûr que…

Elle secoua la tête.

— C'est parfait, Oskar, je vous remercie. Le cadre est magnifique ; il préserve Max comme il mérite d'être préservé.

— J'en suis heureux.

Elle pensa qu'il allait l'embrasser, mais il jeta un bref coup d'œil aux enfants et recula timidement.

— Joyeux anniversaire.

Et ce fut finalement ce qui se passa. Le cœur d'Alice souffrait encore des pertes accumulées, symbolisées par le magnifique cadre argenté posé devant elle, mais elle avait aussi fait des progrès, en particulier grâce aux personnes bienveillantes qui l'entouraient maintenant. Il y avait exactement un an, elle se tenait sur une piste d'atterrissage à Crosby-on-Eden, attendant que de gigantesques avions sortent d'un ciel d'orage et leur amènent ces enfants qui chantaient aujourd'hui pour elle avec tant d'amour. Elle regarda autour d'elle, les regarda chacun d'entre eux, et se sentit bénie par le ciel. Elle avait perdu Max, certes, et d'autres épreuves l'attendaient, mais ici, dans cette belle maison, en compagnie de ces belles personnes, elle se sentait aimée. Quel plus beau cadeau d'anniversaire pouvait-elle souhaiter ?

33

Weir Courtney, 20 août 1946

Tasha

— Les valises ! Où sont les valises ?

Alice descendit l'escalier en courant, manifestement prête à s'arracher les cheveux, et Tasha secoua la tête devant tant d'agitation.

— Elles sont là, Alice. Les filles les ont apportées tout à l'heure.

Elle indiqua les valises de Mirella et Fiorina, qui attendaient près de la porte ouverte, aussi prêtes à partir que leurs propriétaires. À peine l'équipe de tournage avait-elle quitté Weir Courtney qu'Alice avait été informée de la désignation d'un tuteur pour les filles, et du fait que leur transfert pour l'Italie était en cours d'organisation. Leur voyage de retour, pensa Tasha avec amertume, loin de cette drôle de petite famille provisoire, jusqu'aux bras de leurs vrais parents. Un véritable miracle.

Au cours de la dernière semaine de préparatifs frénétiques, de nombreux autres enfants étaient restés près des sœurs, comme si leur incroyable chance pouvait d'une manière ou d'une autre déteindre sur eux.

Plusieurs fois par jour, ils demandaient à Tasha :

— Quand est-ce que ma maman va venir me chercher ?

— Dès qu'elle le pourra, répondait-elle toujours.

Alice leur parlait logistique et longues distances, et Tasha savait qu'elle essayait de « gérer l'impatience des enfants », mais elle savait aussi ce que c'était que de vouloir quelque chose au point de s'en consumer intérieurement, et la logistique n'était jamais une réponse satisfaisante en pareils cas.

Elle était heureuse pour Miri et Fifi, bien sûr, mais elle était aussi très jalouse, elle devait bien l'admettre. Chaque jour, elle attendait une lettre ou un coup de téléphone au sujet de la mystérieuse femme hospitalisée à Katowice, mais rien pour l'instant. Alice et elle avaient écrit ensemble à Nicola et elles se rencontraient généralement sur le paillasson lorsque les pas du facteur se faisaient entendre dans la grande allée de Weir Courtney, mais la seule réponse qu'elles avaient obtenue avait été l'assurance que l'infirmière continuait à échanger avec les autorités. C'était très gentil de sa part, bien sûr, mais tout ça prenait tellement de temps ! Si elle avait de l'argent, Tasha aurait pris un avion et se serait rendue là-bas tout de suite, mais elle n'en avait pas et, de plus, aucun avion ne se rendait là-bas ces derniers temps. La Pologne était en train de tomber derrière ce qu'on appelait le « rideau de fer » et si on pouvait encore en sortir pour l'instant, on n'y entrait plus. Si seulement elle était née italienne !

Dehors, Sir Benjamin arrêta sa voiture et donna un coup de klaxon. Aussitôt, les portes de la salle de jeu s'ouvrirent et dix-huit enfants surexcités en sortirent. Mirella et Fiorina s'avancèrent, adorables dans les manteaux et chapeaux assortis que Manna leur avait confectionnés. L'été était en train de disparaître rapidement et les adultes s'étaient inquiétés à l'idée que les filles puissent prendre froid pendant leur long voyage vers le sud. D'après ce que Tasha avait entendu dire de l'Italie ensoleillée, mieux aurait valu garder cette laine pour ceux qui restaient en Angleterre, mais ce n'était pas à elle de décider.

L'autre jour, à l'heure du thé, elle avait demandé aux sœurs si elles se souvenaient de leur mère.

— Je me souviens d'elle, avait dit Mirella avec fierté. Je me souviens d'elle quand elle nous a rendu visite à Auschwitz. Avant qu'elle n'en parte.

— Mais pas par la cheminée, avait ajouté Fiorina.

C'était ce qu'elles avaient d'abord cru, quand leur mère avait cessé de leur rendre visite dans le baraquement pour enfants situé à côté des laboratoires scientifiques, et il leur avait fallu un temps considérable pour assimiler la version qui avait peu à peu filtré des lettres envoyées par leurs parents. Tous avaient entendu la manière dont la signora Bellucci avait été transférée d'Auschwitz à Lippstadt, puis à Buchenwald, où elle se trouvait quand les Russes avaient libéré le camp. Très affaiblie, il lui avait fallu des mois pour retrouver le chemin de Fiume, où elle avait retrouvé son mari, puis des mois encore pour localiser leurs filles, par l'intermédiaire de l'UNRRA.

— Je me souviens que *mammina* venait nous voir, nous prenait dans ses bras et nous faisait répéter notre nom, encore et encore, avait raconté Mirella dans la salle à manger. Elle ne voulait pas que nous devenions des numéros. Elle voulait que nous sachions qui nous étions pour que, si jamais nous étions séparés, nous puissions nous retrouver. Et elle avait raison ! Nous allons être réunis !

Les enfants avaient écouté, bouche bée, et l'histoire avait plu à Tasha, jusqu'à ce qu'elle découvre Marta en larmes, se lamentant de ne pas connaître son vrai nom – car comment sa mère allait-elle la retrouver, maintenant qu'elle portait celui d'un chat ? Tasha s'était alors sentie étrangement coupable, même si elle ne voyait pas quelle circonstance aurait pu leur permettre de découvrir le nom en question, la petite fille elle-même l'ayant oublié. La pauvre Marta était totalement anonyme et tout ce que Tasha avait pu lui dire était que sa maman la reconnaîtrait quand elle la verrait. Mais aucune des deux n'y avait cru.

La voix rauque de Sir Benjamin interrompit les pensées de Tasha et la rappela à Weir Courtney et à ce miracle qui en concernait d'autres. Leur aimable hôte avait sauté de sa voiture et tenait la portière ouverte, comme un chauffeur.

— Par ici, mesdames.

Miri et Fifi gloussèrent et s'avancèrent, saluant les autres qui attendaient respectueusement sur les marches. Cependant, elles s'arrêtèrent toutes les deux dans l'allée et regardèrent Weir Courtney, et Tasha vit l'incertitude qui se dissimulait sous leur gaieté. De toute évidence, Alice la vit aussi car elle s'avança rapidement vers elles.

— Vous avez les lettres de vos parents ? demanda-t-elle.

Mirella acquiesça et tapota la poche de son manteau. La main de Tasha se porta instinctivement à son sac.

— Bien. Mlle Thomas vous accueillera à Londres et s'occupera de vous jusqu'à votre arrivée à Rome, où votre mère vous attendra.

— Leur mère, soupira la foule d'enfants.

Tasha savait ce qu'ils ressentaient. Quelques soirs plus tôt, elle s'était glissée dans la bibliothèque de Sir Benjamin, avait trouvé un livre avec des photos de la capitale italienne et était restée assise pendant des heures à imaginer les retrouvailles entre les filles et leurs parents. Le sommeil accablant ses paupières, ces images s'étaient rapidement estompées, puis transformées, passant de Rome à Varsovie et de la mère des Bellucci à la sienne, et elle s'était à moitié endormie dans un espace incertain, torturé, flottant entre rêve et réalité.

— Vous nous écrirez quand vous serez arrivées ? demanda Alice.

— Nous écrirons, promirent Miri et Fifi en jetant un coup d'œil à la voiture.

Alice, visiblement émue, les embrassa toutes les deux puis regagna les marches pour se poster entre Tasha et Sophie.

— Parfait. C'est parfait. Ayez une merveilleuse… vie.

Alice sembla surprise, voire attristée, par le choix de ses propres mots.

— Ça va aller pour elles, dit Tasha avec impatience. Elles vont retrouver leur *vraie* famille.

— Bien sûr, acquiesça Alice, mais elle n'avait pas l'air d'en être certaine.

Tasha se tourna vers elle.

— Tu sais que tout ça n'est pas vraiment réel, n'est-ce pas ? Que tout ce que nous avons construit ici, dans cette belle maison d'emprunt, n'est qu'une solution provisoire ?

Alice retint son souffle et Sophie émit un claquement de langue réprobateur.

— Pas besoin d'être aussi désagréable, Tasha.

Tasha se tourna vers elle, surprise. Était-ce désagréable ?

— Désolée, dit-elle. Je pensais que c'était évident.

— Je le sais, reconnut Alice. Je le sais, bien sûr. Je suis heureuse que Miri et Fifi rentrent chez elles. Très heureuse. (Elle semblait submergée par l'émotion et faisait des efforts visibles pour se contenir.) C'est seulement que… c'est un si long voyage pour elles, termina-t-elle maladroitement.

— Pas le plus long qu'elles aient fait, lui rappela doucement Tasha.

— C'est vrai.

Alice soupira et toutes trois restèrent figées dans un silence gêné, tandis que les enfants disaient au revoir à leurs amis.

— Les cheveux de Manna sont très beaux, dit Sophie en indiquant l'épaisse tresse qui s'enroulait autour de la tête de la jolie soignante, tandis qu'elle embrassait Miri et Fifi sur les deux joues. C'est ton œuvre, Tasha ?

Cette dernière acquiesça.

— J'avais besoin de m'entraîner pour un mariage que j'organise avec Joyce la semaine prochaine, et Manna s'est portée volontaire.

En vérité, Manna avait sauté sur l'occasion, se montrant étrangement volubile sur la nécessité de « bien paraître », pendant que Tasha s'efforçait de se concentrer sur la délicate création.

— C'est très réussi, lui dit Alice.

— Merci.

Tasha observa Manna, qui s'était retirée sur les marches. Ses joues étaient joliment rougies et elle évitait délibérément de regarder par-dessus son épaule, où quelqu'un se tenait, bien plus près que ne l'exigeait la petite foule présente sur les marches. *Eh bien, voilà quelque chose que je n'avais pas vu venir*, pensa Tasha en mettant les pièces du puzzle en place.

— Oskar a l'air de l'aimer aussi, commenta-t-elle.

— Oui, acquiesça Alice avec nostalgie. Penses-tu pouvoir m'en faire une aussi ?

Tasha éclata de rire, puis, voyant la gêne sur le visage de la vieille femme, se reprit aussitôt. Elle faisait tout de travers avec Alice, ce matin.

— Est-ce que tu te rends compte que… commença-t-elle, avant de s'arrêter à nouveau. (Ce n'était pas le moment.) Je pourrais essayer, dit-elle à la place.

— Mais j'aurais l'air d'une idiote, c'est ça ?

— Non, non, pas du tout. Ce n'est pas ce qui t'irait le mieux, voilà tout.

Alice poussa un soupir.

— Et qu'est-ce qui m'irait mieux ?

Tasha lui serra le bras.

— Tu es belle comme tu es, Alice.

Alice poussa un nouveau soupir.

— Nous savons toutes les deux que ce n'est pas vrai.

Tasha s'efforça de trouver une réponse pleine de tact, mais elle fut tirée d'embarras par Sir Benjamin, qui klaxonna à nouveau avant de s'éloigner dans l'allée. Miri et Fifi étaient collées à la vitre arrière, produisant des saluts si énergiques que Tasha se dit que leurs bras allaient tomber – et les autres enfants de répondre tout aussi énergiquement en retour. Soudain, au niveau du portail, la voiture fit une embardée. Quelques enfants crièrent, se souvenant peut-être du terrible accident du pauvre Ernst au début de l'année, mais Sir Benjamin contourna simplement la voiture qui arrivait en sens inverse et, après un dernier coup de klaxon, disparut.

Le véhicule qui arrivait vers eux s'arrêta et Tasha resta bouche bée. Il s'agissait d'un vieux fourgon médical cabossé qui avait manifestement servi pendant la guerre, et qui jurait absolument avec la gracieuse allée de Weir Courtney. Les vitres étaient teintées et elle ne pouvait voir que la silhouette du conducteur, tandis que ce dernier observait ce qui devait ressembler à un comité d'accueil étonnamment fourni.

— Rentrez, les enfants, dit Sophie en les poussant vers la porte.

Marta tira sur le bras de Tasha, mais quelque chose dans la silhouette du conducteur de la camionnette l'interpella, et elle repoussa la main de la petite fille.

La portière conducteur s'ouvrit et une femme en sortit – une femme grande et mince, vêtue d'un manteau et d'un élégant chapeau, sous lequel flottait une étincelante crinière rousse.

— Nicola !

Alice avait prononcé le nom à voix haute, comme si Tasha ne le savait pas déjà, comme si elle craignait que la jeune fille ne fasse la même erreur deux fois. Mais maintenant que Tasha y regardait de plus près, l'infirmière ne ressemblait, en réalité, pas du tout à sa mère. Elle avait beaucoup moins de classe et était loin d'être aussi belle. Mais elle était là. Et elle ne pouvait être là que pour une chose – ce qui eut pour effet d'effacer toute trace d'amusement en elle, le remplaçant par un étourdissant mélange d'excitation et d'effroi. Elle resta immobile, reconnaissante de la présence solide d'Alice à ses côtés, tandis qu'elles voyaient Nicola prendre une mallette sur le siège passager.

— Bonjour, dit-elle en s'approchant enfin.

— Est-ce vraiment un bon jour ? demanda Tasha.

Nicola fixa le ciel avec incertitude.

— Je dirais que oui. Un peu frais, mais on est déjà en septembre et…

— Vous savez très bien où je veux en venir.

— Tasha ! la réprimanda Alice. Où sont tes bonnes manières ?

Tasha se mordit la langue.

— Excusez-moi.

— Entrez, Nicola, dit Alice en montrant la voie à leur invité. Allons dans mon bureau. Tasha, peux-tu demander à Sophie de nous préparer du thé ?

Tasha voulait protester, mais Alice avait parfois cette attitude glaciale qui empêchait toute intervention. De plus, si elle était chargée de leur amener le thé, elle aurait une excuse pour traîner dans la pièce.

— J'en ai pour une minute, dit-elle en s'élançant vers la cuisine.

Elle ajouta à l'intention de Sophie :

— Un thé pour deux !

Sans oublier d'y attacher un « s'il te plaît » en bonne et due forme.

Elle s'installa sur une chaise de la cuisine tandis que Sophie s'affairait avec tout l'attirail du thé à l'anglaise. D'habitude, cela faisait rire Tasha. À Auschwitz, elle n'avait eu qu'une tasse en fer-blanc qu'elle avait dû attacher à sa ceinture pour empêcher qu'on la lui vole. Elle ne recommandait pas un tel minimalisme, bien sûr, mais on pouvait tout aussi bien tomber dans l'excès inverse. Ce qui devenait gênant quand on était pressé.

Elle supplia la cuisinière :

— Ça ne peut pas aller un peu plus vite ?

— Si tu peux produire de plus grosses flammes, tu pourras faire bouillir l'eau plus vite.

Tasha roula des yeux mais Sophie n'y prêta pas attention.

— Tout vient à point à qui sait attendre, dit-elle, et cela parut une perspective trop alléchante à Tasha pour ne pas être pris en considération.

Mais si cette Nicola était venue avec des nouvelles de sa mère, sans doute les lui aurait-elle transmises sur-le-champ. Peut-être, pensa Tasha, était-elle venue avec des informations sur le frère d'Alice. La pauvre Alice en avait été très affectée. Et quoi de plus normal ? Il était amusant d'imaginer qu'elle avait eu un frère. De l'imaginer sous les traits d'une enfant. Elle faisait partie de ces personnes qui semblaient être nées telles qu'elles étaient dans le présent. La bouilloire se mit à chanter et Tasha se leva d'un bond tandis que Sophie allait verser l'eau dans la théière. Le plateau était prêt, recouvert d'un joli napperon, et Sophie aida Tasha à le soulever.

— Doucement, Tasha, doucement.

Tasha la fixa un instant.

— Sais-tu qui est venu rendre visite à Alice ?

— C'est Nicola Grainger, c'est ça ?

— Tu as entendu parler d'elle ?

— Bien sûr.

— Alors tu sais qu'elle pourrait avoir des nouvelles pour moi.

— Je l'espère. Et j'espère de bonnes nouvelles, bien sûr.

Tasha déglutit, les pieds soudain collés au sol.

— Tu ferais peut-être mieux d'aller voir, non ?

Sophie la poussa doucement hors de la cuisine et Tasha se mit à avancer, mais s'attarda ensuite devant le bureau d'Alice, soudain hésitante. Elle avait toujours dit que le fait de ne pas savoir était la pire des choses, mais elle n'en était plus sûre tout à coup. Ce ne fut que lorsque Moishe sortit de la salle de jeux et la regarda avec étonnement qu'elle se sentit obligée de frapper à la porte d'Alice.

— Entrez !

La voix d'Alice semblait assez enjouée, mais dès que Tasha vit le sourire forcé sur son visage, elle sut que le pire était à craindre. Le rictus était fixé avec autant de force que si des griffes le maintenaient en place de chaque côté de ses lèvres. Nicola Grainger se leva.

— Laisse-moi te donner un coup de main.

Tasha voulait refuser, dire qu'elle pouvait se débrouiller toute seule, mais elle n'était pas certaine d'en être capable. Ses bras étaient presque aussi faibles que ce qu'ils avaient été à Auschwitz, quand Ana et Ester avaient enfoncé leur porte et qu'elle avait vu la lumière pour la première fois depuis plusieurs jours.

— Viens t'asseoir avec nous, Tasha, dit Alice.

— Pourquoi ? bégaya-t-elle. Qu'est-ce qui s'est passé ?

Nicola Grainger se racla la gorge et souleva à demi une lettre. Elle était rédigée sur du papier crème épais, remarqua Tasha, et portait un cachet officiel tout en haut. Elle s'assit.

— Cette lettre vient d'une sœur de Katowice, dit Nicola.

Katowice ! Le cœur de Tasha battait la chamade.

— Nous pensons qu'elle a soigné ta mère, Tasha.

— C'est elle ? sursauta Tasha. La femme qui était à Auschwitz ? C'est bien maman ?

Elle regarda Alice avec excitation, mais Alice lui retourna un regard de compassion pure et sincère, et les battements du cœur de Tasha se transformèrent en un lent et sombre tintement. Elle s'agrippa aux bras de son fauteuil. Désespérée, elle demanda :

— Elle l'a soignée ? Est-ce qu'elle est partie ? Est-ce qu'elle va mieux ?

Elle connaissait la réponse, mais elle devait poser la question ; elle devait les forcer à le dire. Elle fixa Nicola Grainger, la défiant d'annoncer le pire, mais Nicola avait été infirmière pendant la guerre et ne se laissa pas démonter.

— Je suis désolée, Tasha. Elle est morte.

— *Tot*, ajouta Alice en allemand, puis, en polonais, *zmarly.*

— Je comprends l'anglais ! lui répondit Tasha d'un ton sec.

Elle comprenait, mais elle ne voulait pas l'admettre. Elle voulait retourner derrière la porte et rester là, debout, avec son plateau à thé. Elle voulait recommencer à croire qu'elle aussi pouvait être une fille Bellucci, en route pour la maison. Elle voulait retourner crier à Georg qu'il avait tort, que Lydia était vivante. Elle voulait retourner à Windermere, à Prague, à Theresienstadt et, oui, à Auschwitz. Elle accepterait un estomac vide, des pieds couverts d'ampoules, un froid et une souffrance sans fin, pour ne pas entendre ce mot, *morte*, dans quelque langue que ce soit.

— Comment ? s'étouffa-t-elle. Quand ?

Nicola tendit une main comme pour prendre celle de Tasha, puis se ravisa.

— J'ai le dossier de l'hôpital avec moi. Elle est morte dans son lit le 30 juillet 1946.

Tasha n'y comprenait rien.

— Mais… c'était il y a moins d'un mois.

— Je suis vraiment désolée.

Un intense vertige s'empara d'elle. Sa mère était vivante un mois auparavant. Vivante et à sa recherche. Elle fixa Nicola, incrédule, qui poursuivit en parcourant la lettre des yeux :

— Elle avait été admise plusieurs semaines auparavant, amenée par M. Tadeusz Wąsowicz, gardien du nouveau musée d'Auschwitz-Birkenau. Elle semble être venue de Feldafing, un camp de personnes déplacées près de Dachau, où elle se trouvait très probablement à la libération.

L'infirmière parlait de plus en plus vite, utilisant le langage administratif comme s'il pouvait amortir le choc, mais c'était impossible. Impossible.

— Elle a certainement été soignée à Dachau pendant un certain temps, à cause d'une grave pneumonie qui a affaibli ses poumons et l'a finalement conduite à…

— … à mourir, dit Tasha, le mot trouvant finalement son chemin à travers sa gorge.

Le 30 juillet. Elle tourna et retourna cette terrible date dans sa tête. Pendant tout ce temps, sa mère s'était battue et avait erré à travers l'Europe, essayant désespérément de la retrouver, tandis qu'elle se baladait ici en jouant à la coiffeuse, buvant du thé et tournant des films idiots qu'il était même impossible qu'elle voie un jour. Comment avait-elle pu faire cela ? Comment avait-elle pu quitter la Pologne ? Elle se leva d'un bond. Un souffle sombre et violent montait en elle et elle leva les mains pour le repousser. Elle tituba et heurta une chaise, dont elle s'empara avant de la projeter furieusement contre le mur le plus proche.

— Tasha, arrête ! (Elle sentit des mains sur ses bras et les repoussa.) Tasha, s'il te plaît, tu vas te blesser !

Mais elle se débattit encore plus fort. Pourquoi cette étrange petite femme aux cheveux noirs était-elle ici, alors que sa propre mère, glorieuse, audacieuse, courageuse et colorée, ne l'était pas ? Et ne le serait jamais. Sa colère l'envahit tout entière et Tasha chancela sous sa propre force, avant de tomber au sol. Pendant si longtemps, elle avait vécu avec cette famille de fortune, elle en avait même été reconnaissante, mais elle voyait aujourd'hui comment cela l'avait en réalité éloignée de sa vraie famille, éloignée de sa mère. Une famille de substitution qui l'avait attirée en Angleterre, loin, très loin de là où elle aurait dû se trouver, et maintenant elle ne pourrait plus jamais, jamais revenir en arrière.

La douleur la déchirait intérieurement et elle la projeta dans la seule direction qu'elle avait à disposition :

— C'est ta faute, Alice. Tout est ta faute. Je te déteste !

34

Alice

— C'est ta faute, Alice. Tout est ta faute. Je te déteste.

Alice chancela lorsque Tasha la repoussa, mais elle reprit pied et vint s'asseoir à côté de la jeune fille, qui s'était effondrée sur le sol du bureau. Tasha résista, ses bras s'agitant sauvagement, et Alice resta près d'elle, mais sans la toucher, cherchant un moyen de soulager la terrible douleur qui jaillissait de la jeune fille. Ce n'était pas la nouvelle qu'elle avait souhaitée lorsqu'elle avait demandé à Nicola de partir à la recherche de Lydia Ancel. Mais elle savait que c'était une possibilité. Aurait-elle dû laisser tomber ? Laisser Tasha piétiner dans l'ignorance ? La situation avait l'air de la faire souffrir, mais découvrir la vérité était parfois bien pire, comme elle ne le savait que trop bien.

— Je suis désolée.

Des mots si faibles. Quelqu'un devrait en inventer de meilleurs. Inventer un nouveau langage de la douleur, à la hauteur des atrocités commises sur ces enfants. Sur eux tous.

— Je sais ce que tu ressens, dit-elle.

La tête de Tasha se redressa.

— Non, tu ne sais pas. Tu as seulement perdu un frère.

— Ce n'est pas juste, Tasha, protesta Alice.

Mais Tasha n'avait aucune envie d'être juste.

— Un frère adulte, qui avait sa propre famille. C'est triste, mais ce n'est pas pareil. Maman… elle était tout pour moi. Elle m'a soutenue à Auschwitz. Elle… Ça n'a plus d'importance.

(Elle se traîna sur la moquette pour s'éloigner un peu plus d'Alice.) Plus rien n'a d'importance. Elle n'est plus là.

— Ça n'annule aucun des souvenirs que tu as d'elle, Tasha.

— Non, mais ça les enferme quand même dans le passé, non ? Ça les enferme à l'intérieur de moi, où ils ne pourront être maintenus en vie que par un travail incessant. À quoi bon me rappeler les histoires qu'elle m'a racontées si je sais qu'elle ne m'en racontera jamais d'autres ? À quoi bon me souvenir de ses bras autour de moi, si ces bras ne sont plus ? À quoi bon se souvenir du brossage de ses cheveux, si je ne peux plus jamais, plus jamais…

Elle éclata en sanglots et enfouit son visage dans ses bras, comme un animal blessé. Alice jeta un coup d'œil désespéré à Nicola, mais la pauvre femme avait l'air perdue, ce qui n'était guère étonnant. Elle était infirmière. Elle pouvait soigner les coupures et les fractures de la peau et des os, mais pas celles du cœur. C'était là le travail du psychanalyste – mais Alice n'était pas psychanalyste. Elle n'était qu'une vieille fille qui avait passé sa vie à s'occuper des enfants des autres, et elle n'avait pas le moindre outil à sa disposition pour soigner les blessures de ce type.

— Elle est en paix avec Dieu, tenta-t-elle.

Tasha retira lentement ses bras et Alice pensa qu'elle avait peut-être contribué à l'apaiser, mais elle comprit, au regard dur et sombre de Tasha, que ce n'était pas le cas.

— En paix ? C'est vraiment ce que tu penses ? Tu penses qu'elle est allongée sur un nuage moelleux et qu'elle se dit : « Ouf, c'est enfin fini » ?

— Non, je…

— Tu crois peut-être qu'elle gambade dans les prés avec mon père et ma sœur, toute blessure et toute douleur disparue…

— Tasha, non…

— Et aucun d'entre eux ne regarde autour de lui pour se demander où est Tasha ?

— Non, bien sûr que non.

Tasha secoua la tête.

— Tu penses peut-être qu'elle est soulagée de ne plus avoir à souffrir ?

— Je pense qu'elle ne souffre plus aujourd'hui, dit Alice avec précaution.

Tasha laissa échapper un rire amer.

— Oui. C'est vrai. Parce qu'elle n'est plus rien maintenant. Mais elle a souffert et s'est battue pendant tout ce temps. (Elle se mit debout en s'aidant du mur, tout en regardant Nicola.) Elle a été malade de janvier 1945 à juillet 1946, et pendant tout ce temps, elle m'a cherchée.

— Oui, acquiesça nerveusement Nicola. Elle s'est battue avec acharnement.

Tasha hurla.

— Elle s'est battue si fort. Pendant tout ce temps. Et vous savez ce qui aurait pu l'aider ? M'avoir, moi. C'est ce qui aurait pu l'aider. Si j'avais été à son chevet à Dachau, j'aurais pu lui parler. Je lui aurais dit combien je l'aimais, combien j'avais besoin d'elle. Je l'aurais soignée. Au lieu de ça, elle a dû traverser la moitié de l'Europe en me cherchant, comme si elle n'avait pas déjà assez souffert.

— Mais elle t'a retrouvée, dit Nicola.

Tasha lui lança un regard noir.

— Quoi ?

— Dans sa lettre, la religieuse dit qu'elle était parvenue à retrouver les dossiers de la Croix-Rouge et qu'elle savait que tu avais survécu.

— C'est encore pire ! s'écria Tasha. Elle savait que j'étais en vie et je n'étais pas là pour lui donner mon amour, mon espoir. Au lieu de ça, elle était allongée dans un lit d'hôpital, seule, s'éteignant sans que je sois là pour lui tenir la main, la nourrir, lui caresser les cheveux. (La voix de Tasha s'éleva et elle commença à arpenter la pièce, ses membres aussi agités que ses pensées.) Elle est morte sans que je puisse lui dire que je l'aime !

Les larmes refirent leur apparition et Tasha s'appuya faiblement contre le mur. Alice tenta à nouveau de s'approcher d'elle, mais elle leva les mains pour la repousser.

— Ne t'approche pas de moi, Alice. C'est ta faute, à toi et à tous tes amis *bienfaiteurs.* « Viens en Angleterre, Tasha », « Refais ta vie, Tasha ». Tout semblait si parfait, n'est-ce pas ? Tellement idyllique, comme toutes ces tasses de thé, ces lacs et ces pelouses. Mais je n'avais pas besoin d'une nouvelle vie. J'avais une vie à moi, et pendant que j'étais ici à jouer les orphelines, cette vie s'épuisait, seule et sans amour.

— Lydia savait que tu l'aimais, Tasha. C'était ta mère. Elle le gardait probablement dans son cœur et…

— Elle avait quand même besoin de l'entendre !

Tasha se remit à faire les cent pas, se jetant contre tous les murs qu'elle rencontrait. Alice aurait aimé qu'Oskar soit là, ou Anna. Ils auraient su quoi faire pour aider la pauvre enfant. Elle chercha désespérément quelque chose – n'importe quoi – pour l'aider.

— Quelle est la dernière chose que tu aies dite à ta mère, Tasha ?

La jeune fille lui jeta un regard noir, mais arrêta au moins son errance folle.

— À Auschwitz, poursuivit Alice, qui doutait déjà de la sagesse de cette idée. Quand on l'a poussée dans la neige.

— Alice… objecta Nicola.

Mais les yeux de Tasha étaient fixés sur les siens et Alice n'osait pas rompre le contact.

— Tu as dû essayer de la suivre, dit-elle.

— J'ai essayé, mais un garde m'a repoussée et a voulu me frapper avec son arme.

— Elle a dû le voir.

— Oui, elle l'a vu. (Les yeux de Tasha regardaient au loin, en direction d'un passé qu'elle seule pouvait voir.) « Ne lui faites pas de mal ! », c'est ce qu'elle a dit.

— Ça ne m'étonne pas. Et toi, Tasha, que lui as-tu dit ?

— Je lui ai dit… Je ne me souviens pas. (Ses mains se portèrent à ses cheveux, les agrippant.) Je n'en suis pas sûre. Tout était tellement confus.

— Je sais, dit Alice en s'apaisant. Je sais que c'était le cas, mais peux-tu t'en souvenir ?

Les sourcils de Tasha se froncèrent et ses yeux semblèrent errer dans la pièce, à la recherche d'un point d'appui, tandis que ses mains se crispaient le long de son corps. Alice retint son souffle et, soudain, Tasha sourit à demi, son regard douloureux se fixant sur quelque chose de lointain.

— Elle a dit : « Tu as chaque goutte de mon amour, Natasha. » Et j'ai dit… J'ai dit : « Tu as chaque goutte de mon amour aussi, maman. »

Alice soupira.

— Tu vois, tu le lui as dit. Elle le savait.

Les yeux de Tasha se focalisèrent à nouveau sur la pièce, sur Alice. Son regard se rétrécit.

— Et elle a dit : « Reste forte, Tasha, et nous nous retrouverons. » C'est exactement ce qu'elle a dit, mais nous ne nous sommes pas retrouvées, n'est-ce pas ?

— Parce que les nazis vous ont séparées.

— Non ! Parce que *vous* nous avez séparés. *Vous*, les bien-pensants qui pensez tout savoir, qui paradez avec votre vaniteuse charité pour nourrir le vide de vos propres vies.

— Tasha ! protesta Nicola. Ce n'est pas juste.

Mais Alice ne dit rien car la jeune fille avait peut-être raison, au fond. Peut-être que tout cela – le grand lac, le manoir du Surrey, les fêtes d'anniversaire, les maisons de poupées et les jeux sur la pelouse – était destiné à son bénéfice avant de l'être au leur.

— Je suis désolée, Tasha, dit Alice. Je suis tellement, tellement désolée.

— Trop tard, lui lança Tasha, avant d'ouvrir violemment la porte et de s'enfuir en courant.

— Il faut la suivre, dit Nicola. Elle pourrait se blesser.

— Non ! Elle doit pouvoir être libre de faire ce qu'elle veut.

— Mais elle ne sait pas ce qu'elle veut.

Alice s'enfonça avec lassitude dans son fauteuil.

— Je crois que si.

— Que fait-on ?

— Je n'en ai aucune idée. Je vais appeler Oskar et Anna, mes supérieurs.

— Des psychanalystes ?

Elle acquiesça et Nicola soupira en retour.

— Je n'envie pas votre travail. D'après mon expérience, les corps se réparent bien plus facilement que les âmes.

Alice sourit tristement. Elle pensa à Tasha, à ses membres vigoureux et à son beau visage, à ses cheveux magnifiques et à son pauvre esprit embrouillé.

— Pourriez-vous tenter d'obtenir d'autres éléments sur la mort de Lydia ? Demander à l'infirmière qui vous a écrit si elle lui a parlé ?

Nicola se leva.

— Bien sûr.

Alice se leva à sa suite et lui tendit la main.

— Merci.

— Pour quoi ? Pour avoir apporté plus de tristesse dans ce monde ?

Alice haussa les épaules.

— Pour avoir apporté la vérité. C'est difficile aujourd'hui, mais nous devons prier pour qu'à long terme, cela puisse nous venir en aide.

Nicola lui serra la main.

— C'est vrai. Et, Alice, ce que Tasha a dit à propos de votre charité n'est pas vrai. Vous faites tous un travail formidable, ici. Votre frère aurait été très fier de vous.

Le cœur d'Alice battit plus sourdement dans sa poitrine. Elle essaya de sourire à la douce infirmière, mais le sourire ne vint pas, et elle la raccompagna à l'extérieur, souffrant de toutes les fibres de son corps. Tout ce qu'ils faisaient ici était-il vraiment utile ? Guérissaient-ils ces enfants ou ne faisaient-ils que coller un sparadrap sur des plaies béantes qui inévitablement – et comme ça avait été le cas aujourd'hui – se rouvriraient malgré leur lutte pour conserver cet avenir que les nazis avaient tenté avec tant d'acharnement de leur voler ? Alice aurait voulu pouvoir mener cette bataille à la place de ses précieux protégés, mais elle ne le pouvait pas. Tout ce qu'elle pouvait faire était leur donner les soins dont ils avaient besoin pour revenir plus forts, et recommencer le combat. Elle priait simplement pour que cela suffise.

35

Tasha

Tasha se traîna hors de sa nuit agitée plus qu'elle ne se réveilla, déjà angoissée à l'idée de la journée qui s'annonçait. Elle frotta ses yeux gonflés par le chagrin et les ouvrit à contrecœur. Elle se trouvait dans la chambre qu'elle partageait habituellement avec Mina et Golda, mais ces dernières n'étaient pas là. Leurs lits étaient faits. Alice avait dû les emmener et les cacher quelque part. Elle s'était glissée dans la chambre la veille au soir, tard dans la nuit. Weir Courtney était silencieux et il n'y avait qu'une seule lumière allumée dans le couloir et une autre dans sa chambre. La trouver ainsi vide, son lit l'attendant avec le bord de la couverture replié, un sandwich au fromage et un verre de lait sur la table de chevet, l'avait presque fait pleurer de gratitude envers Alice. Avant de se rappeler à quel point elle était furieuse contre elle.

Aujourd'hui, elle regardait cette pièce et se sentait prise au piège. Elle détestait les rideaux à fleurs criardes avec un dégoût viscéral. Elle détestait la douceur des couvertures, le confort du matelas et la vue sur les pelouses, la piscine et l'orangerie chic de Weir Courtney. Elle se recroquevilla autour de sa douleur. Georg avait raison. Ce misérable et ses efforts pour faire table rase du passé avaient raison – Lydia était morte.

Encore ce mot, qui s'accrochait à Tasha et lui torturait impitoyablement les tripes. Elle enfouit sa tête sous son oreiller, mais il n'y avait aucun moyen de l'éviter.

— Mais il n'avait pas raison, à l'époque ! hurla-t-elle dans son coussin. Il m'a emmenée en Angleterre. Il m'a dit qu'elle me retrouverait. Mais comment aurait-elle pu le faire alors qu'elle luttait contre une pneumonie ? Comment aurait-elle pu le faire alors qu'elle parcourait l'Europe seule, faible et souffrante ? C'est moi qui aurais dû la retrouver. Je le savais. Je l'ai dit, mais personne n'a voulu m'écouter, et à la fin, j'ai accepté de l'avoir abandonnée.

Il n'y avait aucune échappatoire. Bien sûr, les bienfaiteurs s'étaient montrés particulièrement convaincants. Bien sûr, Georg lui avait fait miroiter ses projets ; mais à la fin, c'était bien elle, Natasha Ancel, qui avait signé les formulaires, fait ses bagages et pris l'avion.

— Je suis désolée, maman !

L'oreiller absorba les mots, mais pas le chagrin et, de nouveau agitée, Tasha le rejeta et se leva d'un bond. Ses yeux parcoururent frénétiquement la pièce et tombèrent sur le tablier crème accroché au dos de la porte. On était lundi. Elle avait du travail. Son cœur se déchira à nouveau à la pensée du salon qu'elle avait voulu construire pour elle et sa mère. Mais elle ne pouvait pas y penser maintenant. Elle devait aller travailler. Elle devait prendre ses ciseaux, couper les cheveux et transformer les femmes qui venaient en leur plus belle version d'elles-mêmes. C'était facile et inutile, mais au moins c'était quelque chose qui l'empêchait de se replier sur elle-même.

Il était encore tôt et la maison, à son grand soulagement, était encore calme. Tasha s'habilla et se faufila dans le couloir jusqu'à la salle de bains. Elle avait une mine affreuse, ses yeux sombres cerclés de rouge détonnant avec ses cheveux. Automatiquement, elle chercha son sac à main, puis se souvint que les quelques cheveux ébouriffés qui s'y accrochaient encore étaient vraiment tout ce qu'il lui restait de sa mère et le jeta furieusement sur le miroir. Il le frappa avec un bruit sourd et tomba lamentablement dans la cuvette pleine. Tasha le récupéra, passa la bandoulière, encore dégoulinante, autour de son cou et emprunta le maquillage de Manna pour tenter de redonner à son visage un peu de décence. Elle n'était pas experte en maquillage et craignait de ressembler à la créature de Frankenstein, mais le résultat lui parut correct, aussi elle tourna le dos à son image et se dirigea vers la porte.

— Tasha !

C'était Alice, bien sûr. Cette femme la suivait comme une ombre – une ombre légèrement voûtée et grisonnante, en chemise de nuit.

— Je vais travailler.

— Oh, oui, c'est vrai. C'est une bonne idée, Tasha.

Tasha passa devant elle sans répondre. Elle n'avait pas plus besoin de l'approbation de cette femme que de sa bienveillance ou de ses sandwichs au fromage. Même si elle préparait de très bons sandwichs au fromage.

L'estomac de Tasha se mit à gargouiller, mais elle l'ignora et sortit de la maison. Il pleuvait. C'était une bonne chose. Elle n'aurait pas supporté le soleil. Malgré tout, l'humidité s'insinua rapidement sous ses vêtements, la pluie dégoulinant sur son visage et emportant le maquillage de Manna par grandes traînées. Lorsqu'elle entra chez *Beautiful You*, Joyce poussa une exclamation d'horreur.

— Bonté divine, Tasha, tu vas effrayer les clients ! Où est ton manteau ?

— Je l'ai oublié, marmonna Tasha.

— Vraiment ! Tu oublierais ta tête si elle n'était pas accrochée à ton cou ! Rends-toi présentable et mets un des tabliers de rechange pendant que le tien sèche.

— Les roses ?

— Oui !

— Mais je vais avoir l'air ridicule avec ça.

— Pas aussi ridicule qu'en ayant l'air de te liquéfier sur place ! Allez, allez !

Tasha voulut protester, mais le fait d'être venue jusqu'ici semblait avoir drainé toute son énergie et elle se traîna, l'air penaude, jusqu'à l'arrière-boutique. Pour la deuxième fois de la matinée, elle dut se regarder dans la glace – et son état s'était encore dégradé, si la chose était possible. Jetant de l'eau froide sur son visage, elle s'efforça de retirer son maquillage, ne laissant que le masque de chagrin derrière elle. Ses cheveux, que la pluie avait fait onduler, ressemblaient tellement à ceux de sa mère qu'elle chercha des ciseaux pour les couper, mais Joyce les avait pris, aussi se contenta-t-elle d'attraper un élastique et de ramener ses cheveux en une queue-de-cheval la plus dure et la plus plate possible.

— Tasha ? Tout va bien ?

Joyce était derrière elle, l'inquiétude transparaissant sur son visage. Tasha se crispa. Elle avait envie de se jeter dans les bras de sa patronne et de pleurer contre sa douce poitrine, mais cela lui semblait une trahison envers la mère qu'elle avait perdue, aussi se raidit-elle, se contentant d'un signe de tête.

— Je n'ai pas très bien dormi. Je m'excuse.

Joyce l'examina un instant et Tasha se détourna pour se diriger vers la bouilloire.

— J'ai juste besoin d'un thé, marmonna-t-elle, ce qui sembla suffire à Joyce.

La routine de la préparation du thé la sortit un moment de ses pensées, mais le thé ne lui fit pas le bien attendu. Tasha pensa soudain au champagne artisanal que Georg avait volé pour elle pour son anniversaire, en novembre précédent. Elle se souvint de la façon dont le précieux liquide s'était répandu dans son organisme, produisant une frémissante vague de plaisir à travers tout son corps, puis se détesta de vouloir soulager une douleur qu'elle méritait très certainement.

La sonnette retentit. Elle sursauta et regarda l'horloge.

— C'est Mme Manion, dit Joyce. Elle va à Londres rendre visite à sa fille et à son nouveau gendre, et veut une coiffure pour l'occasion.

Tasha cligna des yeux, essayant d'imaginer ce à quoi pouvait ressembler une journée dont l'enjeu principal serait d'impressionner ses proches. Mais la chose était impossible puisqu'elle n'avait plus de famille. Une nouvelle vague de chagrin la frappa à l'estomac et elle dut se pencher précipitamment vers ses lacets, pourtant parfaitement noués, pour la dissimuler.

— Tu es sûre que ça va, Tasha ? Des problèmes de femme ?

Tasha acquiesça, reconnaissante pour cette excuse toute faite. Joyce lui tapota le dos et son contact bienveillant lui fit l'effet d'un papier de verre sur une peau fiévreuse.

— Il y a de l'aspirine dans l'armoire. Prends-en deux cachets avec ton thé et tu te sentiras beaucoup mieux.

Puis elle quitta l'arrière-salle pour aller roucouler autour de Mme Manion. Tasha se saisit du flacon d'aspirine. Elle fit rouler la fiole entre ses mains, écoutant cliqueter les cachets et se demandant combien il en faudrait pour l'envoyer rejoindre sa mère.

Pas question, Tasha Ancel, se dit-elle. Ce n'est pas ce que maman attend de toi.

Elle en prit deux, qu'elle avala avec son thé, déjà tiède, et se dirigea vers le salon. Au moins, ranger les espaces de travail lui donnerait quelque chose à faire. Joyce lui lança un regard de biais, mais Mme Manion retirait déjà son manteau et elle n'avait pas le temps de la renvoyer.

— Tasha, dit Mme Manion en l'appelant. Que me conseilles-tu, pour aujourd'hui ? Mon traditionnel brushing ou une nouvelle coupe un peu plus fantaisiste ?

Tasha jeta un coup d'œil à Joyce, qui fit un signe de tête pressant en direction de l'horloge. Pas le temps pour une coupe.

— Je pense que le brushing serait un choix tout à fait judicieux pour se rendre dans les quartiers chics, dit-elle.

Mme Manion secoua la tête.

— Judicieux, certes, mais ennuyeux. Peter, mon gendre, travaille à la City, vous savez. Il emmène mon Elsie à tous ces cocktails. Des cocktails, s'il vous plaît ! Il lui a offert trois robes rien que le mois dernier.

— Charmant, dit faiblement Tasha.

Les mots se bousculaient dans son esprit : *cocktails, robes, fêtes.* Comment ces absurdités pouvaient-elles revêtir la moindre importance ? Elle tenta de s'éloigner mais Mme Manion lui saisit le bras.

— Je ne veux pas avoir l'air d'une provinciale.

La femme eut un frémissement de dégoût et c'en fut trop pour Natasha.

— Il y a des problèmes plus graves dans le monde, Mme Manion.

La femme recula.

— Bien sûr, j'en suis consciente. Et j'en ai pris ma part, vous pouvez me croire. Toute ma cuisine a été détruite par une bombe nazie. Le mur a été arraché et mon Belling a été emporté dans les airs.

— Votre Belling ?

— Mon four, ma chère. Il n'avait qu'un an et c'était un four de tout premier ordre. Gril intégré et toute la panoplie.

— Vraiment ?

Tasha n'arrivait pas à en croire ses oreilles. Des millions de personnes avaient perdu la vie dans cette guerre et elle se préoccupait de grils intégrés à des fours.

— Peut-être aurait-il mieux valu que la bombe vous prenne à la place du four, vous épargnant au moins les affres du salon de coiffure.

— Tasha ! s'écria Joyce, mais Tasha s'était déjà élancée vers l'arrière-boutique, laissant à sa patronne le soin d'apaiser sa cliente furieuse.

— Lançons-nous sur un joli carré, comme Bette Davis, entendit-elle sa patronne gazouiller, lui annonçant qu'elle disposait d'une quarantaine de minutes avant que cette dernière ne lui tombe dessus.

Mais ce qu'elle pensait, en réalité, c'était que cette femme l'avait bien cherché. Elle observa le salon depuis la porte et se sentit aveuglée par l'inutilité de toutes ces choses. Pourquoi sa patronne voulait-elle rendre les gens beaux ? Les gens n'avaient rien de beau, rien du tout. Au moins, le travail de Georg avait un sens – fabriquer des serrures pour garder les choses à l'intérieur et les gens à l'extérieur. Enchaîner le monde, c'était en définitive la seule façon d'avancer.

— Salut, Tash. Pousse-toi un peu et laisse-moi lancer cette bouilloire. Je suis assoiffée.

Tasha s'enfonça dans une chaise tandis que Betsy passait devant elle. Elle n'était pas sûre de pouvoir supporter l'insouciante allégresse de la jeune fille ce matin ; elle ressemblait beaucoup trop à Georg. Georg qui l'avait fait venir en Angleterre, qui lui avait dit, qui lui avait répété qu'elle ne pouvait pas fouiller tous les hôpitaux d'Europe. C'était peut-être vrai, mais elle aurait pu commencer par la Pologne. Combien y avait-il d'hôpitaux en Pologne ? Elle aurait eu plus d'un an pour en faire le tour et puis… Même si elle n'était arrivée que pour tenir la main de sa mère pendant qu'elle mourait, cela aurait suffi.

— Est-ce que j'ai entendu maman proposer un carré à Mme Manion ? Quelle plaisanterie ! Elle est bien trop âgée pour ça. (Elle mit une tranche de pain à griller et alla chercher la confiture dans le réfrigérateur.) Hein, pas vrai, Tash ? Elle est trop vieille pour ça, non ?

— Hmm ?

— Mme Manion.

— Quoi ?

— Elle est trop âgée pour un carré.

— Je ne sais pas si elle est trop âgée pour ça, dit Tasha, mais en tout cas trop laide, c'est sûr.

Betsy s'esclaffa sauvagement et son rire irrita Tasha.

— Tu es méchante, Tash.

— Oui, dit-elle d'un ton morose.

Betsy pencha la tête et la regarda.

— Qu'est-ce qui t'arrive ce matin ? Tu t'es levée du mauvais pied ?

— Plutôt du mauvais côté de ce foutu continent, rétorqua-t-elle.

Betsy eut un mouvement de recul.

— Qu'est-ce que tu veux dire ?

— Rien. Ton toast est prêt.

Betsy renifla et alla s'occuper de sa tartine mais elle poursuivit.

— Qu'est-ce qui ne va pas avec l'Angleterre ? demanda-t-elle.

Tasha secoua la tête avec lassitude, mais Betsy s'approcha d'elle, brandissant son toast.

— Tu n'aimes pas être ici ?

— Non.

— Oh ! dit-elle en portant la main à sa poitrine, étalant un peu de confiture sur son uniforme scolaire. Je trouve ça ingrat de ta part.

— Ingrat ?

— Nous t'avons accueillie, nous t'avons donné un travail, nous t'avons fait une place dans la famille et…

— Non, vous ne l'avez pas fait ! (Tasha se leva d'un bond, le cœur soudain enflammé.) Vous ne m'avez pas fait de place dans la famille. Vous n'en aviez pas besoin, d'ailleurs, puisque toi et ta mère, vous vous avez l'une l'autre.

— C'est mesquin ! dit Betsy en jetant le toast par terre. Si tu n'aimes pas être ici avec ma mère, pourquoi ne pas aller te faire voir chez la tienne ?

— J'aimerais bien, cria Tasha. J'aimerais bien aller là-bas tout de suite, mais je ne peux pas ! Je ne peux pas parce qu'elle est, parce qu'elle est… parce qu'elle est *morte* !

Elle avait forcé le mot tant haï à sortir de sa bouche, et le terme anglais lui sembla aussi plat et sans vie que sa mère. Puis elle se retourna pour prendre la porte, mais rencontra un obstacle sur son chemin, quelque chose de grand, de chaud et d'incroyablement doux.

— Oh, Tasha, pourquoi ne nous as-tu rien dit ?

Elle lança un coup de pied pour essayer de se débarrasser de l'emprise de Joyce, mais les bras de cette maudite femme étaient bien trop forts pour elle.

— Quand l'as-tu appris ?

— Hier, dit-elle. Je l'ai appris hier. Elle est morte. Elle est morte il y a un mois, dans la douleur, et a agonisé toute seule. Elle ne m'a pas retrouvée, comme tu avais dit qu'elle le ferait, et je ne l'ai pas retrouvée non plus, et maintenant elle n'existe plus et plus rien ne compte dans ce monde – ni ces thés, ni ces cheveux, ni ces cocktails, ni cette vie.

Joyce la tenait toujours dans ses bras et Tasha céda, ses jambes et son corps trop faibles pour opposer la moindre résistance.

— C'est ce qu'aurait dit ta mère, tu crois ? demanda-t-elle à voix basse.

— Non, répliqua vivement Tasha. Elle m'aurait dit de vivre ma vie pleinement. Mais elle ne l'a pas fait elle-même, pas vrai ?

— Non, convint Joyce. Et c'est une terrible tragédie. Mais elle aurait voulu que *toi*, tu le fasses.

Tasha gémit et Joyce lui caressa les cheveux, les dégageant doucement de leur queue-de-cheval et les lissant, ses doigts parcourant le cuir chevelu de Tasha comme à la recherche de nœuds de chagrin et de colère à dénouer.

— Je crois que je n'y arriverai pas, Joyce.

— Bien sûr que non, pas tout de suite. Tu as besoin de temps. Et tu as raison, face à ce que tu traverses, couper des cheveux paraîtra toujours idiot. Tu as besoin de te reposer, de manger et de dormir. Il vaut mieux que tu rentres chez toi.

— Chez moi ? répéta faiblement Tasha, mais Joyce s'affairait déjà autour d'elle, envoyant Betsy chercher un manteau et tirant un parapluie de l'étagère, tout en la poussant vers la sortie. Mais je ne veux pas, tenta de dire Tasha, tandis que sa gentille patronne étouffait ses protestations d'un geste de la main.

— Nous pouvons nous passer de toi pendant quelques jours, ma belle, prends le temps qu'il te faut. Rentre chez toi, maintenant.

Avant même de s'en rendre compte, Tasha se retrouva dehors, la pluie battant le parapluie au-dessus de sa tête et ruisselant sur la grande fenêtre derrière laquelle Joyce, Betsy et Mme Manion se tordaient les mains en la plaignant – *cette pauvre fille* – tout en remerciant le Seigneur de n'avoir perdu qu'un four à gril intégré au cours de cette satanée guerre.

Elle se mit à remonter la rue principale par automatisme, mais commença rapidement à fatiguer. Elle repensa au 8 mai 1945, à Theresienstadt, quand M. Dunant, de la Croix-Rouge internationale, leur avait annoncé qu'ils étaient libres de rentrer chez eux. Elle n'avait aucune idée de l'endroit où se trouvait son « chez-elle », à l'époque, et encore moins aujourd'hui. Elle se souvint de Georg debout à ses côtés, un bras autour de son épaule, tandis qu'il criait de joie avec les autres et, malgré la douleur qui faisait vibrer toutes les fibres de son corps, elle sentit un battement solide et chaud dans son cœur : Georg.

« Viens me trouver quand tu seras prête », avait-il dit. « Quand ta mère se manifestera, d'une manière ou d'une autre. » Eh bien, elle s'était manifestée, sur la liste des morts de l'hôpital, et à cet instant Georg lui sembla la seule chose réelle dans ce monde meurtri. Tournant les talons, Tasha s'éloigna de Weir Courtney et se dirigea vers la gare de Lingfield.

Deux heures plus tard, le foyer juif se dressait devant elle, sombre, sale et chargé de souvenirs désagréables. Il lui fallut tout son courage pour pousser la porte et pénétrer dans l'obscure zone d'accueil, et elle fut soulagée de voir que la jeune fille qui tenait l'accueil ne la connaissait pas. Elle n'était pas d'humeur à se faire reconnaître.

— Georg Lieberman est-il ici, s'il te plaît ?

— Qui le demande ?

— Je suis son, euh, son amie de Windermere.

— Je vois. (La jeune fille la toisa de haut en bas.) C'était bien, là-bas ? J'ai entendu dire que c'était bien. J'ai pris un autre avion, pour Southampton. C'était plutôt pas mal, mais sûrement pas aussi bien que ce *Wondermere*, d'après ce que tout le monde en dit.

Tasha ne savait pas quoi répondre.

— C'était très agréable, reconnut-elle.

— Tu as eu de la chance.

— Hum, oui, je suppose que oui. Georg Lieberman ?

— Il est au travail. Je l'ai vu partir ce matin.

— Bien sûr.

Tasha se sentait stupide. On était lundi. Elle serait elle-même au travail sans le bon cœur de Joyce.

— Où se trouve son usine ?

Elle aurait dû le savoir. Elle aurait dû aller la voir avec lui, aurait dû lui poser plus de questions à ce sujet. Elle lui en voulait tellement de tant travailler qu'elle avait toujours éludé le sujet. Encore une autre chose qu'elle avait faite de travers.

— Sur Cheapside, lui dit la jeune fille. Juste à côté de l'église St-Mary-Le-Bow. Tu ne peux pas la rater. Une grande usine avec un grand portail en fonte.

— Oui, bien sûr.

— Tu es sûre que ça va ?

— Très bien, dit-elle en reculant. Je vais très bien, je te remercie.

Elle fit volte-face et sortit presque en courant. Elle n'avait aucune idée de l'endroit où se trouvait Cheapside, mais elle connaissait la direction d'où Georg arrivait toujours et savait qu'il ne mettait qu'une dizaine de minutes pour se rendre à son travail. Elle localisa facilement l'usine, grâce à ses portes reconnaissables, mais recula devant l'obstacle.

Allez, Tash, se réprimanda-t-elle. *Qu'est-ce que tu as à perdre ?*

La réponse était un effrayant *rien*, aussi s'arma-t-elle de courage, pressant le bouton de la sonnette.

— Qui est là ? demanda une voix inamicale.

— Je m'appelle Natasha Ancel, dit-elle en gardant son accent aussi neutre que possible. Je suis venue pour voir Georg Lieberman.

— Qui ?

— Il travaille à l'usine.

— Ah, l'usine ! (La voix désincarnée avait prononcé le mot comme si le seul objectif de Tasha avait été de l'importuner.) Vous feriez mieux d'entrer.

Une sonnerie retentit et le portail se déverrouilla. Tasha l'ouvrit et entra, avec la désagréable impression d'entrer dans une sorte de camp. Une grande cour s'ouvrait à l'intérieur, sans aucune indication sur la direction à prendre.

— À l'étage, au fond à gauche, dit la voix à travers l'interphone.

Les portes se refermèrent derrière elle et elle n'eut d'autre choix que de traverser le bâtiment, comme on lui demandait de le faire.

Là, elle tomba sur une porte, qu'elle poussa pour se retrouver dans un élégant bureau. La femme à la voix inamicale était installée derrière un bureau brillant, tapotant impérieusement sur une machine à écrire. Elle s'arrêta pour regarder Tasha pardessus ses lunettes en demi-lune.

— Nous ne pouvons pas aller chercher les travailleurs à l'usine, sauf en cas d'urgence, dit-elle sans préambule. Est-ce une urgence ?

Tasha hésita.

— Des membres de la famille de M. Lieberman sont-ils blessés ou morts ?

Tasha recula d'un pas.

— Il n'a pas de famille.

— Eh bien, alors…

— Mais… (Tasha n'avait aucune arme contre l'attitude hautaine de cette femme.) Je suis sa fiancée. (La femme fixa son annulaire, nu et sans ornement.) Je le suis. Enfin, je l'étais… (Elle était en train de s'emmêler les pinceaux.) S'il vous plaît.

La femme soupira bruyamment.

— Vous pouvez lui laisser un message, jeune fille, et je m'assurerai qu'il le reçoive pendant sa pause.

— Oui, ou… Je pourrais attendre sa pause quelque part, peut-être ?

— Je ne pense pas que ce soit une bonne idée. Nous n'aimons pas que du personnel non autorisé circule dans le bâtiment. Question de sécurité, enfin vous comprenez…

— La sécurité ! railla Tasha, avant d'ajouter, sans pouvoir s'en empêcher : Ma mère est morte.

— Juste ciel ! (La main de la femme se porta à sa poitrine.) Je suis vraiment navrée. Quand ?

— Le 30 juillet. Mais je ne l'ai appris qu'hier.

— Vous ne l'avez… Je veux dire, je vois. Je suis désolée. Tenez… (Elle tendit une feuille de papier à Tasha, puis un stylo.) Écrivez votre message pour M. Lieberman. Vous pouvez attendre au Lyons Corner Shop, le magasin au bout de la rue. Vous y serez au chaud et je suis sûre qu'il viendra dès qu'il le pourra.

— Très bien. (Ce n'était pas assez, mais c'était tout ce qu'elle allait obtenir.) Merci.

Elle écrivit le mot de sa plus belle écriture.

Georg,

C'est Tasha. Je suis ici, à Londres. J'ai besoin de te voir. De te parler. Je t'attendrai au Lyons Corner Shop, en bas de la rue.

C'était loin d'être éloquent. Elle essaya de trouver les mots pour expliquer que sa mère était morte, mais s'ils étaient trop difficiles à prononcer, ils l'étaient encore davantage à coucher sur le papier. « Tu me manques, ajouta-t-elle. S'il te plaît, viens me retrouver. » Cela ne semblait pas suffisant.

— Vous avez une enveloppe ? demanda-t-elle à la femme.

Elle la regarda bêtement, comme surprise qu'elle sache ce qu'était une enveloppe, mais lui en tendit une néanmoins.

— Merci.

Tasha ouvrit lentement son sac à main. Elle en sortit la mèche de cheveux emmêlée et la fixa un instant. Les ciseaux du camp recommencèrent à s'agiter dans son esprit, leurs grandes lames mal affûtées mordant le cuir chevelu de Lydia et arrachant sa magnifique chevelure rousse. Maintenant qu'ils avaient pris sa vie aussi, à quoi bon garder cela ? Se mordant la lèvre pour empêcher les larmes de rouler sur la feuille, Tasha la glissa dans l'enveloppe et, les doigts tremblants, y poussa aussi la mèche de cheveux. Léchant la bande autocollante d'un geste nerveux, elle referma l'enveloppe avant d'avoir l'occasion de changer d'avis et la poussa sur le bureau.

La femme la prit du bout des doigts.

— Je veillerai à ce qu'elle lui soit remise.

— Merci.

— Laissez-nous vous escorter jusqu'à la sortie.

Elle appuya sur une sonnette et un agent de sécurité au visage impassible apparut pour raccompagner Tasha à travers la cour. Derrière les murs, elle pouvait entendre le cliquetis des machines et désirait ardemment voir à l'intérieur, mais le garde avançait d'un bon pas et, avant qu'elle ne s'en rende compte, elle était dehors – et seule, une fois de plus. Il ne lui restait plus qu'à attendre.

Mais personne ne vint.

Elle resta là tout l'après-midi, ne commandant qu'une simple tasse de thé, malgré les regards furtifs que lui jetait la serveuse alors que des clients mieux habillés et plus aisés arrivaient à la recherche d'une table. À 16 heures, elle dépensa ses dernières pièces pour acheter une brioche aux groseilles et la mangea miette par miette. Cela lui permit de tenir jusqu'à la fermeture, à 17 heures, mais Georg ne venait toujours pas. Elle s'assit dans la rue, à l'extérieur, mais personne ne vint non plus.

Elle pensa à retourner au foyer, mais la femme lui avait assuré qu'il recevrait son mot et elle avait l'air de quelqu'un d'efficace. Il n'y avait qu'une seule conclusion : Georg ne voulait pas la voir. Elle ne pouvait même pas lui en vouloir. Il avait essayé de l'aimer avec tant de persévérance. Il avait proposé de faire sa vie avec elle – et elle avait refusé. Il était trop tard, désormais. Elle avait perdu son passé ; et son avenir aussi.

Elle n'avait plus qu'un seul endroit où aller, et ce fut d'un pas lourd qu'elle reprit le chemin de la gare et de Weir Courtney à travers la bruine de Londres.

36

Alice

Alice faisait les cent pas devant la chambre de Tasha, ne sachant que faire. La jeune fille était enfermée là-dedans depuis deux jours, n'en sortant que pour aller aux toilettes ou accepter les assiettes de nourriture qu'Alice laissait devant sa porte.

— Arrête de lui donner à manger, avait conseillé Manna. Elle sortira quand elle aura faim.

— Elle est en deuil, Manna, ce n'est pas un caprice. Ce ne serait pas juste.

— Tout le monde ici a perdu quelqu'un, avait rétorqué Manna. Ce qui n'est pas juste, c'est que toute la maison doive suivre les règles de Tasha. Mina et Golda doivent partager leur chambre avec des plus petits et Marta est très affectée qu'elle ne veuille plus la voir. Tout le monde ici a connu la perte, Alice.

— Mais peut-être pas aussi récemment que Tasha ?

Manna avait incliné sa jolie tête sur le côté.

— Tu es trop tendre avec elle.

Était-ce le cas ? se demanda Alice. Elle était plutôt tendre avec chacun d'entre eux. Elle donnait des bonbons pour les cauchemars et avait une politique stricte en matière de violences physiques, persuadée de par son expérience que les câlins marchaient toujours mieux que les coups. Elle avait des règles, bien sûr, et des routines, mais elle n'aimait pas l'autoritarisme. Elle ne l'avait jamais vu produire que de la souffrance et de la peur.

— Qu'est-ce que je devrais faire, selon toi ? demanda-t-elle à Sophie.

— Continuer à lui donner à manger, en tout cas, avait dit Sophie avec fermeté. Ces enfants ont connu assez de faim pour toute leur existence.

Alice avait remercié son amie et décidé de demander conseil à Oskar. Il était arrivé étonnamment vite après son appel téléphonique du matin et s'était montré très compréhensif. Elle avait certes été déconcertée par sa déclaration autour de la « fascinante opportunité d'étudier un cas de deuil différé », mais il s'était dit enthousiaste à l'idée de sortir Tasha de son isolement, ce qui, se disait Alice, ne pouvait qu'aider. Il ne lui restait plus qu'à convaincre la jeune fille.

Levant la main, elle frappa à la porte de Tasha. Pas de réponse. Elle fronça les sourcils. Les chambres de Weir Courtney n'avaient pas de serrure, mais Alice avait pour principe de n'entrer dans aucune d'entre elles sans permission. En temps normal.

— Tasha ? Tasha, c'est moi, Alice. Je peux te parler ?

Toujours rien.

La raison pour laquelle il n'y avait pas de serrures, se rappela Alice, était surtout pour pouvoir parer aux situations d'urgence. Qui se réduisaient généralement à des broutilles stupides, comme la découverte par les petits du meilleur talc de Manna, qu'ils avaient utilisé pour se « transformer en fantômes », mais dans le cas présent, il s'agissait principalement d'une mesure conservatoire. L'estomac d'Alice se serra. Elle avait vérifié que la chambre ne contenait rien de dangereux le premier jour où Tasha était sortie, retirant ceintures et bas ainsi que ses précieux ciseaux de coiffure, aussi devait-elle être en sécurité. Mais…

— Tasha ! J'entre.

— Oh, par pitié !

Profondément soulagée de recevoir finalement une réponse, Alice entra pour trouver Tasha assise sur son lit, les genoux remontés sur la poitrine, de petits ciseaux à ongles à la main et de petites mèches de cheveux roux éparpillées partout autour d'elle, comme les étincelles d'un feu de joie.

— Tasha ! Qu'est-ce que tu fais ?

— Je me coupe les fourches, répondit distraitement la jeune fille.

— Tu n'as pas de fourches.

— J'en ai, maintenant, dit-elle en soulevant une mèche avant de commencer à la tripoter avec ses ongles.

Alice frissonna.

— Il fait froid ici, Tash. Pourquoi ne descendrais-tu pas dans le salon ? Nous avons allumé un feu pour le retour des enfants de l'école.

— Non, merci.

— Ils aimeraient beaucoup te voir.

— Mais moi je n'ai pas envie de les voir.

— Même pas Marta ? (Tasha tressaillit et Alice poussa son avantage.) Elle te demande toutes les dix minutes.

— Quel amour !

Tasha souleva les ciseaux à ongles et souffla sur la mèche de cheveux qu'elle venait de couper, l'envoyant rejoindre les autres au sol.

— Oskar est là, dit Alice en se rapprochant. Il aimerait vraiment pouvoir te parler.

La tête de Tasha se leva.

— Vraiment ? Et pour quoi faire ? Pour compléter son étude sur le deuil des orphelins de guerre ?

Elle se rapprochait dangereusement de la vérité.

— Pour t'aider. Le deuil est une chose terrible.

— Pas quand on est psychanalyste. Dans ce cas-là, c'est un sujet fascinant.

— Tasha, ce n'est pas juste. Oskar veut seulement t'aider.

Tasha pencha la tête du côté, observant Alice avec une franchise déconcertante.

— Je ne crois pas que tu aies la moindre idée de ce que veut Oskar, Alice.

— Je pense que tu comprendras que…

— Tu crois qu'il t'aime bien ?

Les joues d'Alice se colorèrent.

— Qu'est-ce que tu veux dire ? Nous sommes des collègues, des amis.

— Oui, mais penses-tu qu'il veuille plus ?

Alice sentit sa nuque s'enflammer et y porta la main.

— Non, bien sûr que non.

— Moi, je le crois.

Alice sursauta.

— Qu'est-ce que tu veux dire ?

— Je connais les hommes, Alice. Je suis allée à Londres pour trouver Georg, l'autre jour.

Alice s'avança d'un pas.

— Quand Joyce t'a renvoyée chez toi ?

Alice avait été très inquiète quand Tasha n'était pas rentrée du travail. Elle était allée directement chez *Beautiful You*, pour apprendre que Joyce avait renvoyé la jeune fille le matin même, ce qui n'avait pas manqué de l'inquiéter encore davantage. Elle avait été profondément soulagée lorsque Tasha était rentrée à Weir Courtney ce soir-là, mais c'était la première fois qu'elle apprenait où elle s'était rendue.

— Comment ça s'est passé ?

— Comme dans un rêve, dit Tasha. Il m'a prise dans ses bras et nous nous sommes mariés sur-le-champ – raison pour laquelle je suis actuellement assise toute seule dans ma chambre à Weir Courtney.

Alice grimaça.

— Bon. Ça ne s'est pas bien passé.

— Non, en effet. Je lui ai laissé un message et je l'ai attendu, mais il n'est jamais venu.

Alice la dévisagea.

— Et c'est tout, Tasha ? Je croyais que c'était moi la grande naïve, avec les hommes.

— Tu l'es.

— Mais même moi, je peux comprendre que plusieurs raisons peuvent expliquer qu'il ne soit pas venu. Il n'a peut-être pas reçu le message, il a pu tomber malade, ou…

— Ou décider qu'il ne voulait pas me voir.

— C'est possible, mais tu ne peux pas le savoir.

— Tout comme je ne savais pas que ma mère était morte ?

Alice tressaillit à nouveau. Elle savait que ce ne serait pas facile, mais, comme d'habitude, elle avait sous-estimé son adversaire.

— Pourquoi ne pas parler à Oskar, Tasha ?

— Ton petit ami ?

— Oskar n'est pas mon petit ami.

— Non, mais je parie que tu aimerais qu'il le soit. Je parie que tu rêves qu'il vienne dans ta chambre la nuit et…

— Tasha ! C'est absolument inapproprié ! Oskar est mon collègue et nous rend visite à titre purement professionnel.

— Il nous rend visite remarquablement souvent pour cela.

Alice rougissait de plus en plus. C'était ridicule. Tasha se moquait d'elle, comme elle le faisait si souvent. Il était vrai, cependant, qu'elle en savait plus sur les hommes qu'Alice, malgré son jeune âge.

— Je suppose qu'il apprécie l'atmosphère qui règne ici, ajouta-t-elle.

— L'atmosphère ! C'est sûrement ça. (Tasha secoua la tête.) Grandis un peu, Alice – Oskar n'est là que pour flirter.

— Avec moi ?

Tasha se tourna vers elle et Alice vit la cruauté dans ses yeux. Elle se prépara à recevoir le coup – mais trop tard.

— Oh non, pas avec toi, dit-elle avec un sourire narquois.

Tasha ramassa une autre mèche de cheveux, souleva les ciseaux à ongles et, après avoir suspendu son geste un instant, les coupa.

Alice se leva, lissa sa jupe et sortit. Elle s'enfuit dans le couloir, l'esprit en ébullition, tandis qu'un mot – un mot terriblement inadapté – martelait bruyamment l'intérieur de son crâne : *hündin*. Salope. Elle ne le prononça pas à voix haute, elle avait suffisamment de contrôle pour ça, suffisamment de dignité, mais l'insulte fusait et explosait en elle. Cette petite peste l'avait délibérément attirée dans son piège et avait pris un malin plaisir à la moucher. Manna avait raison. Elle avait été trop tendre avec elle. Beaucoup trop tendre. Apercevant la porte de la chambre de Manna un peu plus loin, elle ressentit le besoin d'aller la trouver pour s'excuser.

Après avoir frappé brièvement, elle annonça :

— Ce n'est que moi, puis entra.

Aussitôt, elle se figea. Là, comme si Dieu se riait d'elle en même temps que Tasha – en même temps, semblait-il, que tous les résidents de Weir Courtney – se trouvait Manna, son rouge à lèvres étalé sur les joues, et Oskar Friedmann sautant avec culpabilité hors de son lit.

— Oh !

Alice porta ses mains à son visage puis, s'apercevant tel un ridicule personnage de cartoon dans le grand miroir de Manna, elle se retourna et s'enfuit. Voilà pourquoi Oskar venait si souvent à Weir Courtney. Voilà pourquoi il se montrait si charmeur, apportant du vin et passant la nuit dans la petite chambre d'amis au bout du couloir. Quand il y restait.

Tasha avait raison – Alice avait été idiote et naïve, une vieille fille desséchée à la dérive dans un pays étranger, sans aucune formation valable pour savoir comment s'occuper de ces pauvres enfants abîmés par la guerre. Elle entendait Manna l'appeler, mais ne voulait pas lui faire face, surtout pas ici, où Tasha pouvait entendre leur dispute. Elle tourna les talons et s'enfuit au rez-de-chaussée, en direction de la cuisine et de la compagnie rassurante de Sophie, mais, à sa grande horreur, alors qu'elle arrivait dans le hall, la porte d'entrée s'ouvrit et Anna Freud apparut.

— Anna !

— Alice ? Tout va bien ? Vous avez l'air… bouleversée.

Mon Dieu, il était impossible de dissimuler quoi que ce soit à cette femme.

— Je vais très bien, merci, répondit-elle. J'étais juste préoccupée par… l'organisation du dîner de ce soir, dont je devais parler à Sophie.

— Je vois. Je n'aime pas interrompre la routine d'une maisonnée, mais j'ai amené une invitée.

— Une invitée ?

— Pour Mlle Ancel.

— Tasha ?

Alice se tourna avec confusion vers la femme d'âge moyen qu'Anna était en train de faire entrer par la porte. Elle portait un uniforme d'infirmière et affichait l'attitude compétente et sérieuse de sa profession. De quoi s'agissait-il ?

— Sœur Devizes vient de rentrer d'un long service de guerre en Pologne.

— Pologne ?

— Katowice, pour être précise.

— Lydia ? chuchota Alice, oubliant aussitôt le comportement enfantin et vindicatif de Tasha.

Anna acquiesça.

— Sœur Devizes a commencé à travailler dans un hôpital où je consultais hier, et a mentionné qu'elle avait été en contact avec une consœur, une certaine Nicola Grainger, au sujet d'une enfant de Weir Courtney. Naturellement, j'ai été intriguée et je lui ai proposé de la conduire jusqu'ici.

— C'est très gentil de votre part.

— J'avais une arrière-pensée, mais nous y reviendrons plus tard. Sœur Devizes a soigné Lydia Ancel à la fin de sa vie et pense qu'elle pourrait apporter du réconfort à sa fille.

— Du réconfort ? (Alice fixa la femme.) En êtes-vous certaine ? Je dois vous dire qu'elle en a, en effet, grand besoin.

Sœur Devizes sourit et son visage rayonna un instant.

— J'ai parlé de sa fille avec Lydia Ancel, avant qu'elle ne meure, et ce qu'elle m'a dit peut, je crois, lui apporter un peu de réconfort.

— Je souhaite de tout cœur que ça puisse être le cas. Je ne sais plus comment m'y prendre pour l'aider.

— Permettez-moi, dit sœur Devizes en lui tapotant la main.

Sophie était sortie de la cuisine et Alice se tourna vers elle avec reconnaissance. Pour sa part, il était hors de question qu'elle remonte cet escalier.

— Sophie, pourrais-tu aller chercher Tasha pour moi, s'il te plaît ? Dis-lui qu'il y a quelqu'un ici qui voudrait lui parler de sa mère.

Sophie répondit par une moue comique et se hâta vers l'étage. Alice accompagna sœur Devizes dans le salon, heureuse de voir que le feu était allumé. Il restait une demi-heure avant que les enfants ne rentrent à la maison et elle priait pour que cette vaillante infirmière mette ce temps à profit pour apporter un peu de chaleur à cette jeune femme qui avait perdu tout enthousiasme.

Tasha descendit l'escalier en hésitant et, en voyant Alice, se mordit la lèvre. Alice avait envie de lui tendre la main et de lui dire que tout allait bien, qu'elle lui pardonnait de s'être emportée, mais sœur Devizes apparut dans l'embrasure de la porte et la mâchoire de Tasha tomba. Ce qu'Alice ressentait n'avait aucune importance pour le moment.

— Allez, viens, Tasha, dit-elle avec insistance.

Tasha semblait encore incertaine et elle lui fit un signe de tête encourageant, tandis que sœur Devizes l'entraînait dans le salon et refermait la porte derrière elles. Alice fixa l'endroit où les deux femmes venaient de disparaître.

— Et si nous prenions une tasse de thé ? suggéra Anna dans son dos.

C'était la dernière chose dont Alice avait envie, mais elle acquiesça docilement et laissa sa patronne la conduire jusqu'à son propre bureau, situé juste à côté.

— Tout va bien, Alice ? Si je peux me permettre, ça n'a pas l'air d'être le cas. J'espère que vous prenez soin de vous.

— Je fais de mon mieux, bredouilla-t-elle en se penchant en arrière pour essayer d'entendre ce qui se disait dans la pièce voisine.

— Vous faites de votre mieux pour les enfants, je n'en doute pas, mais qu'en est-il de vous ? Une personne qui s'occupe d'enfants a également le devoir de s'occuper d'elle-même. Oskar s'occupe-t-il de vous ?

Alice émit un petit cri étranglé et Anna la fixa avec étonnement.

— Je n'ai aucun problème avec mes collègues, dit-elle avec raideur. Mais j'avoue que je ne suis plus sûre d'avoir les qualifications nécessaires pour m'occuper au mieux de ces enfants.

— C'est absurde ! répondit brusquement Anna. Vous êtes la meilleure soignante que j'aie jamais rencontrée.

À côté, Alice était à peu près sûre d'entendre des pleurs, et elle avait toutes les peines du monde à se concentrer sur les propos de sa patronne.

— C'est impossible, je n'ai fait que…

Anna leva la main pour l'arrêter.

— Qui est l'experte, ici ?

— Vous, bien sûr.

— Alors, si je dis que vous êtes la meilleure, c'est que vous l'êtes.

Il en fallait plus pour convaincre Alice, mais cela n'avait guère d'importance. Le silence s'était installé dans la pièce attenante et elle voulait désespérément savoir ce que sœur Devizes disait à la pauvre Tasha. La femme s'était montrée très sûre de sa capacité à la réconforter. Avait-elle utilisé le mot *consolation* ? Alice n'était pas sûre du terme anglais, mais il lui avait semblé porteur d'espoir.

— Alice ? Vous m'écoutez ?

Alice se retourna vers sa patronne avec culpabilité.

— Oui, excusez-moi. Je me demandais si Tasha allait bien.

Anna lui sourit.

— C'est précisément ce que je veux dire. Vous êtes une soignante naturelle, Alice, et je pense que cela vous rendra parfaite pour mon nouveau cours de psychothérapie de l'enfant.

— Psychothérapie de l'enfant ? bredouilla-t-elle, totalement désorientée.

— Oui, vraiment. C'était mon arrière-pensée en venant à Weir Courtney. J'aimerais que vous soyez l'une de mes toutes premières étudiantes, Alice. J'ai toute confiance en vous.

Alice la fixa sans rien dire. *Cours ? Étudiante ? Toute confiance ?* Autant de mots qui lui semblaient n'avoir aucun sens.

— Promettez-moi d'y réfléchir, insista Anna.

Alice acquiesça bêtement, parce qu'il aurait été impoli de faire quoi que ce soit d'autre, et parce qu'à cet instant, il lui était impossible de penser à autre chose qu'à Tasha. La jeune fille était certainement un peu brusque, impolie et même parfois foncièrement méchante, mais Alice ne pouvait s'empêcher de l'aimer, et voulait à tout prix l'aider à surmonter son chagrin. Que se passait-il dans la chambre voisine ?

37

Tasha

— Assieds-toi, je t'en prie.

Sœur Devizes désigna les fauteuils installés près du feu et Tasha se percha nerveusement sur le bord de l'un d'eux, avant de se tourner vers les flammes. Les feux de Weir Courtney étaient bien plus fournis que ceux dont elle se souvenait à Varsovie, mais le scintillement des flammes était le même, cependant, tout comme la lueur des braises au bord de l'âtre et l'occasionnel éclat bleu ou vert produit par les impuretés du bois. Ses doigts cherchèrent une brosse, puis se rappelèrent que les cheveux de sa mère n'étaient plus là pour être brossés, et qu'ils ne le seraient plus jamais.

Jamais.

Un mot déchirant dans toutes les langues.

Tasha quitta le feu des yeux et se tourna vers la femme qui se trouvait devant elle. Sœur Devizes était grande et large d'épaules, avec des cheveux courts et sans fioritures. Elle serait bien mieux avec une ondulation permanente, pensa Tasha, mais elle garda cette pensée pour elle. Cette conversation n'avait rien d'une discussion de salon de coiffure, elle en avait le pressentiment – sans toutefois savoir, encore, de quoi il retournait. Tout ce que Sophie avait dit était qu'une infirmière était là, et qu'elle avait des informations sur sa mère.

Y avait-il des formulaires à signer ? Lydia n'était-elle pas enterrée ? L'idée d'organiser des funérailles lui semblait à la fois réconfortante et éprouvante. Faudrait-il que ce soit en

Pologne ? Est-ce qu'elle devrait y retourner ? En avait-elle seulement envie ? Bien sûr qu'elle en avait envie. La Pologne était son pays, avec sa langue, son peuple. Elle en avait assez de l'Angleterre, de ses lacs, de ses champs et de ses misérables usines à serrures.

— Comment vas-tu, Natasha ?

Elle sursauta devant l'emploi de son nom complet.

— J'ai connu des jours meilleurs.

— Je veux bien te croire. Tu as vécu des choses terribles.

— Comme nous tous.

— C'est vrai. Mais j'ai tendance à penser que la souffrance des autres ne contribue guère à atténuer la nôtre.

Tasha plissa les yeux.

— Atténu... ?

— Désolée. *Atténuer.* Apaiser. Rendre moins forte. Un millier de mères pourraient mourir...

— *Sont* mortes.

— Sont mortes, oui – pour autant ça ne rend pas la mort de la tienne moins douloureuse.

Tasha y réfléchit un instant.

— Cela ne fait même qu'empirer les choses, ajouta-t-elle, car alors notre propre douleur n'a plus rien de particulier.

Sœur Devizes sourit.

— C'est tout à fait vrai. Tu es une jeune femme intelligente, Natasha.

— Appelez-moi Tasha, s'il vous plaît. Seule... seule ma mère m'appelait par mon prénom complet.

— Je vois. Je suis désolée.

Cette femme était très calme. Elle était assise bien droite, les mains sur ses genoux, son sourire était doux et simple. Et elle prenait son temps pour prononcer chaque mot. C'était déconcertant.

— Vous êtes infirmière ? demanda Tasha.

— Oui, depuis de nombreuses années. J'ai travaillé dans des hôpitaux de campagne pendant la guerre, principalement en

Afrique. J'ai ensuite rejoint la France à la suite du corps expéditionnaire allié, en juin 1944, et je l'ai suivi jusqu'à Berlin.

— Ça a dû être difficile.

— J'ai vu des choses terribles, mais j'étais toujours loin derrière la ligne de front, je n'ai donc jamais été en danger moi-même. Je devais rentrer à la fin de la guerre, mais en voyant tous ces malades et ces blessés, toute cette souffrance… Enfin, tu connais tout ça.

Elle parlait à Tasha comme à une adulte, et cela lui faisait du bien.

— J'étais à Theresienstadt, continua-t-elle. Tant de gens qui allaient et venaient ; c'était le chaos, vraiment.

— Et tout le monde cherchait quelqu'un.

— Exactement ! On m'a peut-être montré une centaine de photos par jour. (Tasha ferma les yeux et se retrouva dans les étroites ruelles de la petite ville.) Toute la journée, les gens me demandaient : « Avez-vous vu cette femme ? » ou « Avez-vous vu cet homme ? » C'était réellement terrible.

Sœur Devizes acquiesça.

— C'est toujours le cas là-bas, d'ailleurs. Beaucoup de gens sont encore à la recherche de leurs proches.

Sa voix ne laissait rien transparaître et Tasha la regarda de travers.

— Vous pensez qu'ils sont fous ?

— Juste ciel, non ! Je trouve qu'ils sont incroyables, au contraire.

— Vraiment ? (Tasha n'arrivait décidément pas à cerner cette femme.) Mon petit ami – enfin, mon petit ami à l'époque – disait que j'étais folle de croire que ma mère était encore en vie.

— Il avait tort. Nous avons réuni les membres de nombreuses familles, en particulier celles qui n'ont été séparées que vers la fin de la guerre, comme la vôtre.

Un frisson parcourut Tasha.

— À l'époque, ça ne ressemblait pas à la fin de la guerre.

— J'en suis certaine, Tasha, et loin de moi l'idée de minimiser ton expérience, mais de ceux arrivés à Auschwitz en janvier 1942, les seuls à avoir survécu sont ceux qui ont endossé le rôle de kapos.

Tasha tressaillit et sœur Devizes s'octroya une petite tape sur le genou, comme si elle se mettait elle-même en garde.

— Je suis désolée. J'ai toujours pensé que les faits étaient les faits, au risque d'une certaine froideur, mais je sais que tout le monde n'est pas du même avis, alors arrête-moi si tu préfères ne plus rien entendre de tout ça.

— Ça va, dit Tasha. Les faits sont les faits, je le pense aussi.

— Bien. Je crois que tu as été envoyée à Auschwitz en octobre 1944. Tu as donc dû survivre là-bas seulement quatre mois – et je mets des guillemets à « seulement ». Tout comme ta mère. Vos chances d'être assez fortes pour survivre étaient donc statistiquement plus élevées.

Tasha se pencha avidement vers elle.

— C'est ce que j'ai toujours dit. Ma mère était forte et courageuse, tout comme moi. Et j'ai survécu, alors pourquoi n'y aurait-elle pas réussi ? Et elle y a réussi !

La dernière phrase se mêla à un sanglot qui semblait hors de propos dans la pièce silencieuse et Tasha porta une main à sa bouche pour l'étouffer.

— Je suis désolée.

— Ne t'excuse pas. Tu es en deuil. Il est permis de pleurer.

— Oui. Je vous remercie.

— Cela nous amène, je pense, à Katowice.

Tasha retint son souffle.

— J'ai rejoint la Croix-Rouge internationale et, au lieu de rentrer chez moi, j'ai été envoyé en Pologne pour aider dans les hôpitaux. En mai 1946, je me suis rendue à Katowice.

— Où se trouvait ma mère ? demanda Tasha d'une voix rauque.

— C'est exact. Enfin, elle y est arrivée en juin. Je me souviens bien d'elle. (Elle sourit.) On n'oublie pas des cheveux comme ça.

Tasha sentit ses larmes monter à nouveau.

— Était-elle très malade ?

— Oui, je le crains. Ses poumons étaient très abîmés et son corps, considérablement affaibli. Elle avait contracté une pneumonie à Dachau et s'en était remise, dans une certaine mesure, mais son voyage à travers l'Europe l'avait affaiblie de manière irrémédiable, tout comme son séjour au poste-frontière soviétique.

— Les Soviétiques ? Que lui ont-ils fait ?

Une fureur brute propulsa Tasha sur ses pieds, mais sœur Devizes s'était également levée d'un bond, maintenant fermement ses bras le long de son corps.

— Ils ne lui ont pas fait de mal. Ils l'ont simplement retardée.

— Ils lui ont volé son temps, cracha Tasha.

Sœur Devizes hocha la tête d'un air désolé.

— On peut dire ça. Les bureaucraties de tout bord pèsent lourdement sur la vie des réfugiés, j'en ai peur. En vérité, ce repos forcé à la frontière autrichienne lui a peut-être même fait du bien, mais la longueur du voyage a épuisé ses maigres forces.

— Son voyage à ma recherche, s'étouffa Tasha. C'est me chercher qui l'a tuée.

Mais à ce moment-là, sœur Devizes leva un doigt sévère.

— Non, non, ma chérie. Elle était mourante de toute façon et il est tout à fait possible que le fait d'avoir à te chercher lui ait au contraire donné la force de vivre plus longtemps.

— Mais pas assez longtemps pour que je puisse la revoir.

— Non.

Les larmes affluèrent à nouveau, semblant s'infiltrer directement dans les poumons de Tasha, l'empêchant de respirer correctement.

Sœur Devizes l'incita à se rasseoir avec douceur.

— La plupart du temps, ta mère dormait, Tasha. Elle n'a pas souffert, pas à Katowice. Elle était nourrie par perfusion et nous lui donnions de la morphine si elle souffrait. Elle était paisible, et seulement parce qu'elle savait que sa fille était encore en vie.

Les larmes de Tasha jaillirent d'un seul coup et sœur Devizes prit un mouchoir immaculé et le lui tendit, tout en poursuivant.

— Bien des fois, le seul mot qu'elle prononçait était « Natasha ». Je pourrais avoir inventé tout ça, mais comme je te l'ai dit, j'aime m'en tenir aux faits.

— J'aurais dû être là, pleura Tasha. Je l'ai abandonnée, je…

— Non ! dit sœur Devizes en levant vivement sa main pour l'arrêter. Tu n'y es pas du tout. Sans aucun doute, elle aurait aimé que tu sois là pour lui tenir la main, et cela aurait certainement été une consolation pour toi – tant de gens se sentent coupables, et c'est une émotion si destructrice ! – mais ce n'était pas ce qu'elle voulait. Au contraire. Quand elle a été assez forte pour parler, elle m'a dit qu'elle priait pour que tu te trouves dans un bel endroit, pour que tu vives la vie qu'elle t'avait offerte.

— C'est ce qu'elle a dit ?

— C'est ce qu'elle a dit, Tasha. Je n'invente rien. Et puis, environ trois semaines après son arrivée, nous avons eu des nouvelles. Quelqu'un de l'UNRRA – c'est le…

— Oui, je connais l'UNRRA.

Les larmes de Tasha s'étaient taries et elle voulait en savoir plus.

— L'infirmière Grainger a écrit à l'UNRRA et ils ont pu faire le lien entre Tasha Ancel, présente sur la liste des enfants envoyés en Angleterre, et Lydia Ancel, patiente à l'hôpital de Katowice. Cela aurait dû se produire plus tôt, mais il y avait tant de gens et tant de listes… Je suis vraiment désolée pour ça. Quoi qu'il en soit, ils sont venus me voir et me l'ont dit, et je l'ai dit à Lydia.

— Vraiment ? Tasha s'assit tellement au bord du fauteuil qu'elle faillit en tomber. Vous lui avez dit que j'étais ici ?

— Oui. J'ai interrogé le représentant de l'UNRRA en détail – j'aime les faits, comme je l'ai déjà dit – afin de pouvoir annoncer tout ce qu'il était possible d'annoncer à ta mère. Ils m'ont confirmé que tu avais séjourné dans la région des Lacs pendant plusieurs mois et que tu vivais à présent dans une maison de campagne dans le Surrey. Ils ont même pu m'apprendre que tu étais en apprentissage dans un salon de coiffure.

— Ils savaient ça ? Et tu l'as dit à maman ?

Un large sourire apparut sur le visage de sœur Devizes.

— Je lui ai tout raconté, Tasha, et elle en a été profondément heureuse, je te l'assure. « Elle est en sécurité », répétait-elle sans cesse. « Elle est en sécurité. » Puis elle m'a demandé de te dire d'être heureuse, et de profiter au maximum de la vie.

— Elle a dit ça ?

— C'est ce qu'elle m'a dit. Je t'en donne ma parole. Elle n'avait plus beaucoup de souffle, vois-tu, mais avec le peu qui lui restait, elle m'a demandé plusieurs fois de te dire qu'elle te donnait chaque goutte de son amour – c'est l'expression qu'elle a utilisée, « chaque goutte de son amour ».

Les mains de Tasha se portèrent à sa bouche lorsqu'elle entendit les paroles de sa mère résonner à travers le temps et l'espace, toujours aussi intenses et chargées de sens. L'infirmière disait la vérité, elle en était maintenant certaine.

— Elle était heureuse que je sois en Angleterre ?

— Très. Tu sais, la Pologne n'est pas un bel endroit où vivre en ce moment. Ce sont les Russes qui contrôlent les choses, là-bas, et… et je pense que tu es mieux ici. C'est aussi ce que pensait ta mère. Quand je lui ai dit où tu te trouvais, elle a seulement répété « L'Angleterre… », mais il y avait un profond soulagement dans sa voix. Elle a employé le mot comme on utiliserait un mot fantastique.

Elle racontait curieusement les histoires, mais c'était une femme curieuse et, de plus, Tasha comprenait exactement ce qu'elle voulait dire. Elle aurait aimé l'entendre de ses propres oreilles, bien sûr. Elle aurait aimé pouvoir tenir la main de sa mère et lui dire qu'elle allait refaire sa vie ici, mais qu'elle l'ait appris de la bouche de cette étrange femme, aussi douce que forte, était sans aucun doute la seconde meilleure option.

— Merci, dit-elle.

Sœur Devizes acquiesça, puis se pencha vers elle avec une urgence soudaine.

— Tu dois me croire, Tasha. La culpabilité est une émotion terrible, surtout lorsqu'elle ne peut trouver d'échappatoire. Ta mère était mourante quand je l'ai rencontrée. En fait, je crois qu'elle était mourante depuis le moment où elle a été poussée hors d'Auschwitz, ou au moins quelques jours après. Et c'est ça qui l'a fait tenir : la perspective d'avoir des nouvelles de toi. Elle buvait mes paroles, absorbant chaque bribe de ce que je pouvais lui offrir avec tout ce qui lui restait de vie et de force. Et c'est là, enfin, qu'elle a pu lâcher prise.

« Elle t'aimait tellement, Tasha. Elle aurait voulu te rejoindre si elle l'avait pu, n'en doute surtout pas – seulement son pauvre corps était trop abîmé pour porter son âme plus longtemps. Apprendre que tu étais en vie et en sécurité en Angleterre a été la plus grande bénédiction qu'elle pouvait souhaiter, et elle est morte avec un grand sourire sur les lèvres. Elle est morte en paix.

Les larmes de Tasha roulèrent à nouveau, mais plus douces, cette fois – presque apaisantes. Ce n'était pas l'amertume du regret et de la colère, mais un jaillissement de chagrin pur.

— Voilà, voilà, dit sœur Devizes. Pleure, ma chérie. Pleure autant que tu veux. Il est dur d'être celle qui reste, mais tu vas y arriver, j'en suis sûre. Autorise-toi à pleurer, autorise-toi à souffrir – et plus tard, autorise-toi à être heureuse.

Et, levant les yeux vers l'étrange infirmière à travers le flot d'émotions qui la traversait, Tasha se dit qu'elle avait peut-être raison.

— J'ai agi comme une horrible vache, ces derniers temps, bafouilla-t-elle.

Sœur Devizes émit un petit rire.

— Je crois que c'est permis, compte tenu de tout ce que tu as vécu. La clé réside peut-être, dans le fait de savoir, maintenant, quand recommencer à être une jeune fille comme il faut.

Tasha rit à travers ses larmes.

— Peut-être que je pourrais commencer tout de suite. Je ne peux pas encore accepter qu'elle soit partie, mais savoir qu'elle est partie en paix va me rendre les choses plus faciles. Merci.

— Il faudra du temps, dit sœur Devizes, et du courage, ainsi que de la bienveillance. Surtout de la bienveillance.

Tasha acquiesça et se leva.

— Alice, dit-elle. Je dois voir Alice.

38

Alice

— Alice !

Alice sursauta lorsque son prénom retentit autour de Weir Courtney. Elle se leva d'un bond et se précipita dans le couloir principal pour voir Tasha debout, l'appelant si fort que son prénom semblait rebondir dans toute la maison :

— Alice, Alice, Alice !

— Tasha ?

— Alice !

Elle fondit sur elle dans un tourbillon de bras tendus et de mèches enflammées, serrant Alice si fort que cette dernière craignit un moment qu'une de ses côtes ne se rompe.

— Tout va bien ?

— Non, dit-elle. Tout va mal, mais je vois maintenant qu'un jour, peut-être, tout rentrera dans l'ordre. Je te remercie, Alice.

— Pour quoi ?

— Pour tout. Pour être là pour moi. Pour prendre soin de moi. Pour me pardonner quand je suis affreuse avec toi. Tu es merveilleuse, Alice.

— Je, euh… vraiment ?

— Bien sûr. Et moi, je ne suis qu'une horrible vache. Une *wredna krowa*, une *gemeine kuh*.

Alice rit de ce chapelet d'insultes polyglotte.

— Peut-être une vache un peu perdue en ce moment, Tasha, mais encore une que je puisse aimer.

Tasha leva les bras au ciel.

— Mon Dieu, Alice, ne te mets-tu donc jamais en colère ? J'ai été affreuse avec toi, affreuse. Et tu es toujours si gentille de ton côté.

— Je n'ai pas vécu ce que tu as vécu.

— Tu as perdu ton frère.

Alice retint son souffle à ce rappel, mais Tasha la serra de nouveau fort dans ses bras, lui faisant reprendre son souffle avec elle, et Alice passa ses bras autour de la jeune fille en retour.

— Sœur Devizes m'a dit que ma mère était heureuse d'apprendre que j'étais en Angleterre, lui dit Tasha. Ça l'a rendue heureuse, et son seul souhait était que je mène une bonne vie ici.

— C'est merveilleux, lui dit Alice.

— Oui. Et je suis sûre que ton frère voulait la même chose pour toi.

Le cœur d'Alice s'effondra sous le poids de son propre chagrin. Elle jeta un coup d'œil à Anna, qui était restée dans le bureau, et se souvint qu'elle lui avait conseillé de partager un peu plus d'elle-même avec ceux dont elle avait la charge. Elle regarda Tasha en face :

— Je crois que tu as raison. Quand il m'a accompagnée à la gare de Berlin en 1939, Max m'a dit : « Fais de ton mieux, Alice. Et si ça ne marche pas pour nous autres, au moins l'un d'entre nous s'en sera sorti. »

— Et tu es là ! dit Tasha en l'embrassant. *Nous* sommes là, Alice, avec tout le monde, ici, à Weir Courtney. Nous devons continuer à vivre pour ceux que nous avons laissés en arrière. C'est difficile, mais nous pouvons le faire.

— Oui, acquiesça Alice. Tu peux le faire, j'en suis sûre. Tu achèveras ta formation et tu ouvriras *Chez Lydia* et…

— Et ce sera en sa mémoire, s'enthousiasma Tasha. Et grâce à toi.

— Je ne pense pas que…

— Chut, Alice. Accepte le compliment, pour une fois.

Alice entendit Anna glousser mais Tasha continua de parler.

— Je suis désolée. J'ai été aveuglée par ma colère et par ma tristesse. Je sais que ce n'est pas bien. J'ai dix-sept ans, dix-huit le mois prochain, je suis censée être une adulte, maintenant.

— On t'a volé quelques années d'enfance, Tash. Tu as le droit de les rattraper.

— Oui, mais je vais faire de mon mieux pour grandir. J'ai un travail. J'ai des responsabilités. J'ai Kotka. Maman aimerait bien, je crois, que j'aie une sorte de nouvelle petite sœur.

Alice sourit.

— J'en suis sûre. Ces relations-là ne sont peut-être pas toujours simples à gérer, mais cette guerre nous a appris à nous adapter, à trouver de nouvelles manières de faire.

— De nouvelles familles, dit doucement Tasha. (Elle déglutit.) Tu sais, Alice, j'ai toujours pensé à Weir Courtney et à tout le monde ici comme à une sorte de famille provisoire, mais le provisoire s'installe, n'est-ce pas ? Alors, ça peut peut-être marcher aussi pour la famille ? (Elle regarda Alice, les larmes aux yeux.) Personne ne remplacera jamais, jamais, jamais maman, mais pourrais-tu, Alice, envisager d'être une sorte de mère de remplacement pour moi ?

— Oh, Tasha !

Alice pleurait maintenant elle aussi. Ce n'était ni professionnel ni très digne, mais cela faisait un bien fou.

— Ce serait pour moi un honneur absolu.

— Mais sans doute pas toujours une partie de plaisir, prévint Tasha. Je serai probablement encore une affreuse vache de temps en temps, mais on s'en sortira sûrement, pas vrai ?

— Bien sûr ! acquiesça Alice. Nous y arriverons, Tasha. Je suis ravie que sœur Devizes ait pu t'aider.

— Sœur Devizes est aussi merveilleuse que toi, dit Tasha. Elle m'a parlé de maman de façon claire et sincère. Seulement les faits, c'est ce qu'elle a dit.

Elle avait dit ça en se tournant vers la femme, qui avançait dans le salon.

— Seulement les faits, approuva l'infirmière. À long terme, ce sont toujours les mensonges qui font le plus de dégâts.

— Oui, dit Tasha, seulement vous voyez... Je veux dire... (Elle s'arrêta soudain.) J'aurais préféré que sœur Devizes soit venue ici pour me dire que maman était en vie, qu'elle se remettait et qu'elle pourrait bientôt venir me rejoindre en Angleterre...

Alice déglutit, mais sœur Devizes s'avança calmement.

— Nous aurions toutes préféré, convint-elle, mais ce n'est pas ainsi que les choses se sont passées. Ce qui compte aujourd'hui, c'est que tu vives la vie qu'elle voulait que tu vives, et que tu continues à la porter dans ton cœur.

Tasha se tourna vers Alice.

— Elle est douée, n'est-ce pas ?

Alice acquiesça.

— Très. Avez-vous envisagé de vous lancer dans la psychanalyse, ma sœur ?

Sœur Devizes trembla visiblement.

— Seigneur, non. L'esprit est un organe des plus mystérieux et l'étudier en profondeur n'est pas de mon domaine. Où se trouve la cuisine ? Je crois que je vais avoir besoin d'une tasse de thé.

— Je vais vous en préparer une tout de suite, dit Alice.

Mais sœur Devizes la repoussa d'un geste.

— Vous avez des choses bien plus importantes à faire. Je vais m'en occuper moi-même.

Puis elle partit en direction de la cuisine, empruntant la bonne porte, comme si elle avait capté l'odeur du thé. Alice et Tasha la regardèrent partir d'un même regard.

— La psychanalyse n'est sans doute pas faite pour elle, murmura Tasha. Peut-être un peu trop directe.

— Peut-être a-t-on besoin d'aller droit au but, finalement.

— Non, je crois que ta façon d'écouter tout le monde et de constamment prendre soin de l'autre est ce dont nous avons besoin.

Alice se tourna vers elle, surprise.

— Bravo ! Bravo ! lança Anna Freud. (Alice et Tasha se retournèrent, tandis que la célèbre psychanalyste applaudissait.) Je ne sais pas si tu es parfois cette « affreuse vache » dont tu parlais tout à l'heure, Tasha Ancel, mais je sais que tu es aussi très intelligente.

Tasha eut l'air embarrassée.

— Mademoiselle Freud. Je ne savais pas que vous étiez ici.

— Et pourtant, je suis venue pour toi. Mais c'est bien ainsi. Je suis heureuse que sœur Devizes ait pu apaiser ta douleur.

Tasha réfléchit un instant.

— Je ne suis pas sûre qu'elle se soit apaisée, mais je crois que je la supporte un peu mieux, maintenant.

— Voilà qui fait chaud au cœur. Je crains que cette guerre n'ait été trop douloureuse, surtout pour nous, les Juifs, mais avec des personnes bienveillantes comme Alice aux manettes, nous retrouverons tous notre joie de vivre un jour.

— Oui, acquiesça Tasha. (Elle se tourna vers Alice.) Je vais travailler très dur, Alice. Je vais retourner voir Joyce demain. À la première heure. Je vais travailler très dur et un jour j'ouvrirai mon propre salon de coiffure, où j'encadrerai sa mèche de cheveux et… oh !

Elle tourna son regard vers le sol, visiblement préoccupée.

— Tash ? demanda Alice. Quelque chose ne va pas ?

Tasha donna un coup de pied dans une tomette mal fixée.

— J'ai donné les cheveux de maman à Georg. Je les ai mis dans l'enveloppe avec mon mot, pour lui montrer que je le faisais passer en premier, mais… mais il ne m'a jamais répondu.

— Pas encore, dit Alice avec douceur.

Tasha lui sourit tristement.

— Mais où est passé mon optimisme ? (Elle se secoua.) Ce n'est pas grave. Ce ne sont que des cheveux, après tout.

— C'était un souvenir, dit Alice avec précaution, et les souvenirs sont parfois importants. Mais regarde… (Elle souleva les cheveux de Tasha du dos de sa main.) Lydia est vivante en toi, à travers ces superbes cheveux roux, et cela compte sans doute beaucoup, beaucoup plus.

— C'est vrai ! Merci, Alice. Tu auras droit à des coupes gratuites à vie *Chez Lydia.* Je ferai en sorte que tu restes superbe à jamais.

— J'en doute, grinça Alice d'un air amusé.

— Alors, que tu restes superbement attentionnée et intelligente ?

Alice émit un grognement de protestation, mais Anna Freud acquiesça.

— Assez intelligente pour suivre mon cours de psychanalyse de l'enfant à Hampstead, en tout cas.

— Votre quoi ? demanda Tasha, son regard s'affûtant soudain.

— Un séminaire destiné aux personnes souhaitant se former pour devenir psychanalystes à part entière.

— Pour les jeunes personnes, rectifia Alice d'un ton réprobateur, avant que ces deux-là se fassent trop d'idées. Je suis bien trop vieille pour me lancer dans une formation.

— Il s'agirait plutôt d'une passerelle que d'une formation, dit Anna.

— Et tu n'es pas vieille, lui dit Tasha d'un ton ferme. Tu es mûre.

— Mûre ! se moqua Alice. Bien tenté, Tasha.

— Tu es mûre, mais un peu effrayée aussi, n'est-ce pas ?

Cela l'ébranla plus qu'elle ne l'aurait cru.

— Je…

Tasha lui prit les mains.

— J'ai peur aussi, Alice. J'ai peur de ne jamais me remettre de la perte de maman. J'ai peur d'être une mauvaise coiffeuse et de ne pas réussir à ouvrir mon propre salon. J'ai peur d'avoir été si affreuse avec Georg qu'il ne veuille plus de moi, et que je ne trouve personne d'aussi bien que lui.

— Tasha…

Elle leva la main.

— J'ai peut-être raison, et j'ai peut-être tort. Tout ce que je dis, c'est que j'ai peur, et que je comprends que tu aies peur aussi – mais il faut bien essayer, non, sinon à quoi bon avoir survécu ?

Cela, du moins, Alice ne pouvait le contester. Tasha avait raison – elle devait aller de l'avant et vivre sa vie du mieux qu'elle le pouvait, pour elle-même, pour les enfants qu'elle encourageait à faire de même, et pour Max, Lilli et Ruthie, qui n'auraient jamais cette chance.

— Il faut que j'essaie, c'est vrai, dit-elle d'une voix où perçait un tremblement.

— Nous devons tous essayer, la corrigea Tasha. Nous devons tous essayer ensemble.

Et d'un certain côté, cela semblait déjà plus facile de cette façon.

39

Lingfield, septembre 1946

Tasha

— Alors, ma sœur lui a dit : « Je sais que tu penses que c'est son meilleur plat, mais attends de goûter ses steaks et son pudding aux rognons, alors tu comprendras vraiment. »

Les deux femmes assises sous les séchoirs gloussaient à gorge déployée tout en attrapant et en reposant leurs tasses de thé. Dehors, la pluie d'automne envoyait des feuilles voler contre la fenêtre, mais dans le salon rose et doré, tout n'était que chaleur et rires.

Joyce sourit à Tasha par-dessus leur tête.

— Prête pour ton premier carré ?

Tasha grimaça.

— Je n'en suis pas sûre. Qu'en pense ma cliente ?

Betsy leva les yeux depuis sa chaise, arborant un large sourire.

— Je ne pourrais pas être entre de meilleures mains, voilà ce que je pense ! Allez, Tash, lance-toi !

Tasha prit son peigne et brossa soigneusement les longs cheveux de Betsy, vérifiant qu'il n'y avait ni plis ni ondulations, comme Joyce le lui avait appris. Elle désigna le double épi au sommet de son crâne.

— On devra couper en tenant compte de ça, n'est-ce pas ?

Joyce lui donna une petite tape dans le dos.

— Exactement, chérie.

— Alors c'est parti.

Se mordant la lèvre, Tasha commença à séparer les cheveux de Betsy.

— Ta sœur devrait le mettre à la porte, disait l'une des femmes installées sous les séchoirs. C'est un idiot, voilà tout.

— N'est-ce pas le cas de tous ?

— Les hommes ? Absolument. Le mien ne se comporte correctement que parce qu'il a une peur bleue de ma mère.

— On se porterait mieux sans eux, voilà ce que j'en dis. (La femme se pencha en avant.) Vous avez entendu, les filles ? Vous serez mieux sans eux, n'oubliez pas ça.

— Ça dépend de l'homme en question, répondit Betsy. Vous avez vu cet Harry Jessops, qui travaille au garage ?

Les femmes sifflèrent de concert.

— Celui-là a une belle silhouette.

— Oui, pas mal.

Elles se regardèrent l'une l'autre, puis se tournèrent vers Betsy.

— Tu n'as qu'à en profiter, ma fille, si tu penses qu'il en pince pour toi. Mais ne l'écoute pas s'il essaie de t'entraîner dans quelque chose de trop sérieux, comme le mariage.

Remarque qui produisit davantage de gloussements.

Betsy croisa le regard de Tasha dans le miroir et lui fit un clin d'œil. Tasha sourit, mais se contenta de baisser les yeux sur la tête de Betsy, tandis qu'elle effectuait la première coupe sérieuse à travers ses mèches blondes. Les premiers cheveux tombèrent au sol et elle s'arrêta pour les observer, revoyant les cheveux roux de Lydia sur le sol immonde du camp – mais chassa rapidement l'image d'un battement de paupières. Elle maîtrisait son sujet à présent. Elle choisissait les coupes, elle travaillait le style, elle rendait les femmes plus belles. C'était l'antithèse de ce qu'elle avait observé en ce jour fatidique, à Auschwitz, et elle était en train d'en faire son avenir.

Pendant un certain temps, le salon se mit à bourdonner tranquillement au rythme de la pluie qui battait contre les fenêtres, des bavardages des femmes et des murmures d'approbation de Joyce, pendant que Tasha travaillait avec un soin et une attention infinis autour de la tête de Betsy. Elle vit émerger le cou de la jeune fille et ressentit de la joie à voir la transformation s'opérer.

— Tu vas être magnifique, assura-t-elle à son amie.

Soudain on sonna à la porte et un jeune garçon entra, laissant de l'eau dégouliner sur le sol.

— Moishe ? s'exclama Tasha, le cœur serré. Qu'est-ce qui ne va pas ? Il s'est passé quelque chose ?

— Non ! (Moishe regarda autour de lui, visiblement étourdi.) Bon sang, c'est clair ici, non ?

— C'est lumineux, corrigea Betsy.

— Sûr.

Tasha se mit à rire en entendant son anglais décontracté. Les enfants qui allaient à l'école du village parlaient couramment l'anglais aujourd'hui, et même l'argot local.

— Tu veux quelque chose, Moishe ? demanda-t-elle. Une coupe de cheveux, peut-être ?

— Non, non ! Je ne suis pas une fille.

— Nous coupons aussi les cheveux des garçons. (Il eut un frisson dramatique et toutes les femmes éclatèrent de rire.) Alors, qu'y a-t-il ?

— Oui, euh… désolé. J'ai quelque chose pour toi, Tasha.

— Pour moi ?

— Oui, pour toi. Quelqu'un m'a donné un penny pour que je te l'apporte.

Il sortit une boîte de sa poche et la lui tendit. Tasha fixa la boîte avec méfiance.

— Qu'est-ce que c'est ?

— Je n'en sais rien.

— Qui t'a payé ?

— Je n'ai rien le droit de dire. (Tasha se dirigea vers la fenêtre, mais il n'y avait personne dans la rue détrempée.) Tu vas l'ouvrir ?

— Et si c'était dangereux ?

— Ce n'est pas dangereux. Est-ce que j'ai l'air d'avoir été en danger ?

— Il n'a pas tort, dit Betsy. Pour moi, ça ressemble à un bijou.

Les autres femmes se rassemblèrent et Tasha n'eut d'autre solution que de dénouer le ruban et de soulever le couvercle. Il y avait une couche de papier de soie sur le dessus, qu'elle saisit du bout des doigts pour la soulever lentement.

— Oh !

À l'intérieur, nichée dans un autre papier de soie, se trouvait une mèche de cheveux rousse, parfaitement lavée, peignée et tenue par un ruban vert.

— Maman ! (Ses doigts se mirent à trembler et elle regarda les autres.) Ce sont les cheveux de ma mère. La mèche que j'ai donnée à, à…

— À Georg ? demanda une voix grave.

La porte s'était rouverte et il était là, grand et beau, ses boucles mouillées plaquées contre son front, son regard sombre fixé sur elle.

— Georg, acquiesça-t-elle, hébétée. (Elle cligna plusieurs fois des yeux, mais il était toujours là, bien réel au milieu du rose et de l'or de *Beautiful You*.) C'est… toi ?

— C'est moi, confirma-t-il, ajoutant : Ne me jette rien à la figure, je t'en prie.

Les deux clientes gloussèrent.

— Peut-être que ces jeunes femmes d'aujourd'hui savent se faire entendre auprès des hommes, après tout.

Georg se tourna vers elles.

— Ma Tasha pourrait se faire entendre auprès de n'importe qui, assura-t-il. Non pas qu'elle m'appartienne ou que je la mérite. Mais un homme amoureux doit pouvoir tenter sa chance, n'est-ce pas ?

Elles acquiescèrent en roucoulant, tous les commentaires précédents sur l'inanité de l'espèce mâle étant apparemment oubliés maintenant que Georg avait fait son apparition dans le salon.

Tasha mit les mains sur ses hanches.

— Je t'ai laissé un message.

— Je sais, je…

— Il y a quatre semaines.

Il rougit visiblement.

— Je sais. C'est-à-dire que je ne l'ai pas reçu le jour même. Mélanie – cette fille prétentieuse, à la réception – est partie plus tôt pour rendre visite à une amie, et ne me l'a donné que le lendemain matin.

Tasha retint son souffle.

— La peste ! Je lui avais pourtant bien dit à quel point c'était important pour moi. Je lui ai dit que je t'attendrais au magasin d'à côté, et elle m'a dit qu'elle t'apporterait mon message au plus vite. Elle me l'a promis.

— Elle n'en a rien fait, Tasha.

Il tendit les mains et Tasha fit instinctivement un pas vers lui, mais s'arrêta aussitôt.

— C'était quand même il y a trois semaines et six jours, Georg.

— Oui, je suis désolé. Je… j'avais des choses à faire.

— Des choses ?

— Oui, euh, des choses à… acheter. Bonté divine, Tasha Ancel, tu ne me rendras jamais les choses faciles, n'est-ce pas ?

Il s'avança, mais Tasha leva une main hésitante pour le retenir.

— Attends une minute, tu…

— Sssh, s'il te plaît. Laisse-moi faire. Je suis déjà assez nerveux comme ça.

— Nerveux ? Toi ?!

— Oui ! Tu aimes les cheveux de ta mère ? Je les ai nettoyés très soigneusement, Tash. Je n'en ai pas perdu une seule mèche, pas une seule. Ils ont l'air mieux comme ça, je pense, plus comme… comme elle. Comme tu te souviens d'elle, je veux dire. Comme tu me l'as décrite. Et comme elle sera quand tu la retrouveras.

— Ça n'arrivera pas, Georg.

— Si, Tash. Je le crois vraiment, aujourd'hui. J'ai toujours été beaucoup trop cynique, tu as raison là-dessus. J'ai perdu mes parents et je suis sans aucun doute mieux sans eux, mais j'étais prêt à accepter trop facilement que les tiens disparaissent aussi.

— Georg…

— C'était injuste de ma part. J'y ai beaucoup réfléchi et je veux t'aider. Je pense que si nous économisons suffisamment, nous pourrons peut-être nous rendre en Pologne, et…

— Georg ! Elle est morte !

— Quoi ? (Son visage blêmit instantanément.) Comment le sais-tu ?

— J'ai parlé à une infirmière qui a accompagné ses derniers jours. À Katowice. Elle est morte en juillet.

— Ce mois de juillet ? Non… (Georg porta la main à sa bouche.) Je suis tellement désolé, Tasha. C'est moi qui t'ai emmenée loin d'elle. Comme tu l'as dit, je t'ai poussée à…

— Rejoindre l'Angleterre, oui.

Elle regarda par la fenêtre. La pluie avait cessé, mais des nuages gris flottaient toujours au-dessus de Lingfield High Street.

— Rejoindre cette adorable Angleterre.

— Je suis désolé, répéta Georg. Je pensais que c'était pour le mieux.

— Hmm. Eh bien… (Elle lui adressa un petit sourire.) Tu avais raison, Georg. L'infirmière dit que maman était contente que je sois en Angleterre. Qu'elle est morte avec un sourire sur le visage quand elle l'a appris.

— Vraiment ? Je… c'est une bonne chose. Enfin, je veux dire, pas le fait qu'elle soit partie, mais le fait qu'elle soit partie en paix.

— Je comprends, Georg. Alors, tu vois, monter dans cet avion était en effet la meilleure chose à faire, à l'époque.

— Et tu ne m'en veux pas ?

— Pas pour ça, non.

— Pour quoi, alors ?

Il était si beau ainsi, se tenant debout, sa tête penchée sur le côté, la regardant avec son intense regard brun.

— Je ne suis pas encore sûre, mais je vais bien trouver quelque chose.

L'une des femmes se récria :

— Ça, ce n'est pas juste, ma fille !

— Tu devrais lui donner une chance, abonda l'autre.

Tasha s'approcha d'elles.

— Je croyais que vous disiez qu'il valait mieux se passer des hommes.

Elles firent glisser leurs pieds sur le sol, tapotant les bigoudis qui ornaient leurs têtes.

— Oui, enfin, comme l'a dit la jeune Betsy, cela dépend de quel homme on parle.

Tasha leva les yeux au ciel.

— Georg n'est pas aussi parfait qu'il en a l'air, prévint-elle.

— Il est quand même plutôt mignon.

Tasha leva les bras au ciel.

— Vous êtes impossibles, toutes les deux.

— Je pense au contraire qu'elles sont très sages, dit Georg. Je veux dire, pas sur le fait que je sois mignon, bien sûr, mais sur le fait que tu pourrais me donner une chance ? Le cadeau te plaît-il ?

— Ce n'est pas un cadeau, Georg, c'est moi qui t'ai donné cette mèche.

— Oui, c'est vrai. Mais je te la rends aujourd'hui. Alors, tu l'aimes ?

— Je te l'ai déjà dit.

— Mais l'as-tu bien étudiée ? Je veux dire… euh… sous tous les angles ?

Tasha regarda les autres femmes, qui se rassemblèrent autour d'elle.

— Vous voyez, dit-elle, ce n'est pas un cadeau pour moi. C'est pour lui, pour redorer son image.

— Non, vraiment, ce n'est pas le cas, dit Georg. (Il se passa une main dans les cheveux et jeta un coup d'œil à Moishe qui se tenait, fasciné, près de la porte.) J'avais pourtant l'impression que c'était une bonne idée, se plaignit-il au jeune homme avant de se tourner à nouveau vers la jeune fille. S'il te plaît, Tash, regarde mieux.

— Très bien.

Tasha ramassa la mèche de cheveux et, malgré elle, sentit l'émotion l'étouffer. C'était la dernière chose qui lui restait de Lydia, de sa famille. Il avait fait un très beau travail. Elle serait parfaite dans son salon, dans un beau cadre, et…

Quelque chose tinta contre son ongle, et elle sursauta.

— Ooh, murmurèrent en chœur les autres, et elle regarda l'intérieur de la boîte avec incrédulité, apercevant, suspendu au ruban qui entourait le sommet des cheveux de Lydia, un anneau brillant, serti d'un petit rubis d'un rouge profond.

— Ooh, fit-elle en écho.

Georg s'agenouilla devant elle.

— Natasha Ancel, veux-tu, je t'en prie, accepter de t'unir à moi et faire de moi l'homme le plus fou, le plus terrifié et le plus heureux sur Terre ?

Tasha le regarda sans ciller. Il avait l'air si sain, si beau, si plein de la vie qui avait failli les quitter tous les deux au cours de ces derniers jours terribles, à Auschwitz. Elle regarda la mèche rousse dans sa main et la bague au rubis qui y était attachée. Dehors, le soleil perçait à travers les nuages et quelques rayons entrèrent par la fenêtre du salon, rebondissant contre les miroirs et scintillant, comme une traînée de flammes, à travers la pierre précieuse et dans les cheveux de Lydia, comme si cette dernière offrait, de là où elle était, sa bénédiction à cette union.

— Oui, dit Tasha.

Elle en avait assez de la tristesse, de la colère et de la solitude. Elle attrapa Georg, le souleva et pressa ses lèvres contre les siennes, tandis que les femmes poussaient des cris de joie et des acclamations.

— Oui, murmura-t-elle contre ses lèvres. Oui, oui, oui.

Épilogue

Londres, été 1950

— Je peux entrer ?

— Oui, bien sûr ! (Tasha se redressa sur son lit et sourit lorsqu'Alice se glissa dans la chambre.) Ma porte sera toujours ouverte pour mamie Alice.

— Mamie Alice ! gloussa l'intéressée, rougissant de cette manière que Tasha connaissait si bien – mais il y avait une demande de confirmation dans sa voix et Tasha y fut attentive.

— Sa grand-mère, si tu le veux bien, mamie Alice.

— Comment dire non ? dit Alice en se tournant vers le petit garçon niché dans les bras de Tasha, alors que ses yeux se remplissaient de joie. Je ne pourrais penser à rien de plus beau que d'être une grand-mère pour le petit Szymon.

— L'affaire est entendue, alors. (Tasha tapota le lit et sourit affectueusement à Alice, qui s'assit à ses côtés.) Tu restes dormir, hein ?

— Je n'avais pas prévu de…

— Tu n'avais rien prévu, mamie Alice. Nous serons ravis de t'accueillir. Vous pourrez partager l'espace, toi et Marta. Elle a hâte de te voir. Elle s'est dressé un petit lit d'appoint pour que tu puisses prendre le sien. Et Georg et elle ont préparé une soupe aux boulettes spécialement pour toi, alors tu vois, tu ne peux pas ne pas rester.

— Eh bien, dans ce cas…

— Bien sûr, il est possible que Szymon pleure pendant la nuit, et il risque de te réveiller.

Alice rit.

— Rien que je connaisse déjà.

— Non. (Tasha se pencha en avant, le bébé reniflant contre elle dans son sommeil.) Je me souviens d'une fois, à Windermere, où j'ai entendu des bruits dans la nuit et où je t'ai vue réconforter Marta. Vous aviez un âne et quand Kotka tirait sur sa queue, l'arrière se soulevait et il y avait des bonbons à l'intérieur.

Alice rit à nouveau.

— Je l'ai toujours. Quand Szymon sera plus grand, il pourra peut-être soulever sa queue, lui aussi.

Elles échangèrent alors un regard, prises dans une boucle temporelle que ni l'une ni l'autre n'aurait pu prévoir, en ce premier jour où Tasha avait atterri à Crosby-on-Eden, tandis qu'Alice l'attendait fébrilement sur la piste d'atterrissage. Aujourd'hui, ils vivaient tous à Londres, Tasha et Georg dans un petit appartement de Shoreditch, au-dessus du salon de coiffure *Chez Lydia*, et Alice à Isleworth. Sophie et elle y avaient emménagé avec les autres enfants de Weir Courtney deux ans auparavant, les membres de la synagogue de West London souhaitant leur offrir des possibilités de « développement » (c'est-à-dire d'emploi) qu'ils n'auraient pas pu obtenir dans le Surrey rural.

C'est à cette époque que Tasha et Georg avaient célébré leur deuxième anniversaire de mariage et qu'ils avaient adopté Marta, la dotant à cette occasion d'un « vrai nom » à elle : Lieberman, bien qu'elle doive toujours rester, pour eux, la petite Kotka. La jeune fille, aujourd'hui âgée de treize ans, s'était très bien intégrée à l'école locale et parlait parfaitement anglais, avec un petit accent cockney. Cela avait été un long chemin pour la faire passer du statut d'étrangère à celui de sœur, puis de fille adoptive, mais Tasha avait embrassé cette relation inhabituelle, comme elle avait du reste embrassé l'ensemble de son hétéroclite famille adoptive, avec chaque goutte de son amour.

— Le thé est prêt !

Georg entra dans la pièce, portant fièrement un plateau à thé orné d'un napperon miniature, surmonté des tasses à thé qu'Alice leur avait offertes en cadeau de mariage. Il avait l'air d'un gentleman anglais, à ceci près que la plupart des gentlemen anglais n'avaient pas la moindre idée de la manière de faire du thé. Depuis le début de leur mariage, Georg avait gravi les échelons jusqu'à devenir chef d'étage chez Hobbs & Hart, et Tasha avait ouvert le salon de coiffure *Chez Lydia*, aussi se partageaient-ils les tâches ménagères de manière équitable.

— Nous n'avons jamais fait autre chose que travailler main dans la main, quand nous étions à Auschwitz, disaient-ils à quiconque s'interrogeait sur cet arrangement « inhabituel » ; et il était rare, alors, qu'on leur pose de nouvelles questions.

Georg servit le thé et tendit une tasse à Alice. Il posa celle de Tasha sur la table de nuit et s'assit à côté de sa femme et de son enfant.

— N'est-ce pas le plus beau bébé que tu aies jamais vu ? demanda-t-il à Alice.

Tasha roula des yeux, mais Alice n'hésita pas une seconde.

— Le plus beau, Georg.

— Il se nourrit comme un démon et dort déjà si bien !

— Il ne dort pas bien du tout ! protesta Tasha. C'est toi qui dors si bien, malgré ses hurlements – et pendant que je prépare les biberons et que je change les couches !

Georg l'embrassa.

— Que puis-je dire ? C'est un talent que j'ai depuis des années.

— Ne pourrais-tu pas le transmettre à votre fils, au passage ?

— Cela viendra en son temps, *kochanie*. Laisse-moi le prendre et profite un peu de ton thé.

Il prit le nourrisson et le cala confortablement dans ses bras puissants. Tasha sirota son thé avec reconnaissance, profitant de ce court instant de paix, mais la cloche de la porte retentit au rez-de-chaussée et ils entendirent tous Marta saluer joyeusement Betsy. Tasha imagina la jeune fille bondissant dans le salon aux couleurs crème et vert Wondermere, passant devant la mèche de cheveux encadrée et accrochée au mur, entre les grands miroirs, et se dirigeant vers l'escalier qui menait à l'étage et à leur petit logis.

La fille de Joyce travaillait *Chez Lydia* depuis l'an passé, et Tasha savait que le salon était entre de bonnes mains le temps qu'elle puisse elle-même reprendre le travail. Betsy vivait avec trois autres jeunes femmes célibataires (à la grande horreur de Joyce et, comme Tasha le soupçonnait, à sa convoitise secrète) et profitait pleinement des bars et des clubs en plein essor de Londres. Mais Betsy restait toujours aussi vive, fiable et talentueuse et, si elle avait parfois l'air de ne pas avoir assez dormi, les clients ne semblaient guère s'en préoccuper.

— Alice !

Marta se jeta si fort contre Alice que sa tasse vacilla, la moitié de la tasse se renversant dans la soucoupe. Alice se contenta de remettre le liquide répandu sans sa tasse et de serrer la jeune fille contre elle.

— Comment s'est passée l'école ? demanda Georg.

— Très bien.

— Tu as eu les résultats de tes examens ?

— Oh, oui. La physique. Je suis arrivée première.

— Première ? En physique ? (Georg regarda fièrement Tasha.) Tu entends ça, Tash ? Notre fille, la première ! En physique ! (Ils se regardèrent l'un l'autre avec émerveillement.) Tu dois avoir ça dans les gènes, Kotka.

Il y eut une pause, le temps d'un battement de cœur, où leurs regards se croisèrent et où ils sentirent, flottant entre eux, la présence des nombreuses personnes disparues : les parents biologiques de Marta, dont elle n'avait aucun souvenir ; le père violent et la mère ivrogne de Georg, disparus avant le début de la guerre ; le frère, la belle-sœur et la nièce d'Alice, envoyés dans les chambres à gaz sans la moindre chance de survie ; le père de Tasha, abattu à Varsovie, sa sœur, morte à Auschwitz, et sa mère, Lydia, qui s'était battue pour rester en vie assez longtemps pour apprendre que sa fille était vivante, et en sécurité.

Les fantômes de leurs existences étaient trop nombreux, et leur destin avait été trop tragique pour qu'on les convoque sans amertume – aussi essayaient-ils de ne pas déranger leur mémoire trop souvent. Ce qui comptait était le réseau invisible qui réunissait ces familles à travers ce couple sauvé des camps, cette fille adoptive et cette grand-mère d'adoption. Il s'agissait de fils ténus, mais solidement entrelacés, et ils formeraient le nid du petit Syzmon et de tous ceux qui, comme lui, grandiraient sur les vestiges des massacres. Une nouvelle vie, un nouvel espoir, de nouvelles racines.

— Tu as vu ? demanda Marta à Alice, soulevant son frère des bras de son père et déposant un baiser sur ses cheveux duveteux, tandis qu'il s'éveillait et la fixait de ses grands yeux bleus.

— Vu quoi ? demanda Alice.

Marta caressa les petites boucles du bébé.

— Il est roux !

— Roux flamme, corrigea Alice.

— La plus belle couleur qui soit, acquiesça Tasha.

L'espace d'un instant, elle revit l'éclair roux des cheveux de Lydia, encore courts, disparaissant sous son châle, puis bébé Szymon se mit à pleurer pour être nourri et Tasha dut poser sa tasse de thé, le prendre dans ses bras et le mettre au sein. En caressant les mèches de feu, pendant qu'il tétait, elle sut que c'était cela, et non les plus gros canons, les plus grandes armées ou les bombes les plus meurtrières, mais ce fil continu d'amour, qui était la véritable victoire, la véritable paix, le véritable avenir. Son vrai foyer, enfin.

Note de l'autrice

Chère lectrice, cher lecteur,

Je tiens d'abord à vous remercier de m'avoir fait l'honneur de lire *L'Orpheline d'Auschwitz*. C'est en travaillant sur *La Sage-femme d'Auschwitz* que j'ai commencé à effectuer des recherches sur le sort des rares personnes ayant survécu aux camps de la mort, et apprendre que certains de ces jeunes avaient été envoyés à Windermere m'a donné l'envie d'y situer un roman.

Il est difficile d'imaginer des paysages plus différents que le camp d'Auschwitz et la magnifique région des Lacs, et j'admire celles et ceux qui ont, à l'époque, rendu ce projet possible. Certaines de ces histoires particulières sont racontées en ligne, et en particulier dans le documentaire de la BBC, *Les Enfants de Windermere. Témoignages*[1], mais j'espère que ce roman permettra d'aider à faire connaître l'expérience de ces soignants dévoués et de ces enfants courageux, qui tentèrent ensemble de réparer l'irréparable.

Si vous avez aimé cette histoire, n'hésitez pas à en écrire une critique quelque part. J'aime savoir ce que mes lecteurs pensent de mes livres, et cela permet aussi parfois de les faire découvrir à d'autres. J'aime aussi avoir de vos nouvelles, alors n'hésitez pas à visiter ma page Facebook, Twitter, Instagram ou mon site web.

Merci de votre lecture,

Anna

www.annastuartbooks.com

1. *The Windermere Children – In Their Own Words.*

Notes historiques

Ce roman, comme toutes mes histoires sur la Seconde Guerre mondiale, est basé sur des faits réels et met en scène un certain nombre de personnes ayant effectivement existé. Comme toujours, j'ai le devoir de leur rendre justice, et j'espère que ces notes supplémentaires aideront les gens à mieux les connaître et leur indiqueront des pistes pour en apprendre plus sur eux, s'ils le souhaitent.

Personnages réels

Alice Goldberger : On ne s'est pas souvenu d'Alice comme elle le mériterait. Femme discrète et effacée, elle n'a jamais cherché à entrer dans l'histoire, mais plutôt à offrir aux orphelins dont elle avait la charge la meilleure chance possible de se créer eux-mêmes un nouveau départ. La plupart des anecdotes utilisées à son sujet sont véridiques, par exemple le fait qu'Alice gardait un âne rempli de bonbons sur sa table de chevet, auxquels on avait accès en lui soulevant la queue. De même, elle gardait toujours une photo de son frère avec elle, et – comme en témoigne Sarah Moskovitz, qui a personnellement interviewé Alice pour écrire son livre *Love Despite Hate* –, elle était hantée, comme dans le livre, par le fait d'être parvenue à quitter l'Allemagne, les laissant derrière elle, sa famille et lui. Dans un roman qui traite de cette recherche désespérée pour retrouver une famille et un foyer, cela peut sembler particulièrement tragique, mais c'est un détail essentiel de son histoire. Max, Lilli et Ruth-Gertrud sont également des personnes réelles et leurs noms, ainsi que leurs dates et lieux de décès, peuvent malheureusement être trouvés dans la terrible et étourdissante base de données d'Auschwitz.

Alice ne s'est jamais mariée, se consacrant plutôt au soin d'innombrables enfants tout au long de sa vie. Sa grande amie Sophie Wutsch était, comme la présente le roman, une cuisinière autrichienne au grand cœur. Les deux femmes vécurent et travaillèrent ensemble jusqu'à la fin de leur vie, logeant ensemble dans un grand appartement, à Londres, où elles organisèrent les fêtes de mariage de cinq des enfants dont elles avaient eu la charge – ce qui témoigne bien de l'importance qu'ont pu avoir les deux femmes dans l'existence de ces derniers. Rien n'indique qu'elles aient jamais été davantage que de très bonnes amies. Concernant Alice, je me suis permis de lui imaginer un amour tué pendant la Première Guerre mondiale, et la possibilité d'une attirance entre elle et Oskar – un homme qui, bien que brillant, avait la réputation d'être un homme à femmes – mais cette dernière n'a sans doute jamais eu lieu. Alice s'est bâti une solide famille d'enfants, de petits-enfants et d'arrière-petits-enfants adoptifs, dont beaucoup sont restés en contact avec elle tout au long de sa vie, l'appelant souvent « grand-mère Alice », comme le montre l'épilogue du roman.

Le plus grand témoignage des réalisations de cette femme extraordinaire est sans doute à retrouver dans cet épisode de l'émission *This is Your Life*, en 1978, dans lequel de nombreux enfants l'ayant connue à Windermere et à Weir Courtney se réunissent pour célébrer le rôle qu'elle joua dans leur vie en leur apprenant, notamment, ce que cela pouvait signifier d'être aimé. L'épisode n'est plus dans le domaine public, malheureusement, mais des extraits et des photos sont accessibles en ligne. Il me faut aussi signaler les intéressants documents personnels d'Alice Goldberger, consultables sur le site web du musée américain de l'Holocauste (www.ushmm.org), témoins cette fois encore des réalisations de cette femme aimante et désintéressée. J'espère que ce roman contribuera à lui donner la place qu'elle mérite dans l'histoire de l'Holocauste.

Anna Freud (et Dorothy Burlingham) : Anna Freud est une figure fascinante, une avant-gardiste qui a su se tailler une carrière presque aussi prestigieuse que celle de son père et mener de nombreux travaux novateurs dans le domaine de la psychanalyse de l'enfant. Sixième et plus jeune enfant de Sigmund Freud, née à Vienne en 1895, elle s'intéresse très tôt à ses travaux.

Elle commença par traduire les recherches d'autres psychanalystes avant de faire office de secrétaire et, de plus en plus, de porte-parole de son père, après qu'on lui eut diagnostiqué un cancer de la mâchoire en 1923. Elle présenta sa première étude devant la Société psychanalytique de Vienne en 1922, avant d'en devenir une membre à part entière. Elle ouvrit un cabinet spécialisé dans le soin des enfants et publia son premier ouvrage en 1927. De son père, Anna a assimilé les idées clés selon lesquelles les comportements problématiques trouvent leur origine dans les expériences de l'enfance, mais elle chercha toujours à les appliquer de manière pratique, s'efforçant de se concentrer sur l'aspect positif de ces expériences afin de s'en servir comme d'une base saine pour l'enfant. Elle croyait fermement à l'importance de la joie et à l'apprentissage par le jeu et a dû être, je le crois, une personne inspirante à côtoyer.

Les Freud étaient une famille juive importante et, à la fin des années 1930, leur vie en Autriche s'est trouvée menacée. Anna fut arrêtée par la Gestapo en 1938 pour être interrogée et, bien qu'elle ait heureusement été libérée, la famille décida de fuir en Grande-Bretagne au mois de juin. Ils s'installèrent au 20 Maresfield Gardens, à Hampstead – dans un bâtiment qui accueillit son premier centre d'accueil pour orphelins de guerre, et qui abrite aujourd'hui le musée Freud. Malheureusement, Sigmund Freud mourut un peu plus d'un an plus tard, en septembre 1939, mais Anna perpétua le nom de la famille grâce à ses travaux novateurs, notamment en créant le cours de thérapie de l'enfant à Hampstead, destinés à former de nouveaux psychanalystes – dont Alice Goldberger fut, comme le présente le roman, l'une des premières étudiantes.

Anna a rencontré Dorothy Burlingham, psychanalyste américaine et membre de la célèbre famille new-yorkaise Tiffany, au début des années 1920, lorsque Dorothy s'installa à Vienne dans le but de soigner les troubles psychosomatiques de son fils. En tant qu'analyste, Anna s'occupa des quatre enfants de Dorothy et les deux femmes devinrent rapidement amies. Cette dernière a toujours nié l'existence d'une relation sexuelle entre elles, mais a pu admettre « des liens intimes ressemblant à ceux que peuvent avoir des lesbiennes »... Dorothy s'est séparée de son mari et Anna et elle ont acheté une maison de campagne ensemble en 1930. Quelle que soit la nature de leur relation personnelle, elles formaient une équipe de travail brillante et vécurent ensemble jusqu'à la fin de leur vie.

Anna faisait partie d'un petit groupe de psychanalystes autrichiens et allemands, hommes et femmes, à l'avant-garde d'un mouvement prônant une nouvelle approche psychologique fondée sur l'analyse. Nombre d'entre eux étaient d'origine juive et ils se retrouvèrent au sein d'une micro-diaspora fascinante et dynamique, vivant et travaillant en grande partie en Grande-Bretagne et en Amérique. Ils ne semblent pas avoir souffert des préjugés de l'époque à l'égard des Juifs – au contraire, les parents des enfants dont ils s'occupaient se montrèrent extrêmement reconnaissants de leurs actions – cependant, être un Allemand dans la Grande-Bretagne en guerre ne devait pas être facile, et j'ai choisi de montrer Alice – internée en tant qu'« agente étrangère » à son arrivée sur le sol britannique – comme impactée par cette réalité.

Pour autant que je sache, Anna Freud n'a jamais visité Calgarth, étant sans doute trop occupée à Londres, mais elle était très impliquée auprès des psychanalystes qui y travaillaient, et cela m'a semblé une bonne façon de la présenter et de l'impliquer que de l'amener à se lier à Windermere, aussi j'espère que les lecteurs me pardonneront cette entorse à la réalité.

Oskar Friedmann (et Manna) : Oskar Friedmann était, semble-t-il, un personnage complexe. Brillant psychanalyste et membre très actif de l'équipe de Windermere, il semble avoir été soit aimé soit détesté par les enfants, et je soupçonne qu'il avait cette personnalité pince-sans-rire qu'ont parfois les intellectuels – et c'est l'angle par lequel j'ai décidé de traiter le personnage. Je n'ai pas voulu ternir son image car il a de toute évidence fait un excellent travail et était dévoué au soin des enfants, mais c'était un scientifique avant tout et je voulais marquer cette différence entre Alice, toujours prête à se sacrifier pour les enfants, et son approche à lui, sans doute plus froide et plus distanciée. C'est moi qui ai imaginé son ressentiment quand six de leurs enfants leur seront retirés pour être emmenés à Bulldogs Bank – bien qu'Anna Freud ait effectivement publié une étude révolutionnaire sur ces enfants, élevés presque sans aucune influence adulte au cours des deux premières années de leur vie (son livre, *The Bulldogs Bank Story*, coécrit avec Sophie Dann, est à ce titre fascinant) et je soupçonne fortement qu'Oskar ait pu être jaloux de cette opportunité scientifique qui lui échappait.

Le chemin d'Oskar vers la Grande-Bretagne n'a pas été facile. En 1932, alors qu'il était directeur d'une institution pour jeunes délinquants à Wolzig, près de Berlin, il a été arrêté et envoyé, avec tous les garçons dont il s'occupait, à Sachsenhausen, où il fut violenté à de nombreuses reprises, jusqu'à souffrir d'une profonde blessure à l'oreille et d'une paralysie permanente d'une partie du visage. Plus tard, il dut subir une analyse approfondie pour surmonter les séquelles psychologiques de son traumatisme, et décida de consacrer son énergie à aider les nombreuses victimes des atrocités nazies. Il parvint heureusement à guérir et fut chargé d'accompagner un groupe d'enfants juifs en Angleterre en 1938, dans le cadre d'un programme humanitaire. Son ambition première était de retourner en Allemagne, mais la situation s'aggravait trop sur place, aussi resta-t-il en Angleterre pour travailler avec les communautés juives de Londres, où sa femme, ses deux enfants et sa sœur le rejoignirent.

Oskar semble avoir eu une certaine réputation d'homme à femmes – probablement davantage en raison de sa propension à flirter que de ses liaisons réelles – et s'est séparé de sa femme à un moment donné pendant la guerre. J'ai essayé de le montrer naturellement charmeur avec Alice, cette dernière ne sachant trop comment le prendre, mais sa relation avec Manna Weindling est, quant à elle, basée sur des faits réels. Rien n'indique quand cette dernière a commencé, mais, bien que Manna soit partie en Israël pour trois ans en 1952, elle en revint en 1956 et épousa Oskar, alors divorcé. Mon imagination d'auteur m'invite à penser qu'ils ont été attirés très tôt, elle espérant que son départ pour Israël l'éloigne de cette tentation d'aimer un homme marié, ses sentiments véritables l'emportant lorsqu'elle vint le retrouver en Angleterre. Oskar est malheureusement mort deux ans plus tard, aussi n'eurent-ils pas le temps de profiter de cette idylle tardive.

Marie Paneth : Marie était une autre femme puissante. Comme le montre le roman, c'était une femme d'une beauté saisissante, d'un mètre quatre-vingt-dix, qui avait quitté son mari – et ses enfants – pour poursuivre sa carrière. Elle aurait ébloui la société new-yorkaise pendant les quelques années où elle y a travaillé, mais elle s'imposa véritablement dans le domaine de la psychothérapie lorsqu'elle s'installa à Londres pendant la guerre où, avec une gentillesse, une résistance et un courage extraordinaires, elle dirigea une maison pour certains des enfants les plus démunis et les difficiles de Grande-Bretagne, transformant l'existence de nombre d'entre eux.

En avance sur son temps, elle improvisa de nombreux ateliers d'art-thérapie à une époque où cela ne se faisait nulle part. À Windermere, son travail avec les enfants et la possibilité qui leur fut offerte de dessiner ce qu'ils avaient vu dans les camps – comme en fait brièvement état le roman – les aida sans doute à comprendre et à assimiler ce qu'ils avaient vécu. Une action également montrée dans le film *Les Enfants de Windermere*, bien qu'on la fasse passer pour une jeune femme alors qu'elle avait en réalité, comme Anna Freud et Alice Goldberger, une cinquantaine d'années à l'époque – et qu'elle n'en était sans doute que plus sûre de sa méthode et de sa capacité d'action.

Il y aurait de quoi écrire un roman entier sur Marie Paneth (peut-être l'écrirai-je un jour), mais si quelqu'un s'intéresse à son travail pendant la guerre, je ne peux que recommander de lire ses propres ouvrages : *Branch Street : A Sociological Study*, sur la vie à East End et *Rock the Cradle*, récemment redécouvert et publié, qui traite de son travail à Windermere.

Sir Benjamin Drage : Sir Benjamin était le riche propriétaire juif d'un grand magasin de meubles de High Holborn qui, avec son épouse, Lady Phœbe, ouvrit son domaine aux jeunes orphelins de Windermere. La maison était exactement telle que décrite dans le roman, avec orangerie et piscine, et je crois qu'elle existe toujours. Un manoir solide et gracieux où les enfants découvrirent l'école, la vie de village et la routine du quotidien. Certains documents rapportent que les enfants l'appelaient leur « maison », ce qu'ils ne semblent jamais avoir fait pour Calgarth, qui était, il est vrai, davantage composé de préfabriqués et d'installations provisoires.

L'histoire des enfants terrorisés par les prisonniers de guerre et croyant au retour des nazis est une véritable anecdote, bien qu'elle n'ait pas eu lieu lors des célébrations du Jour de la victoire. De la même manière, un jeune garçon nommé Ernst a réellement été renversé et tué par une voiture (bien qu'un peu plus tard que dans le roman, en octobre 1946), et le choc des enfants en découvrant que les nazis n'étaient pas les seuls à pouvoir tuer est également un fait rapporté. Les traumatismes subis par ces enfants lors de leur séjour dans les ghettos et les camps sont inimaginables et c'est tout à l'honneur d'Alice et de son équipe d'avoir aidé à ce que la plupart d'entre eux soient devenus des êtres humains sains et équilibrés, fondant des familles et menant des vies normales et heureuses.

Il convient également de noter ici que certaines libertés ont pu être prises avec la chronologie des faits. En réalité, seuls neuf enfants ont déménagé de Windermere en novembre 1945. Un deuxième groupe de neuf filles et cinq garçons est arrivé au début de l'été 1946 – principalement en provenance d'Auschwitz – et Manna Weindling a été recrutée à ce moment-là pour aider à gérer cet effectif grandissant. Les sœurs Bucci, sur lesquelles les personnages de Mirella et Fiorina sont calqués (voir ci-dessous), sont arrivées en même temps et ne sont donc jamais allées à Windermere – mais tous ces détails logistiques auraient ralenti le récit, et j'espère que les lecteurs me pardonneront d'avoir simplifié les choses en plaçant tous les enfants à Windermere dès le début.

Les sœurs Bucci : Dans le roman, l'histoire de Mirella et Fiorina Bellucci est étroitement liée à la merveilleuse histoire – vraie – de Tatiana et Andra Bucci. Nées à Fiume – une partie de l'Italie de l'après-Première Guerre mondiale, aujourd'hui Rijeka en Croatie – d'une mère juive et d'un père catholique, les deux filles furent baptisées en 1938 afin d'éviter les persécutions qui frappaient alors les Juifs, mais sans succès. Leur père, Giovanni, marin dans la marine marchande italienne, voit son navire, le *Timavo*, coulé par son commandant au large de l'Afrique du Sud afin d'éviter qu'il soit réquisitionné par les Britanniques. Il est arrêté avec le reste de l'équipage et, bien que n'étant pas militaire, il est emmené à Koffiefontain, un camp de prisonniers de guerre près de Johannesburg, où il est emprisonné dans des conditions supportables pendant toute la durée de la guerre.

Entre-temps, Fiume, qui faisait partie de l'Italie du Nord, est occupée par les nazis et incorporée au Reich en septembre 1943, époque où l'Italie bascule dans le camp des Alliés, y entraînant un véritable désastre pour les Juifs. En mars 1944, la maison des filles fut prise d'assaut par la Gestapo et elles furent envoyées à Auschwitz avec leur mère, Mira, leur grand-mère Rosa et d'autres tantes et cousins. Mira eut juste le temps de jeter un mot par la fenêtre, au passage d'une gare, où étaient inscrits leurs noms et l'endroit où elles étaient emmenées et, d'une manière ou d'une autre, l'information parvint jusqu'à sa ville natale. Des amis purent écrire à Giovanni et lui annoncer qu'elles avaient été déportées, ce qui dut être une terrible nouvelle pour lui.

À leur arrivée à Auschwitz, une moitié de leur train, composé de près de deux cents personnes, fut choisie pour travailler, tandis que l'autre moitié était directement envoyée dans les chambres à gaz, y compris leur grand-mère Rosa et leur tante Sophie. On ne sait pas exactement comment les filles, alors âgées de six et quatre ans, ont échappé à la mort. Il est possible que leur héritage partiellement catholique les ait aidées, mais aussi que les nazis les aient prises pour des jumelles car elles furent affectées au baraquement 1 qui hébergeait les enfants utilisés pour les horribles expériences de Josef Mengele. Arrivées au printemps 1944, elles ne furent heureusement jamais utilisées de la sorte et survécurent à la fin de la guerre.

Leur mère, comme le montre le roman, leur rendait visite en cachette quand elle le pouvait et leur faisait sans cesse répéter leur nom, jusqu'à soudain disparaître, en novembre 1944. Ses deux filles la croyaient morte mais elle avait en réalité été transférée à Lippstadt, un sous-camp de Buchenwald, puis à Buchenwald même, où elle se trouvait le jour de la libération. Après un long périple, elle revint à Fiume et y retrouva son mari, libéré vers la fin de l'année 1945, mais la région était en train d'être absorbée par la Yougoslavie de Tito et ils décidèrent de remonter la côte jusqu'à la ville italienne de Trieste, où ils découvrirent finalement que leurs filles étaient toujours en vie et se trouvaient en Angleterre.

Dans un monde où les communications se faisaient seulement par voie postale, le processus prit énormément de temps et il semble que les filles n'aient appris que leurs parents étaient vivants qu'à l'automne 1946. En décembre de la même année, la famille était à nouveau réunie. Les personnages de Mirella et Fiorina suivent une chronologie légèrement différente, avec l'annonce de l'arrivée de leurs parents à Weir Courtney en juin 1946 et leur départ en août ; mais j'espère que l'essentiel de la joie de cette heureuse nouvelle – et l'espoir et la convoitise qu'elle suscite chez les autres – aura été transmis ici. Pour toute personne intéressée par l'histoire des Bucci, une autobiographie existe : *Always Remember Your Name.*

Lieux importants

Windermere : Dès que j'ai pris connaissance de cette histoire d'orphelins juifs amenés dans la région des Lacs après la guerre, j'ai été fascinée. Je ne suis cependant pas la première à la relater, et je conseille à tout lecteur intéressé par le sujet de visionner l'émouvant film *Les Enfants de Windermere*, ainsi que l'excellent documentaire de la BBC qui l'accompagne, *Les Enfants de Windermere. Témoignages*. Il semble qu'au fil du temps (mais pas pendant qu'ils étaient à Windermere), le groupe ait été surnommé « The Boys » et, bien que ce terme englobe les quarante-huit filles du groupe de trois cents enfants, j'ai été plus particulièrement intriguée par l'aspect féminin de cette histoire. C'est ce qui m'a mise sur la piste d'Alice Goldberger, de Weir Courtney et du départ de Windermere, et j'espère sincèrement que mon roman viendra compléter le film et le documentaire et qu'il fera honneur à ces vies réellement vécues.

L'Europe d'après guerre : Comme le montrent les premières scènes, à Theresienstadt, et les tristes expériences de Lydia, l'Europe n'est qu'un gigantesque chaos après ce conflit mondial. Des milliers de personnes furent « déplacées » – un terme plutôt froid englobant les prisonniers de guerre, les personnes exilées ou entrées en clandestinité et, bien sûr, les victimes des divers camps de travail et de la mort de l'impitoyable Troisième Reich nazi. À une époque où il n'y avait pas encore de véritables ordinateurs, très peu de téléphones accessibles et un service postal surchargé, tout prenait plus de temps, et d'innombrables personnes parcouraient le continent pour tenter de retrouver leurs proches disparus ou simplement pour rentrer chez elles.

Cela sera peut-être particulièrement surprenant pour le lecteur britannique, habitué à s'imaginer la fin de la guerre avec la déclaration solennelle de Churchill au peuple anglais, le retour progressif des soldats au pays et la vie qui reprend peu à peu son cours habituel. Il y avait bien sûr les privations liées à la poursuite du rationnement et, bien entendu, les blessures – physiques et mentales – de ceux qui avaient combattu, ainsi que la terrible perte de ceux, si nombreux, qui n'étaient pas rentrés. Je ne souhaite en aucun cas diminuer ces souffrances, mais le tissu vital de la Grande-Bretagne était resté intact, ce qui ne fut pas le cas de nombreuses zones de l'Europe continentale, beaucoup plus impactée au lendemain de la guerre. D'innombrables foyers et des villes entières avaient été détruits, des millions de personnes avaient été tuées et des centaines de milliers, déracinées. Pendant beaucoup d'années, de très nombreuses familles restèrent séparées, et peu connurent le dénouement heureux des sœurs Bucci. Bien que cela m'ait brisé le cœur, j'ai choisi de ne pas réunir Tasha et Lydia à la fin de l'histoire, afin de témoigner de cette réalité vécue par tant de gens.

Le soulèvement de Varsovie : Tasha, telle qu'elle apparaît pour la première fois vers la fin de *La Sage-femme d'Auschwitz*, est originaire de Varsovie. En première ligne de la haine d'Hitler envers les Polonais, la ville a énormément souffert pendant la guerre. Varsovie fut occupée en septembre 1939 après une lutte acharnée de trois semaines, au cours de laquelle de nombreux bâtiments furent bombardés et de nombreuses personnes tuées. L'occupation fut brutale. Les Allemands avaient pour projet d'éliminer tous les Polonais de la capitale et de la transformer en ville allemande (avec des logements en bois de style alpin !). Ils y firent immigrer des *Volksdeutsche* en masse (personnes ayant des racines allemandes), s'emparant des maisons et des commerces des habitants et renommant de nombreux quartiers, comme celui de « Nur für Deutsche » (seulement pour les Allemands). Les occupants ne firent montre d'aucune pitié envers la population autochtone. Au moins dix mille membres de l'élite intellectuelle, politique et culturelle polonaise furent assassinés au début de la guerre et la traque se poursuivit jusqu'en 1944, des groupes étant régulièrement et aléatoirement rassemblés en vue d'exécutions publiques massives.

Cependant, les Polonais, attaqués par les puissances allemande et russe de part et d'autre pendant des siècles, possèdent une longue histoire de résistance et ils mirent sur pied une armée et un État clandestins qui se préparèrent de manière très professionnelle à accompagner un soulèvement à grande échelle, quand le moment serait venu de contribuer à la libération de leur capitale.

La première résistance vint des Juifs enfermés dans l'immense ghetto situé au centre de la ville. Sachant que l'endroit allait être rasé en avril 1943, ces derniers organisèrent une riposte armée qui échoua finalement, mais permit au moins à ces hommes d'aller à la mort libres et fiers, plutôt que dans un chariot à bestiaux ou une chambre à gaz. Certains d'entre eux, comme la famille de Tasha, parvinrent à s'échapper et à se cacher dans la ville jusqu'au grand soulèvement qui devait avoir lieu un an plus tard – mais qui, tragiquement, se solderait lui aussi par un échec.

Le 1er août 1944, alors que les Soviétiques attaquaient les faubourgs est de la ville, quarante mille soldats de cette Armée de l'Intérieur se soulevèrent pour participer à leur propre libération. Malheureusement, et malgré leur immense courage et leur esprit combatif, l'absence d'aide de la part des Soviétiques, cruellement satisfaits de rester assis de l'autre côté de la Vistule et de laisser Allemands et Polonais s'entretuer, ou de la part des Britanniques et des Américains, stationnés à une grande distance de Varsovie, leur fit défaut. Bombardés en permanence, de sorte que l'ensemble des habitants de la ville se voient alors contraints de vivre sous terre, la plupart du temps sans eau, sans électricité et sans nourriture, ils doivent capituler au début du mois d'octobre. Sur ordre express d'Hitler, la ville est rasée et les habitants déportés, pour la plupart vers des camps de prisonniers de guerre ou de travail. Certains d'entre eux, en particulier les Juifs, furent envoyés à Auschwitz. C'est le destin que j'ai choisi pour Tasha, sa mère et sa sœur.

L'insurrection de Varsovie fut un moment particulièrement tragique de l'histoire européenne et, si vous voulez en apprendre plus sur le sujet, sachez que mon prochain roman s'intéressera à ce thème. Il emmènera les lecteurs au cœur de la capitale condamnée et donnera davantage de détails sur l'histoire de Tasha et de sa famille, ainsi que sur Bronislaw et Bartek Kaminski – le mari et le fils d'Ana, la sage-femme d'Auschwitz…

Remerciements

Par un jour d'avril 2013 balayé par le vent, ma bonne amie Brenda se tenait sur une plage du Pays de Galles et déclamait à haute voix l'un des meilleurs courriels que j'avais jamais reçus – une offre d'une jeune éditrice nommée Natasha Harding pour publier trois de mes romans. J'étais aux anges et je l'ai été encore davantage quand j'ai rencontré Natasha et ai découvert toutes les qualités de cette femme passionnée, éloquente et fine connaisseuse du monde fascinant de l'édition. Nous avons vécu ensemble une aventure extraordinaire avec ce premier roman et, même quand Natasha a changé de poste, nous nous rencontrions régulièrement lorsque j'étais de passage à Londres. À chaque fois, elle me demandait : « Et pourquoi ne pas écrire un roman sur la Seconde Guerre mondiale ? » et à chaque fois, je lui répondais que je doutais de l'idée – qui s'est avérée plus qu'excellente, en définitive ! Je lui ai finalement cédé et j'ai commencé à enquêter sur l'histoire de cette période étonnante, et j'ai tout de suite été passionnée.

Honnêtement, je ne pense pas que j'écrirais ces livres que j'aime tant écrire sans Natasha, ou que j'aurais atteint la moitié des lecteurs que j'ai eu la chance d'atteindre depuis. Travailler avec elle est vraiment une chance. Elle n'a pas peur de me dire quand une de mes idées est mauvaise (ou du moins, pas viable commercialement, comme elle aime à le dire) et s'engage derrière moi sans aucune hésitation lorsque j'en ai une au moins à moitié bonne. Nombre de mes meilleures idées – écrire un roman sur Auschwitz, par exemple – viennent directement de suggestions faites par Natasha, et j'apprécie toujours énormément la façon dont nous pouvons discuter de concepts et de scénarios à bâtons rompus, et trouver le meilleur moyen de les transformer en une histoire que les lecteurs puissent apprécier. En plus d'être une femme perspicace, patiente, efficace et adorable, elle est également très drôle. C'est une éditrice brillante et je me considère comme infiniment chanceuse de pouvoir travailler avec elle. Un grand merci, Natasha, et à bientôt pour les nombreuses histoires qu'il nous reste à écrire ensemble !

Natasha fait partie d'une équipe fantastique chez Bookouture, qui sait faire cet effort supplémentaire pour encourager, aider et promouvoir ses auteurs. Cette fois-ci, je dois des remerciements particuliers à la fabuleuse Peta et au très patient Mark, pour leur aide sur l'aspect commercial du lancement. Et, bien sûr, merci à mon adorable agent Kate Shaw pour son travail, ses talents d'éditrice et pour m'avoir fait découvrir tous ces plats véganes si savoureux !

Je dois également remercier plusieurs autres personnes importantes pour ce livre. Plusieurs des « orphelins » qui sont venus en Angleterre sont encore en vie et j'ai eu la chance de rencontrer deux d'entre eux. J'ai eu une conversation passionnante avec Jackie Young et sa charmante épouse, Lita, avec qui il aura été marié pendant soixante ans cette année ! Jackie était l'un des enfants de Bulldogs Bank, qui a ensuite fondé une merveilleuse famille en Angleterre. Il m'a raconté tout ce dont il se souvenait de ses premières années dans son pays d'accueil, notamment concernant son séjour à Weir Courtney. Il m'a également fait comprendre ce que c'était que de grandir tout en sachant que sa famille biologique vous avait été enlevée de façon si cruelle, et le traumatisme que cela représentait d'essayer de découvrir d'où l'on vient, ce qui m'a aidée à décrire le sentiment particulier éprouvé par Tasha pour sa mère.

J'ai également eu l'honneur de rencontrer Zdenka Husserl, arrivée à Windermere à l'âge de six ans, et qui a vécu à Weir Courtney, puis à Londres avec Alice et Sophie. Elle m'a offert un aperçu inespéré de la vie à Weir Courtney et m'a fait part de ses très bons et très vifs souvenirs d'Alice – informations qui m'ont énormément aidée pour construire mon personnage. Après mûre réflexion, je n'ai pas représenté Zdenka

dans l'histoire, de peur de me montrer infidèle à son expérience directe, mais elle et celles qui étaient là à ses côtés seront, je l'espère, bien représentées par Suzi, Judith et Marta.
J'ai également eu la chance de rencontrer Trevor Avery, l'extraordinaire historien du Lake District Holocaust Project, lequel a eu la gentillesse de m'accorder une part considérable de son temps et de sa sagesse. Trevor travaille sur ce projet depuis 2005 et aura été pour moi une véritable mine d'informations sur le domaine de Calgarth et les enfants qui y ont séjourné. Il a été historien consultant pour le magnifique film *Les Enfants de Windermere*, ainsi que pour l'excellent documentaire de la BBC qui l'accompagne, que je recommande à tous ceux qui veulent en savoir davantage sur cette histoire. Trevor a été d'une aide précieuse pour certains détails de la vie des orphelins dans la région des Lacs, ce qui m'a vraiment aidée à me représenter leur univers et, je l'espère, à le mettre en mots pour mes lecteurs. Merci à vous, Trevor.
Merci également à tous ceux qui ont participé à l'organisation de l'exposition sur le domaine de Calgarth à la bibliothèque de Windermere. *From Auschwitz to Ambleside* est un aperçu fascinant (et gratuit !) de cette étonnante histoire de survie et de résilience. Je conseille à tous ceux qui passent dans la région d'aller y jeter un coup d'œil.
Je dois également remercier la 45 Aid Society, fondée en 1963 par certains de ces survivants et qui a pour merveilleuse mission de préserver et d'honorer les histoires des orphelins et de leurs descendants. Son site web est une mine d'informations, non seulement sur les orphelins arrivés dans la région des Lacs, mais aussi sur ceux qui ont par la suite été accueillis à Southampton et dans d'autres régions du Royaume-Uni. L'association organise des réunions annuelles et, en 2019, six des survivants et quelque deux cent cinquante membres de leurs familles ont recréé la photographie de ces premiers orphelins, prise à Prague avant leur départ pour Crosby-on-Eden – une scène émouvante, également visible sur Internet. Les membres de l'association m'ont été d'une aide précieuse en me fournissant des informations de première main et en me mettant en contact avec Jackie et Zdenka. Je tiens à

remercier tout particulièrement Julia Burton pour le temps qu'elle a consacré à ce projet.

Un autre site web s'est avéré inestimable : celui de l'United States Holocaust Memorial Museum (www.ushmm.org), qui détient les papiers d'Alice Goldberger – une collection fascinante de documents sur Alice et, mieux encore, des copies de lettres qui lui ont été envoyées par les enfants et qui montrent cet amour que tous lui portaient. Je conseille vivement à tous les lecteurs intéressés d'aller le consulter.

Je dois également rendre hommage au site du musée d'Auschwitz-Birkenau (www.auschwitz.org) pour la myriade d'histoires tragiques qu'il partage et les dossiers détaillés des détenus auxquels il donne accès. J'y ai trouvé les entrées pour Max, Lilliana et Ruth-Gertrud Goldberger, telles qu'elles apparaissent dans le roman, et le fait de voir ces noms inscrits noir sur blanc au milieu de tant d'autres m'a vraiment fait prendre conscience de l'ampleur de cette tragédie insensée. J'espère que ce roman contribuera à leur rendre hommage.

Ce livre est une œuvre de fiction. Bien que certains personnages et circonstances décrits par l'auteure soient basés sur des personnes réelles et sur des faits historiques, les références à des personnes, événements, établissements, organisations ou lieux réels ne sont destinées qu'à créer un sentiment d'authenticité et sont utilisées de manière purement fictive. Tous les autres personnages, incidents et dialogues sont issus de l'imagination de l'autrice et doivent être considérés comme tels.

Achevé d'imprimer en mars 2025
sur les presses de la Nouvelle Imprimerie Laballery
58500 Clamecy

Numéro d'impression : 503196

Imprimé en France

La Nouvelle Imprimerie Laballery est titulaire de la marque Imprim'Vert®